विकासात्मक मनोविज्ञान

विकासात्मक मनोविज्ञान

महावीर कुमार

इशिका पब्लिशिंग हाउस
जयपुर दिल्ली

इशिका पब्लिशिंग हाउस

ए -25, "गणेश सदन", गली न. 4, आदर्श बस्ती,
बी.एल. हाउस के पास, टोंक फाटक,
जयपुर-302018 (राजस्थान) भारत
फोन : 0141-2761280, Mob. 9887532741
Email: ishikapublishinghouse@yahoo.in

दिल्ली कार्यालय : 102, प्रथम मंजिल, 'सत्यम हाउस'
4324/3, अंसारी रोड़, दरियागंज, नई दिल्ली - 110 002
फोन : 011-45652440

ISBN: 9788189471347

टाइपसेटिंग : बी.एस. कम्प्यूटर्स, जयपुर

मुद्रक : थॉमसन प्रेस, नई दिल्ली

प्रस्तावना

विकासात्मक मनोविज्ञान, मनोविज्ञान की एक ऐसी शाखा है, जो मानव तथा अन्य प्राणियों में जीवन के प्रारम्भ एवं अन्त के मध्य शारीरिक संरचना, व्यवहार तथा मनोवैज्ञानिक प्रक्रियाओं के विकास का अध्ययन करता है। विश्व के सम्पूर्ण मानव में आन्तरिक विकास तथा ह्रास, ये दोनों प्रक्रिया पायी जाती हैं। इसलिए परिवर्तन की गति रचनात्मक और विलोमात्मक दोनों ही होती है। जीवन की प्रारम्भिक अवस्थाओं में मुख्यतः रचनात्मक परिवर्तन तथा उत्तरार्द्ध में मुख्यतः ह्रास सूचक परिवर्तन दृष्टिगोचर होते हैं। विकासात्मक मनोविज्ञान में उपर्युक्त दोनों प्रकार के परिवर्तनों का अध्ययन करना समान रूप से महत्त्वपूर्ण समझा जाता है। विकासात्मक मनोविज्ञान का अपना एक निजी दृष्टिकोण है, जिसे 'विकासात्मक दृष्टिकोण' की संज्ञा दी गई है। क्षमताओं के विकास का अध्ययन विकासात्मक मनोविज्ञान के अन्तर्गत प्राणी के सम्पूर्ण जीवन-प्रसार के संदर्भ में किया जाता है, जिससे वर्तमान क्षमता का सम्बन्ध पूर्वगामी और अनुगामी दोनों अवस्थाओं के साथ जोड़कर विकास की गतिविधि को समझने की चेष्टा की जाती है। प्राणी की क्षमताओं के अध्ययन में विकासात्मक दृष्टिकोण अपनाने के फलस्वरूप ही विकास का सही और पूर्ण चित्र प्राप्त हो पाता है।

वर्तमान समय में मनोविज्ञान के क्षेत्र में विकासात्मक मनोविज्ञान का महत्त्व और बढ़ा है। इसीलिए इस क्षेत्र में सर्वाधिक शोध-कार्य चल रहा है। मानव विकास

के जीवनकालिक परिदृश्य की व्यापकता को स्वीकार कर लेने के उपरान्त विश्व के अधिकांश विकसित और विकासशील देशों के मनोवैज्ञानिकों के भीतर मानव व्यक्तित्व को सम्पूर्ण रूप में समझने की जिज्ञासा जाग्रत हो उठी है। भारतीय मनोवैज्ञानिकों ने भी इस दिशा में जो अभूतपूर्व रुचि प्रदर्शित की है और पिछले पचास वर्षों में विकासात्मक मनोविज्ञान के क्षेत्र में जो छुट-पुट अथवा योजनाबद्ध रूप से शोध कार्य सम्पन्न किये गये हैं, उससे इस विषय की प्रासंगिकता प्रमाणित होती है। मानव-विकास की मनोवैज्ञानिक शाखा में एक प्राणी के रूप में मनुष्य के शारीरिक, मानसिक एवं नैतिक विकास की उत्पत्ति और क्रमिक विकास का वैज्ञानिक अध्ययन किया जाता है।

प्रस्तुत पुस्तक 'विकासात्मक मनोविज्ञान' की रचना करते समय भाषा की शुद्धता व तथ्यों के नवीनीकरण पर विशेष ध्यान दिया गया है। पुस्तक हर प्रकार से परिपूर्ण बन सके, इसके लिये कुछ लिखित व अलिखित स्रोतों से मदद भी ली गई है। लेखक उन सभी लेखकों एवं प्रकाशकों के प्रति अपना आभार प्रकट करता है। आशा है कि पुस्तक पाठकों, शोधकर्त्ताओं एवं विद्धानों को पसन्द आयेगी।

महावीर कुमार

अनुक्रमणिका

1

विकासात्मक मनोविज्ञान की अवधारणा

मानव-विकास की मनोवैज्ञानिक शाखा में एक प्राणी के रूप में मनुष्य के शारीरिक, मानसिक एवं नैतिक विकास की उत्पत्ति और क्रमिक विकास का वैज्ञानिक अध्ययन किया जाता है। इसके अन्तर्गत मानव-शिशु के गर्भकालीन विकास से लेकर वृद्धावस्था तक के वैज्ञानिक अध्ययन तक का समावेश समझा जाता है। विकासात्मक मनोविज्ञान के दृष्टिकोण को ही इन सभी अध्ययन योजनाओं में प्रयोग किया जाता है। मानव-शिशु के समस्त विकास पर दो प्रधान कारकों का प्रभाव पड़ता है जिन्हें जननिक और पर्यावरणीय कारक कहा जाता है। विकास क्रम में होने वाले परिवर्तनों के समुचित ज्ञान और विवेचन के लिए इन जननिक और सामाजिक सांस्कृतिक कारकों का अध्ययन भी विकासात्मक मनोविज्ञान में आवश्यक रूप से किया जाता है। इस प्रकार मानव-विकास का मनोविज्ञान विकासात्मक मनोविज्ञान का एक प्रधान अंग कहा जा सकता है। इस पुस्तक में इसी विशिष्ट अंग का यथोचित विवेचन प्रस्तुत करने का प्रयास किया गया है।

विकासात्मक मनोविज्ञान के स्वरूप को परिभाषित करते हुए प्रसिद्ध मनोविज्ञानिक लिंडाडैविडॉफ ने कहा है कि—"विकासात्मक मनोविज्ञान, मनोविज्ञान की एक ऐसी शाखा है, जो मानव तथा अन्य प्राणियों में जीवन के प्रारम्भ एवं अन्त के मध्य शारीरिक संरचना, व्यवहार तथा मनोवैज्ञानिक प्रक्रियाओं के विकास का अध्ययन करता है।"

विश्व के सम्पूर्ण मानव में आन्तरिक विकास तथा ह्रास, ये दोनों प्रक्रिया पायी जाती हैं इसलिए परिवर्तन की गति रचनात्मक और विलोमात्मक दोनों ही होती है। जीवन की प्रारम्भिक अवस्थाओं में मुख्यतः रचनात्मक परिवर्तन तथा उत्तरार्द्ध में मुख्यतः ह्रास सूचक परिवर्तन दृष्टिगोचर होते हैं। विकासात्मक मनोविज्ञान में उपर्युक्त दोनों प्रकार के परिवर्तनों का अध्ययन करना समान रूप से महत्त्वपूर्ण समझा जाता है। मनोविज्ञान की यह शाखा सामान्य मनोविज्ञान और बाल-मनोविज्ञान से मिलती-जुलती होने के बावजूद भी अपना एक मौलिक एवं पृथक् स्वरूप रखती है। विकासात्मक मनोविज्ञान का अपना एक निजी दृष्टिकोण है, जिसे 'विकासात्मक दृष्टिकोण' की संज्ञा दी गई है। क्षमताओं के विकास का अध्ययन विकासात्मक मनोविज्ञान के अंतर्गत प्राणी के सम्पूर्ण जीवन-प्रसार (गर्भाधान से वृद्धावस्था तक) के संदर्भ में किया जाता है, जिससे वर्तमान क्षमता का सम्बन्ध पूर्वगामी और अनुगामी दोनों अवस्थाओं के साथ जोड़कर विकास की गतिविधि को समझने की चेष्टा की जाती है। प्राणी की क्षमताओं के अध्ययन में विकासात्मक दृष्टिकोण अपनाने के फलस्वरूप ही विकास का सही और पूर्ण चित्र प्राप्त हो पाता है।

विकास का अर्थ व परिभाषा

गर्भाधान की प्रारंभिक अवस्था से ही शिशु का आन्तरिक विकास प्रारंभ हो जाता है शारीरिक और मानसिक संरचना में समय-समय पर अनेक मात्रात्मक और गुणात्मक परिवर्तन दिखाई पड़ने लगते हैं। मनुष्य एक परिवर्तनशील प्राणी है। मनुष्य की आयु जैसे-जैसे बढ़ती है वैसे-वैसे उसमें नवीन गुणों का विकास होने लगता है। जीवित और सक्रिय बने रहने के लिए प्राणी के भीतर निरन्तर परिवर्तनों का आविर्भाव आवश्यक है। इन्हीं शारीरिक-मानसिक परिवर्तनों, गुणों तथा विशेषताओं की नियमित और क्रमिक उत्पत्ति को वैज्ञानिक शब्दावली में विकास कहा जाता है। हरलॉक ने विकास संप्रत्यय को निम्नलिखित शब्दों में समझाया है–

"Development refers to a progressive series of changes in an orderly and coherent pattern. It may be defined as emerging and expanding and expanding of capacities to provide greater facility for functioning."

उपर्युक्त परिभाषा में प्रयुक्त तीन पद अर्थात्–'progressive', 'orderly' तथा 'coherent' महत्त्वपूर्ण हैं जिनको स्पष्ट करना आवश्यक है। 'Progressive' पद का अर्थ है–अग्रोन्मुख। प्राणी में होने वाले जिन परिवर्तनों का नाम विकास है वे सदा अग्रोन्मुख होते हैं, पृष्ठोन्मुख नहीं। अर्थात् विकास में होने वाले परिवर्तन प्राणी

को पिछली अवस्था में आगे आने वाली अवस्था से ले जाते हैं। मिसाल के तौर पर जब शिशु जन्म लेता है तो वह एक मांस के टुकड़े के समान होता हैं लेकिन शिशु की आयु में जैसे-जैसे विकास होता है वह वैसे-वैसे सम्पूर्ण प्रक्रियाओं को करने लगता है जैसे- उठना, बैठना, दौड़ना आदि, इसलिए विकास को अग्रोन्मुख या प्रगतिशील परिवर्तन कहा गया है।

विकास प्रक्रिया को orderly इसलिए माना गया है क्योंकि प्राणी में होने वाले सभी परिवर्तन क्रमिक और क्रमबद्ध होते हैं। कोई विशिष्ट परिवर्तन एक निश्चित परिवर्तन के बाद ही घटित होता है। जैसे विकास-क्रम में बच्चा पहले रेंगना, फिर बैठना, फिर खड़ा होना और बाद में चलना सीखता है। इन सभी क्रियाओं का क्रम निश्चित होता है और कभी भी नहीं बदलता। क्रमबद्ध होने के कारण ही विकास सम्बन्धी परिवर्तनों के विषयों में पूर्वकथन कर सकना सम्भव हो पाता है।

जहाँ तक 'coherent' पद का सम्बन्ध है, यह विकास की एक तीसरी विशेषता को उजागर करता है। इस पद का अर्थ है कि विकास-क्रम में होने वाले अनेक परिवर्तन परस्पर संगति करते हैं अथवा परस्पर सम्बन्धित होते हैं। प्रायः देखा जाता है कि जिस बालक में क्रियात्मक विकास शीघ्र होता है उसके भीतर संवेगात्मक, भाषात्मक एवं सामाजिक विकास भी शीघ्र ही होता है। इस तथ्य से यह स्पष्ट होता है कि विकास एक योजनाबद्ध प्रक्रिया है तथा विकास के विविध रूप परस्पर सम्बद्ध होते हैं। ये एक-दूसरे के साथ सार्थक रूप से जुड़े होते हैं और एक प्रकार के विकास के रूक अन्य प्रकार के विकास भी रूक जाने से जाते हैं।

विकासात्मक बदलाव

सम्पूर्ण प्राणियों में विभिन्न प्रकार के बदलाव होते रहते हैं जो बदलाव एक जैसे नहीं होते। ये परिवर्तन केवल शारीरिक क्षेत्र में नहीं घटित होते वरन् मानसिक क्षेत्र में भी उत्पन्न होते हैं। हाँ, अधिकांश शारीरिक परिवर्तनों को सरलतापूर्वक देखा जा सकता है, जबकि कुछ मानसिक परिवर्तनों को प्रत्यक्ष रूप से नहीं देखा जा सकता। उनकी जानकारी हमें उपर्युक्त मानसिक परीक्षणों की सहायता से ही हो पाती है। इन चारों विकासात्मक परिवर्तनों का संक्षिप्त विवरण निम्नलिखित रूप से किया गया है–

(1) शारीरिक संरचना में बदलाव

प्रत्येक बच्चे का शारीरिक विकास होता है जैसे- शारीरिक लम्बाई, मोटाई, सिर के आकार-प्रकार आदि में परिवर्तन होने लगता है। आयु के साथ-साथ ऊँचाई, मोटाई

तथा भार में परिवर्तन होता रहता है। इसी प्रकार आन्तरिक अवयव, जैसे—हृदय, फेफड़े तथा अंतड़ियाँ भी आकार में बढ़ती रहती हैं। केवल असामान्य परिस्थितियों के कारण ही इस प्रकार का बदलाव रुक सकता है। इन आन्तरिक एवं बाह्य अवयवों के आकार में परिवर्तन होने के कारण बालक अपनी अनेक शारीरिक आवश्यकताओं की पूर्ति कर पाता है और भौतिक तथा सामाजिक वातावरण में उचित प्रकार का समायोजन करने योग्य हो जाता है। विकास के फलस्वरूप बालक की मानसिक क्रियाओं के आकार में भी परिवर्तन होते हैं। उदाहरण के लिये, प्रत्येक वर्ष बालक के शब्द-भण्डार, संज्ञान, स्मरण-शक्ति, तर्क-शक्ति तथा कल्पना-शक्ति आदि में व्यापकता आ जाती है। ये सारे परिवर्तन विकास-प्रक्रिया के ही परिणाम होते हैं।

(2) शारीरिक अवयवों के विकास में बदलाव

शरीर अपने सम्पूर्ण अवयव अपनी-अपनी गति के अनुसार परिवर्तित कराती है और अपनी परिपक्वता को प्राप्त करता है। भिन्न-भिन्न अंगों में परिपक्वता भिन्न-भिन्न आयु में आती है। इस कारण उसके सभी अंगों के विकास में कोई निश्चित अनुपात नहीं पाया जाता है। उदाहरण के लिए, हृदय का भार सम्पूर्ण विकास काल में 13 गुना बढ़ जाता है, जबकि मस्तिष्क का भार केवल 4 गुना ही बढ़ता है। अतः विकास के फलस्वरूप शारीरिक अंगों के अनुपात में बहुत अधिक अन्तर आ जाता है। यदि हम किसी बालक के शरीर की तुलना एक प्रौढ़ व्यक्ति के शरीर से करें, तो अंगों के अनुपात का अन्तर भली-भाँति स्पष्ट हो जाएगा। गर्भकालीन अवस्था में तो सिर का भाग अन्य अंगों की अपेक्षा बहुत बड़ा होता है, परन्तु विकास-क्रम में शरीर के अन्य भाग सिर की अपेक्षा अधिक विकसित हो जाते हैं।

परिणामतः यह स्पष्ट हो जाता है कि विकास के कारण शारीरिक अवयवों में न केवल आकार सम्बन्धी परिवर्तन ही घटित होते हैं, बल्कि पर्याप्त मात्रा में शारीरिक अनुपातों में भी तबदीली होती रहती है। इसी प्रकार, मानसिक क्षेत्रों में भी अनुपात की दृष्टि से परिवर्तन होते रहते हैं। उदाहरण के लिए, शैशावस्था में बच्चे की रुचियाँ जितनी अपने भीतर तथा अपने खिलौनों में होती है, उतनी अन्य व्यक्तियों या वस्तुओं में नहीं होतीं। परन्तु बाल्यावस्था में पहुँचते-पहुँचते वे अन्य व्यक्तियों में पर्याप्त रुचि प्रदर्शित करने लगते हैं। इसी प्रकार, प्रारम्भिक दो वर्षों तक बच्चे प्रायः भय तथा क्लेश के संवेगों का बहुत अधिक प्रदर्शन करते हैं किन्तु बाल्यावस्था में पहुँचने पर ऐसे संवेगों का प्रदर्शन विलुप्त होने लगता है और प्रसन्नता आदि में वृद्धि होने लगती है।

(3) शिशु अवस्था में बदलाव

विकास-क्रम में जो तीसरे प्रकार का परिवर्तन घटित होता है, वह है कुछ पुरानी आकृतियों का लोप। शारीरिक क्षेत्र में बचपन के बालों तथा दाँतों का लुप्त हो जाना सामान्य घटनाएँ हैं। सीने में स्थित थाइमस ग्रंथि तथा मस्तिष्क के निकट स्थित पीनियल ग्रंथि का भी धीरे-धीरे लोप हो जाता है। इसी प्रकार बचपन में बच्चों का घिसटना और रेंगना और बचपन की ध्वनियाँ आदि भी समाप्त हो जाती हैं। जहाँ तक मानसिक रचनाओं के लोप का प्रश्न है, सयाने हो जाने पर बचपन के भय तथा कुछ आदतों का निवारण हो जाता है। बचपन में निर्मित कुछ मनोवृत्तियों में भी बहुत कुछ परिवर्तन होता है।

(4) शारीरिक और मानसिक बदलाव

यह विकास परिवर्तन की चौथी अवस्था मानी जाती है। इस अवस्था में बालक के शारिरिक और मानसिक में विशिष्ट परिवर्तन दिखाई देने लगते हैं जैसे स्थायी दाँतों का आना, दाढ़ी-मूँछों का उगना तथा उछलने, कूदने, दौड़ने, भागने, तैरने और चढ़ने की क्षमताओं का उदय नये तरह के शारीरिक परिवर्तन हैं, जो विकास-क्रम में बच्चों को प्राप्त होते हैं। इनमें से अधिकांश क्षमताएँ परिपक्वता और कुछ अधिगम के कारण उद्भूत होती हैं। इसी प्रकार मानसिक स्तर पर जिन नवीन गुणों को बालक अर्जित करता है उनमें से मुख्य हैं—नैतिकता, धार्मिक विश्वास, सहनशीलता तथा नयी वस्तुओं व घटनाओं के प्रति जिज्ञासा। इन चार प्रकार के परिवर्तनों का बालक के जीवन में बहुत अधिक महत्त्व है। यदि ये परिवर्तन घटित न हों, तो बालक के लिए अपने भावी जीवन की नयी परिस्थितियों में स्वयं को समायोजित कर सकना कठिन हो जाएगा। प्रकृति के इस सुन्दर प्रबन्ध के कारण ही बालक-बालिकाएँ स्वस्थ प्रौढ़ जीवन प्राप्त कर पाती हैं।

पृथ्वी पर मानव का उत्पत्ति

मानव के प्रादुर्भाव के सम्बन्ध में वैज्ञानिकों का मत है कि टर्शियरी युग के अन्त में (20 लाख वर्ष पूवे) मानव का विकास शुरू हुआ था। जीवरूपी वृक्ष में मानव की शाखा (5 लाख वर्ष पूवे) एक ड्रायोपिथेकस किस्म के वानर रूपी अर्धमानव की शाखा से अलग हुई थी, जिसके प्रारम्भिक रूपों का एक लम्बा बदलावपूर्ण क्रम था। कुछ विद्वानों ने मध्य एशिया को मानव उद्गम-क्षेत्र बतलाया है, जैसा कि जी. टेलर ने। ऑस्बॉर्न ने तिब्बत तथा मंगोलिया को मानव का प्रारम्भिक क्षेत्र बतलाया हे।

डार्ट, कीथ और लीके का मत है कि आदि-मानव का विकास अफ्रीका में हुआ था। ग्रैबो ने केवल तिब्बत को प्रजाति के विकास का क्षेत्र स्पष्ट माना है।

पंचानन मित्रा के मतानुसार, नीग्रोइड, आस्ट्रेलाइड प्रजातियों का मूल प्रदेश भारत था। लेकिन नई खोजों के आधार पर यह स्पष्ट जान पड़ता है कि मानव के पूर्वजों का आदि प्रादुर्भाव क्षेत्र शिवालिक का दक्षिणी प्रदेश था और बाद में यह प्रादुर्भाव क्षेत्र उत्तर में तिब्बत-ऑक्सस प्रदेश तक फैल गया था। इन तथ्यों से सम्बन्धित जो वैज्ञानिक प्रमाण-सामग्री मिली है, उनमें से कुछ के संक्षिप्त प्रसंग नीचे दिये गये हैं। भारतवर्ष में, हिमालय के दक्षिण में, शिवालिक पहाड़ियों की खुदाई करने से बहुत बड़ी संख्या में पशुओं के फ्रासिल और ठठरियां प्राप्त हुई हैं। उन ठठरियों में विभिन्न तरह के वानरों की ठठरियाँ हैं। उनमें अर्ध-मानवों जैसे शिवापिथेकस, सुग्रीवपिथिकस कही हड्डियों के अतिरिक्त कुछ जबड़ों कही हड्डियाँ **रामापिथेकस** की भी हैं।

रामापिथेकस के जबड़ों के अवशेष मानव के जबड़े से बहुत कुछ मिलते-जुलते हैं। इस तथ्य से यह बात स्पष्ट होती है कि **मानव के मूल पूर्वजों** का प्रादुर्भाव क्षेत्र शिवालिक का दक्षिणी प्रदेश था। उस समय शिवालिक प्रदेश की जलवायु व वनस्पति आदि का परिवेश, मानवीय-वानर या मानभाव कपि के विकास के लिये हर तरह से अनुकूल था। ऐसा पर्यावरणमायोसीन युग में था।

मायोसीन के पश्चात् प्लायोसीन युग की शुरुआत होने पर, शिवालिक प्रदेश की जलवायु बदली। हिमालय के ऊपर उठने के कारण यहाँ की जलवायु शीत प्रधान होने लगी, और गर्म जलवायु की पेटी अक्षिण की ओर ही रह गई। गर्म जलवायु की पेटी शिवालिक के दक्षिण में रहने के साथ, उसकी वनस्पति भी दक्षिण में रही।

गर्म जलवायु और वनस्पति की पेटियाँ दक्षिण में थीं, तो उनके साथ उनमें निवास करने वाले मानवीय-वानर तथा कपि-मानव अर्थात् आदि-मानव भी दक्षिण भारत, अफ्रीका, सुन्दालैंड आपस में एक थल-सेतु के द्वारा जुड़े हुए थे। इसके पश्चात् यह थल सेतु महासागर में डूब गया था। जावा में आदि मानव की हड्डियाँ मिली थीं। शिवालिक प्रदेश में शीत प्रधान जलवायु का युग आरम्भ होने पर आदि मानव की एक शाखा तो दक्षिण की ओर आयी थी, और दूसरी शाखा उत्तर को तिब्बत की ओर चली गयी थी। इस उत्तरी शाखा से उद्‌भूत **पैकिन-मानव** के अवशेष चीन में मिले थे।

आदि-मानव का विकास होते-होते आधुनिक युग का रूप पृथ्वी पर मिलता है। आधुनिक मानव में मस्तिष्क और बुद्धि अधिक होने के कारण यह होमो-सपिऐन

कहलाता है। नर वानरों अर्थात् कपि की अपेक्षा आदि मानव अधिक सीधा खड़ा हो सकता था, इसलिए उसे सीधा खड़ा होने वाला मानव कहते हैं। आदि-मानव से मानव तक के विकास में कुछ आकृतियों में मुख्य निम्न हैं—

(1) पिथेकैनथ्रोपस (जावा मानव)

इसकी इड्डियाँ भूकीन ड्रबोयष को 1891 ई. में जावा द्वीप में पाई गई थीं। उन्होंने कपाल का ऊपरी हिस्सा, तीन दाँत, उर्विका अस्थि आदि को जीवाश्म के रूप में प्राप्त किया। इसे आदि मानव समझा जाता है। इस शब्द का अर्थ है सीधा खड़ा होने वाला 'वानर-मानव'। यह **वनमानुष** और आधुनिक मानव के बीच की शृंखला है।

जावा मानव की कपाल लम्बी तथा संकरी थी जो वानरों की भाँति आगे सपाट थी। इनका मुखमंडल आगे की ओर निकला था। माथा संकरा, निचला भाग अल्प विकसित बन्दरों की भांति था। इनके दाँत मानव की तुलना में बड़े थे। कपाल क्षमता मानव तथा बानरों के बीच की लगभग 940 cc थी।

(2) सिनेन्थ्रोपस (चीनी मानव)

इसकी हड्डियाँ चीन में पेकिंग (बीजिंग) के पास मिली थीं। यह आदि-मानव अर्थात् पिथेकैनथ्रोपस के बाद का मानव था। उसके शरीर में कई बदलाव हो चुके थे, और वन-मानुष की अपेक्षा इसका मस्तिष्क कुछ बड़ा था। इसकी खोपड़ी का आकार पूर्ण मानव खोपड़ी से आदि-मानव की अपेक्षा अधिक मिलता-जुलता था। यह आदि-मानव पत्थर व हड्डी के उपकरण प्रयोग में लाने लगा था।

(क) हाइडिलबर्ग मानव

जर्मनी में उसके निचले जबड़े की हड्डियाँ मिली थीं। विद्वानों का विचार है कि यह मानव प्लीस्टोसीन समय के पहले हिम-युग का है। ऊपर बतलाये हुए दो प्राचीन मानव की अपेक्षा हाइडिलबर्ग मानव आधुनिक मानव से अधिक मिलता-जुलता है।

(3) रोडेशियन मानव

इसकी हड्डियाँ अफ्रीका में रोडेशिया प्रान्त में मिली थीं। यह भी बहुत प्राचीन पूर्वज और आधुनिक मानव के बीच की नस्ल का प्रतिनिधि है। इसके दाँत बिल्कुल मानव के दाँतों के समान थे।

(4) नियण्डरथल मानव

इसके अवशेष पश्चिमी यूरोप में, जिब्राल्टर तथा जर्मनी के डुसेलडॉर्फ प्रदेश में मिले थे। इनका काल लगभग, 1 लाख वर्ष से 35 हजार वर्ष पूर्व माना जाता है। निएण्डरथल मानव तो आधुनिक मानव के ठीक पूर्ववर्ती पूर्वज थे। इसकी शरीर रचना पूर्ण मानव होमो-सेपिऐन से बहुत मिलती-जुलती है। जर्मनी के नियंडरथल नामक स्थान से 1856 ई॰ में कपाल का ऊपरी भाग प्राप्त किया गया। इसी स्थान के नाम से इसका नामाकरण नियंडरथल रखा गया। इसी समय के अन्य जीवाश्म संसार के अन्य भागों से प्राप्त किये गये, जिनमें समानता विद्यमान थी, जिस कारण सभी जीवाश्मों को नियंडरथल मानव के अन्तर्गत स्वीकार किया गया। हूटन ने इन जीवाश्मों का वैज्ञानिक अध्ययन प्रस्तुत किया।

कतिपय सांस्कृतिक भूगोलवेत्ता ने यह अनुमान लगाने का प्रयास किये हैं कि—इन्हीं के द्वारा मध्यपाषाण काल में मुस्टीरियन संस्कृति का निर्माण किया गया होगा। इसका काल अन्तिम ग्लेसियल था, जिस कारण अल्प तापमान तथा आर्द्रता की अधिकता थी। इस प्रकार इस समय की जलवायु शीतल थी। मैमन हाथी, ऊनी गैंडा आदि के शरीर पर घने बाल हो गये थे। ये लोग प्रस्तर उपकरणों, हड्डी के उपकरणों का प्रयोग करते थे। शीत की अधिकता के कारण ये लोग गुफाओं में शरण लेते थे।

उपर्युक्त वर्णित प्राचीन मानवों के विकास में सम्भवतया दो तरह की समस्याएँ थीं, जिनके कारण वे आधुनिक मानव न बन सके, और धीरे-धीरे संसार से विलुप्त हो गये। एक समस्या यह था कि वे बदलते हुए वातावरण की दशाओं से अपना पूर्ण सामंजस्य स्थापित न कर सके। आधुनिक मानव का विकास निस्संदेह एक विशेष सुविधापूर्ण प्रदेश में हुआ था, क्योंकि आधुनिक मानव प्रजाति के समस्त सदस्यों की शरीर-रचना मानव को वनमानुषों से बिल्कुल पृथक् करती है।

मानव-उत्पत्ति के प्रमुख सिद्धान्त

पुरातात्विक खोज तथा अन्य वैज्ञानिक तथ्यों के आधार पर मानव-उत्पत्ति सम्बन्धी सिद्धान्त समय-समय पर वर्णित किये गये। इनमें अनेक वैज्ञानिकों तथा जीवशास्त्रियों योगदान दिया था, जिनमें **टाइसन, कार्वेजनेव, चर्नीशेवस्की, लामार्क** तथा **डार्विन** विशेष रूप से उल्लेखनीय हैं।

1. एन. जी. चर्नीशेवस्की

चर्नीशेवस्की तथा इनके सहयोगियों ने विकासवादी सिद्धान्त के विपरीत मानव-उत्पत्ति सम्बन्धी मत की व्याख्या प्रस्तुत की। इनके अनुसार–जगत में मानव के स्थान, प्रकृति, प्रकृति के विकास के फलस्वरूप–मानव की उत्पत्ति सम्बन्धी समस्या, मानव की आत्मा से सम्बन्धित है।

मानव की एक ऐसी सत्ता है, जिसमें एक प्रकृति पायी जाती है। इसका विभाजन संभव नहीं है। मानव की क्रियाशीलता के अन्तर्गत सिर से पैर तक की क्रिया को सम्मिलित किया जाना चाहिए। यदि हम किसी एक अंग की क्रिया को लें, तो इसका अन्य अंग से क्या सम्बन्ध है, इस पर अवश्य विचार करना चाहिए।

2. चार्ल्स डार्विन

इन्होंने पर्यवेक्षण के आधार पर विश्व के विभिन्न भागों से **प्राणिशास्त्र, वनस्पतिशास्त्र, भूगर्भशास्त्र** से सम्बन्धित सामग्री का संकलन किया, जिसके आधार पर **'कृत्रिमवरण सिद्धान्त'** का प्रतिपादन किया। ऐतिहासिक आधारों पर डार्विन ने जीवों का वर्गीकरण प्रस्तुत किया। इन्होंने अपनी पुस्तक 'The Origin of Species' में स्पष्ट किया कि–जीवों का स्वरूप परिवर्तनशील होता है तथा अनवरत नूतन जीवों का विकास होता रहता है। नूतन जीव जो विकसित होते हैं, एक विशेष प्रकार के पर्यावरण में जीवन धारण करते हैं। इन जीवों में पर्यावरण के अनुकूलन के गुण विद्यमान होते हैं, जिस कारण उनका स्थायी विकास संभव होता है। जिंन जीवों में पर्यावरण के अनुकूलन का गुण नहीं विद्यमान होता है, उनका जीवन अल्पकाल तक ही सम्भव होता है तथा उनका विकास भी क्षणिक होता हे। जीवों के विकास को भूगर्भिक कालों से जोड़ा जा सकता है। प्रत्येक नये महाकल्प में प्राचीन महाकल्प की अपेक्षा कम समय लगता है तथा जीवन का विकास भी तीव्रगति से होता है। अतीत से जीवन-विकासक्रम हो रहा, वर्तमान में निरन्तर चल रहा है तथा भविष्य में यह क्रम तब तक चलेगा, जब तक जीवों की उपस्थिति धरातल पर परिलक्षित होगी। हाँ, इतना अवश्य हो सकता है कि–जलवायुविक तथा अन्य तथ्य बीच में अवरोधक स्थिति उत्पन्न कर दें, तब जीवन-विकास की गति मन्द पड़ जायेगी। यदि जीव-विकास के इतिहास का विश्लेषण करें तो स्पष्ट होता है कि–आर्कियोजोइक से ही जीवों का विकास तथा परिवर्तन होता चला आ रहा है, साथ-ही-साथ जब नवीन जीवों की उत्पत्ति हो जाती है, तब कतिपय जीव विलुप्त

होना प्रारम्भ हो जाते हैं तथा एक स्थिति ऐसी आती है कि इनका अस्तित्व समाप्त हो जाता है।

डार्विन के विकासवाद के अनुसार—नवीन जिन जीवों का उद्भव होता है, वे पर्यावरण से अनुकूलन कर लेते हैं, परन्तु जीव में यह गुण नहीं आ पाता, जिनसे नूतन पर्यावरण के साथ तालमेल कर सके। ऐसी वस्तुस्थिति में पुराने जीव नष्ट होना प्रारम्भ हो जाते हैं। वर्तमान वैज्ञानिक अनुसंधानों से मानव ने अनेक प्राणियों में परिवर्तन तथा विकास किया है। इस प्रक्रिया के दौरान बहुत से जीवों को नष्ट भी कर दिया। डार्विन ने स्वतः अनुकूलन सिद्धान्त पर अधिक जोर दिया है।

1. जब भिन्न-भिन्न वर्ग के जीव संयोग करते हैं, तो इनकी पृथक् संततियाँ विकसित होती हैं।
2. मानव भी स्तनधारियों की कोटि का एक जीव है, जिसके अन्तर्गत वनमानुष, बन्दर, बानर, लीमर, आदि सम्मिलित हैं।
3. समस्त प्राणियों की आन्तरिक संरचना में साम्यता परिलक्षित होती है, जबकि बाह्य संरचना में भिन्नता द्रष्टव्य है।
4. ह्वेल, मयूर, पेग्विन, उकूविल आदि में परिस्थिति के फलस्वरूप विकास तथा विनाश होता है।
5. जीवों की उत्पत्ति का एक निश्चित क्रम है। प्रथमतः सामान्य रचना वाले जीवों का, तत्पश्चात् जटिल रचना वाले जीवों का उद्भव हुआ।
6. स्तनधारी, अमीबा, पक्षी, मंडूक, सर्पणशील, मत्स्य आदि के शारीरिक-संरचना का विश्लेषण किया जाय, तो स्पष्ट होता है कि—सबकी बनावट एक जैसी है।

डार्विन का विकासवादी सिद्धान्त वैज्ञानिक है, जिसके माध्यम से मानव के उद्भव एवं विकास सम्बन्धी विभिन्न समस्याओं का समाधान हो जाता है। परन्तु, कतिपय मनोवैज्ञानिक इनके कुछ विचारों से सहमत नहीं हैं। सबसे पहली आपत्ति इनके **प्रकृति-चयन या पर्यावरण अनुकूलन** पर की है। इन विचारकों का मत है कि अधिक अनुकूलात्मक एवं जटिल अंगों का विकास तथा शारीरिक दशा के लिए जो उपयोगी होंगे, उनको प्रकृति चयन के द्वारा स्पष्ट नहीं किया जा सकता है। साथ-ही-साथ कुछ छोटी भिन्न प्रकार की विषमताएँ जो शरीर में उत्पन्न होती हैं, वह आनुवंशिक नहीं हो सकती हैं। इस प्रकार प्राणियों की सभी प्रकार की भिन्नताएँ विकास-क्रम में सहायक नहीं हो सकती हैं।

प्राणियों में कुछ प्रतिकूलात्मक अंग ऐसे होते हैं, जिनको प्रकृति चयन के आधार पर समझाया नहीं जा सकता है। डार्विन इस बात से स्वयं सहमत हैं कि प्राणियों के प्रतिकूलात्मक अंगों के विषय में निश्चयपूर्वक कुछ नहीं कहा जा सकता है। जैसे बारहसिंगा के सींग के विषय में स्पष्टीकरण प्रकृति चयन के आधार पर प्रस्तुत नहीं किया जा सकता है। साथ-ही-साथ प्रकृति चयन द्वारा कोई भी अंग लुप्त नहीं हो सकता है। जब यह कहा जाता है कि कोई शारीरिक अंग अनुपयोगिता के कारण लुप्त हो जाता है, तब इससे अंग के लुप्त होने के विषय में बात स्पष्ट होती है, परन्तु जो अंग उपस्थित रहते हैं, उनके विषय में कोई स्पष्टीकरण नहीं होता है।

जीवों का अपने अस्तित्व के लिए संघर्ष करना, एक भयंकर प्रक्रिया है जिसको 'प्रकृति चयन' के द्वारा स्पष्ट नहीं किया जा सकता है। प्रकृति चयन या पर्यावरण अनुकूलन का प्रभाव केवल किसी शारीरिक अंग पर ही नहीं पड़ता, बल्कि इससे सम्पूर्ण शरीर प्रभावित होता है। आधुनिक मनोवैज्ञानिकों ने यह स्पष्ट करने का प्रयास किया है कि 'प्रकृति चयन' द्वारा उद्विकास को पूर्णतः स्पष्ट नहीं किया जा सकता है। यदि इसमें **मेंडल** के आनुवंशिकता के सिद्धान्त को सम्मिलित कर लिया जाय, तो 'प्रकृति चयन' से उत्पन्न समस्या का समाधान हो सकता है।

डार्विन ने प्रकृति के निरीक्षित प्रमाणों के आधार पर 'प्रकृति चयन' सिद्धान्त का प्रतिपादन किया था। समस्त जीवित प्राणी संतान की संख्या में वृद्धि रेखा गणितीय सूत्र के अनुसार करते हैं, जिससे प्राणियों की संख्या में वृद्धि होती है, परन्तु प्राणियों की संख्या निश्चित रहती है, क्योंकि संघर्ष प्रक्रिया द्वारा कुछ प्राणियों का नाश होता रहता है। प्रत्येक प्राणी पर्यावरण की भिन्नता के कारण भिन्न-भिन्न होते हैं। इसी आधार पर 'प्रकृति-चयन' का सिद्धान्त इन्होंने प्रतिपादित किया। डार्विन ने स्पष्ट किया कि—प्राणियों के शारीरिक लक्षणों में दो कारणों से भिन्नताएं उत्पन्न होती हैं। 1. पर्यावरण के कारण शारीरिक लक्षणों में भिन्नता, तथा 2. पर्यावरण तथा आनुवंशिकता के अकारण शारीरिक लक्षणों में भिन्नता 'परन्तु' **मॉर्गन** डार्विन के इस मत सहमत नहीं हैं। इन्होंने स्पष्ट किया कि—जीन्स की संरचना में आकस्मिक परिवर्तन हो सकता है, जिसका प्रभाव शारीरिक लक्षणों पर पड़ सकता है तथा नवीन शारीरिक लक्षण उत्पन्न हो सकते हैं। प्रकृति चयन तथा जीन्स परिवर्तन को मिलाकर उद्विकास को स्पष्ट किया जा सकता है, क्योंकि फिशर ने आगे अध्ययन द्वारा बताया कि प्रकृति चयन का प्रभाव उपयोगी तथा अनुपयोगी जीन्स पर पड़ता है।

हॉल्डेन, राईट स्वैल तथा **फिशर महोदय** ने आनुवंशिकता को विकास का आधार माना है।

गोल्ड स्मित ने डार्विन के विकासवाद की आलोचना करते हुए स्पष्ट किया कि—प्राणियों की छोटी-छोटी भिन्नताओं के आधार पर विकासक्रम को आगे नहीं बढ़ाया जा सकता है। इनके अनुसार—विकास दो प्रकार का होता है—1. **सूक्ष्म विकास,** तथा 2. **वृहत् विकास।** सूक्ष्म विकास में भौगोलिक प्रजातियाँ एवं उप प्रजातियाँ सम्मिलित की जाती हैं तथा वृहत् विकास में प्रजातियाँ तथा वंश को सम्मिलित किया जाता है। यदि छोटा उत्परिवर्तन होता है तो उप प्रजातियाँ उद्भूत होती हैं तथा यदि वृहत् स्तरीय परिवर्तन घटित होता है, तो विकास-क्रम आगे बढ़ता है। जीन्स जिनके द्वारा शरीर में निर्माण होता है, विकास के लिए अत्यन्त महत्त्वपूर्ण होते हैं।

3. एफानसी कार्वेजनेव

इन्होंने 1775 ई॰ में एक निबन्ध 'प्राणियों का रूपान्तरण' प्रकाशित किया, जिसमें स्पष्ट किया कि—मानव तथा बानर एक ही वर्ग के हैं। इन्होंने बिल्ली, शेर, चीता, मानव, बन्दर को एक श्रेणी के अन्तर्गत रखकर इनके सम्बन्धों की व्याख्या प्रस्तुत की।

4. एडवर्ड टाइसन

टाइसन एक जीवशास्त्री थे, जिस कारण अपने अध्ययन का आधार जीव विज्ञान रखा। इन्होंने प्रथमतः मानव तथा विभिन्न प्रकार के बन्दरों का सूक्ष्म अध्ययन किया। इस अध्ययन के आधार पर स्पष्ट किया कि—एक बन्दर तथा नाटे कद के मानव की शरीर-रचना में साम्यता पायी जाती है। इसी आधार पर लिनाएस ने अपने अध्ययन में जब प्राणि-जगत का वर्गीकरण कर रहे थे, तो मानव को भी उसमें सम्मिलित कर लिया। इन्होंने होमोसेपियन्स मानव-सम बानर से एक श्रेणी श्रेष्ठ स्वीकार किया।

5. जीन लामार्क

इनकी प्रमुख रचना **'प्राणिशास्त्र का दर्शन'** है, जिसमें इन्होंने स्पष्ट किया कि प्राणि जगत तथा वनस्पति जगत में विकास होता है तथा प्रत्येक का एक आदिम

स्वरूप है, जिससे इनका विकास हुआ है। ऐसा अनुमान किया जा सकता है कि मानव का विकास बानर से हुआ है। जंगल की कमी या अन्य प्राकृतिक अवरोध के कारण मानव सम बानर वृक्ष की शाखाओं को त्याग कर, अपने पिछले पैरों पर चलने लगे, परिणामतः उनकी रीढ़ की हड्डियों, मांसपेशियों, पैरों, हाथों, जबड़ों, मस्तिष्क आदि में परिवर्तन घटित होने लगा। कूं...कूं, हा...हू...हा...वाणी धीरे-धीरे स्पष्ट ध्वनि में परिवर्तित होने लगी। लामार्क ने जो तथ्य प्रस्तुत किया, उससे मानव-उत्पत्ति तथा विकास की दिशा में नया आयाम संलग्न हो गया, फलतः अनेक अन्वेषक इसी दिशा में कार्यरत हो गये। मानव के विभिन्न पर्यावरणीय विकास का अध्ययन प्रारम्भ हो गया। बेपटिस्ट लामार्क ने **'सरल प्राणियों से जटिल जीवों की उत्पत्ति'** नामक सिद्धान्त में मानव के उद्भव एवं विकास को स्पष्ट किया, जिसमें इन्होंने पर्यावरण को एक उत्तरदायी कारक के रूप में स्वीकार किया है।

लामार्क ने स्पष्ट किया कि जीवों का उद्भव एवं विकास भौगोलिक परिस्थितियों पर निर्भर करता है। यदि भौगोलिक परिस्थितियाँ अनुकूल हैं, तो उद्भव-विकास क्रम तीव्र गति से होगा, इसके विपरीत यदि भौगोलिक परिस्थितियाँ अनुकूल नहीं हैं, तो उद्भव-विकास की प्रक्रिया में अवरोध उत्पन्न होगा। प्रतिकूल परिस्थितियों में बहुत से जीवों का विनाश हो जाता है, उनका अस्तित्व समाप्त हो जाता है। भौगोलिक परिस्थितियों—जलवायु, तापमान, ऊँचाई, भोज्य पदार्थ आदि का जीवों पर अप्रत्यक्ष प्रभाव पड़ता है। इसकी प्रतिकूल परिस्थितियों में जीवों का विकास होना संभव नहीं है।

लामार्क ने यह स्पष्ट किया कि—जीवों की भौतिक आवश्यकताओं द्वारा उनमें क्रिया उत्पन्न होती है, जिससे जीवों के शारीरिक अंगों में परिवर्तन होता है। जब भूमि पर आवासित पक्षी भोजन की आवश्यकता की पूर्ति के लिए जल की ओर गति करता है, तब उसके शारीरिक लक्षणों में, अपने पूर्वजों की अपेक्षा परिवर्तन प्रारम्भ हो जाता है। इन्होंने यह भी स्पष्ट किया कि शरीर के किसी अंग का यदि बार-बार प्रयोग किया जाय, तो उसका विकास होता रहता है। इसके विपरीत यदि शरीर के अंगों का प्रयोग न किया जाय, तो वे धीरे-धीरे लुप्त हो जायेंगे। मानव का जब पूर्ण विकास नहीं हुआ था, तो उसके पूँछ थी, जिसका उपयोग विभिन्न कार्यों में करता था, परन्तु जब उसका विकास प्रारम्भ हो गया, वह दो पैरों पर खड़ा हो गया तथा हाथ से काम करने लगा। तब पूँछ द्वारा किया जाने वाला कार्य बन्द हो गया तथा वह धीरे-धीरे विलुप्त हो गयी।

समस्त प्राणियों में संघर्ष की प्रक्रिया अनवरत सक्रिय रहती है। इस संघर्ष में लघु जीव बड़े तथा शक्तिशाली जीवों द्वारा नष्ट कर दिये जाते हैं। इस संघर्ष प्रक्रिया

में जो जीव बचे रहते हैं, वही प्राणियों के उद्भव-विकास में अपना योगदान देते हैं। लामार्क ने स्पष्ट किया कि यदि कोई प्राणी अपने जीवन काल में कतिपय विशेष शारीरिक लक्षण प्राप्त कर लेता है, तो वह लक्षण केवल उसके जीवन-काल तक ही सीमित नहीं रहता, बल्कि आनुवंशिक रूप में पीढ़ी-दर-पीढ़ी चलता रहता है। इससे उद्विकास-क्रम आगे बढ़ता है। अतः शारीरिक दोष या भिन्नताएँ जो किसी प्राणी में उत्पन्न होती हैं, वह संकरण की प्रक्रिया के द्वारा आगामी पीढ़ी में भी प्रवेश कर जाती हैं, जिससे कालान्तर तक प्रक्रिया सक्रिय रहने पर नयी प्रजाति का जन्म हो सकता है। कभी-कभी ऐसा होता है कि किसी प्राणी में वह विशेषताएँ नहीं रहती हैं तथा संकरण प्रक्रिया से आगामी पीढ़ी में वह विशेषता विलुप्त हो जाती है। इस प्रकार के प्राणी भी अपने पूर्वजों से भिन्न दिखाई पड़ते हैं। इस प्रकार लामार्क ने प्राणियों के विकास में दो प्रकार की परिस्थितियां व्यक्त किया हैं। एक परिस्थिति में विशेषताएं, भिन्नताएँ तथा गुण पीढ़ी-दर-पीढ़ी आगे चलते हैं तथा दूसरी परिस्थिति में विशेषताएँ दूसरी पीढ़ी से समाप्त होना प्रारम्भ हो जाती हैं। दोनों प्रक्रियाओं में अपेक्षाकृत अपने पूर्जो से नवीन एक प्रजाति का जन्म होता है।

लामार्क ने स्पष्ट किया कि—पर्यावरण का प्रभाव प्राणियों के विकास पर पड़ता है। पर्यावरण की भिन्नता के कारण विभिन्न प्रजातियाँ विलुप्त हो जाती हैं। यदि समस्त संसार का एक प्रकार का पर्यावरण होता, तो प्राणियों में भिन्नता न होती तथा उनमें अन्तर स्पष्ट नहीं किया जा सकता। एक ही प्रजाति के लोग स्थानान्तरण के कारण पृथक्-पृथक् पर्यावरण में आवासित हो गये, जिससे उनके शारीरिक लक्षणों में भिन्नता परिलक्षित होने लगी। लामार्क के सिद्धान्त में कतिपय कमियाँ हैं—

1. **सैमनर** ने विभिन्न तापमान पर उत्पन्न चूहों में परिवर्तन का प्रयोग किया, **मेरर** ने सेलामेन्डर पर प्रयोग करके स्पष्ट किया कि इनसे उत्पन्न संतानों में निरन्तर विकास हो रहा है, **गोयर** ने खरगोश पर प्रयोग किया, **ब्राउन स्क्वार्ड** ने प्रयोग द्वारा स्पष्ट किया कि बीमारी पीढ़ी-दर-पीढ़ी स्थानान्तरित होती है, तथा **कैमरर** ने एक दूसरे प्रयोग में प्रोटियस एन्जीनियस पर किया तथा स्पष्ट किया कि जीवों पर पर्यावरण का प्रभाव पड़ता है। इन प्रयोगों द्वारा लामार्क के सिद्धान्त की पुष्टि होती है।
2. लामार्क ने अपने सिद्धान्त में स्पष्ट किया है कि—मानव या प्राणियों की नवीन भौतिक आवश्यकताओं द्वारा किसी नवीन अंग का विकास हो सकता है, परन्तु वर्तमान में अनेक मनोवैज्ञानिक इस मत से सहमत नहीं हैं। यदि हम यह इच्छा करें कि हमारे एक हाथ और हो जाय, तो क्या संभव होगा।

3. लामार्क ने स्पष्ट किया कि—किसी भी शारीरिक अंग के उपयोग तथा अनुपयोग से उस विशेष अंग की वृद्धि या ह्रास संभव होता है। इनके इस विचार को आधुनिक मानवशास्त्री मानते हैं।

भारत में मानव-विकास सम्बन्धी अनुसन्धान

वर्तमान में मनोविज्ञान के क्षेत्र में विकासात्मक मनोविज्ञान का महत्त्व और व्यवहार बढ़ा है। इसीलिए इस क्षेत्र में सर्वाधिक शोध-कार्य चल रहा है। मानव विकास के जीवनकालिक परिदृश्य की व्यापकता को स्वीकार कर लेने के उपरान्त विश्व के अधिकांश विकसित और विकासशील देशों के मनोवैज्ञानिकों के भीतर मानव व्यक्तित्व को सम्पूर्ण रूप में समझने की जिज्ञासा जाग्रत हो उठी है। भारतीय मनोवैज्ञानिकों ने भी इस दिशा में जो अभूतपूर्व रुचि प्रदर्शित की है और पिछले पचास वर्षों में विकासात्मक मनोविज्ञान के क्षेत्र में जो छुट-पुट अथवा योजनाबद्ध रूप से शोध कार्य सम्पन्न किये गये हैं, उससे इस विषय की प्रासंगिकता प्रमाणित होती है। सम्बन्धित शोध की आधुनिक प्रवृत्तियों और उनकी उपलब्धियों का विवरण पुस्तकों, जर्नलों और पत्र-पत्रिकाओं में निरन्तर प्रकाशित होता रहता है जिससे पता चलता है कि शोध के विषयों तथा शोध-साहित्य में उत्तरोत्तर वृद्धि हो रही है। शोध-विषयों के उपयुक्त चयन द्वारा विकासात्मक मनोवैज्ञानिकों ने इस क्षेत्र की सामाजिक प्रासंगिकता को भी उजागर किया है तथा सिद्धान्तों के विकास की दिशा में अग्रसर हुए हैं।

भारत में मानव-विकास सम्बन्धी अनुसन्धान को गति देने में भारतीय सामाजिक विज्ञान अनुसन्धान परिषद् की अद्वितीय भूमिका रही है। इस संस्था ने विकासात्मक मनोविज्ञान के क्षेत्र में देश के भीतर किये जाने वाले शोध कार्यों को सार्थक ढंग से संकलित एवं सूचीबद्ध कराने की दिशा में ठोस कदम उठाया। सर्वप्रथम ई. जी. परमेश्वरन से भारतीय सामाजिक विज्ञान अनुसन्धान परिषद् ने 1970 तक विकासात्मक मनोविज्ञान के क्षेत्र में सम्पन्न किये गये शोध कार्यों का विवरण प्रस्तुत करने का आग्रह किया। डॉ. परमेश्वरन ने 1972 में "Developmental Psychology : A Trend Report" शीर्षक के अन्तर्गत अपनी रिपोर्ट प्रकाशित की। उक्त रिपोर्ट में उपलब्ध शोध-अभिकल्पों के सम्बन्ध में उपयोगी सुझाव प्रस्तुत किये गये थे।

इसी तरह डॉ. एस आन्नद लक्ष्मी द्वारा सन् 1980 में एक दूसरा सर्वेक्षण पूरा हुआ। इन्होंने अपनी सन्तुति में शोध-साहित्य के आकार एवं गुण पर

सन्तोष व्यक्त किया है और उसे सामाजिक समस्याओं से सम्बन्धित बताया है। फिर भी उन्होंने विधियों एवं यन्त्रों की वैधता और विश्वसनीयता पर प्रश्न चिह्न लगाया है।

भारतीय सामाजिक विज्ञान अनुसन्धान परिषद ने 1980 के बाद की अवधि में सम्पन्न विकासात्मक मनोविज्ञान के अनुसन्धान के सर्वेक्षण का दायित्व बड़ौदा विश्वविद्यालय के बाल विकास विभागाध्यक्ष प्रोफेसर टी. एस. सरस्वती को सौंपा। प्रो. सरस्वती ने विभिन्न रिव्यूज और जर्नलों में प्रकाशित शोध-पत्रों को विषय के आधार पर सूचीबद्ध कर अपनी पुस्तक "Development Psychology in India, 1975-1986" प्रकाशित किया है। उन्होंने लिखा है कि मानव-विकास के क्षेत्र में भारत में शोध-विषयों और शोध-प्रकाशनों की बहुलता और प्रचुरता है। प्रो. सरस्वती ने विकासात्मक मनोविज्ञान में भारतीय शोध की वर्तमान प्रवृत्तियों को उजागर करते हुए समस्त अनुसन्धान कार्यक्रम को पृथक्-पृथक् क्षेत्रों में विभाजित किया है और प्रत्येक क्षेत्र से सम्बन्धित विषयों, शोध-अभिकल्पों, विधियों तथा प्रदत्त-संग्रह में प्रयुक्त यन्त्रों और सम्बन्धित सांख्यिकीय परीक्षणों का उल्लेख भी किया है। स्पष्टतः भारत में मनोविज्ञान के क्षेत्र में विकासात्मक मनोविज्ञान को लेकर अगर किसी ने शोध और सार्थक विवेचना की है तो वह प्रो॰ टी॰ एस॰ सरस्वती हैं।

विकास की प्रक्रिया

प्रत्येक शिशुओं की शारीरिक और मानसिक विकास की गति दो भिन्न रूपों में होती है परन्तु इन दोनों रूपों अथवा गति में आन्तरिक सम्बन्ध पाया जाता है। विकास की गति का एक अर्थ यह है कि दो अवस्थाओं के बीच किसी विशेष प्रकार का विकास कितनी मात्रा में हो पाता है। इस अर्थ में प्रयुक्त होने पर 'गति' संप्रत्यय विकास के औसत को प्रदर्शित करता है। यदि कोई बालक एक वर्ष के बीच 300 नये शब्दों को सीखता है, तो प्रति माह उसके अधिगम की गति पच्चीस शब्दों की मानी जाएगी। किन्तु विकास सदा समान नहीं चलता। किसी अवस्था में विकास की प्रक्रिया जल्दी-जल्दी चलती है, तो कभी धीरे-धीरे।

इसीलिए मनोवैज्ञानिकों ने विकास की गति का प्रयोग यह प्रदर्शित करने के लिए भी किया है कि किस अवस्था में बालक के भीतर परिवर्तन जल्दी-जल्दी होता है या धीरे-धीरे। स्पष्ट है कि पहले अर्थ में विकास की गति से परिवर्तनों की मात्रा का बोध होता है और दूसरे अर्थ में लगे परिवर्तनों के समय का।

लक्षण

विकास-क्रम में बालक की विभिन्न शारीरिक-मानसिक क्षमताओं का विकास अविराम रूप से चलता रहता है, किन्तु न तो सभी अवस्थाओं में होने वाले विकास की गति समान होती है और न ही सभी क्षमताएँ समान गति से विकसित होकर अपनी पूर्णता को पहुँचती हैं।

मानसिक विकास की प्रक्रिया प्रत्येक अवस्था में अलग-अलग होती है जैसे गर्भावस्था में विकास की गति प्रक्रिया ज्यादा तीव्र होती है। जब केवल नौ-दस महीनों में ही बच्चे के भार में 4 पौण्ड और लम्बाई में 20 इंच का विकास हो जाता है। जन्म के उपरांत 3 वर्षों तक बालक का शारीरिक विकास उसी प्रकार तीव्र गति से चलता रहता है। इस अवस्था में न केवल शारीरिक अवयवों के आकार ही तीव्र गति से बदलते हैं, बल्कि विभिन्न अंगों के अनुपात में शीघ्रता के साथ परिवर्तन होता है।

परिणामस्वरूप इस आयु में विकास की प्रक्रिया अतिशीघ्र होती है। यदि किसी छोटे स्वस्थ बालक को ध्यान से देखा जाए तो उसमें हर महीने में कुछ न कुछ अन्तर स्पष्ट रूप से परिवर्तित होगा। 3 से 6 वर्षों के अन्तराल में विकास की गति पहले की अपेक्षा मंद पड़ जाती है, किन्तु 6 वर्ष के बाद किशोरावस्था के प्रारम्भ होने तक तो विकास की गति निश्चित रूप से मंद रहती है। इस अवधि में होने वाले परिवर्तन अनुपात-सम्बन्धी अधिक होते हैं, आकार-सम्बन्धी कम। इस अवस्था के बाद एक बार पुनः बालक के शारीरिक विकास की गति तीन-चार वर्षों तक के लिए तीव्र हो जाती है। विकास की इस अवस्था में बालक की ऊँचाई 5 से 6 फीट तक हो जाती है। उसके शरीर का वजन भी बढ़कर 80 पौण्ड से 250 पौण्ड के बीच हो जाता है।

मनोवैज्ञाानिक बेली ने विकास की प्रक्रिया को परिभाषित करते हुए कहा है कि सम्पूर्ण शारीरिक या मानसिक शक्तियों के विकास में भी असमानता पायी जाती है। विभिन्न मानसिक प्रक्रियाएँ भिन्न-भिन्न आयु में परिपक्व होती हैं। उदाहरण के लिए, बालक में सृजनात्मक कल्पना बाल्यावस्था में विकसित होती है और किशोरावस्था के प्रारम्भिक वर्षों में ही परिपक्व हो जाती है। इसके विपरीत, तार्किक क्षमता अपेक्षाकृत धीरे-धीरे विकसित होती है। स्थूल वस्तुओं की स्मृति तीव्र गति से किन्तु सूक्ष्म वस्तुओं की स्मृति मन्द गति से विकसित होती है।

विकास प्रक्रिया का प्रभाव

बच्चों के जीवन पर विकास प्रक्रिया का असर अत्यधिक पड़ता है। विकास की स्वाभाविक गति रहने पर उसका सामाजिक समायोजन और व्यवहार सहज एवं

सामान्य होता है। यदि विकास-क्रम में किसी बालक के शारीरिक और मानसिक परिवर्तन सामान्य ढंग से होते रहते हैं, तो वह अपने परिवेश में सुसमायोजित होता है। किन्तु यदि उसमें शारीरिक विकास पूर्ण हो जाने के बाद भी मानसिक विकास की गति मंद ही रहे, तो वह अन्य बालकों के बीच हीन भावना महसूस करता है। इसी प्रकार यदि शरीर के कुछ अंगों का विकास पूर्ण हो जाएं, किन्तु कुछ विशेषताएं मंद गति से उत्पन्न हो, तो भी बालक देखने में अच्छा नहीं लगेगा। इस बात से भी बच्चों के भीतर हीनता की भावना विकसित होने लगती है। यह मनःस्थिति किशोर बालक-बालिकाओं में विशेष रूप से पाई जाती है।

विकास-प्रक्रिया के नियम

अगर विकास-प्रक्रिया का सम्पूर्णता से अध्ययन किया जाये तो स्पष्ट होगा कि वस्तुतः विकास अनेक नियमों के द्वारा होता है। इन्हीं नियमों के अनुसार विकास में विविध प्रकार के व्यवहार-सम्बन्धी परिवर्तन घटित होते रहते हैं। विकासशील बालक में होने वाले परिवर्तनों के समुचित ज्ञान के लिए विकास के नियमों की पूरी जानकारी आवश्यक है। व्यवहार के पूर्वकथन और नियंत्रण की दृष्टि से विकास-प्रक्रिया की विशेषताओं को भली-भाँति जान लेना श्रेयस्कर माना जाता है। नीचे विकास के प्रमुख नियमों का संक्षिप्त विवरण प्रस्तुत है।

निर्धारित विकास

जहाँ तक शारीरिक क्रियाओं के विकास का प्रश्न है, ये दो निश्चित क्रमों का पालन करती है। ये दोनों क्रम हैं–

(अ) मस्तकाधोमुखी विकास-क्रम

(ब) निकट-दूर विकास-क्रम।

विकास की गति जब किसी बालक में ऊपर से नीचे अथवा सिर से पैर की तरफ क्रमगत विकास करती है तो इस विकास को मस्तकाधोमुखी विकास क्रम कहते हैं। सबसे पहले सिर, मुख और गर्दन की क्रियाएँ विकसित होती हैं और बाद में पेट और धड़ की। पैर के भाग की क्रियाएँ सबसे अन्त में विकसित होती हैं। यदि छोटे बच्चों का अवलोकन किया जाए तो पता चलेगा कि पेट के बल जमीन पर लेटा हुआ बच्चा सबसे पहले सिर, मुख और गर्दन उठाता है। कुछ समय बाद धड़ और पेट भी उठाने लगता है। फिर क्रम से बैठने, रेंगने, खड़े होने और चलने की क्रियाएँ प्रकट होती हैं। इससे स्पष्ट होता है कि विकास सबसे पहले सिर और उसके

आस-पास के अंगों में होता है, फिर धीरे-धीरे पैर की ओर इसका क्रम विकसित होता है।

मानसिक क्रियाओं के विकास में भी इसी क्रम का अनुसरण देखा जाता है। प्रयोगात्मक अवलोकन के आधार पर शेरमन ने बताया है कि नवजात शिशु के शरीर के ऊपरी भागों में संवेदनाएँ नीचे के भागों की अपेक्षा शीघ्र होने लगती हैं।

गर्भास्थ शिशुओं के अध्ययन से पता चलता है कि जन्म के पूर्व होने वाले त्रिकास में भी इसी क्रम का अनुसरण आवश्यक रूप से होता है। गर्भस्थ शिशु में सबसे पहले सिर तथा धड़ और अन्त में पैर तथा अंगुलियों के आकार का निर्माण होता है।

निकट-दूर विकास-क्रम के अनुसार, शरीर के केन्द्रीय भागों में विकास पहले आरम्भ हो जाता है और केन्द्र के दूर के भागों में बाद में होता है। उदाहरण के लिए, पेट और धड़ के अंगों में क्रियाशीलता जल्दी देखी जाती है। पेट के भीतर की क्रियाएँ तो जन्म के साथ ही प्रारम्भ हो जाती हैं। कंधों की माँसपेशियों पर बालक का जल्दी नियंत्रण हो जाता है, किन्तु हाथ और पैर की अंगुलियों में क्रियाएँ बाद में विकसित होती हैं क्योंकि ये अंग शरीर के केन्द्र से दूर हैं।

विकास की असमान गति

विविध अध्ययनों से स्पष्ट हो गया है कि विकास की प्रक्रिया प्रायः असमान होती है। यदि विकास की गतिविधियों को एक ग्राफ पर रेखांकित करें, तो कभी ऊपर उठती हैं तो कभी नीचे अविच्छन्न रेखा नहीं बनेगी। इसका कारण यह है कि प्रायः बालक किसी नयी क्रिया को सीखते-सीखते पुरानी क्रियाओं को भी दोहराने लगता है। जब तक बालक पुरानी सीखी हुई क्रियाओं को दोहराता है, तब तक नयी क्रियाओं के लिए पेशीय तत्परता से उपलब्ध होती रहती हैं। उदाहरण के लिए, बच्चों के खड़े होने की क्रिया को लिया जा सकता है। यदि कोई क्रियात्मक विकास के क्रम में कभी दो-एक बार बिना सहारे के खड़ा हो जाता है, तो यह नहीं समझना चाहिए कि अब उसके भीतर खड़े होने की क्रिया लगातार दिखलाई ही पड़ती रहेगी। प्रायः बच्चे पुनः रेंगने की क्रिया दुहराने लगते हैं और तब तक खड़े होने की क्रिया शारीरिक अवयवों की परिपक्वता की प्रतीक्षा करती रहती है।

अनुक्रिया का विकास

प्रत्येक मनुष्य या प्राणी में सबसे पहले अनुक्रियाएँ विकसित होती हैं। कालान्तर में इन्ही क्रियाओं से विशिष्ट क्रियाओं का विकास होता है। यदि शिशुओं

को ध्यानपूर्वक देखा जाए, तो पता चलेगा कि किसी उद्दीपन के प्रति अनुक्रिया करने में वे एक अंग के बजाय पहले पूरे शरीर को हिलाते-डुलाते हैं। उनके हाथ-पैर नियमित ढंग से कार्य नहीं करते, किन्तु ज्यों-ज्यों उनके भीतर स्नायविक परिपक्वता आती रहती है, उनकी क्रियाएँ नियमित और नियंत्रित होती जाती है। ऐसा हो जाने पर वे केवल विशिष्ट अंगों को हिला-डुलाकर ही प्रतिक्रिया व्यक्त करते हैं। विकास के इस नियम को धारण-व्यवहार में स्पष्ट देखा जाता है। उदाहरण के लिए, खिलौने को हाथ से पकड़ने के लिए शिशु अपने पूरे शरीर को खिलौने की दिशा में झुकाता है। कुछ बड़ा हो जाने पर वह केवल एक्र हाथ को ही खिलौने की तरफ बढ़ाता है किन्तु कुछ और बड़ा हो जाने पर तो वह केवल एक हाथ से ही खिलौना पकड़ने की चेष्टा करता है।

उक्त नियम मानसिक क्रियाओं के विकास में भी कार्य करता है। उदाहरण के लिए, संवेगात्मक विकास को ही लिया जा सकता है। जन्म के बाद कुछ दिनों तक यह स्पष्ट रूप से नहीं बताया जा सकता कि बच्चे के मुख-मंडल पर किस संवेग का प्रकाशन है, क्योंकि उस समय तक उसके मुख पर केवल एक सामान्य उत्तेजना ही दिखलाई पड़ती है। कुछ समय के बाद ही यह पता चल पाता है कि अमुक भाव-प्रकाशन, प्रेम, घृणा अथवा क्रोध के संवेग की अभिव्यक्ति है।

विकास के विविध क्षेत्रों में आन्तरिक सम्बन्ध

साधारण रूप से किसी क्षेत्र में होने वाला विकास अन्य क्षेत्रों में होने वाले विकास से अत्यधिक सीमा तक जुड़ा होता है। प्रायः देखा जाता है कि जिस बालक में शारीरिक क्रियाएँ जल्दी विकसित होती हैं उसके भीतर मानसिक क्रियाएँ, संवेग, सामाजिकता और भाषा आदि का विकास भी शीघ्र प्रारम्भ हो जाता है। संवेगात्मक विकास और शारीरिक स्वास्थ्य में गहरा सम्बन्ध होता है। जो बालक जितना प्रसन्नचित्त रहता है, उसके भीतर उतनी ही अधिक चंचलता और सक्रियता देखी जाती है। सामाजिकता के विकास के साथ-साथ नैतिकता तथा भाषात्मक कौशलों का विकास भी संगत करता है। दूसरों के सम्पर्क में बालक जितना अधिक आता है, उतना ही अधिक उसे आचरण के नियमों को सीखने का अवसर मिलता है। इस प्रकार हम देखते हैं कि विकास के विभिन्न स्वरूप अर्थात् शारीरिक क्रियाओं, मानसिक क्रियाओं, भाषा तथा सामाजिकता आदि के विकास परस्पर सम्बन्धित होते हैं।

शारीरिक अवयवों पर आधारित विकास

विविध अध्ययनों द्वारा यह स्पष्ट हो चुका है कि शारीरिक और मानसिक विकास में आन्तरिक सम्बन्ध होता है। परिणामस्वरूप विकास की कतिपय प्रक्रियाएं एक साथ होती हैं। किन्तु इसका अर्थ यह नहीं है कि शरीर के विभिन्न अंगों की क्रियाएँ समान गति से विकसित होती रहती हैं। शरीर का कोई अंग शीघ्र ही विकसित होता है और कोई-कोई देर से।

शारीरिक विकास के लिए पेशीय परिपक्वता आवश्यक दशा मानी जाती है। जिस भाग में जब परिपक्वता आ जाती है उसमें उसी समय क्रियाओं का विकास आरम्भ हो जाता है। मस्तिष्क में परिपक्वता छः से आठ वर्षों के बीच आ जाती है। इसके विपरीत, हृदय, पाचन संस्थान तथा हाथ-पैर का पूर्ण विकास किशोरावस्था में ही हो पाता है। इसी प्रकार कम प्रवृत्ति उदय वयः सन्धि से पूर्व नहीं होता है। यही नियम मानसिक क्रियाओं के विकास में भी लागू होता है।

संवेगात्मक प्रतिक्रियाओं का विकास दो वर्षों में ही प्रारम्भ हो जाता है। बुद्धि का विकास तेरह-चौदह वर्षों में अपनी चरम अवस्था पर पहुँचता है। विचार एवं तर्क की क्षमताएँ तो बहुत लम्बे समय तक विकसित होती रहती हैं, यद्यपि इसका आरम्भ छोटी अवस्था में ही हो जाता है।

विकास के लिए प्रमुख तत्त्व

कई मनोवैज्ञानिक प्रयोग द्वारा साबित हो गया है कि किसी भी बालक में किसी भी प्रकार का विकास अन्तःक्रिया के द्वारा होता है। विकास के लिए उत्तरदायी दोनों ही तत्त्वों का अलग अध्याय में वर्णन किया गया है। यहाँ केवल इतना ही बता देना पर्याप्त होगा कि परिपक्वता और अधिगम में से किसी एक का अभाव भी बालक के विकास को अवरुद्ध कर देता है।

बालक के शरीर के आन्तरिक हिस्से में स्वतन्त्र रूप से एक ऐसी प्रक्रिया पायी जाती है जिसकी वजह से उसके शरीर के अंग, माँसपेशियाँ तथा स्नायु-संस्थान अपने आप सुदृढ़ एवं क्रियात्मक दृष्टि से सक्षम होने लगते हैं। इस प्रक्रिया को परिपक्वता कहा जाता है। परिपक्वता के कारण ही बालक के भीतर अनेक शारीरिक और मानसिक गुण यकायक उत्पन्न हो जाते हैं। जैसे—एक निश्चित आयु में पहुँचने पर बच्चा बैठने और चलने लगता है, किन्तु परिपक्वता बच्चे को शारीरिक क्रियाएँ सम्पादित करने के लिए सक्षम एवं समर्थ नहीं बनाती हैं।

वास्तविक रूप से किसी भी कार्य को करने के लिए प्रशिक्षण की जरूरत होती है। परिपक्वता आ जाने पर यदि बालक को किसी विशेष कार्य को सीखने का अवसर न मिलें और वह अभ्यास न कर सके, तो वह निश्चित रूप से उस कार्य को नहीं सीख सकता। प्रसिद्ध बाल मनोवैज्ञानिक गेसेल का मत है कि अधिगम की अपेक्षा परिपक्वता अधिक महत्त्वपूर्ण तत्त्व है क्योंकि जब तक पेशीय परिपक्वता नहीं आ जाती, सिर्फ 'अधिगम' से कोई लाभ नहीं हो सकता। अतः अधिगम से पूर्व परिपक्वता का होना अत्यन्त आवश्यक है किन्तु शारीरिक अवयवों के परिपक्व हो जाने के बाद क्रियाओं और व्यवहारों का विकास पूर्णतः अधिगम पर निर्भर हो जाता है।

विकास : आजीवन चलने वाली प्रक्रिया

विकास एक निरंतर चलने वाली प्रक्रिया है जो कभी अवरुद्ध नहीं होती परन्तु किसी विशिष्ट अवस्था में उसकी गति कभी-कभी कम या तीव्र हो जाती है। यह बात शारीरिक और मानसिक दोनों ही प्रकार की क्रियाओं में पायी जाती है। यदि हम शारीरिक विकास पर ध्यान दें तो पायेंगे कि यह गर्भावस्था से प्रारम्भ होकर परिपक्वता प्राप्त करने तक निरंतर चलती रहती है। जन्म के कुछ महीनों बाद तक तो बच्चा केवल हाथ-पैर ही फेंकता है, किन्तु यही क्रियाएँ आगे चलकर उठने-बैठने, चलने-फिरने, दौड़ने-घूमने, खेलने-कूदने की क्रियाओं में बदल जाती हैं।

गर्भकालीन विकास के अध्ययन से पाया गया है कि दाँत निकलने की क्रिया जन्म के पाँच महीने पूर्व ही प्रारम्भ हो जाती है और जन्म के पाँच-छः महीनों के बाद कहीं जाकर बच्चे के दाँत निकलते हैं। सभी दाँतों के निकलने में लगभग डेढ़ वर्ष लग जाते हैं। बच्चों की भाषा के विकास में भी एक निरंतरता दिखाई पड़ती है। प्रारम्भ में यह क्रंदन से शुरू होती है, फिर कई अवस्थाओं को पार करने के बाद शब्दों और वाक्यों का निर्माण आरम्भ हो पाता है। इसी प्रकार, सामाजिक विकास के भी कई स्तर होते हैं। किन्तु यह अपनी पूर्णता को किशोरावस्था में ही पहुँचकर पाता है। संक्षेप में कहा जा सकता है कि गर्भाधान के बाद ही प्राणी में विकास की प्रक्रिया प्रारम्भ हो जाती है और जीवनपर्यन्त किसी न किसी रूप में चलती रहती है।

क्रान्तिक अवधि में मानव का विकास

कुछ विकासात्मक मनोविज्ञान के विशेषज्ञों के अनुसार विकास की अवस्था में विभिन्न प्रकार की क्रान्तिक अवधियों का समावेश पाया जाता है। वस्तुतः क्रांतिक

काल उस अवधि को कहा जाता है जिसमें किसी घटना का बालक के विकास पर सर्वाधिक प्रभाव पड़ सकता है। जब यह अवधि व्यतीत हो जाती है, तो प्रभाव केवल अल्प मात्रा में ही पड़ पाता है। बच्चे के पालन-पोषण, शिक्षण-प्रशिक्षण एवं सामाजीकरण की दृष्टि से हमें क्रांतिक अवधियों का सही ज्ञान होना आवश्यक है, जिससे हम उनका अधिक से अधिक लाभ उठा सकें और बच्चे का विकास उचित कोटि का हो सके।

क्रांतिक अवधि की परिकल्पना पशुओं और मानव-शिशुओं दोनों ही के सम्बन्ध में आमतौर से सत्य सिद्ध हुई है। जहाँ तक मानव शिशुओं और उनकी माँ के बीच संवेगात्मक लगाव के विकास की बात है, प्रत्येक माता को यह पता होना चाहिए कि इसके विकास के लिए कौन-सी अवधि सर्वाधिक महत्त्वपूर्ण होती है, जिससे वह उस अवधि विशेष में सतर्कता बरत सके। शिशुओं के संवेगात्मक विकास के अध्ययन में पाया गया है कि छठे और सातवें महीने की अवधि में उनके भीतर अपनी माता के साथ लगाव अत्यन्त स्पष्ट दिखाई पड़ता है। फ्रायड और एरिक्सन जैसे मनोविश्लेषणवादी मनोवैज्ञानिकों ने क्रांतिक अवधियों को विशेष महत्त्व दिया है।

फ्रायड का विश्वास है कि शैशव की क्रांतिक अवधियों में बालक जिन अनुभूतियों से गुजरता है, वे आगे चलकर उसके व्यक्तित्व और व्यवहार में स्पष्ट रूप से झलकती हैं। एरिक्सन ने मानव-जीवन को आठ अवस्थाओं में बाँटा है जिनमें से प्रत्येक अवस्था एक विशिष्ट स्तर की सामाजिक एवं सांवेगिक अनुभूतियों के विकास के लिए क्रांतिक अवधि होती है। उदाहरण के लिए, एरिक्सन ने जीवन की पहली अवस्था को विश्वास-अविश्वास की अवस्था कहा है। इस अवस्था में बालक के भीतर अन्य व्यक्तियों के प्रति विश्वास अथवा अविश्वास की भावना विकसित होने की सर्वाधिक संभावना होती है। वस्तुतः यही अवस्था बच्चे के भीतर अहंभाव की शुरुआत के लिए सबसे अधिक संवेदनशील समझी जाती है।

विकास की भविष्यवाणी की उपयोगिता

यह पहले भी स्पष्ट किया जा चुका है कि विकास की सम्पूर्ण प्रक्रिया प्राणी में कुछ अनिवार्य अथवा धारण गुणों का विकास करती है। सभी सामान्य बालकों में ये गुण प्रायः एक ही अवस्था में उत्पन्न होते हैं। अतः माता-पिता तथा बच्चों की देख-रेख करने वाले अन्य व्यक्तियों के लिये यह सम्भव है कि वे किसी विशेष अवस्था में बालक में होने वाले परिवर्तनों की भविष्यवाणी कर सकें। परन्तु ऐसी भविष्यवाणी केवल सामान्य बालकों के विषय में ही की जा सकती है।

भविष्यवाणी की उपयोगिता बालकों की दृष्टि से बहुत अधिक होती है। किसी अवस्था में होने वाले परिवर्तनों का पूर्व ज्ञान होने से हम बालकों से उस अवस्था में केवल उन्हीं गुणों की अपेक्षा करेंगे और उसी के अनुसार उसकी शिक्षा-दीक्षा का भी प्रबंध किया जाएगा। यही नहीं, किसी विशेष आयु में पायी जाने वाली ऊँचाई, वजन, भाषा तथा सामाजिक व्यवहार आदि का भी पूर्वकथन ऐसी स्थिति में सरलतापूर्वक किया जा सकता है।

विकास के विभिन्न स्तर

प्रत्येक प्राणियों में प्रमुख रूप से विकास दो प्रकार जैविक और सामाजिक रूप से होता है। इन दोनों का अत्यधिक गहरा सम्बन्ध होता है। यद्यपि इन दोनों को एक दूसरे से पृथक् कर दिया जाए तो किसी प्राणी का विकास सम्भव नहीं है। विकास इन्हीं जैविक और परिवेशगत प्रक्रियाओं का प्रतिफल माना जाता है। उक्त दोनों प्रकार की प्रक्रियाओं का संक्षिप्त विवरण नीचे प्रस्तुत है जो 'विकास' को समझने में सहायक सिद्ध होगा।

विकास का जैविक स्तर

विकास का यह स्तर प्रमुख रूप से बालक की आनुवंशिका तथा परिपक्वता पर आधारित होता है। जैविक स्तर में इन्हीं बातों पर विशेष रूप से प्रकाश डाला जाता है। बालक को गर्भाधान के समय अपने माता-पिता तथा अन्य पूर्वजों से जीन्स के रूप में असंख्य शारीरिक एवं मानसिक गुण प्राप्त होते हैं जिसे आनुवंशिकता या वंश-परम्परा कहा जाता है। आनुवंशिकता के गुण जन्मजात होते हैं और इसलिए आनुवंशिकता को जन्मजात गुणों का समूह कहा जाता है। आनुवंशिक शक्तियां बालक के विकास में एक प्रधान तत्त्व होते हैं, फलस्वरूप उसके मौलिक स्वभाव तथा सम्पूर्ण जीवन चक्र की गति को नियंत्रित करती है। यद्यपि व्यक्ति के निर्माण में आनुवंशिकता अपना अधिकाधिक प्रभाव जन्म के पूर्व ही डाल देती है किन्तु, उसके विकास को वह जीवनपर्यन्त प्रभावित करती रहती है। पुरूष और स्त्री के सहवास के फलस्वरूप पुरुष का वीर्यकरण स्त्री के रजकरण से मिलता है। इन दोनों को उत्पादक कोष्ठ कहते हैं। इन दोनों कोष्ठों के मिलने से एक नया कोष्ठ बनता है जिसे फलित रजकरण कहा जाता है। इसी फलित रजकण में माता-पिता दोनों के असंख्य गुण समाविष्ट होते हैं जिसे बच्चा जैविक संपदा के रूप में ग्रहण करता है। आनुवंशिक प्रक्रियाएँ बालक में निम्नलिखित गुणों का निर्धारण एवं नियंत्रण करती है—

1. बच्चे की बौद्धिक क्षमता का निर्धारण किया जाता है। इसके तहत किसी बच्चे को किस मात्रा में बुद्धि प्राप्त होगी तथा उसके भीतर बौद्धिक विकास की गति कैसी रहेगी—मन्द, सामान्य या तीव्र इत्यादि बातों पर ध्यान दिया जाता है।
2. बच्चे की शारीरिक संरचना का निर्धारण किया जाता है। इसके तहत् बच्चे की मुखाकृति, शरीर का रंग, आँखों तथा बालों का रंग कैसा होगा, उसका कद कितना होगा इत्यादि बातों पर ध्यान दिया जाता है।
3. बच्चे के यौन का निर्धारण करने से रोका जाता है। माता के गर्भ में आने वाला बच्चा लड़का होगा या लड़की इस बात को गुप्त रखने पर बल दिया जाता है।
4. बच्चों में बीमारियों के हस्तान्तरण को रोका जाता है। इसके तहत वंशानुगत स्वरूप से चलने वाली बीमारी पर विशेष ध्यान दिया जाता है।

गर्भावस्था में ही बालक में आनुवंशिक शक्तियों की वजह से ही विभिन्न मांसपेशियों की रचना में मजबूती आना प्रारंभ हो जाती है, यह क्रिया अपने आप होती रहती है। इसे जीवन वैज्ञानिक शब्दावली में परिपक्वता की प्रक्रिया कहा जाता है। कोषों और पेशियों में समय के साथ-साथ होते रहने वाले परिवर्तनों को परिपक्वता प्रक्रिया कहा जाता है। शरीर की आन्तरिक व्यवस्था में घटित होने वाले परिवर्तन, माँसपेशियों की प्रौढ़ता और शारीरिक अवयवों में कार्य करने की क्षमता इसी परिपक्वता-प्रक्रिया के ही परिणाम है। परिपक्वता-प्रक्रिया के कारण ही प्राणी में संरचनात्मक परिवर्तन उत्पन्न हो पाते हैं। इसी जैविक प्रक्रिया के कारण शारीरिक वृद्धि और अवयवों में प्रभेदन की घटनाएँ घटित होती हैं। विवृद्धि में माँसपेशियों का आकार पहले की अपेक्षा बड़ा हो जाता है और उनके बीच पाया जाने वाला अन्तर्सम्बन्ध मजबूत हो जाता है। विवृद्धि के कारण दैहिक अवयवों में आयु के साथ-साथ कार्य कर सकने की क्षमता विकसित होने लगती है। इसी प्रकार प्रभेदन के फलस्वरूप शरीर के अवयव एक-दूसरे से भिन्न और स्पष्ट दिखाई पड़ने लगते हैं। प्रभेदन का प्रभाव शारीरिक क्षेत्र के अलावा सम्पूर्ण मानसिक प्रक्रियाओं में भी स्पष्ट दिखाई देता है। इसके साथ-साथ उसका प्रभाव संवेगों और भाषा के विकास पर भी स्पष्ट रूप से पड़ता है।

परिपक्वता, विवृद्धि और प्रभेदन की जैविक प्रक्रियाएँ शक्तियों के कारण घटित होती हैं। इन पर परिवेशीय तत्त्वों का प्रभाव नहीं पड़ता। माता-पिता या शिक्षक सामाजीकरण अथवा शिक्षण-प्रशिक्षण द्वारा बालक में इन जैविक-प्रक्रियाओं को उत्पन्न नहीं कर सकते। प्राणी में होने वाले विकास को सही ढंग से समझने के लिए उपर्युक्त जैविक प्रक्रियाओं का ज्ञान बहुत आवश्यक है।

विकास का सामाजिक पक्ष

भाषा विज्ञान का सबसे महत्त्वपूर्ण पक्ष सामाजिक या वातावरण है। इसका प्रभाव बालक के विकास पर अत्यधिक पड़ता है। वातावरण दो तरह के पाये जाते हैं —भौगोलिक और सांस्कृतिक। इस परिवेश या समग्र वातावरण का प्रभाव प्राणी के ऊपर प्रति क्षण पड़ता रहता है। सर्दी-गर्मी, प्रकाश-ध्वनि, आहार-औषधि के साथ ही अन्य व्यक्तियों के व्यवहारों, अभिवृत्तियों, विचारों और भावनाओं का जो प्रभाव हमारे ऊपर पड़ता रहता है, वह सर्वविदित है। हाँ, कुछ विशेष प्रकार के परिवेशगत प्रभाव अपेक्षाकृत अस्थायी और केवल विशिष्ट परिस्थितियों से सम्बद्ध होते हैं। वस्तुतः परिवेशगत प्रभाव प्राणी के विकास को अवरुद्ध कर सकते हैं या उसमें सहायक हो सकते हैं। परिवेश के अच्छे या बुरे प्रभावों को प्राणी, विशेषकर मानव-शिशु अधिगम और सामाजीकरण की विशिष्ट प्रक्रियाओं के माध्यम से ग्रहण करता है। प्राणी के विकास में अधिगम और सामाजीकरण की भूमिका के महत्त्व को समझना अत्यन्त आवश्यक है।

प्रमुख रूप से अधिगम विकास की प्रक्रिया को अत्यधिक प्रभावित करती है, शिक्षा ज्ञान व अभ्यास से बालक अपने व्यक्तित्व को बदल सकता है। बालक विविध प्रकार के शारीरिक और मानसिक कौशलों को नित्य-प्रति सीखता रहता है। रेंगने, बैठने, खड़े होने और चलने से लेकर बोलने और क्रोध प्रदर्शित करने तक सभी क्रियाएँ अधिगम द्वारा ही अर्जित की जाती हैं। अधिगम द्वारा बालक न केवल शारीरिक-मानसिक कौशलों तथा ज्ञान का ही अर्जन कर पाता है, बल्कि वह अभिवृत्तियों, पूर्वाग्रहों और नैतिक मूल्यों को भी सीखता है।

बालक वस्तुतः कैसे सीखता है और उसके विकास पर सीखने का किस रूप में प्रभाव पड़ता है, इस सन्दर्भ में मनोवैज्ञानिकों द्वारा विविध अधिगम सिद्धान्तों का प्रतिपादन किया गया है। इनमें से एक मूलभूत सिद्धान्त अनुबंधन के नाम से जाना जाता है। अनुकरण, तादात्मीकरण तथा अन्तर्दृष्टि की भूमिकाओं पर बल देने वाले अन्य सिद्धान्त भी महत्त्वपूर्ण ढंग से विकास-क्रम को समझने में सहायक हो सकते हैं। **बैण्डूरा** के अनुसार, बच्चों द्वारा सीखने की प्रक्रिया में मॉडलिंग का महत्त्वपूर्ण हाथ होता है। मॉडलिंग में बच्चे अपने परिवार और परिवेश के लोगों के व्यवहारों का अवलोकन करते हैं तथा उनका अनुकरण कर स्वयं भी वैसा ही व्यवहार करने लगते हैं। बड़ों के साथ बच्चा तादात्मीकरण स्थापित कर लेता है और स्वयं उनके जैसा व्यवहार प्रदर्शित करने की चेष्टा करता है।

अनुवंशिकता और सामाजिक वातावरण बालक के विकास को अत्यधिक प्रभावित करता है। सामाजीकरण बालक को औपचारिक तथा अनौपचारिक ढंग से शिक्षित-प्रशिक्षित करने की वह सामान्य प्रक्रिया है जिसके फलस्वरूप वह अपने परिवार, समुदाय तथा अन्य सामाजिक समूहों का योग्य सदस्य बन पाता है। इस प्रक्रिया के द्वारा हम बच्चों को विभिन्न प्रकार की अभिवृत्तियाँ, विश्वास, रीति-रिवाज, मूल्य तथा भूमिकाएँ सिखाते हैं और परिवार, समुदाय तथा सामाजिक आकांक्षाओं से उसे अवगत कराते हैं। सामाजीकरण की प्रक्रिया किसी न किसी रूप में जीवनपर्यन्त चलती रहती है और व्यक्ति को सुविधापूर्वक जीने तथा सामाजिक क्रिया-कलापों में पूर्ण रूप से भाग लेने में सहायता प्रदान करती है।

बचपन में बच्चों को उनके यौन के अनुरूप कार्य करना, कपड़ा पहनना तथा व्यवहृत होना सिखाया जाता है। इसे यौन-भूमिका कहा जाता है। आगे चलकर वही बालक एक पुत्र या पुत्री, भाई या बहन, पति या पत्नी, पिता या माता शिक्षक या नेता आदि की भूमिकाएँ भी सीख लेता है। हर नयी भूमिका को सीखते समय बालक को उनके अनुरूप व्यवहारों, अभिवृत्तियों और मूल्यों को भी अर्जित करना पड़ता है। इस प्रकार सामाजीकरण की परिवेशगत-प्रक्रिया द्वारा उत्पन्न व्यवहारगत परिवर्तनों का ही दूसरा नाम 'विकास' है।

विकास के जैविक एवं वातावरणगत पक्षों में अन्तःक्रिया

इस मनोविज्ञान का अध्ययन करते समय कुछ विशिष्ट प्रश्न उभरते हैं जैसे- क्या बच्चों के विकास पर वंश-परम्परा और परिवेश का अलग-अलग या सम्मिलित रूप से प्रभाव पड़ता है। अर्थात् क्या बालक के भीतर कुछ व्यवहार केवल परिपक्वता के कारण उत्पन्न और विकसित होते हैं और कुछ केवल अधिगम के कारण ? या उसके विकास में परिपक्वता और अधिगम दोनों ही कारकों का योगदान होता है ? एक विकासशील बालक का दीर्घकाल तक अवलोकन करने पर हमें ज्ञात होता है कि उसके भीतर कुछ व्यवहार, जैसे—बैठना, खड़ा होना और चलना आदि तो पेशीय परिपक्व के कारण उत्पन्न और विकसित होते हैं। परन्तु इन क्रियाओं का स्वाभाविक विकास असंतुलित आहार, बीमारियों, नशीले पदार्थों, अभ्यास के अभाव अथवा संवेगात्मक असंतुलन के कारण कुण्ठित या विलम्बित हो जाया करता है। इसी प्रकार भाषा के विकास की बात भी ली जा सकती है। भाषा से सम्बन्धित शारीरिक अवयवों के परिपक्व हो जाने पर बालक भाषा और वाणी का उपयोग कर सकता है। परन्तु तब भी बालक को अपने परिवार में बोली जाने वाली भाषा को सीखना ही पड़ता है।

भय, क्रोध, घृणा और प्रेम की संवेगात्मक अभिव्यक्तियाँ बच्चे अपने परिवेश के व्यक्तियों से सीखते हैं। इन तथ्यों को दृष्टिगत रखते हुए यह मानना पड़ता है कि बालक के अधिकांश व्यवहार परिपक्वता और अधिगम के बीच चलने वाली अन्तःक्रिया के कारण विकसित होते हैं।

वस्तुतः बालक के आन्तरिक सम्पूर्ण व्यवहारों के विकास हेतु अनिवार्य परिपक्वता साथ-साथ नहीं होती इसलिए परिपक्वता और अधिगम की अन्तःक्रिया की चर्चा करते समय एक अन्य महत्त्वपूर्ण प्रश्न यह उठता है कि किस व्यवहार के लिए बालक में परिपक्तवा किस आयु में आती है। किसी व्यवहार के लिए स्नायविक परिपक्वता प्राणी को जिस समय उपलब्ध हो पाती है उस अवधि को क्रांतिक-काल कहा जाता है। यह अवधि ऐसी होती है, जब प्राणी में किसी विशेष शारीरिक-मानसिक परिवर्तन के लिए सर्वाधिक तत्परता विद्यमान रहती है और परिवेशीय तत्त्व उसे अधिकाधिक प्रभावित कर सकते हैं। इस प्रकार के क्रांतिक-काल जन्म के पूर्व गर्भकालीन अवस्था में भी पाये जाते हैं और जन्म के बाद की कई अवस्थाओं में भी।

किसी भी प्राणी में विकास क्रम में विकास और समय में आन्तरिक घनिष्ठ सम्बन्ध पाया जाता है समय के पूर्व किसी भी बालक को कुछ व्यवहार नहीं सिखाया जा सकता है। उदाहरण के लिए किसी पाँच वर्षीय बच्चे को दस वर्षीय बच्चे की तरह यह नहीं सिखाया जा सकता कि वह घर में आने वाला हर अतिथि का चरणस्पर्श करें। अगर उसे यह सिखाने का प्रयास किया जाएगा तो उस पर प्रतिकूल असर पड़ेगा और समय भी नष्ट होगा। इसी प्रकार जब किसी व्यवहार से सम्बन्धित परिपक्वता का निर्धारित समय बीत जाता है और बच्चे को उस व्यवहार को सीखने का अवसर नहीं मिल पाता तो बाद में उस व्यवहार को सीखना बहुत कठिन हो जाता है। क्रांतिक-काल में नये व्यवहारों का अधिगम बहुत महत्त्वपूर्ण माना जाता है। यदि क्रांतिक काल का उपयोग नहीं किया गया और उससे लाभ नहीं उठाया गया तो बहुत से परिवर्तन प्राणी में संभवतः कभी नहीं उत्पन्न हो सकेंगे।

विकास अवस्था की विविध विशेषताएँ

विकास अवस्था में विधि विशेषताओं को अपने आन्तरिक हिस्सों में छिपाए रहती है जो हर अध्याय में जाकर शिशु कुछ इस प्रकार की विशेषताओं या गुणों को प्रस्तुत करता है जो अन्य अवस्थाओं में या तो पाये ही नहीं जाते या बहुत साधारण रूप में विद्यमान रहते हैं। उदाहरण के लिए, गर्भकालीन अवस्था, बाल्यकाल और बचपन की अवस्थाएँ शारीरिक विकास के लिए विशेष चर्चित हैं। इसके विपरीत वयः

संधि कामुकता के उदय के लिए तथा किशोरावस्था सामाजिक विकास के लिए प्रसिद्ध है।

बचपन में बालक अपनी कुछ शक्तियों पर रोक लगाना सीखता है यही बात इस अवस्था का विशिष्ट गुण है। बाल्यावस्था में बालक अपने वातावरण के साथ अपना समायोजन स्थापित करने में व्यस्त रहता है और फलस्वरूप समूह-प्रवृत्ति अपनी चरम सीमा पर पहुँच जाती है। किशोरावस्था में सामाजिक सम्बन्धों, भावनाओं तथा वासनाओं का बाहुल्य होता है जिनके कारण बालक नेतागीरी, वीर पूजा, दिवास्वप्नों तथा आदर्शवादिता के नये-नये गुणों का प्रदर्शन करता है। जहाँ बाल्यावस्था में बालक अपने ही यौन के बालकों में रुचि प्रदर्शित करता है वहीं किशोरावस्था में यही रुचि विपरीत यौन के सदस्यों के साथ सामाजिक समायोजन के लिए विशेष रूप से जानी जाती है। अपने इन विशेष गुणों के कारण ही एक अवस्था दूसरी अवस्था से सहज ही अलग की जा सकती है।

2

सैद्धान्तिक विवेचना

किसी भी उच्च स्तर के अनुसन्धान में यदि सिद्धांतों का अभाव है तो उस क्षेत्र या कार्य में अनुसन्धान करना सम्भव नहीं है। आधुनिक विकासात्मक मनोविज्ञान में मानव-विकास के विविध गोचरों एवं तथ्यों की व्याख्या के लिये जो प्रमुख सिद्धान्त विकसित किए गए हैं, उनमें से कुछ चुने हुए सिद्धान्तों का संक्षिप्त विवरण अगले पृष्ठों में प्रस्तुत है।

मनोसामाजिक विकास सिद्धान्त (एरिक्सन)

मानव-व्यवहार का अध्ययन करने हेतु मनोसामाजिक विकास का सिद्धांत अत्यधिक उपयोग माना गया है किन्तु जहाँ फ्रायड का सिद्धान्त मनोलैंगिक विकास का सिद्धान्त कहा जाता है, एरिक्सन का सिद्धान्त मनोसामाजिक विकास सिद्धान्त के नाम से विख्यात है। एरिक्सन के व्यक्तित्व सिद्धान्त का केन्द्रीय तथ्य यह है कि बालक में मनोलैंगिक विकास के साथ ही मनोसामाजिक विकास की प्रक्रिया भी चलती रहती है। उन्होंने ऐसी आठ अवस्थाओं का उल्लेख किया है जिनसे होकर बालक का मनोसामाजिक विकास गुजरता है। उक्त आठों अवस्थाओं का बालक के व्यक्तित्व पर एक विशेष प्रभाव पड़ता है। एरिक्सन ने बाल-व्यक्तित्व के सामाजिक पक्ष को बहुत अधिक महत्त्वपूर्ण माना है और विकास की प्रत्येक अवस्था में पाये जाने

वाले उन सामाजिक तत्त्वों का विश्लेषण किया है जो बालक के व्यक्तित्व विकास पर प्रत्यक्ष अथवा अप्रत्यक्ष रूप से प्रभाव डालते हैं।

एरिक्सन एक नव्य मनोवैज्ञानिक श्रेणी में कहे जाते है जो फ्रायडवादी सिद्धांत के समर्थक थे किन्तु व्यक्तित्व-विकास में उन्होंने फ्रायड की भाँति कामुकता को महत्त्वपूर्ण नहीं माना है। उन्होंने व्यक्तित्व के विकास में व्यक्ति की सामाजिक अनुभूतियों के महत्त्व को स्वीकारा है। एरिक्सन का विश्वास है कि बालक को जीवन में समय-समय पर जिस प्रकार की सामाजिक अनुभूतियाँ होती हैं उनका उसके व्यक्तित्व को अच्छा या बुरा बनाने में बड़ा हाथ होता है। एरिक्सन ने इस बात को बल देकर समझाया है कि बच्चा केवल उस त्रिभुज का ही सदस्य नहीं होता जो माँ, बच्चा और बाप के योग से बनता है, बल्कि वह एक व्यापक सामाजिक परिवेश अर्थात् सम्पूर्ण परिवार का सदस्य होता है और इसलिए उसके विकास पर सम्पूर्ण परिवार का प्रभाव पड़ता है।

एरिक्सन एक आशावादी विचारक हैं और फ्रायड के विपरीत इस बात के समर्थक हैं कि जीवन की प्रत्येक समस्या का समाधान हासिल किया जा सक़ता है और अनेक निषेधात्मक परिस्थितियों से बचा जा सकता है। व्यक्तित्व के विकास में उन्होंने 'इड' की अपेक्षा अहम् की भूमिका को अधिक महत्त्वपूर्ण माना है जिसकी सहायता से व्यक्ति जीवन की वास्तविकताओं के साथ समझौता कर स्वस्थ प्रौढ़ता प्राप्त कर सकता है। वस्तुतः ईगो की सहायता से वास्तविकताओं को स्वीकार करने का यही अर्थ है कि हम अपने सामाजिक परिवेश के साथ अपना संतोषप्रद समायोजन स्थापित करते हैं।

अपनी प्रसिद्ध कृति 'चाइल्डहुड एण्ड सोसाइटी 1963' में एरिक्सन ने यह स्पष्ट करने का प्रयास किया है कि मनुष्य केवल जैविक और मानसिक प्राणी ही नहीं होता, बल्कि वह एक सामाजिक प्राणी भी होता है। अतः मानव विकास की सही जानकारी के लिए उसके व्यवहार को उस सामाजिक सन्दर्भ में समझने की कोशिश करनी चाहिए जिसमें वह पलता और विकसित होता है।

नैतिक विकास सिद्धान्त (कोलबर्ग)

विगत कतिपय दशकों से नैतिक विकास मनोविशेषज्ञों का चिन्तन और अनुसंधान का एक प्रमुख विषय रहा है। मनोविज्ञान के कुछ विशेषज्ञों ने विशिष्ट रूप से इस विषय पर अत्यधिक ध्यान दिया कि बच्चों के भीतर नैतिक ज्ञान और नैतिक व्यवहार का विकास कैसे होता है। सम्बन्धित साहित्य के अवलोकन से पता

चलता है कि मनोवैज्ञानिकों द्वारा नैतिक विकास की व्याख्या में समय-समय पर विभिन्न दृष्टिकोणों को प्रस्तुत किया जा रहा है। सबसे पहले फ्रायड 1923 ने नैतिक विकास के मनोविश्लेषणवादी सिद्धान्त को प्रस्तुत किया था। फ्रायड के अनुसार, बच्चा माता-पिता की भावनाओं और अभिवृत्तियों का आन्तरीकरण करता है और उनसे ग्रहण की हुई नैतिकता ही आगे चलकर उसके लिए विवेक का रूप धारण कर लेती है। अब बालक नैतिक आचरण के लिए भीतर से निर्देशित होता है। इस प्रकार फ्रायड ने नैतिक विकास में व्यक्ति की बाल्यकालीन अनुभूतियों का महत्त्वपूर्ण स्थान बतलाया है।

आगे चलकर नैतिक विकास की व्याख्या के लिए कुछ अधिगमपरक सिद्धान्तों का विकास हुआ। सीयर्स, 1957 ने बालकों के नैतिक विकास पर सामाजीकरण और शिशु-पालन विधियों की भूमिका को महत्त्वपूर्ण बतलाया। बैण्डूरा और वाल्टर्स 1963 ने बताया है कि बच्चे में नैतिक विकास सामाजिक अधिगम का परिणाम होता है। बच्चा अपने परिवेश में नित्य नमूनों के व्यवहार का अनुकरण कर नैतिक आचरण ग्रहण करता है। यहाँ नमूनों से अभिप्राय है—माता-पिता, बड़े भाई, बहन या अध्यापक आदि जिन्हें बच्चा अनुकरणीय समझता है। स्किनर ने अधिगम पर प्रबलन का प्रभाव प्रदर्शित करते हुए बतलाया है कि नैतिक व्यवहार का विकास दण्ड एवं पुरस्कार पर निर्भर होता है। आगे चलकर दण्ड एवं पुरस्कार का स्थान निन्दा एवं प्रशंसा ले लेती है।

उपरोक्त इन दोनों अवधारणाओं का मनोवैज्ञानिकों अथवा विश्लेषण वादियों तथा अधिगमपरक प्रकारान्तर से नैतिक विकास में बालक के परिवेश को महत्त्वपूर्ण तत्त्व मानते हैं। किन्तु नैतिक विकास सम्बन्धी कोलबग, 1963 का सिद्धान्त उक्त सभी सिद्धान्तों से भिन्न है। कोलबर्ग की मूलभूत अवधारणाओं, नैतिक व्यवहार की अध्ययन विधि तथा नैतिक विकास की विभिन्न अवस्थाओं का संक्षिप्त विवरण आगे के पृष्ठों में प्रस्तुत है।

कोलबर्ग का कहना है कि बालक के नैतिक विकास के स्वरूप को ज्ञात करने के लिए चिन्तन के स्वरूप को जानना अति आवश्यक है। बालक द्वारा प्रदर्शित प्रतिक्रियाओं के आधार पर उसकी नैतिकता का सही अनुमान लगाया जा सकता है। अधिकांश परिस्थितियों में बालक दण्ड के भय या पुरस्कार के प्रलोभन से वांछनीय व्यवहार प्रदर्शित करता है, नैतिक चिन्तन या नैतिक निर्णय के कारण नहीं। अतः अधिगमपरक सिद्धान्तवादियों के विपरीत, कोलबर्ग ने बालक को किसी धर्मसंकट या कशमकश की स्थिति में रखकर यह देखा है कि बालक उस परिस्थिति में क्या

सोचता है और किस तर्क के आधार पर उचित व्यवहार के लिए निर्णय लेता है। कोलबर्ग के इस उपागम को प्राणीगत उपागम कहा गया है, क्योंकि नैतिक विकास किसी पर्यावरण के तत्त्व के कारण नहीं, बल्कि स्वयं बालक को अपनी तर्क-शक्ति के कारण होता है।

इनके नैतिक विकास सिद्धांत की अवस्था को सिद्धांत की संज्ञा दी जाती है। उन्होंने सम्पूर्ण नैतिक विकास को छः अवस्थाओं में विभाजित किया है। इन अवस्थाओं का उल्लेख आगे किया जाएगा। कोलबर्ग ने उक्त छः अवस्थाओं को सार्वभौमिक माना है। उनका विश्वास है कि सभी बच्चे इन अवस्थाओं से गुजरते हैं। नैतिक विकास की ये अवस्थाएँ एक निश्चित क्रम में आती हैं और वह क्रम बदला नहीं जा सकता। ऐसा सम्भव नहीं है कि किसी बालक में पहले तीसरी अवस्था की नैतिकता विकसित हो और बाद में पहली अवस्था की नैतिकता। अन्य अवस्था, सिद्धान्तवादियों की ही भाँति कोलबर्ग भी यह मानते हैं कि नैतिक विकास की प्रत्येक अवस्था में पायी जाने वाली नैतिकता के स्वरूप का गुण अन्य अवस्थाओं की नैतिकता से भिन्न होता है। प्रत्येक अवस्था में बालक की तर्क-शक्ति एक नए प्रकार की होती है।

बालक जब अपनी दूसरी अवस्था में पहुँचता है तो उसके आन्तरिक नैतिक व्यवहार में गुणों का परिवर्तन कब और कैसे पैदा होते हैं यह एक विचार करने योग्य सवाल है। अवस्था सिद्धान्त के अन्य समर्थकों की भाँति कोलबर्ग की भी यही धारणा है कि बालक के नैतिक व्यवहार में गुणात्मक परिवर्तन क्रमिक रूप से ही आते हैं, यकायक नहीं उत्पन्न हो जाते। वस्तुतः किसी अवस्था-विशेषज्ञ में पहुँचने पर बालक केवल उसी अवस्थाओं की विशेषताओं का ही प्रदर्शन नहीं करता बल्कि उसमें कई अवस्थाओं के व्यवहार मिश्रित रूप से दिखलाई पड़ते हैं। उसके अधिकांश व्यवहार जिस अवस्था के अनुरूप होते हैं, बालक को उसी अवस्था का मान लिया जाता है। इस सन्दर्भ में अवस्था सिद्धान्तवादियों ने अवस्था-मिश्रण की परिकल्पना प्रस्तुत की है जिसका अभिप्राय यह है कि किसी भी एक समय बालक एक से अधिक स्तरों पर व्यवहार करता है। सम्पूर्ण विकासात्मक मनोविज्ञान में अवस्था-मिश्रण की परिकल्पना एक वास्तविकता है और सभी प्रकार के व्यवहारों के विकास में देखने को मिलती है।

कोलबर्ग के अनुयायी इलियट टूरियल के अनुसार प्रत्येक बालक सदैव नैतिक विकास की एक अवस्था को पार करके दूसरी अवस्था में पहुँचता है। लेकिन प्रत्येक बालक प्रत्येक छः अवस्थाओं तक प्रवेश नहीं कर पाते हैं। नैतिक विकास की अन्तिम

अवस्था तक पहुँचने वाले बालकों की संख्या बहुत कम ही होती है। इसलिए बालकों में नैतिक तर्क-शक्ति या नैतिक चिन्तन की दृष्टि से व्यक्तिगत भिन्नताएँ पाई जाती हैं। ये भिन्नताएँ विकास की गति और विकास की सीमा दोनों ही कारणों से उत्पन्न होती हैं। टूरियल ने अमरीकी बालकों के नैतिक विकास की गतिविधि का अध्ययन किया औरा पाया कि अधिकांश अमरीकी बालक नैतिक विकास की केवल चौथी अवस्था तक ही पहुँच पाते हैं।

कोलबर्ग ने बालकों के नैतिक विकास का उचित तरीके से अध्ययन करने के उद्देश्य से इस प्रणाली का विकास किया उनके अनुसार नैतिक विकास को समझने के लिए बालक की तर्क-शक्ति का अध्ययन करना प्रासंगिक होता है। अतः उन्होंने ऐसी कहानियों की शृंखला तैयार की जिनमें बालक के लिए एक धर्मसंकट की स्थिति उपस्थित की गयी थी। इस धर्म संकट की स्थिति के कारण बालक के मन में एक द्वन्द्व उत्पन्न होता है।

नैतिक विकास में कोलबर्ग ने छः अवस्थाओं को बताया है एवं उन्हीं का यहां वर्णन किया गया है लेकिन कोलबर्ग ने एक साथ दो-दो अवस्थाओं को उन्हें तीन हिस्सों में विभाजित कर दिया है जैसे—

अवस्थाओं का वर्गीकरण

प्रीकन्वेंशनल	कन्वेंशनल	पोस्ट कन्वेंशनल
(i) आज्ञा एवं दण्ड की अवस्था	(i) प्रशंसा की अवस्था	(i) सामाजिक समझौते की अवस्था
(ii) अहंकार की अवस्था	(ii) सामाजिक व्यवस्था के प्रति सम्मान की अवस्था	(ii) विवेक की अवस्था

जब बालक किसी बाहरी तत्त्व या किसी भौतिक घटना के सन्दर्भ में किसी आचरण को नैतिक अथवा अनैतिक मानता है तो उसकी नैतिक तर्क शक्ति प्रीकन्वेंशनल स्तर की कही जाती है।

जब बालक के नैतिक चिन्तन का आधार सामाजिक होता है तो वह कन्वेंशनल स्तर का माना जाता है।

नैतिक विकास का तीसरा स्तर अर्थात् पोस्टकन्वेंशनल स्तर वह स्तर होता है, जब कोई बालक अपने विवेक के आधार पर किसी व्यवहार को अच्छा या बुरा, उचित या अनुचित, नैतिक या अनैतिक समझता है।

इनमें से प्रत्येक स्तर के अन्तर्गत दो-दो अवस्थाएँ होती हैं। इन दोनों अवस्थाओं में नैतिक तर्क का आधार एक ही होने के कारण इन्हें एक ही स्तर के अन्तर्गत रखा गया है।

परिपक्वता का सिद्धान्त

सबसे पहले 'गेसेल' ने परिपक्वता के संप्रत्यय का प्रयोग किया था। गेसेल ने इस 'परिपक्वता' पद का विशलेषण करते हुए इसे पेशियों तथा कोशिकाओं में वक्त के साथ-साथ होने वाला बदलाव माना है। प्राणी की शारीरिक संरचना अनेक कोशों और पेशियों से निर्मित होती है, जिनके बीच अनेक अन्तर्सम्बन्ध पाये जाते हैं। समय के साथ पेशियों के बीच ये अन्तर्सम्बन्ध दृढ़ होते रहते हैं और फलस्वरूप शारीरिक अवयवों में वृद्धि दृष्टिगोचर होने लगती है। शरीर की आंतरिक व्यवस्था में घटित होने वाले परिवर्तन, माँसपेशियों की दृढ़ता और प्रौढ़ता तथा अवयवों में होने वाला विकास परिपक्वता-प्रक्रिया के ही परिणाम हैं। गेसेल के अनुसार, उक्त प्रकार के संरचनात्मक परिवर्तनों के उत्पन्न होने की निश्चित अवस्थाएँ होती हैं, और उनके विकास पर अधिगम अथवा किसी अन्य परिवेशीय तत्त्व का प्रभाव नहीं पड़ता। मार्टिन के अनुसार परिपक्वता पद का प्रयोग उन संरचनात्मक परिवर्तनों का वर्णन करने के लिए किया जाता है जो प्राणी के भीतर पाए जाने वाले अनेक स्नायविक सम्बन्धों को पुष्ट करते हैं। मार्टिन ने इस तथ्य को निम्नांकित शब्दों में व्यक्त किया है "The term maturation is used to describe the structural changes which improve, the coordination of numerous relationship with in the neural system." गेसेल और मार्टिन दोनों ही यह मानते हैं कि प्राणी में परिपक्वता की प्रक्रिया स्वतः चलती ही रहती है और वह परिवेशीय प्रभावों से सर्वथा मुक्त होती है। परिपक्वता के अभाव में प्राणी अधिगम की क्रिया में सफल नहीं हो सकता। अधिगम के लिए परिपक्वता आवश्यक होती है।

परिपक्वता के अन्तर्गत होने वाले प्रमुख दो परिवर्तनों का अध्ययन प्रसिद्ध मनोविज्ञनिक रनेली ने किया था इन्होंने अपने अध्ययन से यह स्पष्ट किया कि 'परिपक्ता' में जो दो बदलाव होते हैं अथवा घटनाएं होती हैं वो इस प्रकार हैं। 1. विवृद्धि, 2. प्रभेदन। विवृद्धि में माँसपेशियों का आकार पहले की अपेक्षा बड़ा हो जाता है और उनके बीच पाए जाने वाले सम्बन्ध मजबूत होते हैं। इन परिवर्तनों के कारण दैहिक संरचना में आयु के साथ कार्यात्मक क्षमता बढ़ जाती है। प्रभेदन विवृद्धि से भिन्न होता है फिर भी उसे विवृद्धि से पृथक् नहीं माना जा सकता। प्रभेदन एक

ऐसी प्रक्रिया है जिसके कारण शारीरिक अवयव एक दूसरे से भिन्न दिखलाई पड़ने लगते हैं। गर्भकालीन अवस्था में गर्भस्थ शिशु केवल एक कोश के रूप में होता है। कुछ समय बाद उसमें कई परतों का निर्माण हो जाता है। समय के साथ इन परतों से अनेक शारीरिक अवयव विकसित होते हैं। इसे परिपक्वता का ही परिणाम कहा जाएगा। प्रभेदन की प्रक्रिया दिखलायी पड़ती है। उदाहरण के लिए, प्रारम्भ में बच्चों के संवेगों को स्पष्टतः पहचाना नहीं जा सकता, किन्तु धीरे-धीरे आयु-वृद्धि के साथ उनके मुखमण्डल पर संवेगात्मक अभिव्यक्तियाँ प्रभेदित होने लगती हैं। गेसेल और मार्टिन के विपरीत, श्नेर्ला का विश्वास है कि परिपक्वता परिवेशीय तत्त्वों द्वारा प्रभावित होती है।

प्रसिद्ध मनोवैज्ञानिक स्टॉट ने भी विकासात्मक मनोविज्ञान में परिपक्वता के संप्रत्यय पर सम्पूर्ण रूप से प्रकाश डाला है। इनके अनुसार बालक के विकासशील की अवस्था में बालक के अन्दर दो तरह के बदलाव होते हैं—1. परिणात्मक, 2. गुणात्मक। परिपक्वता के कारण प्राणी में नयी क्षमताओं का उदय होता है और वह नये प्रकार के व्यवहार सम्पन्न कर सकने में सक्षम हो पाता है। उदाहरण के लिए, एक शिशु अपनी आवश्यकताओं की पूर्ति के लिए रोकर दूसरों का ध्यान आकृष्ट करता है, परिपक्वता प्राप्त हो जाने पर वह भाषा का प्रयोग करने लगता है। इसी प्रकार जो बच्चा प्रारम्भ में एक इंच भी नहीं खिसक सकता, वह परिपक्वता प्राप्त कर लेने पर दौड़ने, उछलने, कूदने का व्यवहार प्रदर्शित करने लगता है। स्टॉट के अनुसार प्राणी की दैहिक संरचना, उसकी पेशीय और स्नायविक अवस्था के अन्तर्गत होने वाले उन परिवर्तनों को परिपक्वता कहा जाएगा जो नए प्रकार की प्रक्रियाओं के लिए तत्परता प्रदान करते हैं। स्टॉट की अवधारणा में बालक के उचित विकास हेतु परिपक्वता, वृद्धि एवं अनुभव यह तीनों अनिवार्य कारक हैं और वस्तुतः इन्हें एक दूसरे से पृथक् नहीं किया जा सकता। फिर भी यदि किसी बालक की विवृद्धि अपूर्ण हो और वह किसी विशिष्ट अनुभव से वंचित रह गया हो तो भी जीवनयापन के लिए बाधाग्रस्त नहीं होगा। परन्तु यदि किसी बालक में परिपक्वता के कारण जो शारीरिक एवं मानसिक परिवर्तन आविभूर्त होते हैं उनकी उत्पत्ति प्रायः यकायक ही होती है। किशोरावस्था के प्रारम्भ होते-होते बालकों के चेहरे पर बालों का उगना, अचानक उनकी ध्वनियों में परिवर्तन आ जाना स्वाभाविक किन्तु आश्चर्यजनक घटनाएँ होती हैं जिनसे उपर्युक्त तथ्यों की पुष्टि होती है। इसी प्रकार रुचियों और मनोवृत्तियों में भी बड़ी शीघ्रता से परिवर्तन आता है। बाल्यावस्था में प्रायः बालक-बालिकाओं के

बीच यौन-विरोध चलता है, परन्तु किशोरावस्था में यह यौन-आकर्षण में परिवर्तित हो जाता है और यह घोर परिवर्तन कुछ महीनों के भीतर ही घटित हो जाता है।

जब बालक माँ के पेट में रहता है तभी से परिपक्वता का असर होने लगता है। यह प्रभाव जन्म के पश्चात् की अवस्थाओं में इसकी प्रक्रिया तब तक चलती रहती है जब तक वृद्धि तथा विकास की स्नायविक ताकत समाप्त नहीं हो जाती। अर्थात् जब तक बालक को उसकी स्नायविक और माँसपेशीय दृढ़ता और प्रौढ़ता पूर्ण रूप से प्राप्त नहीं हो जाती तब तक परिपक्वता की क्रिया चलती रहती है। प्रारम्भ में हमारे स्नायुओं के प्रौढ़ और सशक्त होने की आवश्यकता पड़ जाती है ताकि हम अपने भौतिक एवं सामाजिक वातावरण के साथ अपना उचित प्रकार का समायोजन स्थापित कर सकें। नवजात शिशु जो जन्म के समय अपने अंगों को तनिक भी हिला-डुला नहीं सकता, एक दिन अपने शारीरिक अवयवों पर पूर्ण नियंत्रण प्राप्त कर लेता है। देखते ही देखते वह बिस्तर पर उलटने-पुलटने लगता है और शीघ्र ही उसके भीतर खिसकने, रेंगने, बैठने, खड़े होने तथा चलने की क्षमताओं का विकास होने लगता है। इसी प्रकार कुछ दिन और बीतने पर बालक वस्तुओं को पकड़ने, फेंकने, बाल संवारने तथा कपड़े पहनने के कौशलों का भी प्रदर्शन करने लगता है। जो बच्चे प्रारम्भ में कुछ विशेष ध्वनियों को उच्चारित नहीं कर पाते, वे थोड़ी अवस्था के बाद उनका स्पष्ट उच्चारण करने लगते हैं। अवस्था-विशेष में पहुँचकर उनके भीतर यौन-चेतना जागृत हो उठती है और वे यौन-आचरण सम्पन्न करने के योग्य हो जाते हैं।

अब यहाँ पर एक प्रश्न उत्पन्न होता है कि इन सभी परिवर्तनों की वजह बालक की शारीरिक परिपक्वता है अथवा अनुभव प्रशिक्षण, परिवेश अथवा अभ्यास प्राप्त कोई अन्य कारक। स्पष्ट है कि इन नयी शारीरिक क्षमताओं का उदय परिपक्वता के कारण ही होता है वातावरण के प्रभाव के कारण नहीं। वातावरण में उपलब्ध शिक्षण और प्रशिक्षण या अभ्यास से इन क्षमताओं का विकास मात्र होता है और ये दृढ़ होती है, परन्तु वातावरण इन्हें उत्पन्न नहीं कर सकता। कभी-कभी माता-पिता से पर्याप्त प्रोत्साहन पाने पर भी बच्चा कुछ क्रियाएँ सम्पन्न नहीं कर पाता। यदि शारीरिक क्रियाओं और क्षमताओं की उत्पत्ति का कारण शिक्षण और ट्रेनिंग होती तो वह अवश्य उन क्रियाओं को सम्पन्न कर सकने में समर्थ होता। अतः शारीरिक और मानसिक वृद्धि एवं विकास तथा विभिन्न क्षमताओं के उदय का कारण परिपक्वता को ही समझना चाहिए। जब तक स्नायविक तैयारी नहीं प्राप्त हो जाती तब तक सिखलाने और अभ्यास कराने से किसी विशेष लाभ की आशा नहीं की जा सकती।

परिपक्वता के अर्थ को अच्छी प्रकार से समझने के लिए एक महत्त्वपूर्ण उदाहरण प्रस्तुत किया जा रहा है। पाँच वर्ष के बालक को छोटी साइकिल चलाने का नित्य अभ्यास करवाया जाता है। दुर्भाग्यवश आपके अनेक प्रयासों के बाद भी बच्चा साइकिल चलाने में असफल रहा। परन्तु लगभग चार वर्ष की अवस्था में वही बच्चा आपकी थोड़ी सहायता से ही साइकिल चलाने लगता है तो यही कहा जाएगा कि वह अधिगम नहीं अपितु परिपक्वता के कारण सफल हुआ। शारीरिक परिपक्वता के अभाव में वह अब तक साइकिल चलाने में असमर्थ रहा। इसी प्रकार कोई माता-पिता अपने तीन महीने के शिशु को चाहे जितना सिखलायें और अभ्यास करायें, वह बोलने में शब्दों और वाक्यों का प्रयोग नहीं कर सकता क्योंकि इतनी छोटी अवस्था में स्वर-यन्त्र और भाषा-सम्बन्धी अन्य अंग परिपक्व नहीं हुए रहते।

माता-पिता एवं अध्यापकों को परिपक्वता की अवस्था का ज्ञान अच्छी प्रकार से ज्ञात होना चाहिए ताकि वे उपयुक्त समय पर बालकों के विकास के लिए उचित परिस्थितियाँ तैयार रख सकें। विकासशील मानव-शिशु के व्यवहारगत परिवर्तनों की व्याख्या में अधिगम प्रक्रम की उपेक्षा नहीं की जा सकती। जन्म के कुछ समय बाद ही बालक अपने एवं सामाजिक परिवेश में सुसमायोजित होने के लिए प्रयासरत हो जाता है। यद्यपि परिपक्वता-प्रक्रिया इन व्यवहारगत परिवर्तनों की सीमा निर्धारित करती है तथा अधिगम की गति को नियंत्रित करती है तथापि पूरे विकास काल में बालक का व्यवहार अविराम गति से परिवर्तित और परिमार्जित होता रहता है।

बालक को अपनी जरूरतों को पूरा करने हेतु स्वयं पहले सीखे हुए ज्ञानों की जगह नवीन ज्ञानों को अधिगम करना पड़ता है। मनुष्य और वातावरण के मध्य निरंतर चलने वाली इस आन्तरिक क्रिया का फल अधिगम प्रक्रम के नाम से जाना जाता है। अधिगम एक अत्यन्त व्यापक संप्रत्यय है। इसके अन्तर्गत बालक द्वारा अर्जित साधारण स्नायविक अनुक्रिया से लेकर जटिलतम व्यवहारों तक का समावेश समझा जाता है। जन्म के शीघ्र ही बाद बच्चा कुछ वस्तुओं को पहचानने लगता है और उसके साथ सम्बन्धित नए शब्दों को बोलने लगता है। धीरे-धीरे वह जटिल क्रियात्मक कौशलों और संप्रत्ययों का भी अर्जन करने लगता है। आयु बढ़ने के साथ बालक प्रतीकों और संकेतों को समझने लगता है और अनेक समस्याओं का हल भी प्रस्तुत करने लगता है।

अवस्था सिद्धान्त

फ्रायड का मनोलैंगिक विकास सिद्धान्त, अवस्था सिद्धान्त कहा जाता है क्योंकि उन्होंने विकास की विभिन्न अवस्थाओं का उल्लेख किया है। फ्रायड की ही

भाँति एरिक्सन, पियाजे, कोलबर्ग के सिद्धान्त भी अवस्था सिद्धान्त माने जाते हैं। एरिक्सन ने व्यक्तित्व-विकास, पियाजे ने संज्ञान-विकास और कोलबर्ग ने नैतिक विकास को कई अवस्थाओं में बाँटा है। इन सिद्धान्तों का वर्णन आगे किया गया है। अवस्था सिद्धान्तों की कुछ मूलभूत अवधारणाएँ है। इन अवधारणाओं को जान लेने से फ्रायड आदि के सिद्धान्तों को अधिक गहराई से समझा जा सकता है।

अवस्था सिद्धान्तवादियों की पहली अवधारणा यह है कि मानव-विकास की अवस्थाएँ सार्वभौमिक होती हैं। इसलिए सभी बालक चाहे वे किसी भी जाति, देश एवं संस्कृति के हों, विकास की सभी अवस्थाओं से होकर गुजरते हैं। कोई भी विकासशील बालक किसी अवस्था का उल्लघंन नहीं कर सकता। इसके साथ ही विकास की अवस्थाएँ एक सुनिश्चित क्रम में आती हैं। ऐसा सम्भव नहीं है कि पहली अवस्था बाद में और बाद वाली अवस्था पहले आ जाए। फ्रायड के सिद्धान्त के सन्दर्भ में कहा जाता है कि सामान्यतः सभी बच्चे पाँचों अवस्थाओं से होकर गुजरते हैं। संभव है कि कोई बालक अपनी बीमारी के कारण सभी अवस्थाओं तक न पहुँच पाये। किन्तु यदि वह अंतिम अवस्था में पहुँचता है, तो यह निश्चित है कि वह पिछली सभी अवस्थाओं से होते हुए इस अंतिम अवस्था में पहुँचता है। उदाहरण के लिए, कोई बालक जननेन्द्रिय अवस्था पर पहुँचने से पहले अदृश्यावस्था पर अवश्य रहा होगा। जहाँ तक क्रम का प्रश्न है, उस दृष्टि से भी बालक एक अवस्था के बाद दूसरी अवस्था में प्रवेश कर पाता है। ऐसा सम्भव नहीं है कि पहले लैंगिक अवस्था में पहुँच जाए और उसके बाद मुखीय अवस्था में आए।

इस सिद्धान्त में एक दूसरी अवधारणा के अनुसार व्यक्ति की हर आयु या अवस्था में उत्पन्न होने वाली व्यवहारगत विशेषताएँ दूसरी अवस्था की विशेषताओं से गुण में भिन्न हुआ करती हैं। एक अवस्था से दूसरी अवस्था में पहुँचने पर कोई बालक जो व्यवहार प्रदर्शित करता है, वह केवल मात्रा में ही अधिक नहीं होता बल्कि गुण की दृष्टि से भी भिन्न होता है। विभिन्न अवस्था के व्यवहारों में गुण सम्बन्धी भिन्नता पाये जाने के कारण ही विकास की प्रत्येक अवस्था महत्त्वपूर्ण समझी जाती है। वस्तुतः इन्हीं गुणात्मक भिन्नताओं के आधार पर ही विभिन्न अवस्थाओं का वर्गीकरण हुआ है।

इसी अवधारणा के अन्तर्गत विशिष्ट रूप से एक ख्याल खड़ा होता है कि एक अवस्था से गुजरकर दूसरी अवस्था में पहुँचने पर बालक के अन्दर नवीन गुणात्मक व्यवहारों का विकास कब और कैसे होता है। इस प्रश्न के उत्तर में अवस्था सिद्धान्त के पोषकों का कहना है कि गुणात्मक परिवर्तन बालक में क्रमिक रूप से ही उत्पन्न

होते हैं, अचानक नहीं। बालक के विकास-क्रम में कभी यह नहीं कहा जा सकता कि वह कल एक अवस्था में था और आज बालक दूसरी अवस्था में आ गया। वस्तुतः जब किसी नई अवस्था की विशेषताएँ किसी बालक में प्रचुर मात्रा में विकसित हो चुकती हैं तभी उसे उस अवस्था में पहुँचा हुआ मानना उचित होता है। इसका अर्थ यह हुआ कि विकास की किसी अवस्था में कोई बालक को समीपवर्ती अवस्थाओं की व्यवहारगत विशेषताएँ प्रदर्शित कर सकता है। बालक के व्यवहारों का बार-बार प्रक्षेपण कर यह जाना जा सकता है कि उसके अधिकांश व्यवहार किस अवस्था की विशेषताओं का प्रतिनिधित्व करते हैं। जब कहा जाता है कि अमुक बालक अमुक अवस्था में प्रवेश कर चुका है, तो ऐसा उसके द्वारा प्रदर्शित अधिकांश व्यवहारों के आधार पर ही कहा जाता है। सामान्य रूप से देखा जाता है कि जब कोई बालक एक अवस्था से दूसरी अवस्था में प्रवेश करता है, तो नयी अवस्था के प्रतिनिधि व्यवहारों की बहुलता दिखाई पड़ती है, फिर भी पिछली अवस्था से सम्बन्धित व्यवहार पूर्णतः विलुप्त नहीं हो जाते, बल्कि इनकी आवृत्ति काफी घट जाती है।

अवस्था सिद्धांत के द्वारा सम्पूर्ण बालकों को एक जैसा विकास की ओर जागृत होना चाहिये क्योंकि हर बालक एक ही क्रम व अवस्था में आते हैं। लेकिन जानकारी तथा अनुभव में परस्पर अन्तर पाया जाता है। यह क्यों होता है, हर बालक का विकास एक तरह से क्यों नहीं होता? इस प्रश्न के उत्तर में अवस्था सिद्धान्तवादियों का कहना है कि व्यक्तिगत भिन्नताएँ दो कारणों से दिखलाई पड़ती हैं—विकास की गति और विकास की सीमा। यद्यपि विकास की प्रक्रिया सभी बालकों में चलती रहती है फिर भी सभी बालक न तो समान गति से विकसित होते हैं और न सभी के विकास की सीमा ही समान होती है। बीमारी के कारण सभी बालक विकास की अंतिम सीमा तक नहीं पहुँच पाते। अतः अवस्था सिद्धान्तवादी विकास की गति और विकास की सीमा में पाई जाने वाली भिन्नता को ही व्यक्तिगत भिन्नता का कारण मानते हैं।

सूचना सिद्धान्त

सूचना सिद्धांत एक नवीन सिद्धांत है जो व्यक्ति के व्यक्तित्व अथवा व्यवहारों एवं विकासों का अध्ययन कम्प्यूटर प्रणाली पर आधारित है। सूचना सिद्धान्त का उद्भव तथा विकास करीबन 1970-80 के मध्य में हुआ। उसके पश्चात् इसकी विशेषता दिनो-दिन बढ़ती गयी और आज भी रफ्तार से वृद्धि हो रही है। सूचना सिद्धान्त जीन पियाजे के सिद्धान्त की ही भाँति बालक की संज्ञानात्मक क्षमता के विकास की व्याख्या करता है। परन्तु संज्ञान के विकास में जहाँ पियाजे ने उन

अवस्थाओं का महत्त्व बताया है जिनसे होकर बालक गुजरता है वहीं सूचना सिद्धान्त में संज्ञान के विकास पर बालक द्वारा परिवेश से ग्रहण की जाने वाली सूचनाओं की मात्रा, उन सूचनाओं को व्यवहार में लाने की योग्यता तथा बालक की जानकारी को महत्त्वपूर्ण कारक माना गया है।

इस सिद्धांत का केन्द्रीय तथ्य यह स्वीकार करता है कि बालक की मानसिक शक्ति वर्तमान दौर के कम्प्यूटर जैसा कार्य करती है। कम्प्यूटर में जो सूचना डाली जाती है वह उसकी 'मेमोरी' में चली जाती है। मेमोरी कम्प्यूटर के भीतर सूचना-भण्डारण की एक प्रणाली होती है जिसमें सारी सूचनाएँ एकत्र होकर सुरक्षित पड़ी रहती हैं। जब उन सूचनाओं का उपयोग करना होता है तो उन्हें कम्प्यूटर से बाहर निकाल लिया जाता है। कम्प्यूटर की ही भाँति मनुष्य भी वातावरण से वस्तुओं और ध्वनियों के रूप में सूचनाएँ ग्रहण करता है जो उसके मस्तिष्क में संचित होती रहती हैं। आवश्यकता पड़ने पर व्यक्ति उन संचित सूचनाओं का प्रत्याह्वान और पहचान करता है। इस प्रक्रिया में अवधान और स्मरण का महत्त्वपूर्ण योगदान होता है।

इस सिद्धांत के विकासकर्ताओं ने यह ज्ञात करने की कोशिश की है कि अलग अवस्थाओं के बालक सूचनाओं को कैसे उपलब्ध करते हैं और उसे किस प्रकार से प्रयोग करते हैं। मनोवैज्ञानिक अध्ययनों से यह बात प्रकाश में आयी है कि दो-तीन वर्ष के छोटे बच्चे उतनी कुशलता के साथ सूचनाओं का संचय और प्रत्याह्वान नहीं कर पाते जितनी कुशलता के साथ आठ वर्ष के बालक करते हैं। छोटे बच्चे बड़े बालकों की अपेक्षा वस्तुओं का अधिक अपूर्ण वर्णन भी करते हैं। ऐसा क्यों होता है?

सूचना सिद्धांत के प्रवर्तकों का कहना है कि कम आयु के बालक वातावरण से संचार की गयी सूचनाओं का समुचित संचय और स्मरण इसलिए नहीं कर पाते क्योंकि वे बड़े बालकों की भाँति सोच-विचार और तर्क-वितर्क करने में सक्षम नहीं होते और उनमें अपनी मानसिक क्रियाओं का समुचित उपयोग करने की क्षमता विकसित नहीं हुई रहती। उनके पास ज्ञान (अनुभव) भी सीमित मात्रा में होता है। दूसरे शब्दों में कहा जा सकता है कि भिन्न-भिन्न आयु के बालकों की योग्यताओं में मात्रात्मक अंतर पाया जाता है। जहाँ जीन पियाजे ने इस अन्तर का कारण विकासात्मक अवस्थाओं को माना है, वहीं सूचना सिद्धान्त के समर्थक इस अन्तर का कारण स्वयं सूचनाओं की जटिलता, बालकों में भाषात्मक कौशल का अभाव, संचय की अयोग्यता तथा अनुभव की कमी को मानते हैं। उम्र बढ़ने के साथ ये कमियाँ दूर होने लगती हैं।

मानवतावादी सिद्धान्त

विकासात्मक मनोविज्ञान में बालक के विकास का अध्ययन करने वाले ऊपर जिन सिद्धांतों का अध्ययन हुआ है उन्हें दो श्रेणियों में विभाजित किया जा सकता है। इनमें से कुछ सिद्धान्त इस तरह हैं जो यह मानते हैं कि बालक की क्रियाओं में व्यवहारगत बदलाव किसी जन्मजात प्रेरक वृत्ति की वजह से उत्पन्न होते हैं। ऐसे सिद्धान्तों के अन्तर्गत मनोविश्लेषणवादी सिद्धान्तों को रखा जा सकता है। दूसरे प्रकार के सिद्धान्त वे हैं जो इस बात पर बल देते हैं कि बालक द्वारा अधिकांश व्यवहार परिवेशीय कारणों के प्रभाव में सीखे जाते हैं। ऐसे सिद्धान्तों में बैण्डूरा के सामाजिक अधिगम और पियाजे के संज्ञानात्मक विकास के सिद्धान्त की गणना की जा सकती है।

लेकिन विकासात्मक मनोविज्ञान के कुछ विशेषज्ञों ने बालक के विकास का अध्ययन एक दूसरी अवधारणा से किया है जिसे मानवतावादी अवधारणा की संज्ञा दी गयी है इस परिप्रेक्ष्य में अब्राहम मैस्लो और कार्ल रोजर्स के नाम उल्लेखनीय हैं। मैस्लो ने 1954 तथा रोजर्स ने 1961 में अपने सिद्धान्तों का प्रतिपादन किया जो अपनी सीमाओं के बावजूद भी बालक के विकास को समझने में सहायक सिद्ध हुए हैं। इन्हीं मनोवैज्ञानिक दृष्टिकोणों को बाल-विकास के मानवतावादी सिद्धान्त के नाम से जाना जाता है। इस सिद्धान्त को सेल्फ थ्योरी भी कहा जाता है।

इस सिद्धांत की अवधारणा यह है कि बालक विभिन्न मनोवैज्ञानिक शक्तियों का विशिष्ट केन्द्र बिन्दु होता है। प्रत्येक बालक विकास-क्रम में अपने भीतर एक स्वत्व-बोध और स्वयं को पहचानने की क्षमता विकसित कर लेता है। इन्हीं संबंधों के आधार पर उसे अपनी क्षमताओं और सीमाओं का ज्ञान होने लगता है। इसके फलस्वरूप धीरे-धीरे बालक के भीतर एक विशिष्ट व्यक्तित्व का विकास प्रारम्भ हो जाता है। बालक अपनी समस्त आवश्यकताओं से अवगत हो जाता है। जहाँ मनोविश्लेषणवादी सिद्धान्त जन्मजात प्रवृत्ति को और अधिगम सिद्धान्त परिवेशीय कारकों को महत्त्वपूर्ण मानते हैं, वहीं मानवतावादी सिद्धान्त बालक के विकास के लिए उसके भीतर निहित इच्छाशक्ति को महत्त्वपूर्ण मानता है। इस प्रकार मानवतावादी सिद्धान्त मनोविश्लेषणवादी सिद्धान्तों तथा अधिगम सिद्धान्तों का प्रबल विरोध करता है।

बैण्डूरा का सामाजिक अधिगम सिद्धान्त

सामाजिक अधिगम में बालक के सामाजिक वातावरण का योगदान अत्यधिक होता है बालक अपने माँ-बाप, भाई-बहन, पड़ोसियों, साथियों और गुरुजनों के

व्यवहारों का अवलोकन करता है और भविष्य में मूल रूप से दोहराने की कोशिश करता है। अधिगम में समाज की भूमिका विचारकों द्वारा बहुत पहले ही स्वीकार की जा चुकी है। **जॉन लाक** के अनुसार बच्चे का मन एक कोरी तख्ती है जिस पर अधिगम और अनुभव की छाप धीरे-धीरे गहरी होती जाती है। मनोवैज्ञानिकों में सर्वप्रथम वाटसन ने उक्त विचारों का स्वागत किया। उनका कहना था कि एक विकासशील बालक अन्ततः जो कुछ बन पाता है उसे वह समाज में ही सीखता है। वस्तुतः सही ढंग से चुनी हुई विधियों की सहायता से कोई भी व्यक्ति कुछ भी सीख सकता है। वाटसन के बाद अधिगम के कई व्यवहारवादी सिद्धान्त विकसित किए जा चुके हैं। इस सन्दर्भ में हल्ल, मिलर, हालर्ड, थार्नडाईक, स्किनर तथा बैण्डूरा के नाम विशेष उल्लेखनीय हैं। किन्तु सामाजिक परिस्थितियों में बालक कैसे सीखता है। इस दशा में बैण्डूरा द्वारा किए गए अध्ययन और उनके द्वारा प्रतिपादित सिद्धान्त विकासात्मक मनोविज्ञान में महत्त्वपूर्ण स्थान रखते हैं और बालक के व्यवहार-विकास की समीक्षा भली-भाँति करते हैं।

इस केन्द्रीय तथ्य के सन्दर्भ में बालक विविध आचरणों एवं व्यवहारों को किस प्रकार और कैसे सीखता है या अनेक स्तरों के कौशलों को किस प्रकार से एकत्रित करता है, इस विषय में विविध मनोवैज्ञानिक सिद्धान्तों की विवेचना तथा प्रतिपाठन किया गया है। अनेक परिस्थितियों में बच्चे अनुबंधन की प्रणाली द्वारा नये व्यवहारों को अर्जित करते हैं जिसमें पुरस्कार अथवा दण्ड की सक्रिय भूमिका होती है। किन्तु 1955 और 1965 के बीच बैण्डूरा और वाल्टर्स ने इस तथ्य को उजागर किया कि बालक अधिकांश व्यवहारों को सामाजिक परिस्थितियों में सीखता है। बैण्डूरा के सिद्धान्त को सामाजिक अधिगम, अवलोकनात्मक अधिगम और अनुकरणात्मक अधिगम के नाम से जाना जाता है। इस सिद्धान्त के अनुसार बालक अपने सामाजिक परिवेश में प्रायः बड़ों या महत्त्वपूर्ण व्यक्तियों के व्यवहारों का अवलोकन और अनुकरण करता रहता है तथा भविष्य में स्वयं भी उन्हीं व्यवहारों को दोहराता रहता है। परिवार, पड़ोस, पाठशाला, खेल के मैदान तथा सिनेमा और दूरदर्शन के पर्दों पर कार्य करने वाले पात्र बालक के सामाजिक परिवेश के अभिन्न अंग होते हैं। बालक अपने माता-पिता, पड़ोसियों, गुरुजनों, साथियों, नेताओं तथा अभिनेताओं का अनुकरण कर मूल रूप में उनकी पुनरावृत्ति करता है। बालकों द्वारा दूसरे की क्रियाओं का अनुकरण ही सामाजिक अधिगम है।

सामाजिक अधिगम अनुकरण एक सरल क्रिया होती जिसके लिए किसी इनाम एवं दण्ड की आवश्यकता नहीं है और न ही अनुकरण करने वाले व्यक्ति को

मेहनत एवं अभ्यास की आवश्यकता होती है। सामाजिक अधिगम में बालक को अपने परिवेश के किसी वयस्क व्यक्ति या किसी साथी के व्यवहारों और उनके परिणामों का ध्यानपूर्वक अवलोकन करना पड़ता है। भविष्य में बालक उन्हीं क्रियाओं को मूल रूप से दोहराने में सफल हो जाता है। सामाजिक अनुकरण के अनेक उदाहरण प्रस्तुत किये जा सकते हैं। घर के भीतर बालक अपने माँ-बाप के व्यवहारों का अनुकरण करता है। यौनोचित भूमिका लड़के या लड़की की भाँति आचरण करना भी परिवार में ही सीखता है। किशोरावस्था में बालक-बालिकाएँ फैशनों को इसी आधार पर अपनाते हैं। बैण्डूरा के अध्ययन यह प्रदर्शित करते हैं कि बालक आक्रमक व्यवहार भी दूसरों का अनुकरण कर सीखता है। सिनेमा और दूरदर्शन पर तो अनेक कौशल अनुकरणात्मक या अवलोकनात्मक अनुकरण द्वारा ही सीखे जाते हैं।

फ्रायड का मनोलैंगिक विकास सिद्धान्त

किसी भी बालक या व्यक्ति के व्यवहार या व्यक्तित्व के विकास पर उसकी आन्तरिक शक्तियों का प्रभाव विस्तृत अथवा व्यापक रूप से पड़ता है। फ्रायड ने इस काम शक्ति को लिबिडो की संज्ञा दी है और इस संप्रत्यय का बड़े ही व्यापक अर्थ में प्रयोग किया है। यह वह शक्ति है जो व्यक्ति को जीवनपर्यन्त सक्रिय बनाए रखती है। वस्तुतः वह उसके सम्पूर्ण आनन्द का स्रोत है। फ्रायड के मतानुसार काम-शक्ति जीवन के आरंभ से बालकों में छुपी तथा विद्यमान रहती है। जिसका लक्षण पृथक्-पृथक् आयु में पृथक्-पृथक् रूपों में दिखाई देता है। मनुष्य के अन्दर व्यक्तित्व तथा कामुकता का विकास क्रमशः एक साथ होता रहता है, और भावी व्यक्तित्व विकास पर बाल्यकालीन कामुकता की बड़ी जबर्दस्त छाया पड़ती है। उसकी काम-वासना और तत्सम्बन्धी अनुभूतियाँ उसके विचारों, भावनाओं, संवेगात्मक प्रतिक्रियाओं, आदतों, अभिवृत्तियों, पूर्वाग्रहों, विश्वासों, मूल्यों तथा पसंदगियों-नापसंदगियों के रहस्य को निर्धारित एवं नियन्त्रित करती हैं।

फ्रायड ने व्यक्ति के मनोलैंगिक विकास की पाँच अवस्थाओं का उल्लेख किया है, जिनका विवरण निम्नलिखित बिन्दुओं के अन्तर्गत किया गया है–

(1) मुखीय अवस्था–बाल्यावस्था कामुकता की पहली अवस्था होती है। यह अवस्था वर्ष भर चलती रहती है। इस अवस्था में कामुकता लिबिडो मुख के क्षेत्र में केन्द्रित होती है। इस अवस्था का बालक काम-सम्बन्धी आनन्द अपने मुख से माता का स्तनपान कर और कभी उसके स्तन को दाँत से काट कर प्राप्त करता है। यदि किसी बालक को मुख द्वारा आनन्द प्राप्त करने का बहुत अधिक अवसर मिलता

है, तो उसके भीतर भविष्य में इस प्रकार की प्रबल प्रवृत्ति विकसित हो जाती है। इस स्थिति को फ्रायड ने स्थिरीकरण कहा है। इस स्थिरीकरण के कारण व्यक्ति भविष्य में मुख की उन अनेक क्रियाओं को सम्पन्न करना चाहता है जिससे उसे सुख की अनुभूति होती है किन्तु यदि बच्चे को इस अवस्था में मुख द्वारा आनन्द प्राप्ति में किसी प्रकार की बाधा पड़ती है, तो भविष्य में उसके सम्मुख गम्भीर समस्यायें उत्पन्न होने लगती हैं। इस प्रकार फ्रायड ने इसे बाल्यकालीन काम-सम्बन्ध बतलाया है।

(2) गुदीय अवस्था—मनोविशेषज्ञ फ्रायड़ ने प्रारम्भिक जीवन के दो वर्षों की इस अवस्था के अन्तर्गत शामिल किया है। इस दो वर्षों की अवस्था को गुदिय अवस्था के नाम से सम्बोधित किया। जब बालक की काम-शक्ति मुख से हटकर गुदा के क्षेत्र में केन्द्रित हो जाती है, तब बालक गुदा के उद्दीपन होने और मल-विसर्जन द्वारा आनन्द का अनुभव करता है। इस अवस्था में बच्चा या तो निःसंकोच मल-त्याग करता है या वह मल त्यागने की क्रिया को नियंत्रण में रखता है। इन दोनों ही स्थितियों का बच्चे के भावी व्यवहार और समायोजन पर महत्त्वपूर्ण प्रभाव पड़ता है।

(3) लैंगिक अवस्था—इस अवस्था में बालक के तीन वर्ष पूरे होने के बाद और पाँच वर्ष तक चलने वाली एक महत्त्वपूर्ण प्रक्रिया होती है। इस अवस्था में बालक की जननेद्रियों में काम शक्ति केन्द्रित हो जाती है और वह जननेन्द्रिय के उद्दीपन से लैंगिक आनन्द की अनुभूति करता है। बालक के माता-पिता ही उसकी काम-वासना के पात्र बन जाते हैं। बाल-व्यक्तित्व के विकास-क्रम में यह एक ऐसी अवस्था होती है जब बालक अपने माँ-बाप के साथ तादात्म्य स्थापित करने में तल्लीन हो जाता है। इस अवस्था में बालक अपने बाप और बालिका अपनी माँ की भाँति बनने को इच्छुक होती है। माँ-बाप के साथ ऐसे तादात्मीकरण के पीछे मुख्य रूप से दो उद्देश्य निहित होते हैं। फ्रायड का मत है कि इस अवस्था के बालक में इडिपस ग्रन्थि विकसित होती है और बालक अपनी माँ का प्रेमी बन जाता है और बालिका अपने बाप के प्रति प्रेम प्रदर्शित करती है। बालक माँ-बाप के साथ इसलिए भी तादात्म्य स्थापित करता है जिससे वह अपने से बड़ों से भयभीत न हो। परन्तु इस अवस्था का बालक जब अवाँछनीय व्यवहारों की ओर प्रवृत्त होने लगता है, तो वह दण्ड पाता है। दण्डित होने पर उसे अपनी सीमाओं का ज्ञान होने लगता है और वह वास्तविकता को धीरे-धीरे समझने लगता है।

(4) अदृश्यावस्था—अदृश्यावस्था को 6 से 12 वर्ष के मध्य माना गया है। इस अवस्था के बीच में एक समय ऐसा भी आता है जिसमें काम अदृश्य होता है यह बालक के शरीर के किसी अंग में स्थित नहीं होता है। इस अवस्था में बालक

थोड़ा-बहुत अन्तर्मुखी हो जाता है। अब बालक का अधिकांश व्यवहार यथार्थवादी सिद्धान्तों द्वारा निर्देशित होता है। इस परिवर्तन के परिणामस्वरूप इस अवस्था का बालक घर के भीतर रुचि न लेकर बाहर की ओर आकृष्ट होने लगता है। लगभग छः से ग्यारह-बारह वर्ष की आयु में बालकों की कामुकता दबी हुई होती है और वे अपने ही यौन के बालकों के समूह में अधिकांश समय व्यतीत करते हैं। बालक बालकों के साथ और बालिका बालिकाओं की टोली में रहना पसन्द करती हैं। यहाँ तक कि इस अवस्था में यौन-विरोध की प्रवृत्ति प्रबल होती है, जिसके कारण बालक-बालिकाएँ परस्पर एक-दूसरे को तंग करते हैं। इसी अवस्था में बालक विविध प्रकार के खेलों में रुचि प्रदर्शित करते हैं।

(5) जननेन्द्रिय अवस्था—इस अवस्था में काम शक्ति लड़के या लड़कियों की जननेन्द्रियों में प्रभावी हो जाती है। यह सामान्यतः किशोर अवस्था में होता है। इस अवस्था में विपरीत यौन के प्रति आर्कषण तीव्र होता है और सन्तानोत्पत्ति हेतु सहवास किया जाता है। लगभग 12 से 18 वर्षों के बीच की अवस्था में किशोर बालक-बालिकाओं के भीतर एक बार फिर काम-चेतना का जागरण होता है जिसे दबाया नहीं जा सकता। इस अवस्था में माता-पिता के प्रति काम-सम्बन्ध का प्रदर्शन चूँकि सम्भव नहीं होता, इसलिए वह विपरीत यौन के किसी न किसी सदस्य को अपनी पसन्द का केन्द्र बना लेता है। साथ ही किशोरावस्था का बालक एक-दो मित्रों के साथ भी घनिष्ठ रूप से सम्बन्धित हो जाता है, जो उसके पिता के स्थान पर उसके निर्देशन का दायित्व सँभालते हैं। किन्तु इसके बावजूद भी किशोर बालक आत्मनिर्भर बनकर अपने निर्णय स्वतन्त्र रूप से लेने लगता है और वस्तुतः माता-पिता के नियंत्रण से मुक्त हो जाता है। स्वस्थ व्यक्तिगत विकास के लिये यह सब आवश्यक भी है।

संज्ञान-विकासात्मक सिद्धान्त पियाजे

संज्ञान-विकासात्मक के जन्मदाता जीन पियाजे को कहा जाता है। इन्होंने इस सिद्धांत में बालक के आन्तरिक रूप से गति करने वाली संज्ञानात्मक प्रक्रियाओं के विकास की व्याख्या की है। मूल रूप से पियाजे ज्ञानशास्त्र में रुचि रखते थे। वे बालक द्वारा अर्जित ज्ञान के स्वरूप को समझना चाहते थे। उनका विश्वास था कि ज्ञान के स्वरूप को समझने का सबसे अच्छा उपाय उसके विकास का अध्ययन करना है। अतः उन्होंने अपने ही बच्चों के संज्ञान-विकास का अध्ययन प्रारम्भ कर दिया। पियाजे ने अपनी प्रारम्भिक रचनाओं में इन अध्ययनों, विधियों और परिणामों का

उल्लेख किया है। अपने मौलिक अध्ययन एवं गंभीर चिन्तन के आधार पर पियाजे ने भली-भाँति यह समझ लिया कि संज्ञान एक विकासशील मानसिक विचार है और इस प्रक्रिया का विकास शनैः-शनैः बालक के भीतर होता रहता है। पियाजे के सिद्धान्त में संज्ञान-विकास के अंतर्गत ज्ञान तथा उसके अर्जन में सन्निहित प्रक्रियाओं का अध्ययन सम्मिलित है। इस सन्दर्भ में यह स्पष्ट कर देना आवश्यक है कि पियाजे के सिद्धान्त में ज्ञान और बुद्धि समान अर्थ में प्रयुक्त होने वाले पद हैं।

पियाजे के अनुसार, ज्ञान बालक विकास को अपने परिवेश के साथ अनुकूलित अथवा समायोजित होने हेतु एक विशिष्ट कारक है। जन्म के समय बच्चों के भीतर केवल एक नैसर्गिक क्षमता विद्यमान होती है। आयु और परिपक्वता में वृद्धि होते रहने के कारण उसके भीतर संज्ञानात्मक प्रक्रियाओं का विकास होता रहता है। संज्ञानात्मक विकास चार प्रमुख अवस्थाओं से होकर गुजरता है। प्रत्येक अवस्था में ज्ञान का एक नया भण्डार निर्मित होता है जो पिछली अवस्था में पाये जाने वाले ज्ञान-भण्डार से गुणात्मक दृष्टि से भिन्न होता है। इस प्रकार प्रत्येक अवस्था में बालक न केवल अधिक ज्ञान अर्जित करता है बल्कि उसके ज्ञान में संशोधन एवं परिमार्जन भी होता है। सभी विकसित होने वाले बालक संज्ञान-विकास की इन चारों अवस्थाओं से गुजरते हैं। पियाजे की उक्त अवधारणा के आधार पर ही उनके सिद्धान्त को अवस्था-सिद्धान्त माना जाता है।

पियाजे ने ज्ञानजीन के विषय में कुछ इस प्रकार के रिश्तों या सम्बन्धों के बारे में चर्चा की कि जो प्रत्येक अवस्था में एक समान उपलब्ध होते हैं। इस प्रकार के सम्बन्ध उन क्रियाओं से जुड़े होते हैं जो व्यक्ति के जीवन में निरन्तर गतिमय रहती हैं, किसी अवस्था विशेष तक ही सीमित नहीं होती। इन प्रक्रियाओं को अवस्थामुक्त कहा जाता है क्योंकि ये सम्पूर्ण विकास काल में अपरिवर्तित रहती हैं। संगठन अनुकूलन आत्मसातन तथा समंजन ऐसी प्रक्रियाओं में प्रमुख हैं। इस प्रकार पियाजे ने संज्ञान-विकास को कुछ परिवर्तनशील और कुछ अपरिवर्तनशील प्रक्रियाओं की सहायता से समझाने का प्रयास किया है। इन्हीं को क्रमशः अवस्था-निर्भर और अवस्थामुक्त कहा गया है। पियाजे ने संज्ञान-विकासात्मक सिद्धान्त का आधार जीव-वैज्ञानिक माना है। उन्होंने संज्ञान या बुद्धि को पाचन-प्रक्रिया, श्वास-क्रिया एवं रक्त संचार-क्रिया की भाँति एक जैविक क्रिया माना है। संज्ञान मानव प्राणी को अपने सामाजिक-भौतिक वातावरण के साथ समायोजित होने में सहायक होता है और इसलिए संज्ञान जीवन के लिए उतना ही महत्त्वपूर्ण है जितनी अन्य जैविक क्रियाएँ।

प्राणी के सम्पूर्ण विकास-काल में संगठन और अनुकूलन की क्रियाएँ चलती रहती हैं। इनके अभाव में प्राणी का जीवित रह सकना संदिग्ध है।

वे विशिष्ट रूप से नैतिक विकास में विकसित होने वाले परिवर्तनों में अत्यधिक मन लगाते थे। पियाजे के अनुसार सम्पन्न अध्ययन अत्यन्त सहज तरीके का अध्ययन है। अधिकतर अध्ययनों में इन्होंने बालकों की प्रतिक्रियाओं का स्वाभाविक दशाओं में प्रेक्षण किया है। उन्होंने बालकों द्वारा प्रदर्शित प्रतिक्रियाओं का मात्रात्मक विश्लेषण आवश्यक नहीं समझा क्योंकि केवल गुणात्मक प्रदत्त से ही संज्ञान-विकास की विशेषताओं का स्पष्ट बोध हो जाता है।

3

विकासात्मक अवयव : वंशक्रम एवं वातावरण

वंशक्रम के कारण ज्यादातर बच्चों की शारीरिक संरचना अपने अभिभावकों से मिलती-जुलती है। परन्तु यह जरूरी नहीं है कि शारीरिक संरचना के साथ उनके गुण या स्वभाव भी अभिभावकों से मिले। कोई भी दो व्यक्ति समान नहीं होते हैं। उनकी शरीर रचना तथा व्यवहार में अन्तर निश्चित रूप से होता है। यमजों को भिन्न वातावरण में पालने पर भी उनके व्यवहार में कुछ समानता तथा भिन्नता रहती है। ये सभी तथ्य मानव-विकास की यात्रा का उद्‌गम जानने के लिए हमें विवश करते हैं। ये हमें सत्य के उद्‌घाटन के लिए प्रेरित करते हैं।

सामान्य अर्थों में वंशक्रम से तात्पर्य है कि जैसे माता-पिता हैं, वैसी सन्तान होगी। यदि माता-पिता बुद्धिमान तथा स्वस्थ हैं तो सन्तान भी बुद्धिमान तथा स्वस्थ होनी चाहिए, परन्तु इसके अपवादस्वरूप बुद्धिमान माता-पिता की मन्द-बुद्धि सन्तान भी देखी गई हैं और मन्द-बुद्धि माता-पिता की बुद्धिमान सन्तान भी। यही प्रश्न अनेक समस्याएँ उत्पन्न करता है और वंशक्रम पर विचार करने के लिए बाध्य करता है।

वंशानुक्रम का आशय व परिभाषा

वंशक्रम की कुछ प्रमुख परिभाषाएं निम्नलिखित हैं–

जे. ए. थाम्पसन–"परम्परागत सन्तति के मध्य उत्पत्ति के संबंध दर्शाने वाला उपयुक्त शब्द 'वंशक्रम' है।"

एच. ए. पेटरसन–"वंशक्रम की व्याख्या इस प्रकार की जा सकती है कि व्यक्ति अपने माता-पिता के माध्यम से पूर्वजों की जो भी विशेषताएँ प्राप्त करता है, वह वंशक्रम कहलाता है।"

एने एनास्टमी–"वंशक्रम जन्म के पश्चात् व्यक्ति के विकास को प्रभावित करता है और वास्तव में यह प्रभाव जीवन-पर्यन्त चलता है, यहाँ तक कि मृत्यु के समय भी वह आंशिक रूप से वंशक्रम से प्रभावित होता है, निरीक्षण से पता चलता है कि यह प्रसार परिवारों में होता रहता है।"

वुडवर्थ–"वंशानुक्रम में वे सभी बातें आ जाती हैं जो जीवन का आरम्भ करते समय, जन्म के समय नहीं वरन् गर्भाधान के समय, जन्म से लगभग नौ माह पूर्व व्यक्ति में उपस्थित थीं।"

यह बात पूर्णतया सत्य है कि हमारे दैहिक एवं मनोवैज्ञानिक तत्त्व जो हमें हमारे अभिभावकों की देन है। बालकों में कुछ नैसर्गिक शक्ति भी होती है जो निम्न प्रकार से है–(i) संचय शक्ति, (ii) प्रयोजन शक्ति, (iii) विचार शक्ति। इन शक्तियों का विकास उचित वातावरण में ही होता है। ये शक्तियाँ बालक के विकास के लिए आवश्यक हैं, परन्तु इन शक्तियों का आदि स्रोत क्या है, यह समझने के लिये हमें वंशक्रम के तन्त्र को समझना होगा।

वंशक्रम से संबंधित विचारधाराएं

वंशक्रम के सम्बन्ध में विभिन्न धारणाएँ प्रचलित हैं। इन धारणाओं से वंशक्रम के विषय में प्रचलित अनेक विचारों का पता चलता है।

(1) प्रत्यागमन का नियम–प्रत्यागमन से अभिप्राय संतति में विपरीत गुणों का पाया जाना है। कम बुद्धि माता-पिता के यहाँ प्रतिभाशाली संतान का होना प्रत्यागमन का उदाहरण है। इसके सम्बन्ध में विद्वानों की ऐसी धारणा है (i) यदि वंश-सूत्रों का मिश्रण भली-भांति नहीं होता तो मन्द-बुद्धि माता-पिता के यहाँ प्रतिभाशाली संतान हो जाती है। विपरीत अवस्था का परिणाम विपरीत होता है। (ii) वंशक्रम को निर्धारण करने वाले गुण दो प्रकार के होते है–(i) जागृत, (ii) सुप्त।

ये दोनों प्रकार के गुण संतति में संक्रान्त होते हैं। संतति में माता-पिता के विपरीत जो विभिन्नता प्रकट होती है, वह सुप्त गुणों का जागृत होना है।

(2) मेण्डल का सिद्धान्त–चैकोस्लोवाकिया के प्रसिद्ध विद्वान ग्रेगर जॉन मेण्डल ने वंशक्रम के अध्ययन के लिए अनेक प्रयोग किये। ये प्रयोग चूहों तथा मटरों पर हुए हैं।

(क) मटरों पर किये गये प्रयोग–मेण्डल ने समान संख्या में छोटी तथा बड़ी मटरों को बोया। जो मटरें उत्पन्न हुईं वे सभी मटरें बड़ी हुईं। इसके पश्चात् उसने इन वर्णसंकर जाति की मटरों को बोया। इससे केवल वर्णसंकर जाति की मटरें हुईं, वे बड़ी तथा विशुद्ध थीं।

मटरों के इस प्रयोग से मेण्डल एक निष्कर्ष पर पहुँचा कि जो गुण जागृत होता है, वह सुप्त गुण को समाप्त कर देता है। मेण्डल ने इस नियम को मुख्य प्रकार की ओर प्रत्यागमन कहा है।

(ख) चूहों पर किये गये प्रयोग–मेंडल ने चूहों पर भी प्रयोग किये। उसने सफेद तथा काले चूहों को साथ-साथ रखा। इससे काले चूहे उत्पन्न हुए, फिर उसने इन वर्ण संकर चूहों को साथ रखा। इनसे सफेद तथा काले चूहे उत्पन्न हुए। इस प्रयोग से विभिन्न प्रकार की बातें स्पष्ट होती हैं। जैसे–व्यक्ति में पिता तथा माता की ओर से एक-एक गुणसूत्र आता है। यदि गुणसूत्र एक ही प्रभाव के हैं तो इससे वैसे ही अभिव्यक्ति होगी। यदि गुण सूत्र भिन्न हैं तो जो जागृत गुणसूत्र होगा, उसी की अभिव्यक्ति होगी। किसके गुणसूत्र की अभिव्यक्ति होती है, यह संयोग पर निर्भर करता है। अवसरों की यह स्थिति उत्पत्ति की प्रक्रिया को उत्पन्न करती है। कालांतर में यह अनुपात 1 : 2, 2 : 4 : 1: 2, 1 : 2 होता जाता है।

(3) उत्पादक सूत्रों की सतत प्रक्रिया–वंशानुक्रम से जुड़े अनेक शोध के पश्चात् प्रसिद्ध विद्धान फ्रॉसिस गाल्टन ने 1745 ई. में जो विचार व्यक्त किये उनके आधार पर तीन बातें स्पष्ट होती हैं, जो निम्नलिखित हैं–

1. वंशक्रम का निर्धारण 50% माता के पक्ष से तथा 50% पिता के पक्ष से होता है।
2. दादा-परदादा आदि पूर्वजों के गुण निश्चित मात्रा में होते हैं।
3. संतति-दर संतति ये गुण कम होते हैं जैसे–1/2, 1/4, 1/8, 1/16, 1/32 आदि।

विजमैन ने गाल्टन के विचारों को स्वीकार किया है और यह स्पष्ट किया है कि मानव की उत्पत्ति बीजकोश से होती है। उन्होंने शरीर में दो प्रकार के कोश

बतलाए हैं—**कायकोश** तथा **उत्पादक-कोश** होते हैं। कायकोश शरीर के विकास में योग देते हैं और उत्पादक-कोश संतति-दर संतति संक्रान्त होते जाते हैं। इन कोशों पर वातावरण का प्रभाव नहीं पड़ता। **विजमैन** ने चूहों पर प्रयोग किये। उसने 25 पीढ़ियों तक चूहों की पूंछ काटी पर हर बार पूंछ वाले चूहे ही उत्पन्न हुए। इससे उसने निष्कर्ष निकाला कि उत्पादक-सूत्र अगली संतति में संक्रान्त हो जाते हैं और यह नियम चलता रहता है।

(4) अर्जित गुणों का हस्तान्तरण—**लामार्क** ने कहा है कि अर्जित गुणों का संक्रमण भी संतति में होता है। उसने जिराफ की लम्बी गर्दन का उदाहरण देते हुए कहा है कि वह परिस्थितियों के कारण लम्बी हुई है। अब उसकी गर्दन का लम्बा होना वंशक्रम का घटक हो गया है।

लेमार्क से ही मिलते-जुलते विचार **मैकडूगल** ने भी प्रस्तुत किए हैं। उसने चूहों पर प्रयोग किये। उसने चूहों को एक बड़े टब में छोड़ दिया। उसमें से बाहर निकलने के दो मार्ग थे। प्रकाश वाले मार्ग से बिजली का हल्का झटका लगता था। झटके से परेशान होकर वे अन्धकार वाले मार्ग से बाहर निकलते थे। उसके निष्कर्ष इस प्रकार रहे : (i) पहली पीढ़ी ने 165 बार गलतियाँ कीं, (ii) 23वीं पीढ़ी ने 25 बार गलतियाँ कीं। इससे उसने यह धारणा बनाई कि कालान्तर में अर्जित गुणों का हस्तान्तरण अगली संतति में होता है।

इसी प्रकार के प्रयोग **पावलॉव** तथा **हैरीसन** ने भी किये। ये प्रयोग चूहों तथा चूजों पर किये गये। इन प्रयोगों से यह सिद्ध होता है कि वे ही अर्जित गुण अगली पीढ़ी में संक्रान्त होते है जिनका प्रभाव उत्पादक कोशों पर पड़ता है।

वंशानुक्रम की क्रिया

मानव शरीर में उत्पादक कोश होते हैं। इन उत्पादक कोशों की रचना अनेक जीन्स से मिलकर हुई है। ये जीन्स ही वंशक्रम को सन्तति-दर सन्तति प्रवाहित करते हैं। जनन-कोश का आकार छड़ी की तरह होता है। इसे गुणसूत्र कहते हैं। यह धागे के आकार के होते हैं। जीन्स ही वंशक्रम की विशेषताओं को अगली पीढ़ी में संक्रान्त करते हैं। एनास्टीसी के अनुसार—"जीव वंशक्रम की विशेषताओं का वाहक है जो किसी-न-किसी रूप में सदैव संक्रान्त होता है।" गुणसुत्रों का विभाजन अमीबा की भाँति होता रहता है। एक से दो, दो से चार, चार से आठ और इसी प्रकार उनकी उत्पत्ति होती रहती है। इनको उत्पादक कोश कहा जाता है। माता के पक्ष के उत्पादक-कोश को मातृसूत्र तथा पिता के पक्ष उत्पादक-कोश को पितृसूत्र कहते

हैं। ये सूत्र कोशिका कहलाते हैं। इनमें कई जोड़े जीन्स रहते हैं। पैतृकता का निर्वाह करने के लिए मातृसूत्र तथा पितृसूत्र में 23-23 गुणसूत्र होते हैं। कुछ विद्वान 23-23 गुणसूत्रों के स्थान पर 24-24 गुणसूत्रों का अस्तित्व मानते हैं। विवाह के पश्चात् पति-पत्नी में आपसी सहयोग से 23-23 गुणसूत्रों का संयोग स्थापित करते हैं। इन गुण सूत्रों के फलस्वरूप ही आने वाली सन्तति का वंशानुक्रम निर्धारित होता है।

वंशक्रम से संबंधित विधियों का अध्ययन

सामान्यतया वंशक्रम जैविक विज्ञान से संबंधित है। किन्तु दूसरे सामाजिक विज्ञानों ने भी इसकी उपयोगिता को स्वीकारते हुए इसके अध्ययन की विभिन्न विधियों को विकसित किया जो निम्न प्रकार से है–

वंशानुक्रम इतिहास का अध्ययन

वंशक्रम का अध्ययन करने के लिए जीवन कथाओं का सहारा लेना पड़ता है। इन जीवन-कथाओं से किसी व्यक्ति के वंशक्रम के इतिहास के बारे में जानकर उसके वंशक्रम के प्रभाव का उस व्यक्ति पर हुई प्रतिक्रिया का अध्ययन इस प्रकार है–

फ्रांसिस गाल्टन–बिट्रेन के प्रसिद्ध विचारक फ्रांसिस गाल्टन ने उच्च कोटि के 977 व्यक्तियों के वंशक्रम और उससे जुड़े इतिहास का अध्ययन किया है। इसमें मंत्री, न्यायाधीश, कलाकार, साहित्यकार आदि को शामिल किया गया था। इसी प्रकार उसने 977 व्यक्तियों के दूसरे समूह की जीवन-कथाओं का अध्ययन किया। ये व्यक्ति साधारण परिवार से थे। पहले समूह में 977 व्यक्तियों के 535 बुद्धिमान सम्बन्धी थे और दूसरे समूह के केवल 5 ही बुद्धिमान रिश्तेदार निकले। गाल्टन ने इस प्रकार से यह तथ्य निरूपित किया कि वृद्धि का हस्तांतरण संतति-दर संतति होता है।

इसी प्रकार **बेकन, मैकाले, न्यूटन, सावरकर, राजेन्द्र प्रसाद** आदि की जीवन गाथायें इस तथ्य को प्रमाणित करती हैं कि बुद्धि वंशक्रम से प्राप्त होती है। जवाहरलाल नेहरू का जीवन भी इसी तथ्य को उजागर करता है।

विभिन्न विद्वानों द्वारा वंश-वृक्ष का अध्ययन

डगडेल एवं **इस्टाबूक** ने जूक्स-परिवार का अध्ययन किया। जूक्स नामक दुराचारी व्यक्ति ने अपनी ही तरह की एक स्त्री से विवाह किया। इस परिवार में सन्

1720 से 1877 ई. तक पाँच पीढ़ियों में 1000 स्त्री-पुरुष उत्पन्न हुए। इनमें से 440 रोग्रस्त, 300 बचपन में मरे, 310 व्यक्तियों ने अनाथालयों की शरण ली, 130 अपराधी घोषित हुए। 120 व्यक्ति ऐसे थे जो जीवन यापन की कला सीख पाए।

रिचर्ड एडवर्ड के परिवार का अध्ययन किया गया। इस परिवार में पहली पत्नी, जो कि बहुत ही उच्च कोटि की थी, के वंश में सभी व्यक्ति-समाज में प्रतिष्ठा प्राप्त करते रहे। संयोगवश रिचर्ड का पुनर्विवाह एक सामान्य स्तर की महिला से हुआ। इसका वंश भी सामान्य ही रहा।

कार्ल पियर्सन ने वेजइड-डाइविन-गाल्टन परिवार का अध्ययन करके यह पता लगाया कि इस परिवार के सदस्य पाँच पीढ़ियों तक इंगलैण्ड की राय सोसायटी के सदस्य बनते रहे।

गॉडार्ड ने मार्टिन कॉलीकट नामक व्यक्ति के वंशवृक्ष का अध्ययन किया। वह एक सैनिक था और इसका सम्बन्ध एक मन्दबुद्धि स्त्री के साथ हो गया। इस स्त्री से एक वंश आरम्भ हुआ। युद्ध से लौटने पर उसने तीव्र बुद्धि वाली चरित्रवान स्त्री से विवाह किया। पहली स्त्री से विकसित वंश में 480 व्यक्ति उत्पन्न हुए जिनमें 143 मन्दबुद्धि, 46 सामान्य, 32 वेश्यायें, 24 शराबी, 36 अवैध सन्तान, 8 वेश्यालय-संचालक, 3 मिरगी के रोगी एवं 3 घोर अपराधी हुए। दूसरी स्त्री के वंश में 496 व्यक्ति उत्पन्न हुए जिनमें केवल 5 मन्दबुद्धि तथा व्यभिचारी निकले। शेष ने जीवन के प्रत्येक क्षेत्र में सफलता प्राप्त की।

वंशानुक्रम का विशिष्ट नस्लों पर प्रयोग

वंशक्रम के प्रभाव को ज्ञात करने के लिए वैज्ञानिकों ने चूहों, कुत्तों आदि पर अनेक प्रयोग किये हैं। कुछ प्रयोगों के उदाहरण यहाँ पर प्रस्तुत किए जा रहे हैं—

1940 में प्रोफेसर ट्रायोन ने चूहों पर परीक्षण किया। 142 चूहों को भूल-भूलैया में खाना प्राप्त करने पर बाध्य किया। इस प्रयोग से इन्होंने निष्कर्ष निकाला कि चूहे भी मानसिक रूप से भिन्न होते हैं।

एक और प्रयोग ट्रायोन ने किया। उन्होंने चूहों का वर्गीकरण मन्द एवं तीव्र बुद्धि के आधार पर किया। आठ पीढ़ियों तक उनका अध्ययन किया तथा निष्कर्ष निकाला कि बुद्धिमान वंश के चूहे बुद्धिमान ही थे।

यमजों अथवा जुड़वाँ बच्चों पर वंशानुक्रम का अध्ययन

वंशक्रम की महत्ता का अध्ययन करने में यमजों के अध्ययन तथा उनसे प्राप्त परिणामों का महत्त्व अधिक रहा है। इसका कारण यह है कि यमजों का वंशक्रम

समान होता है और उनको भिन्न परिस्थितियों में रखकर वंशक्रम तथा वातावरण का अन्तर ज्ञात किया जा सकता है। यमज भी दो प्रकार के होते हैं—(i) समयमज, (ii) बन्धुयमज। समयमज से अभिप्राय एक समय में एक डिम्ब से उत्पन्न बच्चों से है। बन्धुयमज से अभिप्राय उन यमजों से हैं जो अलग डिम्बों से उत्पन्न होती हैं तथा इन डिम्बों से उत्पन्न होने वाली जुड़वाँ सन्तान ही बन्धुयमज होती हैं। इन यमजों पर **न्यूमैन** द्वारा 19 समयमजों को शुरू से ही पृथक्-पृथक् परिवेश में पाए गये। उन पर किये गये अध्यपन के आधार पर निम्नलिखित निष्कर्ष निकाले—

सामान्य यमजों की अपेक्षा समयमजों की बुद्धि-लब्धि में सह-सम्बन्ध अधिक है। यह उनकी एक जैसी वंश परम्परा का परिचायक है।

इसी प्रकार का अध्ययन **ए. एन. वींगफील्ड** ने किया। यह अध्ययन 1928 में किया गया। उसके द्वारा किये गये अध्ययन का परिणाम इस प्रकार है—

1. दो सहोदर भाई या बहन एवं भाई और बहन में समान वंशक्रम होता है परन्तु वे माता-पिता से समान जीन्स प्राप्त नहीं करते। अतः उनकी बुद्धिलब्धि में पर्याप्त अन्तर रहता है।
2. समयमज जिनका विकास एक ही पितृसूत्र तथा मातृसूत्र से होता है, उनमें समान जीन्स होते हैं; क्योंकि उनके जीन्स का विभाजन, जीन्स के समान समूह से होता है। अतः समयमजों में समान बुद्धि-लब्धि पाई जाती है।
3. बन्धु यमज जो समान माता-पिता से समान समय में विभिन्न उत्पादक सूत्रों द्वारा उत्पन्न होते हैं, उनमें भी समान जीन्स नहीं रहते और उनमें भी बुद्धि-लब्धि समान नहीं पाई जाती।
4. सम्बन्धित बच्चों में सह-सम्बन्ध नहीं पाया जाता है। उनकी वंश परम्परा भिन्न होती है।
5. भाई-बहन में माता-पिता की कुछ समानता पाई जाती है।

वातावरण का आशय व परिभाषा

एनास्टसी ने वातावरण के विषय में बताया है—वातावरण वह हर वस्तु है जो व्यक्ति के जीन्स के अतिरिक्त प्रत्येक वस्तु को प्रभावित करता है।

वास्तविकता यह है कि वंशक्रम के तत्त्वों का विकास करने में वातावरण का महत्त्वपूर्ण योग रहता है। वातावरण को परिभाषित करने हेतु विभिन्न विद्वानों ने भिन्न-भिन्न प्रकार से परिभाषाएँ दी हैं उनमें से कुछ प्रमुख परिभाषाएँ निम्न प्रकार से हैं—

जे. एस. रॉस के अनुसार—"वातावरण वह बाह्य शक्ति है जो हमें प्रभावित करती है।"

बोरिंग लैंगफील्ड एवं **वील्ड** के मतानुसार—"एक व्यक्ति के वातावरण का तात्पर्य उन सभी उत्तेजनाओं का योग है जिनको वह जन्म से मृत्यु तक ग्रहण करता है।"

पी. जीस्बर्ट के अनुसार—"जो किसी एक वस्तु को चारों ओर से घेरे हुए है तथा उस पर प्रत्यक्ष प्रभाव डालता है, वह उस वस्तु का वातावरण है।"

टी. डी. इलियट के अनुसार—"किसी भी चेतन पदार्थ की इकाई के प्रभावकारी उद्दीपन एवं अन्तःक्रिया के क्षेत्र को वातावरण कहते हैं।"

वातावरण का मानव-विकास में वही योग है जो उसके अस्तित्व को प्रकट करने में उसके वंशक्रम का। इसलिए **आर. एस. वुडवर्थ** ने व्यक्ति के विकास के लिए कहा है—"वैयक्तिक भिन्नता वातावरण के कारण पाई जाती है। समान वंशक्रम के होते हुए भी व्यक्ति भिन्न वातावरण में रहते हैं। वंशक्रम में भिन्न व्यक्ति समान नहीं होते किन्तु समान वातावरण उन्हें समान बनाता है।"

व्यवहारवादी मनोवैज्ञानिक **वाटसन** ने तो यहाँ तक कह दिया है, 'मुझे नवजात शिशु दे दो, मैं उसे डाक्टर, वकील, चोर, जो चाहूँ बना सकता हूँ।' वातावरण की सत्ता मानने वाले विद्वान वंशक्रम के अस्तित्व में विश्वास नहीं करते। उनका मानना तो यह है कि वंशक्रम का बालक पर प्रभाव नहीं पड़ता। वंशक्रम स्वयं ही वातावरण से विकसित होता है। **जॉन लॉक** ने तो बालक के मस्तिष्क को कोरी स्लेट माना है। कोरी स्लेट पर कुछ भी लिखा जा सकता है। मस्तिष्क पर पड़ने वाले प्रभावों से ही वैयक्तिक भिन्नता विकसित होती है।

वातावरण के प्रभाव को जानने के लिए विद्वानों द्वारा अनेक प्रयोग किये गये जिनमें कुछ प्रयोगों का वर्णन निम्न प्रकार है।

1. गोर्डन ने नाविकों के बच्चों का अध्ययन किया। ये बालक समाज से अलग नदियों के किनारे रहते थे। इनको मानसिक विकास के लिए उचित वातावरण नहीं मिला था। गोर्डन ने उनके गन्दे रहन-सहन के कारण उनमें कम बुद्धि का अनुमान लगाया।
2. फ्रांस के 552 विद्वानों का अध्ययन कैंडोल ने किया था। उसने निष्कर्ष निकाला कि बुद्धि का विकास वंशक्रम की अपेक्षा वातावरण पर निर्भर होता है। अच्छा वातावरण बालक के भविष्य का निर्माण करता है। उसने यह निष्कर्ष इस प्रकार निकाला कि विद्वान वे लोग बन पाये जो कि अच्छे

वातावरण में पले थे और उनकी शिक्षा-दीक्षा का प्रबन्ध उचित प्रकार से हुआ था।

3. अन्य प्रयोग—6 मास की आयु तक 150 अवैध बच्चों को अनाथालय में रखकर इयोवे विश्वविद्यालय द्वारा अध्ययन किया गया। इनकी बुद्धिलब्धि अच्छा वातावरण प्राप्त होने पर 117 तक आँकी गई।
   इसी विश्वविद्यालय में नर्सरी विद्यालय के 600 छात्रों का अध्ययन किया गया। इन छात्रों की बुद्धि 6 अंक तक बढ़ गई थी। इनकी तुलना उन बच्चों से की गई जो नर्सरी विद्यालय में नहीं जाते थे। यह अन्तर 7 अंक तक रहा।
4. फ्रीमैन ने सन 1927 ई० में 71 बच्चों के बुद्धि का मापन करके अनाथालय में रखा। इनकी बुद्धिलब्धि का मध्यमान 101.4 था, जो घरों के वातावरण का ही प्रभाव था। फिर अच्छे वातावरण में उन्हें रखा गया और उन बालकों की बुद्धिलब्धि 10 तक बढ़ गई।
5. मिलड्रैड तथा रूथ भी जुड़वाँ बहनें थीं। ये दोनों अच्छे तथा निम्न कोटि के परिवार में पाली गईं। इनकी बुद्धिलब्धि में 10 तथा 17 का अन्तर था। यह अन्तर वातावरण के कारण था।
6. फे एवं एडिथ दो जुड़वाँ बहनें थीं। किसी कारण से ये बचपन में ही अलग हो गई थीं। एक का विवाह एक व्यापारी से हुआ और दूसरी का एक किसान से। दोनों के व्यवहार में बहुत असमानता पाई गई।
7. आयु के साथ बुद्धिलब्धि भी विकसित हो जाती है। बुद्धिलब्धि के अधिक होते हुए भी शारीरिक क्षमता तथा वातावरण का योग भी अधिक होने से बुद्धिलब्धि का विकास प्रकट होता है।
8. जेम्स तथा रीस जुड़वाँ बालक थे। रीस का पालन एक पहाड़ी पर हुआ तथा जेम्स का एक गाँव में। दोनों की बुद्धिलब्धि में 19 अंक का अन्तर था।
9. वातावरण के अन्य प्रभाव को समझने के लिये कुछ और प्रयोग किये। वे इस प्रकार हैं—

(i) इसी प्रकार का दूसरा प्रयोग **फिंच ने फिन** नामक चिम्पांजी पर किया। इसे मानव के दो बच्चों के साथ जन्म से ही रखा गया। इसमें भी इस प्रकार के गुण विकसित हो गये जैसे कैलॉग एवं कैलॉग द्वारा पाले चिम्पांजी में उत्पन्न हुए थे।

(ii) कैलॉग एवं कैलॉश ने चिम्पांजी के साढ़े सात मास की आयु के बच्चे को अपने 10 मास की आयु के बालक के साथ पाला। दोनों को 9 मास तक समान वातावरण तथा सुविधाएँ दी गईं। इस मध्य चिम्पांजी ने सभी मानवोचित क्रियायें,

जैसे खड़े होकर चलना, कपड़े पहनना, चम्मच से खाना, गिलास से पानी पीना, साधारण आज्ञाएँ मानना सीख लीं। 9 मास की इस अवधि में वह 50 शब्द भी सीख गया। कैलाश एवं कैलाश के द्वारा किये गये यह प्रयोग वातावरण की उपयोगिता को व्यक्त करते हैं।

10. मानव जीवन में कभी-कभी ऐसी असाधारण घटनाएँ भी घट जाती हैं जो बाद में मनोविज्ञान के अध्ययन में सहायता देती हैं। कुछ प्रमुख घटनाएँ इस प्रकार हैं—

(i) 1920 में मिदनापुर के जंगल में भेड़ियों की माँद में दो बालिकाएँ पाई गईं। इनको बचपन में भेड़िये उठाकर ले गया था। इनका नाम अमला तथा कमला रखा गया। अमला तो मर गई और कमला 8 वर्ष तक जीवित रही। इसका मनोवैज्ञानिक एवं समाजशास्त्रीय अध्ययन किया गया। इसमें पशुओं जैसी आदतें विकसित हो गई थीं। शरीर पर घने बाल, कच्चा मांस खाना, चारों हाथ-पैरों के माध्यम से पशुओं की तरह दौड़ना आदि इसके स्वभाव का अंग बन गया था। प्रशिक्षण से यह पैरों के बल चलना तथा 45 शब्दों तक बोलना ही सीख पाई।

1904 में लूकॉज नामक बालक को लंगूर उठा ले गये थे। इनका व्यवहार बन्दरों जैसा हो गया था।

रामू नामक एक बालक को भेड़िये उठा ले गये थे। इसका पालन किया गया। इसमें पशुओं की आदतें तथा व्यवहार विद्यमान रहे। बालक 20 वर्ष की आयु तक जिन्दा रहा।

(ii) काशपर हॉजर—काशपर हॉजर नामक एक राजकुमार को राजनीतिक दुश्मनों ने बन्दी कर लिया। उसे प्रतिदिन भोजन दिया जाता था, परन्तु भोजन देने वाले को उसने कभी नहीं देखा था। 1928 में 17 वर्ष की आयु में वह स्वतन्त्र किया गया। वह बात नहीं कर सकता था, बच्चों की तरह चलता था, परन्तु उसकी देखने की शक्ति का विकास अच्छी तरह हो गया था।

वातावरण निर्माण की उपयोगिता

वंशक्रम तथा वातावरण का अध्ययन सामाजिक विज्ञानों में महत्त्वपूर्ण हो गया है। वंशक्रम का अपना यथेष्ठ प्रभाव किसी सीमा तक रहता है। विभिन्न प्रयोगों द्वारा यह निष्कर्ष सामने आया है कि बालक के विकास में वंशक्रम का महत्त्वपूर्ण स्थान है, जिसमें वह पला है। अतः आजकल वातावरण के निर्माण पर विशेष बल दिया जा रहा है।

वातावरण का महत्त्व स्वयं सिद्ध है। वातावरण के द्वारा ही अभिभावकों को यह ज्ञात होता है कि बालक के विकास में पोषण का बहुत महत्त्व है। संतुलित भोजन करने से बालक का शारीरिक-मानसिक विकास होता है। शरीर के स्वस्थ होने पर उसमें आत्म-विश्वास उत्पन्न होता है और वह सामाजिक तथा निजी दायित्वों का निर्वाह करने लगता है। इसी प्रकार भौगोलिक वातावरण का भी प्रभाव पड़ता है। **इरिकसन** के अनुसार–"जापानी माता-पिता के कैलिफोर्निया में जन्मे तथा पले बालकों की ऊँचाई अपने माता-पिता से अधिक थी। परिपक्वता भी वातावरण से प्रभावित होती है।"

वातावरण में परिवर्तन करके रोग, संवेग तथा पोषण पर नियन्त्रण करके जैविक दोषों पर नियन्त्रण किया जा सकता है।

वातावरण निर्माण की प्रमुख विधियाँ

वातावरण निर्माण की अनेक विधियाँ हैं। इनमें प्रमुख निम्न प्रकार से हैं–

(1) पारिवारिक वातावरण–बालक के वातावरण को उत्तम बनाने के लिये पारिवारिक परिवेश में परिवर्तन की आवश्यकता होती है। बच्चे के गुणों के उचित विकास के लिए पारिवारिक वातावरण में जरूरत के अनुसार बदलाव आवश्यक है।

(2) परिवेश परिवर्तन–अच्छे वंशक्रम के बालकों को यदि बुरे वातावरण में रखा जाएगा तो वह खराब हो जाएगा। इसी प्रकार बुरे बालक को अच्छा वातावरण दिये जाने पर उसमें निहित दोष समाप्त हो जाते हैं।

(3) श्रेष्ठ शिक्षा–स्वस्थ वातावरण से अभिप्राय है शिक्षा तथा विकास के अवसर प्राप्त होना। उत्तम शिक्षा के द्वारा ही बालक के वंशानुगुणों में परिवर्तन होता है और उसकी शक्तियों का विकास होता है।

(4) पारिवारिक सदस्यों का व्यवहार–बालक को उत्तम वातावरण देने में पारिवारिक सदस्यों का व्यवहार महत्त्वपूर्ण कारक हैं। प्रेम, सहयोग, ममता, दया युक्त व्यवहार से बालक में सद्‌गुण विकसित होते हैं और ईर्ष्या, द्वेष, घृणा युक्त व्यवहार से व्यक्तित्व में असंतुलन आता है। माता-पिता को अपने व्यवहार में बालक की अवस्था तथा उसकी उपयोगिता का सदा ख्याल रखना चाहिए।

(5) बालक को समझना–बालक के वातावरण में परिवर्तन करने से पूर्व बालक को समझना आवश्यक है। विकास की प्रत्येक अवस्था पर बालक में कुछ विशेषताएँ परिलक्षित होती हैं। इन विशेषताओं के आधार पर ही बालक के वातावरण

में परिवर्तन किया जा सकता है। बालक की वृद्धि सहज रूप से हो, इसके लिये प्रयत्न करना आवश्यक है।

(6) समायोजन के अवसर—अच्छा वातावरण समायोजन व आदान-प्रदान करता है। बालक को इस प्रकार की परिस्थितियों में रखा जाना चाहिए जिससे उसे विभिन्न प्रकार की समस्याओं को हल करने तथा वातावरण में समायोजन करने के अवसर मिल सकें।

(7) स्थायी पारिवारिक सम्बन्ध—प्रायः पाश्चात्य देशों में पति-पत्नी के सम्बन्धों में स्थायित्व नहीं आ पाता। तलाक के कारण, बालकों में कुण्ठाएँ विकसित होने लगती हैं। इसलिये भारत की तरह स्थायी पारिवारिक सम्बन्ध अच्छे पारिवारिक सम्बन्धों का निर्माण करते हैं।

वातावरण और वंशक्रम का एक दूसरे पर प्रभाव

वंशक्रम और परिवेश के अध्ययन से ज्ञात होता है, कि परिवेश एवं वंशक्रम की पृथक्-पृथक् कोई उपयोगिता नहीं है। क्योंकि इसके पृथक् प्रभाव को प्रकट करने वाला कोई सूत्र विकसित नहीं हुआ है। हम तो यह कह सकते हैं कि मानव विकास में वंशक्रम तथा वातावरण, दोनों का समान योग है। यह योग इस प्रकार व्यक्त किया जा सकता है।

वंश परम्परा पर वातावरण का प्रभाव

वंशक्रम को हम बीज रूप में प्राप्त करते हैं। बीज का विकास उचित पोषण से होता है। उसी प्रकार मनुष्य की वंश परम्परा का निर्धारण तो जीन्स से हो जाता है, परन्तु उनका विकास वातावरण के अनुसार होता है। **डेविड अब्राहम** के शब्दों में—"मनुष्य क्या करता है, यह वातावरण पर निर्भर करता है।"

मैकाइवर एवं **पेज** ने वंशक्रम तथा वातावरण के पारस्परिक महत्त्व को स्वीकार करते हुए लिखा है—"जीवन की हर घटना दोनों का परिणाम होती है। परिणाम के लिये उनमें से एक भी उतनी ही आवश्यक है, जितनी की दूसरी। कोई भी न कभी हटाई जा सकती है और न अलग की जा सकती है।"

वंशक्रम और वातावरण की जानकारी प्रत्येक बच्चों की विभिन्नता को जानने के लिए आवश्यक है। क्योंकि इस विभिन्नता की जानकारी के बाद अभिभावकों एवं शिक्षकों को बच्चे के सम्पूर्ण विकास हेतु उचित परिवेश का निर्माण करना चाहिए। किसी बालक की अवहेलना उसके हीन वंशक्रम के कारण करना उनकी भूल होगी।

प्रयोगों ने यह सिद्ध कर दिया है कि बुद्धि-लब्धि में 10 से 30 अंक तक वृद्धि हो सकती है। बर्क ने तो यहाँ तक कह दिया है कि विवेक पर घर के वातावरण का प्रभाव अधिकतम 20 अंक तक, कम-से-कम 10 अंक तक पड़ता है। यह प्रसार परिवेश क्षेत्र 10 से 30 अंक तक विस्तृत होता है। इस ज्ञान से समाज लाभ उठा सकता है। वंशक्रम का विकास एक निश्चित सीमा तक होता है और उस पर वातावरण का प्रभाव नहीं पड़ता। बचपन से ही अल्पबुद्धि बालक को अच्छे से अच्छा वातावरण भी कुशाग्रबुद्धि नहीं बना सकता।

माता-पिता अथवा अभिभावकों को मात्र बच्चे का ही नहीं बल्कि उसके स्कूल तथा परिवेश की भी सम्पूर्ण जानकारी होनी चाहिए। बालक के घर के वातावरण, समुदाय, संगी-साथी आदि की जानकारी से वे बालक की बुद्धि तथा व्यवहार के विकास में योग दे सकते हैं। बालक के विकास में सुधार के लिए वंशक्रम तथा वातावरण का ज्ञान इसलिये आवश्यक है—

1. वंशक्रम तथा वातावरण एक दूसरे के पूरक हैं। वंशक्रम हमें हमारी कार्यशील पूँजी प्रदान करता है और वातावरण हमें उनके विनियोग का अवसर प्रदान करता है।
2. व्यक्ति के विकास में स्वतन्त्र इच्छा-शक्ति का महत्त्व है। वंशक्रम तथा वातावरण आत्म-प्रकाशन का एक माध्यम है। इसका उचित उपयोग किया जा सकता है।
3. वंशक्रम तथा वातावरण पृथक् नहीं किये जा सकते। अतः व्यक्ति को यह मानना चाहिए कि बालक पूर्णाकार रूप से वातावरण तथा वंशक्रम का योग है।
4. अभिभावकों को समस्याग्रस्त बालक के अध्ययन के लिए भी वंशक्रम तथा वातावरण का ज्ञान आवश्यक है।

वंशक्रम तथा वातावरण के अध्ययन से कक्षा एवं घर में उत्पन्न होने वाली समस्याओं को हल किया जा सकता है। वंशक्रम से बालक ने जो कुछ भी प्राप्त किया है, वह उसे उत्तम वातावरण प्रदान कर सकता है। जन्म लेने के बाद वह कुछ शारीरिक तथा मानसिक विशेषताएँ अवश्य ही वंशक्रम से प्राप्त करता है, किन्तु शेष जीवन तो उसे वातावरण में ही गुजारना पड़ता है। **सोरेनसन** के शब्दों में, व्यक्ति के लिये मानव विकास पर वंशानुक्रम और वातावरण के सापेक्षिक प्रभाव और आपसी सम्बन्ध का ज्ञान विशेष महत्त्व रहता है।"

अब तक के विवरण से यह स्पष्ट है कि वंशक्रम तथा वातावरण के अध्ययन ने मनोविज्ञान तथा अन्य सामाजिक अध्ययनों को नई दिशा दी है। अध्ययन के लिये नयी दिशा का बोध दिया है।

वंशक्रम और वातावरण परिवेश के अध्ययन का मनोवैज्ञानिक आधार

वंशक्रम तथा वातावरण का ज्ञान मनुष्य के लिए मनोवैज्ञानिक आधार प्रस्तुत करता है। महापुरुषों का वंशक्रम देखने से ज्ञात होता है कि उनका वंशक्रम दोषरहित था। इसीलिये उनमें उत्तम गुणों का विकास हुआ। परिवेश और वंशक्रम के अनेक मिथ्या विचारों को दूर करती है। क्योंकि बच्चे का विकास मात्र वंशक्रम अथवा परिवेश पर आश्रित नहीं है, तथा वातावरण की स्थिति **बीज + धरती + खाद + प्रकाश + वायु** जैसी होती है। इस यौगिक में बीज निर्धारण करता है। वंशक्रम और वातावरण का निर्धारण करते हैं धरती, खाद, प्रकाश तथा वायु।

मनोवैज्ञानिकों ने वंशक्रम तथा वातावरण का अध्ययन करके अनेक महत्त्वपूर्ण परिणाम निकाले हैं। **वुडवर्थ** की धारणा रही है कि बालक का व्यक्तित्व 80% वंशक्रम से और 20% वातावरण से निर्धारित होता है। बालक की जन्म-जात तथा अन्तर्निहित योग्यताओं का निर्धारण वंशक्रम से प्राप्त विशेषताओं द्वारा होता है। **मैकडूगल** के अनुसार—"किसी अध्यापक की शिक्षा के प्रति चाहे जितनी आस्था क्यों न हो किन्तु वह यह कभी नहीं कहेगा कि गुरिल्ला इसलिए अच्छा है कि उसे अनुकूल वातावरण मिला है। इसी प्रकार यह भी स्पष्ट है कि व्यक्तियों में वैयक्तिक भिन्नता पाई जाती है और यह वंशक्रम की देन है।"

वंशक्रम तथा वातावरण के मनोवैज्ञानिक आधार इस प्रकार हैं—

(1) वातावरण का प्रभाव—अपने पूर्वजों से प्राप्त होने वाले गुणों के विकास के लिए यदि उचित वातावरण मिलता है, तो उसका विकास उचित दिशा में होता है और यदि उसको सही वातावरण की प्राप्ति नहीं होती है तो गलत दिशा में उसके गुणों का विकास होता है। वातावरण का उचित होना वंशक्रम के विकास के लिए अनिवार्य शर्त है। अतः व्यक्ति वंशक्रम की आधारभूत मान्यताओं को विकसित करने के लिए वातावरण को उपयोगी बनाने में विश्वास रखता है।

इस प्रकार हम देखते हैं कि वंशक्रम तथा वातावरण व्यक्तियों के विकास के लिये मनोवैज्ञानिक आधार प्रस्तुत करते हैं।

(2) मानवीय मूल्यों का विकास—वंशक्रम तथा वातावरण के ज्ञान से व्यक्ति मानवीय मूल्यों के विकास में रुचि लेने लगता है। बालक के संवेगात्मक तथा सामाजिक विकास में वंशक्रम के प्रति आस्था विशेष योग देती है।

(3) व्यक्तित्व का विकास—वंशक्रम तथा वातावरण के ज्ञान का मनोवैज्ञानिक आधार यह है कि व्यक्तित्व के विकास में विशेष योग मिलता है। सामाजिक व्यक्तित्व, समाज के लिये उपयोगी सिद्ध होता है। ऐसी स्थिति में यदि अभिभावकों को अपने वंशक्रम के प्रति आस्था तथा मोह है तो वे अपने शिशु के व्यक्तित्व को विकसित करने के लिए प्रयत्न करते हैं।

(4) पूर्वजों से सामाजिक वंशक्रम का ज्ञान—वंशक्रम से पूर्वजों की जैविक सामाजिक जानकारी प्राप्त होने के कारण भी वंश क्रम का महत्त्व है। इससे व्यक्ति को पूर्वजों के आदर्शों पर चलने की प्रेरणा मिलती है। यदि पूर्वज महान रहे हैं तो व्यक्ति महान पूर्वजों के चरित्र को अपना आदर्श मानकर तदनुसार कार्य करते हैं।

(5) पूर्वजों के गुणों की प्राप्ति—**रॉस** ने वंशक्रम का महत्त्व इसलिये बताया है कि बालक जो कुछ भी है और जिस रूप में विकसित होता है वह वंशक्रम की देन हैं। **रॉस** के अनुसार—"बालक अपने माता-पिता के शारीरिक तथा मानसिक गुण वंशक्रम से प्राप्त करता है। साधारण व्यक्ति भी यह समझता है कि किसी व्यक्ति का जीवन सुखमय या दुखमय होना उसके वंशक्रम से प्राप्त गुणों पर निर्भर करता है। इन गुणों को प्राप्त करने के लिये उसे प्रयत्न नहीं करने पड़ते, अपितु सहज रूप में ही वंशक्रम द्वारा बालक को प्राप्त हो जाते हैं।" इसका मनोवैज्ञानिक आधार यह है कि माता तथा पिता, दोनों यह जानते हैं कि शिशु में उन दोनों के पूर्वजों के गुण विद्यमान हैं। इसलिए बालकों के प्रति उनमें समता तथा कर्त्तव्य, दोनों ही उमड़ते हैं। यह भी देखने में आता है कि गोद लिये हुए अथवा अवैध रूप से जन्मे बालक के प्रति माता-पिता का प्रेम उतना नहीं होता जितना सामान्य रूप से जन्मे बालक के प्रति होता है।

4

अधिगम की सैद्धान्तिक विवेचना

मार्टिन के अनुसार परिपक्वता पद का प्रयोग उन संरचनात्मक परिवर्तनों का वर्णन करने के लिए किया जाता है, जो प्राणी के भीतर पाए जाने वाले स्नायिक सम्बन्धों को पुष्ट करते हैं। मार्टिन ने इस तथ्य को निम्नांकित शब्दों में व्यक्त किया है, "The term maturation is used to describe the structural changes which improve the coordination of numerous relationships within the neural system." **गेसेल** और **मार्टिन** दोनों ही यह मानते हैं कि प्राणी में परिपक्वता के अभाव में प्रक्रिया स्वतः चलती रहती है और वह परिवेशीय प्रभावों से सर्वथा मुक्त होती है। परिपक्वता के अभाव में प्राणी अधिगम की प्रक्रिया में सफल नहीं हो सकता। अधिगम के लिए परिपक्वता आवश्यक होती है।

परिपक्वता के अर्थ को इस प्रकार समझा जा सकता है जैसे किसी दो वर्ष के बालक को एक छोटी साइकिल चलाने का अभ्यास प्रतिदिन कराया जा रहा है। प्रतिदिन अभ्यासों के अतिरिक्त भी वह साइकिल चलाने में सफल नहीं होता। परन्तु वही साइकिल एक पाँच वर्ष का बालक कम सहायता देने पर भी चलाना सीख जाता है तो अब हम तो यही कहेंगे कि वह परिपक्वता के कारण सफल हुआ। शारीरिक परिपक्वता के अभाव में वह अब तक साइकिल चला सकने में असमर्थ रहा। इसी प्रकार कोई माता-पिता अपने तीन महीने के शिशु को चाहे जितना सिखलाएँ और

अभ्यास कराएँ, वह बोलने में शब्दों और वाक्यों का प्रयोग नहीं कर सकता क्योंकि इतनी छोटी अवस्था में स्वर-यन्त्र और भाषा-सम्बन्धी अन्य अंग परिपक्व नहीं होते। परिपक्वता की अवस्थाओं का माता-पिता और शिक्षकों को ठीक-ठीक ज्ञान होना आवश्यक है ताकि वे उपयुक्त समय पर बालकों के विकास के लिए उचित परिस्थितियाँ तैयार रख सकें।

श्नेर्ला ने परिपक्वता में होने वाले दो परिवर्तनों का उल्लेख किया है। उसके अनुसार परिपक्वना में जो दो घटनाएँ होती हैं उनमें विवृद्धि है और दूसरी प्रभेदन है। विवृद्धि में माँसपेशियों का आकार पहले की अपेक्षा बड़ा हो जाता है और उनके बीच पाए जाने वाले सम्बन्ध मजबूत होते हैं। इन बदलावों की वजह से शारीरिक रचना में अवस्था के साथ-साथ प्रक्रियात्मक शक्ति का विकास होता है। प्रभेदन विवृद्धि से भिन्न होता है किन्तु फिर भी उसे विवृद्धि से पृथक् नहीं माना जा सकता। प्रभेदन एक ऐसी प्रक्रिया है जिसके कारण शारीरिक अवयव एक-दूसरे से भिन्न दिखलाई पड़ने लगते हैं। गर्भकालीन अवस्था में गर्मस्थ शिशु केवल एक ही कोश के रूप में होता है। कुछ समय बाद उसमें कई परतों का निर्माण होता जाता है। समय के साथ इन परतों से अनेक शारीरिक अवयव विकसित होते हैं। इसे परिपक्वता का ही परिणाम कहा जाएगा। प्रभेदन की घटना केवल शारीरिक अवयवों तक ही सीमित नहीं होती है बल्कि व्यवहार के क्षेत्र में भी प्रभेदन की प्रक्रिया दिखलाई पड़ती है। जैसे शुरू-शुरू में बालकों के संवेगों को सप्ष्ट रूप से देखा नहीं जा सकता बल्कि धीरे-धीरे अवस्था वृद्धि के साथ उनके मुखमंडल पर संवेगात्मक अभिवृद्धियाँ प्रभेदित होने लगती हैं। गेसेल और मार्टिन के विपरीत, श्नेर्ला का विश्वास है कि परिपक्वता परिवेशीय तत्त्वों द्वारा प्रभावित होती है।

परिपक्वता का विकास काल

प्रसिद्ध मनोवैज्ञानिक गेसेल ने सबसे पहले विकासात्मक मनोविज्ञान के क्षेत्रों में परिपक्वता की अवधारणा का अध्ययन किया। उन्होंने 'परिपक्वता' पद की व्याख्या करते हुए इसे कोशों और पेशियों में समय के साथ-साथ होने वाला परिवर्तन माना है। प्राणी की शारीरिक संरचना अनेक कोशों और पेश्यियों से निर्मित होती है जिनके बीच अनेक अन्तर्सम्बन्ध दृढ़ होते रहते हैं और फलस्वरूप शारीरिक रूप में पाए जाते हैं। समय के साथ पेशियों के बीच ये अन्र्तसम्बन्ध दृढ़ होते रहते हैं और फलस्वरूप शारीरिक अवयवों में विवृद्धि दृष्टिगोचर होने लगती है। शरीर की आन्तरिक व्यवस्था में घटित होने वाले परिवर्तन, माँसपेशियों की दृढ़ता और प्रौढ़ता

तथा अवयवों में होने वाला विकास परिपक्वता-प्रक्रिया के ही परिणाम हैं। इन्हीं के शब्दों में उपर्युक्त तरह की रचनात्मक बदलावों के विकास की एक निर्धारित अवस्था होती है जो उनके विकास को अधिगम या किसी अन्य वातावरणीय कारक प्रभावित नहीं करता।

स्टॉट के अनुसार किसी भी परिवर्तनशील बालक में प्रमुख रूप से दो प्रकार के बदलाव होते हैं—1. परिणात्मक 2. गुणात्मक। स्टॉट विवृद्धि को परिमाणात्मक परिवर्तन मानता है क्योंकि इसका मापन किया जा सकता है। लम्बाई, मोटाई और भार आदि में हुए परिवर्तन परिणामात्मक परिवर्तन माने जाते हैं। किन्तु स्टॉट के अनुसार परिपक्वता गुणात्मक परिवर्तन है क्योंकि इसकी मात्रा का मापन सम्भव नहीं है। परिपक्वता के कारण प्राणी में नई क्षमताओं का उदय होता है और वह नए प्रकार के व्यवहार सम्पन्न कर सकने में सक्षम हो पाता है। उदाहरण के लिए एक शिशु अपनी आवश्यकताओं की पूर्ति के लिए रोकर दूसरों का ध्यान आकृष्ट करता है, किन्तु परिपक्वता प्राप्त हो जाने पर वह भाषा का उपयोग करने लगता है। इसी प्रकार जो बच्चा प्रारम्भ में एक इंच भी नहीं खिसक सकता, वह परिपक्वता प्राप्त कर लेने पर दौड़ने, उछलने, कूदने का व्यवहार प्रदर्शित करने लगता है। स्टॉट के अनुसार प्राणी की दैहिक संरचना, उसकी पेशीय और स्नायविक व्यवस्था के अन्तर्गत होने वाले उन परिवर्तनों को परिपक्वता कहा जाएगा जो नए प्रकार की क्रियाओं के लिए तत्परता प्रदान करते हैं। इनका कहना है कि बालक के समुचित विकास के लिए विवृद्धि, परिपक्वता एवं अधिगम (अनुभव) तीनों आवश्यक तत्त्व हैं और वस्तुतः इन्हें एक-दूसरे से पृथक् नहीं किया जा सकता। फिर भी यदि किसी बालक की विवृद्धि अपूर्ण हो और वह किसी विशिष्ट अनुभव से वंचित रह गया हो तो भी वह जीवन-यापन के लिए बाधाग्रस्त नहीं होगा। परन्तु यदि किसी बालक में परिपक्वता की प्रक्रिया समाप्त हो जाए तो यह स्थिति भयावह होगी। प्राणी के भीतर परिपक्वता के कारण जो शारीरिक एवं मानसिक परिवर्तन आविभूर्त होते हैं उनकी उत्पत्ति प्रायः यकायक ही होती है। किशोरावस्था के प्रारम्भ होते-होते बालकों के चेहरे पर बालों का उगना, अचानक उनकी ध्वनियों में परिवर्तन आ जाना स्वाभाविक परन्तु आश्चर्यजनक घटनाएँ होती हैं, जिनसे उपर्युक्त तथ्यों की पुष्टि होती है। इसी प्रकार रुचियों और मनोवृत्तियों से में भी बड़ी शीघ्रता से परिवर्तन आता है। सामान्यतः बचपन में बालक और बालिकाओं में परस्पर यौन प्रतिरोध दिखलाई पड़ता है। किन्तु जब ये किशोराव्यवस्था में पहुंचते हैं, तो यही उनके बीच आकर्षण का प्रमुख कारण बनता है।

परिपक्वता का प्रमुख कारण बालकों में भ्रूणावस्था से ही प्रारंभ होता जाता है। जन्म के बाद की अवस्थाओं में परिपक्वता की प्रक्रिया तब तक चलती रहती है जब तक वृद्धि और विकास की स्नायविक शक्ति का ह्रास नहीं हो जाता। अर्थात् जब तक बालक को उसकी स्नायविक और माँसपेशीय दृढ़ता और प्रौढ़ता पूर्ण रूप से प्राप्त नहीं हो जाती तब तक परिपक्वता की क्रिया चलती रहती है। प्रारम्भ में ही हमारे स्नायुओं के प्रौढ़ और सशक्त होने की आवश्यकता पड़ जाती है ताकि हम अपने भौतिक एवं सामाजिक वातावरण के साथ अपना उचित प्रकार का समायोजन स्थापित कर सकें। नवजात शिशु जो जन्म के समय अपने अंगों को तनिक भी हिला-डुला नहीं सकता, एक दिन अपने शारीरिक अवयवों पर पूर्ण नियन्त्रण प्राप्त कर लेता है। देखते-ही-देखते वह बिस्तर पर उलटने-पलटने लगता है और शीघ्र ही उसके भीतर खिसकने, रेंगने, बैठने, खड़े होने तथा चलने की क्षमताओं का विकास होने लगता है। इसी तरह बालक धीरे-धीरे वस्तुओं को पकड़ने तथा वस्त्रों को पहनना भी सीखा जाता है। जो बच्चे प्रारम्भ में कुछ विशेष ध्वनियों को उच्चारित नहीं कर पाते, वे थोड़ी अवस्था के बाद उनका स्पष्ट उच्चारण करने लगते हैं। अवस्था-विशेष में पहुँचकर उनके भीतर यौन-चेतना जागृत हो उठती है और वे यौन-आचरण सम्पन्न करने के योग्य हो जाते हैं।

उपर्युक्त विवरणों के आधार पर यह कहा जा सकता है कि प्रत्येक बालक की शारीरिक शक्तियों के विकास का प्रमुख कारण वातावरण नहीं होता है बल्कि परिपक्वता होता है। वातावरण में उपलब्ध शिक्षण और प्रशिक्षण या अभ्यास से इन क्षमताओं का विकास मात्र होता है और ये दृढ़ होती हैं, परन्तु वातावरण इन्हें उत्पन्न नहीं कर सकता। कभी-कभी माता-पिता से पर्याप्त प्रोत्साहन पाने पर भी बच्चा कुछ क्रियाएँ नहीं सम्पन्न कर पाता। यदि शारीरिक क्रियाओं और क्षमताओं की उत्पत्ति का कारण शिक्षण और ट्रेनिंग होती तो वह अवश्य उन क्रियाओं को सम्पन्न कर सकने में समर्थ होता। अतः शारीरिक और मानसिक वृद्धि एवं विकास तथा विभिन्न क्षमताओं के उदय का कारण परिपक्वता को ही समझना चाहिए। जब तक स्नायविक तैयारी नहीं प्राप्त हो जाती तब तक सिखलाने और अभ्यास करने से किसी विशेष लाभ की आशा नहीं की जा सकती।

परिपक्वता एवं अधिगम

विभिन्न अध्ययनों से स्पष्ट हुआ है कि प्रत्येक बालक के शारीरिक एवं मानसिक विकास की प्रक्रिया में परिपक्वता तथा अभ्यास दोनों का महत्त्वपूर्ण

योगदान है। इतना अन्तर अवश्य है कि परिपक्वता अपना प्रभाव बालक पर भीतर से निरन्तर डालती रहती है जबकि शिक्षण का प्रभाव उस पर उसी समय पड़ता है जब वह वातावरण के साथ अपना समन्वय स्थापित करता है। इसके अतिरिक्त परिपक्वता लगभग इक्कीस वर्ष की अवस्था में अपनी पूर्णता पर पहुँच जाती है, जबकि शिक्षण का प्रभाव व्यक्ति पर जीवन-पर्यन्त पड़ता है। परिपक्वता की क्षमता व्यक्ति के भीतर मुख्यतः वंश-परम्परा से मिलती है क्योंकि इसका प्रारम्भ गर्भाधान के समय ही हो जाता है और इसलिए इसे जन्मजात कहा जा सकता है। परन्तु इसके विपरीत शिक्षण का सम्बन्ध वातावरण से होता है। परिणामस्वरूप अधिगम को एक अर्जित प्रक्रिया माना जाता है। परिपक्वता का सम्बन्ध व्यक्ति के शारीरिक अवयवों की रचना, उनकी शक्ति और प्रौढ़ता से होता है। सीखने का सम्बन्ध व्यक्ति के अनुभवों और शारीरिक अंगों की क्रियाओं मात्र से होता है, उनकी रचना से नहीं। उपर्युक्त विवरणों में यह स्पष्ट किया जा चुका है कि परिपक्वता पर अधिगम या अभ्यास का प्रभाव बिल्कुल नहीं पड़ता। उचित परिपक्वता के पहले का सम्पूर्ण अभ्यास बेकार हो जाता है। इसके विपरीत, शिक्षण की क्रिया का विकास प्रधानतः अभ्यास पर ही निर्भर करता है। बिना अभ्यास किए सीखी हुई बातों का संस्कार मन पर स्थाई नहीं हो पाता और भीतर में उससे कोई लाभ नहीं उठाया जा सकता। परिपक्वता और शिक्षण में एक प्रमुख अन्तर यह भी है कि शिक्षण के लिए परिपक्वता अनिवार्य है जबकि परिपक्वता के लिए शिक्षण की कोई आवश्यकता नहीं होती है।

विकासात्मक मनोविज्ञान के विशेषज्ञों के अध्ययनों के आधार पर स्पष्ट हो जाता है कि हर बालक के शारीरिक एवं मानसिक विकास पर इन दोनों कारकों का प्रभाव इतना सूक्ष्म है कि दोनों पृथक्-पृथक् करके अध्ययन करना एक जटिल प्रक्रिया है। परिपक्वता और शिक्षण दोनों में से किसी एक के अभाव में बालक का पूर्ण विकास कभी सम्भव नहीं है। यदि किसी का स्नायविक विकास प्रारम्भ में ही कुण्ठित हो जाए, तो वातावरण में उपलब्ध कोई भी तत्त्व उसके व्यवहार को सामान्य कोटि का नहीं बना सकता। इसी प्रकार यह भी सत्य है कि यदि स्नायुओं के परिपक्व हो जाने के बाद किसी बालक को वातावरण में उपयुक्त प्रशिक्षण न मिल सके तो उसका व्यवहार भी सामान्य कोटि का नहीं हो सकता। उदाहरणार्थ यह सत्य है कि जब तक बालक का स्वर-यन्त्र परिपक्व नहीं हो जाता तब तक वह शब्दों और वाक्यों का प्रयोग लाख उपाय करने पर भी नहीं कर सकता। परन्तु यह भी उसी प्रकार सत्य है कि स्वर-यन्त्र के परिपक्व होने के बाद यदि माता-पिता बच्चे के सामने शब्दों का प्रयोग न करें और उसे दूसरे की भाषा के अनुकरण करने का पर्याप्त अवसर न मिले तो

उसके भीतर उचित भाषा-विकास की आशा नहीं की जा सकती। अतः बालक के विकास में परिपक्वता एक महत्त्वपूर्ण तत्त्व है परन्तु केवल परिपक्वता ही समुचित विकास के लिए पर्याप्त नहीं होती। यही बात शिक्षण के लिए भी कही जा सकती है।

इस समस्या को लेकर मनोवैज्ञानिकों के दो वर्ग बन गए हैं। **गेसेल** तथा उनके अनुयायी **गुडएनफ जोन्स वैलेन्टाइन** और **ब्रिजेज** आदि बालक के विकास में परिपक्वता को प्रधान तत्त्व मानते हैं। इसके विपरीत **वाटसन मैकग्रा** और **कारमाइकेल** आदि वातावरण तथा शिक्षण की प्रधानता को स्वीकार करते हैं। गेसेल का कहना है कि बालकों के भीतर दो प्रकार के गुणों का विकास होता है। एक वह हैं जो विशुद्ध शारीरिक कहे जाते हैं और अपरिपक्वता के कारण उत्पन्न होते हैं और दूसरे वे हैं जिन्हें सामाजिक कहा जाता है और जो अनुभव या शिक्षण के द्वारा प्राप्त होते हैं। परन्तु **गेसेल** ने इस बात को कभी भी माना नहीं है कि शारीरिक स्नायुविक प्रौढ़ता या परिपक्वता पर वातावरण का तनिक भी प्रभाव पड़ता है। गेसेल के अनुसार वातावरणीय कारक ज्यादा से ज्यादा बालक के विकास की गति को बढ़ा तथा उसके स्थिति को मोड़ सकते हैं लेकिन वे विकास की प्रक्रिया को शुरू नहीं कर सकते। कारमाइकेल आदि का कहना है कि जीवन के प्रारम्भ से ही व्यक्ति की शारीरिक-रचना व मानसिक क्रियाओं पर वातावरण (शिक्षण) का प्रभाव पड़ता है। हम यह नहीं कह सकते कि अमुक अवस्था में परिपक्वता समाप्त होगी और शिक्षण प्रारम्भ होगा। बल्कि सत्य तो यह है कि वातावरण समस्त परिपक्वता की प्रक्रिया पर पड़ता है और परिपक्वता समस्त शिक्षण को प्रभावित करती है। **मैकग्रा** ने निम्नांकित शब्दों में कारमाइकेल की उपरोक्त धारणा का समर्थन किया है–

"From the moment growth has begun in the fertilized ovum until death development consists in the alteration in the existing structures in an organism living in a continually changing environment. It is not possible to say at any point that growth has stopped and learning has begun but that the environment plays a part in all maturation and maturation plays a part in all learning."

अर्थात् गर्भित डिंब में विवृद्धि प्रारम्भ होने के समय से लेकर जीवन के अन्तिम क्षण (निरन्तर परिवर्तित होते रहने वाले परिवेश में विद्यमान) प्राणी की वर्तमान शारीरिक रचनाओं को बदलते हुए विकास की प्रक्रिया चलती रहती है। विकास के इस प्रक्रम में यह कह सकना सम्भव नहीं है कि अब विवृद्धि रुक गई और सीखना प्रारम्भ हो गया। केवल इतना ही कहा जा सकता है कि सम्पूर्ण विकास पर वातावरण

का तथा सम्पूर्ण शिक्षण पर परिपक्वता का प्रभाव पड़ता है। ऊपर जिन दो विरोधी विचारधाराओं का उल्लेख किया गया है, उनसे यह निष्कर्ष निकाला जा सकता है कि आनुवंशिकता और परिवेश की ही भाँति परिपक्वता और शिक्षण का प्रभाव भी प्राणी के विकास पर बड़े ही जटिल ढंग से पड़ता है। प्राणी का शारीरिक एवं मानसिक विकास इन दोनों तत्वों की परस्पर क्रिया-प्रतिक्रिया का फल है। वातावरण, स्नायुविक परिपक्वता तथा अभ्यास या ट्रेनिंग—ये तीनों ही विकास के लिए सक्रिय तत्त्व हैं। कीटाणुओं, पशु-पक्षियों तथा मानव शिशुओं सभी के विकास पर वातावरण की उत्तेजना का प्रभाव प्रयोगात्मक अध्ययनों में देखा गया है। **मेल्जैक** तथा **स्कॉट** ने अपने अध्ययनों में पाया कि जब कुत्तों के बच्चों को प्रथम आठ मास तक सामान्य वातावरण से पृथक् रखा जाता है, तो वे अप्रिय उद्दीपकों जैसे बिजली के झटके या नुकीली वस्तुओं को चुभने या कुछ विशेष प्रकार की गन्धों के प्रति सही और स्वाभाविक प्रतिक्रियाएँ प्रदर्शित नहीं कर पाते। इस कोटि के अध्ययनों से इस निष्कर्ष पर पहुँचा गया है कि जीवन की प्रारम्भिक अनुभूतियों का प्रभाव प्राणी के स्नायुओं, माँसपेशियों तथा ग्रन्थियों की परिपक्वता पर किसी सीमा तक अवश्य पड़ता है। इसी प्रकार **कारमाइकेल** तथा अन्य मनोवैज्ञानिकों ने यह दिखलाया है कि अभ्यास के अभाव में भी कुछ क्रियाओं (मेंढ़कों के भ्रूणों के तैरने) का विकास केवल परिपक्वता के कारण ही हो सकता है।

अतः विकासात्मक मनोविज्ञान के विशेषज्ञों द्वारा किये गये अध्ययनों से प्राप्त तथ्यों पर स्पष्ट हो जाता है कि सम्पूर्ण व्यक्तियों के व्यक्तित्व के विकास में हर तत्त्व एक विषम तरीके से नियंत्रित करता है। अतएव अब यह प्रश्न उठना सारहीन है कि बालक का व्यवहार परिपक्वता पर निर्भर होता है अथवा शिक्षण पर। परिपक्वता और शिक्षण को लेकर भी विभिन्न मनोवैज्ञानिकों में विवाद है। एक समुदाय का मानना है कि परिपक्वता के लिए शिक्षण आवश्यक है, वहीं दूसरे समुदाय का मानना है कि शिक्षण के लिए परिपक्वता आवश्यक है। परन्तु परिपक्वता बनाम शिक्षण के विवाद के सन्दर्भ में जितना ज्ञान संचित हो चुका है उसके प्रकाश में अब पुराने प्रश्नों को छोड़कर हमें नई, सार्थक और महत्त्वपूर्ण समस्या के प्रति जिज्ञासु होना चाहिए। अब हम यह जानने का प्रयास करें कि विभिन्न व्यवहारों के विकास के लिए बालक में किन अवधियों या आयु-स्तरों पर समुचित स्नायुविक तत्परता आ पाती है। किस प्रकार की परिपक्वता की गति तीव्र होती है और किसकी मन्द। किन विशेष प्रकार के व्यवहारों से सम्बन्धित परिपक्वन प्रक्रिया की गति को वातावरण की कोई विशेष उत्तेजना तीव्र कर सकती है? क्या किसी विशेष प्रकार के प्रारम्भिक अनुभव का अभाव

बालक के भीतर किसी क्षमता के विकास को स्थाई रूप से अवरुद्ध कर सकता है? नीचे जिन प्रयोगात्मक अध्ययनों का विवरण प्रस्तुत किया गया है, वह इन्हीं प्रश्नों से सम्बन्धित हैं।

अधिगम का आशय एवं परिभाषा

बालक जैसे ही इस मानव रूपी दुनिया में प्रवेश या जन्म लेता है वैसे ही रोना शुरू कर देता है। वास्तविक रूप से वह इसलिए रोना शुरू करता है कि उसे बड़ी जोर से भूख लगी है, माँ उसे दूध पिलाती है और उसे पालने में छोड़ देती है। अब इस सन्दर्भ की व्याख्या इस रूप में की जा सकती है, भूख लगी वह तड़पड़ाने लगा और एक चीख निकल पड़ी। उसने रोना प्रारम्भ कर दिया। माँ की ममता जाग उठी और उसने बच्चे को दूध पिला दिया। बच्चा शान्त हो गया। जब भी उसे भूख लगी, उसने रोना प्रारम्भ कर दिया और दूध मिल गया। कालान्तर में उसकी यह आदत बन गई कि भूख लगने पर रोना चाहिए, क्योंकि रोए बिना दूध नहीं मिलता। जो बालक कुछ कह नहीं सकता, उसका रुदन ही उसकी वाणी है। अब इन दोनों परिस्थितियों पर विचार कीजिए। रोने की क्रिया दोनों ही परिस्थितियों में है परन्तु, पहली परिस्थिति में रोने की क्रिया सीखना नहीं है, वह सहज है। जबकि दूसरी परिस्थिति में रोने की क्रिया सीखना है इसी को हम इस प्रकार भी कह सकते हैं कि सीखना व्यवहारगत बदलाव है।

उदाहरण—न्यूटन एक बगीचे में बैठकर अध्ययन कर रहा था। उसके सामने पेड़ से एक सेब जमीन पर आ गिरा जिससे न्यूटन का ध्यान टूट गया। वह इस घटना के बारे में सोचने लगा। ऐसे यह घटना स्वाभाविक थी। लेकिन न्यूटन ने यह पता लगाने की कोशिश की कि फल जमीन पर ही टूटने के बाद क्यों गिरा। आसमान में क्यों नहीं गया। अपने इस प्रश्न के उत्तर में उसने पृथ्वी के गुरुत्वाकर्षण बल की खोज की। इस प्रकार हम कह सकते हैं कि किसी नई बात को जानना भी सीखना है।

'सीखना' किसी स्थिति के प्रति सक्रिय प्रतिक्रिया है। उदाहरणस्वरूप—हम अपने हाथ में आम लिए चले जा रहे हैं, एक भूखे बन्दर की नजर उस पर पड़ती है, वह आम को हमारे हाथ से छीनकर ले जाता है, बन्दर की यह प्रतिक्रिया सीखी हुई नहीं, अपितु स्वाभाविक है। इसके विपरीत एक बालक जो आम खाना चाहता है साथ ही भूखा भी है, वह हमारे हाथ में आम देखता है। वह हमसे आम छीनता

नहीं है वरन् हाथ फैलाकर माँगता है। आम के प्रति बालक की यह प्रतिक्रिया स्वाभाविक नहीं सीखी हुई है।

स्किनर के शब्दों में, "सीखना, व्यवहार में उत्तरोत्तर सामंजस्य की प्रक्रिया है।

क्रानबेक के शब्दों में—"सीखना अनुभव के परिणामस्वरूप व्यवहार में बदलाव द्वारा व्यक्त होता है।"

गेटस एवं अन्य के शब्दों में—"सीखना अनुभव और प्रशिक्षण द्वारा व्यवहार बदलाव है।"

क्रो एवं क्रो के शब्दों में—"सीखना, आदतों, ज्ञान और अभिवृत्तियों का अर्जन है।"

वुडवर्थ के अनुसार, "नवीन ज्ञान और नवीन प्रतिक्रियाओं को प्राप्त करने की प्रक्रिया सीखने की प्रक्रिया है।"

उपर्युक्त परिभाषाओं के आधार पर यह स्पष्ट होता है कि अधिगम प्रक्रिया के माध्यम से बालक के व्यवहार में परिवर्तन लाया जा सकता है। यह परिवर्तन बालक के सम्पूर्ण शिक्षणों अथवा अनुभवों पर आधारित होता है।

आधुनिक मनोविज्ञान के अनुसार किताब पढ़ना या व्याख्यान सुनना सीखना नहीं है, अपितु अनुभव का विस्तार ही सीखना है। आज सीखने की जो विविध प्रणालियाँ हैं वे सभी आधुनिक मनोविज्ञान की देन हैं। जैसे—क्रियात्मक कार्यक्रम, कार्य करके सीखना, वस्तु से प्रत्यक्ष-परिचय, योजना पद्धति, आत्मक्रियाशीलता और विद्यालय में वास्तविक परिस्थितियों से साक्षात्कार करके सीखना आदि सीखने की विधियाँ प्रचलित हुई हैं।

अधिगम एक मानसिक प्रक्रिया के रूप में

अधिगम एक मानसिक प्रक्रिया है जो मानव के सम्पूर्ण जीवन में क्रमशः चलती रहती है। इस प्रकार सीखने की प्रक्रिया की दो मुख्य विशेषताएँ मानी गई हैं—(अ) निरन्तरता और (ब) सार्वभौमिकता।

सीखना बहुत कुछ परिस्थितियों पर भी निर्भर करता है। अतः जिस विधि व जिस परिस्थिति में सिखाया जाए वह अनुकूल हों। इसके साथ-साथ सीखने वाला और सिखाने वाला भी सही परिस्थितियों के लिए सहायक हो। सर्वप्रथम शिक्षा को दो धुरी पर माना गया।

प्रसिद्ध मनोवैज्ञानिक **जान डी. के.** के अनुसार, शिक्षा एक त्रिमुखी प्रक्रिया है। उनके अनुसार शिक्षक और शिक्षार्थी से सम्बन्धित ऐसी अनेक बातें होती हैं, जो

सीखने और सिखाने में बाधक एवं सहायक सिद्ध हो सकती हैं; जैसे–यदि शिक्षक उसी बात को सिखाना चाहता है जिसका सिखाना शिक्षार्थी के लिए लाभप्रद सिद्ध होगा। साथ ही शिक्षार्थी भी उस बात को सीखना पसन्द करता है, जिसका सीखना उसके जीवन में लाभप्रद सिद्ध हो तो विद्यार्थी उस बात को जल्दी सीख लेते हैं, अर्थात् सीखने की प्रक्रिया में सबसे पहला अवयव है–

(1) अनुकूल परिस्थिति निर्माण–परिस्थिति निर्माण के सम्बन्ध में बड़ी रुचिप्रद बात यह है कि परिस्थिति निर्माण किया तो शिक्षक के द्वारा जाता है; लेकिन उसका प्रभाव छात्रों पर पड़ता है। उसे विचार करना पड़ता है कि मैं कौन-सी बात किस ढंग से कहूँ कि बालक सिखाई जाने वाली बात को अधिक से अधिक एवं सरलता से और सफलतापूर्वक सीख जाएँ। सीखने के जो भी सिद्धान्त हैं, उनका अनुसरण भी उसे उसी समय करना पड़ता है। परिस्थिति निर्माण को ही हम वातावरण का निर्माण भी कह सकते हैं। बच्चा जब पाठशाला को भी अपने घर जैसा समझता है, तो अधिक सीखता है।

(2) तत्परता–किसी बात को सीखने के लिये पहले उसके लक्ष्य को सामने रखना पड़ेगा ताकि बाद में बहकने से बच सके। अर्थात् हमारा हर प्रयत्न अपने लक्ष्य की प्राप्ति बन जाता है। अतः सीखने की प्रक्रिया के अन्तर्गत चौथा तत्त्व हुआ परिस्थिति निर्माण।

(3) लक्ष्य निर्धारण–स्मरणीय है कि लक्ष्य निर्धारण, दूसरा तत्त्व भी हो सकता है और तीसरा भी। शिक्षक जब किसी बात की आवश्यकता अनुभव करता है, तब उसे सिखाने का लक्ष्य निर्धारित करता है, लेकिन शिक्षार्थी जब किसी बात की आवश्यकता अनुभव करते हुए उसे सीखने के लिए तैयार हो जाता है, तब वह उसे सीखने का अपना लक्ष्य निर्धारित करता है। अतः लक्ष्य, निर्धारण जहाँ शिक्षक की दृष्टि से दूसरा तत्त्व है, वहीं शिक्षार्थी की दृष्टि से तीसरा तत्त्व होगा।

लक्ष्य को चुनना एक अलग बात है और उसको प्राप्त करना अलग बात है। दोनों भिन्न चित्र हैं। केवल लक्ष्य निर्धारित करने से कोई काम नहीं चलता, अगर उसे प्राप्त नहीं किया जाए। अतः लक्ष्य को प्राप्त करने हेतु हमें दोनों ही ओर से उचित परिस्थितियों का निर्माण करना पड़ता है। इस दृष्टि से सीखने की प्रक्रिया का तीसरा तत्त्व हुआ तत्परता।

(4) अधिगम की प्रक्रिया में यह एक महत्त्वपूर्ण कारक है। यह कारक मनोविज्ञान पर आधारित है क्योंकि हम प्रायः उसी बात को महत्त्व देते हैं, जो हमारे लिए उपयोगी है। दूसरे शब्दों में हम यह भी कह सकते हैं कि जिस बात की हमें

आवश्यकता है, उसे सीखना हमारे लिए महत्त्वपूर्ण है। इस प्रकार जब हमने किसी बात को सीखने अथवा सिखाने का निश्चय कर लिया हो तो हम उसे सीखने अथवा सिखाने के लिए तैयार हो जाएँगे, और उस स्थिति में सीखने की प्रक्रिया का दूसरा तत्त्व होगा लक्ष्य निर्धारण।

अधिगम के प्रकार

अधिगम के सम्बन्ध में हमने देखा है कि अधिगम अन्ततः व्यवहार बदलाव है। किन्तु व्यवहार बदलाव उस समय तक नहीं होता जब तक कि भावना बदलाव न हो तथा भावना बदलाव का सम्बन्ध अर्जित ज्ञान से होता है। इस नजरिये से अधिगम प्रमुखतः तीन प्रकार का होता है जिसे निम्न बिन्दुओं के अन्तर्गत स्पष्ट किया गया है–

(1) कौशलात्मक अधिगम—इस अधिगम के अनुसार किसी सीखे गये ज्ञान को व्यवहार में लाने का प्रयास किया जाता है और व्यवहार द्वारा उसे सूक्ष्मता के साथ समझने का प्रयास किया जाता है।

कुशलताओं के अर्जन की दृष्टि से किसी कार्य को करते समय उसमें नवीनता और आकर्षण लाना भी इसी प्रकार के अधिगम के अन्तर्गत आता है। इसके लिए सूझ का होना आवश्यक है। सूझ के बिना कुशलताओं का विकास सम्भव नहीं।

(2) संज्ञानात्मक अधिगम—इस अधिगम के तहत बालकों को नवीन तथ्यों आदि का अधिगम कराया जाता है जिनसे वे अन्जान रहते हैं। तथ्यों एवं घटनाओं को समझना, छात्रों द्वारा उनका आत्मीकरण तथा पुनर्स्मरण सभी कुछ इसी के अन्तर्गत आता है। इस दृष्टि से इस प्रकार के ज्ञान का महत्त्व यों तो सभी अवस्थाओं और सभी शैक्षिक स्तरों पर है, फिर भी इस ज्ञान का जो महत्त्व छोटी आयु और छोटी कक्षाओं में है, बड़ी कक्षाओं में उतना नहीं है क्योंकि उस समय उसका दिमाग बिलकुल साफ होता है। वहाँ चिन्तन और मनन बढ़ता जाता है। इस प्रकार के ज्ञानार्जन का मुख्य माध्यम ज्ञानेन्द्रियाँ तथा प्रत्यक्ष दर्शन है। इसीलिए इसके लिए ऐसे पाठ्यक्रम की आवश्यकता है, जो जानकारी पर आधारित अधिक हो; सूझ और चिन्तन पर अपेक्षाकृत कम। किन्तु, ज्यों-ज्यों उच्च स्तर की ओर बढ़ते जाएँ, त्यों-त्यों यही ज्ञान, तर्क, कल्पना आदि की ओर बढ़ना चाहिए।

(3) भावनात्मक अधिगम—संज्ञानात्मक अधिगम के तहत जिन तथ्यों के अनुभव व ज्ञान के सम्बन्ध में चर्चा की गयी है, उसे हासिल करने के बाद बालकों के विचारों एवं भावनाओं में सकरात्मक परिवर्तन करना जरूरी है यथा–सत्य वादी

राजा हरिश्चन्द्र पाठ को पढ़ने के पश्चात् सत्य बोलने की भावना का विकास, महाराणा प्रताप और महारानी लक्ष्मीबाई के वृतान्त को पढ़कर देशभक्ति की तथा भगवान राम की कथा को पढ़कर कर्त्तव्य पालन की भावना का पनपना स्वाभाविक ही है। इसी का नाम भावनात्मक अधिगम है। इस दृष्टि से इस किस्म के अधिगम के लिए बच्चों को जिस प्रकार पढ़ाना चाहते हैं उसी प्रकार उनको पढ़ायें।

संज्ञानात्मक अधिगम के लिए—अनुकरण, अनुबद्धता एवं प्रयत्न तथा मूलक सिद्धान्त।

भावनात्मक अधिगम के लिए—अनुकरण एवं स्वयं की भावना का सिद्धान्त।

कौशलात्मक अधिगम के लिए—प्रयत्न तथा मूल एवं सूझ द्वारा सीखना सिद्धान्त अधिक होते हैं। शिक्षण के समय इन्हीं बातों का विशेष ध्यान रखना चाहिए।

अधिगम के प्रमुख तत्त्व

अधिगम विविध वाह्य तत्त्वों के अलावा बालकों के मानसिक स्थिति से भी जुड़ा रहता है। बालकों को जो कुछ अधिगम कराया जा रहा है उसे समझना बहुत जरूरी है। उस प्रक्रिया में वह सोचता है कि ऐसा क्यों होना चाहिए अथवा क्यों हुआ? और अगर यह हुआ तो कैसे हुआ आदि? जब वह इन क्यों, क्या, कैसे आदि सभी प्रश्नों के उत्तर से सन्तुष्ट हो जाता है, तब किसी बात के प्रति उसकी पूर्ण तुष्टि उसे उस बात को सिखाती है, अर्थात् जब तक बालक के मस्तिष्क में सीखी जाने वाली बात को लेकर प्रतिक्रिया नहीं होगी, तब तक वह कुछ नहीं सीख पाएगा। इस प्रतिक्रिया के परिणामस्वरूप जिन बातों को बालक उचित समझता है, उन्हें सीख लेता है और शेष बातें उसके मस्तिष्क द्वारा नहीं सीखी जातीं। अतः, सीखने की प्रक्रिया का पाँचवाँ और अन्तिम तत्त्व हुआ—मानसिक प्रतिक्रिया।

अधिगम की उपर्युक्त सभी क्रियाओं को निम्नलिखित रूप से प्रस्तुत किया जा सकता है—

1. परिस्थिति निर्माण
2. मानसिक प्रतिक्रिया
3. आवश्यकता
4. लक्ष्य निर्धारण
5. तत्परता।

छात्र अधिगम—पुनः अगर आप इन सभी बातों का विश्लेषण करें तो सीखने की प्रक्रिया में दो प्रकार के अवयव आते हैं—

(1) आन्तरिक तत्त्व—छात्र के मस्तिष्क में बाह्‌य तत्त्वों के प्रति आन्तरिक प्रतिक्रिया।

(2) बाह्य तत्त्व—आवश्यकता, लक्ष्य निर्धारण, परिस्थिति निर्माण आदि।

इतना सोचने के बाद यह बात बिलकुल पूर्ण रूप से साफ हो जानी चाहिए कि हम सीखते कैसे हैं? जब तक बाह्‌य तत्त्वों को लेकर हमारे मस्तिष्क में कोई प्रतिक्रिया नहीं होगी, तब तक हम कुछ नहीं सीखेंगे और न सिखा पाएँगे। इसलिए सच्चे शिक्षक के नाते अगर आप बच्चों को वास्तव में कोई बात सिखाना चाहते हो तो वातावरण में ऐसी परिस्थितियों का सृजन करो जो बालक के मस्तिष्क में विचार उत्पन्न कर दे। अगर उसके मस्तिष्क में वातावरण के प्रति कोई प्रतिक्रिया नहीं होगी तो वह बिल्कुल नहीं सीख पाएगा। अब हम किसी भी घटना को लेकर इसी का विश्लेषण करते हैं।

बालक आग को देखता है। वह उसकी ओर दौड़ता है और हाथ बढ़ा देता है। परन्तु, ज्यों ही वह जलता है, त्यों ही मस्तिष्क में प्रतिक्रिया होती है कि आग जलाती है। वह सीख लेता है कि आग से दूर रहना चाहिए। इसमें आग बाह्‌य तत्त्व है और उससे जलकर यह परिणाम निकाला कि आग जलाती है, यह आन्तरिक तत्त्व हुआ।

विभिन्न अध्ययनों से स्पष्ट हुआ है कि बालक किसी अन्य व्यक्ति से उतना नहीं सीखता जितना स्वयं प्रयासों से सीखता है। इसलिए बाह्‌य दूसरों द्वारा सिखाई गई बात में अस्थायित्व होता है और स्वयं सीखी हुई बात में स्थायित्व। वह किसी बात को तभी अच्छी तरह सीखेगा जब उस बात को समझाने के लिए जो प्रक्रिया आपके मस्तिष्क में चल रही है ठीक वही प्रक्रिया बच्चे के भी मस्तिष्क में चलने लगे।

अधिगम के विभिन्न नियम

नियम प्रकृति का एक विधान है इस जगत के सम्पूर्ण जीव-जन्तु प्रकृति के नियमों के अनुसार अपना-अपना जीवन बिताते हैं। इसी तरह अधिगम के कुछ प्रमुख नियम हैं। अधिगम की प्रक्रिया इन्हीं नियमों पर आधारित होती है। अधिगम के नियमों का प्रतिपादन प्रसिद्ध मनोवैज्ञानिक **थॉर्नडाईक** ने किया है जिनके प्रमुख नियम तीन हैं—

1. प्रभाव का नियम
2. अभ्यास का नियम
3. तत्परता का नियम

1. प्रभाव के नियम

किसी छात्र के लिए जो बात जितनी उपयोगी होती है वह उसे उतना ही जल्दी सीखता है। इसे ही प्रभाव का नियम कहते हैं। यथा–

1. जो बात छात्रों की दृष्टि से अधिक महत्त्वपूर्ण है; अर्थात् उनकी दृष्टि से जिस बात की जीवनोपयोगिता जितनी अधिक होती है, छात्र उस बात को उतनी ही जल्दी और अच्छी तरह सीखना पसन्द करते हैं।
2. किसी नवीन बात को इस तरीके से बताई जाए जिसे छात्र पहले से जानता हो तो उसे वे सरलता से समझ लेगा।

प्रभाव के नियम का शैक्षिक महत्त्व

प्रभाव के नियम को दृष्टिगत करते हुए सम्पूर्ण अध्यापकों का दायित्व होना चाहिए कि छात्रों को जिस सम्बन्ध में जो भी तथ्य सिखाएँ जाएँ उसमें अग्रलिखित तथ्यों पर पूरा-पूरा ध्यान दें–

(i) छात्रों को किसी तथ्य का अधिगम कराते समय उसे उनके जीवन से सम्बन्धित तथ्यों और घटनाओं के माध्यम से बताया जाए ताकि वे उसे जल्दी सीख सकें और उसको हमेशा याद रख सकें। इस दृष्टि से जिन बातों को छात्रों ने अपने घर पर सीखा है उन बातों के माध्यम से किसी बात को बताना सबसे अधिक प्रभावी सिद्ध होता है तो विदेशों की बातों के माध्यम से बताना कम प्रभावी।

(ii) प्रत्येक बताई जाने वाली बात की जीवन में उपयोगिता अवश्य बताई जाए, ताकि छात्रों पर उसका प्रभाव अधिक पड़े।

(iii) शिक्षक प्रशिक्षण अथवा शिक्षण के समय जिस प्रकार तत्परता का नियम पाठ की प्रस्तावना के लिए उपयोगी है, उसी प्रकार प्रभाव का नियम पाठ के प्रस्तुतीकरण के लिए।

(iv) उत्प्रेरणा के सिद्धान्त के अनुसार छात्रों द्वारा किसी बात को शीघ्र सीखे जाने पर प्रश्नों का उत्तर देने पर, उन्हें प्रोत्साहित किया जाए, परन्तु प्रोत्साहन अधिक न हो। ध्यान रहे कि 'शाबाश', 'बहुत अच्छा' आदि प्रशंसात्मक शब्दों की अति, विद्यार्थियों पर उल्टा प्रभाव डालती है।

(v) जीवनोपयोगिता की दृष्टि से जो बात जितनी अधिक उपयोगी हो, उसे उतना ही पहले बताया जाए।

(vi) अध्यापक स्वयं में उन गुणों के विकास का प्रयत्न करे जिनका उल्लेख हमने पीछे किया। क्योंकि, छात्रों पर अध्यापक का असर अत्यधिक पड़ता है।

2. अभ्यास का नियम

इस नियम को उपनियम की भी संज्ञा प्रदान की जाती है। इस नियम के अन्तर्गत महत्त्वपूर्ण एवं उपयोगी वस्तु बारम्बर अभ्यास क्रम में आने के कारण ठोस हो जाती है, किन्तु अनुपयोगी बात का कोई अभ्यास लाभदायक न हो पाने के कारण वह स्मृति में ठहर नहीं पाती है।

अभ्यास के नियम का शैक्षिक महत्त्व

अभ्यास के नियम की शैक्षिक उपयोगिता इस प्रकार है–

(i) किसी भी सिद्धान्त अथवा कोई भी चीज बताने के साथ-साथ उसकी उपयोगिता अवश्य बताई जाएँ ताकि जल्दी समझ में आ जाए।

(ii) अभ्यास का नियम सीखी हुई बातों को एक लम्बी अवधि तक स्मरण रखने की दृष्टि से अधिक महत्त्वपूर्ण है; अतः बताई गई बातों को यथास्थिति दुहराते रहें।

(iii) मूल्यांकन के समय सैद्धान्तिक ज्ञान की अपेक्षा ज्ञानोपयोग से सम्बन्धित प्रश्न अधिक पूछे जाएँ।

(iv) सैद्धान्तिक ज्ञान का अभ्यास करते समय अगर परिस्थिति को बदलकर उसी बात का उपयोग पूछा जाए तो विद्यार्थियों में कुशलताओं का भी विकास किया जा सकता है।

(v) पढ़ाने के पश्चात् पाठ की पुनरावृत्ति इसी नियम पर आधारित है।

3. तत्परता का नियम

तत्परता के नियम को समझने के लिए आप अंग्रेजी की उस कहावत को याद कीजिए, जिसमें कहा गया है कि आप "घोड़े को तालाब तक तो ले जा सकते हैं, किन्तु उसे पानी पीने के लिए मजबूर नहीं कर सकते" विचार कीजिए ऐसा क्यों है? ऐसा इसलिए है कि जब तक किसी काम के लिए किसी की इच्छा नहीं होती, तब तक उसे उस काम को करने के लिए बाध्य नहीं किया जा सकता। यही हाल बच्चों का है। जब तक उन्हें पढ़ने के लिए तैयार न किया जाए, तब तक उन्हें कोई भी बात सिखाई नहीं जा सकती। अतः तत्परता के नियम के अनुसार जब तक विद्यार्थियों को किसी बात को सीखने हेतु मानसिक रूप से तैयार न किया जाए, तब तक उन्हें कोई बात सिखाई नहीं जा सकती।

तत्परता का उप-नियम

तत्परता का नियम भी इन्हीं बातों पर आधारित है। इन्हें सीखने का उपनियम भी कह सकते हैं।

(1) नवीनता का उप-नियम—इस सिद्धांत के अनुसार विषय-वस्तु के साथ-साथ सिखाने की तकनीक भी नयी होनी चाहिए।

(2) जिज्ञासा का उप-नियम—इस उप-नियम अथवा सिद्धान्त के अनुसार विद्यार्थियों को जो कुछ बताया जाना है, उसे जानने के प्रति विद्यार्थियों की जिज्ञासा उत्पन्न की जाए। यह जिज्ञासा विद्यार्थियों को बताई जाने वाली बात के सम्बन्ध में उसकी महत्ता बताकर और जताकर की जा सकती है।

(3) रुचि का उप-नियम—इस सिद्धान्त अथवा उप-नियम के अनुसार विद्यार्थियों को जो कुछ बताया जाना है, उसे जानने के प्रति छात्रों में रुचि उत्पन्न की जाए। रुचि उत्पन्न करने के लिए अलग-अलग बातों को अलग-अलग प्रकार से बताने का प्रयत्न किया जाए।

(4) अभिप्रेरणा का उप-नियम–यदि विद्यार्थी किसी बात को जल्दी सीख ले अथवा अच्छे उत्तर दे तो उन्हें उनके अच्छे उत्तरों के लिए प्रोत्साहित किया जाना चाहिए।

तत्परता के नियम का शैक्षिक महत्त्व

इस नियम की उपयोगिता, किसी बात को बताने से पूर्व विद्यार्थियों द्वारा इस बात को सीखे जाने के लिए उन्हें मानसिक रूप से तैयार करने में बहुत अधिक है। इस दृष्टि से–

(i) छात्रों का ध्यान मस्तिष्क में चल रहे विचारों से विकेन्द्रित करने तथा नई बात की ओर ध्यान आकृष्ट करने की दृष्टि से छोटे बच्चों के लिए कोई वस्तु तथा बड़े बच्चों के लिए कोई बात अधिक महत्त्वपूर्ण सिद्ध होती है।

(ii) इसी तरह छोटे बच्चों के लिए सामान्यतया लघुकथाएँ तथा बड़े बच्चों के लिए दृष्टान्त और संस्मरण आदि अधिक उपयोगी रहते हैं।

(iii) जिस वस्तु अथवा बात को बच्चे पहले से ही जानते हैं, उसे न तो दिखाया ही जाए और न सुनाया ही जाए, क्योंकि उसे देखने अथवा सुनने में बालकों की रुचि नहीं होती।

(iv) कभी-कभी शिक्षक के व्यक्तित्व से प्रभावित होकर उसे देखते ही बच्चे पढ़ने के लिए तैयार हो जाते हैं। हो सके तो शिक्षक को चाहिए कि वह स्वयं में

भी अगर उन गुणों का विकास कर सके जो एक अच्छे शिक्षक में होने चाहिएँ तो अवश्य करे। ये गुण हैं—विषय के प्रति ज्ञान, ज्ञान की गहराई, सफल अभिव्यक्ति, किसी बात पर तुरन्त सोचना और उत्तर देना, सद्व्यवहार आदि।

(v) पाठ की प्रस्तावना नवीन और रुचिकर होनी चाहिए।

(vi) प्रस्तावना ऐसी हो कि वह छात्रों के मन में चलने वाली भावनाओं तथा मस्तिष्क में चलने वाली बातों को निकालकर, नई बात को जानने के प्रति उन्हें आकर्षित करे।

(vii) वास्तविक शिक्षण से पूर्व, पाठ की प्रस्तावना का उद्देश्य यही है।

(viii) इस बात का पूरा ध्यान रखा जाए कि कोई भी बात ऐसी न कही जाए जो छात्र के लिए कठिन व व्यंग्य हो।

अधिगम की गति, वक्र, और पठार का नियम

अधिगम से जुड़े **थॉर्नडाईक** के नियमों का अध्ययन करने के बाद अब हम अधिगम की गति, वक्र तथा पठार के नियमों का वर्णन करेंगे जो इस प्रकार है—

(1) गति—विविध अध्ययनों एवं प्रयोगों से यह स्पष्ट होता है कि भिन्न-भिन्न छात्रों में अधिगम की गति भिन्न-भिन्न होती है। यह बुद्धि-लब्धि, उम्र एवं लिंग आदि कारकों से प्रभावित होती है। इन्हीं तत्त्वों को ध्यान में रखते हुए विचार कीजिए कि प्रत्येक विद्यार्थी के सीखने की गति अलग-अलग होगी। यह गति विद्यार्थियों द्वारा किसी बात को सीखे जाने के लिए दो प्रकार से प्रभावित करेगी—

1. एक ही विद्यार्थी की सीखने की गति भी परिस्थिति के प्रभाव से अलग-अलग समयों में अलग-अलग अन्दाज से होगी।
2. अलग-अलग विद्यार्थियों की सीखने की गति अलग-अलग होगी।

(2) वक्र—यदि प्रति मिनट सीखने की गति का रेखा-चित्र खींचा जाये तो एक टेढ़ी-मेढ़ी रेखा प्राप्त होती है, इसे ही हम सीखने का वक्र कहते हैं। यह वक्र इसलिए है कि इसमें सीखने की गति कभी कम है तो कभी अधिक है। सीखने की गति अनेकों कारणों से समान हो ही नहीं सकती। यह सदैव वक्र रेखा में ही आती है।

(3) पठार—पठार शब्द को भूगोल शब्द से लिया गया है जिसकी परिभाषा है—आस-पास के अपेक्षाकृत समतल भू-भाग से एकदम ऊपर उठा चौरस भू-भाग। कभी-कभी आपने देखा होगा कि रेगिस्तान में धूल उड़ते-उड़ते कोई स्थान काफी ऊँचा हो जाता है। यह ऊँचा स्थान भूमि की भाँति अगर समतल भी हो तो हम इसे पठार कहेंगे।

सीखने की गति में भी कई बार पठार आते हैं। इसके मुख्य कारण अग्रलिखित हैं–

(i) मानसिक अस्थिरता–कभी-कभी सीखते अथवा सिखाते समय मानसिक अस्थिरता के कारण दिन, सप्ताह, महीना भर पढ़ने में अथवा सीखने में दिल नहीं लगता। सीखने की गति अवरुद्ध हो जाती है। यह बात घटना की तीव्रता अथवा गहराई पर निर्भर करेगी कि घटना कितने समय तक पठार का रूप लेती है।

(ii) विचारों का टकराव–कभी भी पढ़ते-पढ़ते कोई ऐसा विचार आ जाता है कि उससे हमारी अथवा विद्यार्थियों की सहमति नहीं होती। वहाँ पर भी सीखना कुछ समय के लिए अवरुद्ध हो जाता है और जितने समय तक अधिगम रुका रहता है, उसे हम सीखने का पठार कहते हैं।

(iii) विषय-वस्तु की जटिलता–विषय-वस्तु की कठिनता के कारण भी कभी-कभार सीखने की हमारी गति में स्वाभाविक रुकावट आ जाती है। इससे हमारा अधिगम प्रभावित होता है।

अधिगम को प्रभावित करने वाले कारक

अधिगम को प्रभावित करने वाले प्रमुख तत्त्व निम्नलिखित हैं–

1. अधिगम करते वक्त की सम्पूर्ण परिस्थितियाँ
2. अधिगम की जाने वाली विषय सामग्री का स्वरूप
3. बालकों का शारीरिक स्वास्थ्य
4. बालकों की मानसिक योग्यता एवं मानसिक स्वास्थ्य
5. अधिगम की इच्छा एवं जिज्ञासा
6. अधिगम की प्रेरणा
7. अधिगम का समय एवं थकान
8. अधिगम की प्रक्रिया
9. अधिगम का उचित वातावरण
10. अधिगम की उचित विधियाँ।

उपरोक्त वर्णित तत्त्वों एवं दशाओं से स्पष्ट होता है कि अधिगम तभी प्रभावशाली होगा जब ये तत्त्व बालक के अनुकूल होंगे, प्रतिकूल तत्त्वों एवं प्रतिकूल दशाओं का प्रभाव नकारात्मक रूप से सीखने पर पड़ेगा। जबकि अनुकूल होने की परिस्थितियों में सीखने की क्रिया सबल एवं प्रमाणयुक्त हो जाती है।

अधिगम की विशेषताएँ

अधिगम की सामान्य विशेषताएँ अग्रलिखित हैं–

1. सीखना विकास है
2. सीखना-सम्पूर्ण जीवन चलता है
3. सीखना नवीन कार्य करना है
4. सीखना बदलाव है
5. सीखना अनुकूलन है
6. सीखना उद्‌देश्यपूर्ण है
7. सीखना विवेकपूर्ण है
8. सीखना अनुभवों का संगठन है
9. सीखना खोज करना है
10. सीखना सक्रिय है
11. सीखना वातावरण की उपज है।

अधिगम के सिद्धान्त

विकासात्मक मनोविज्ञान के कुछ विशेषज्ञों के द्वारा 'Principles' तथा 'Theories' दोनों के लिए सिद्धान्त शब्द का प्रयोग किया गया है। लेकिन दोनों में बहुत अन्तर है–Principles का सम्बन्ध–अपनी सूझ-बूझ, चिन्तन, तर्क संगत मान्यताओं तथा आधारयुक्त निर्णयों से होता है। जबकि Theories का मूल आधार प्रयोगगत निष्कर्ष होते हैं।

कुछ मनोवैज्ञानिकों के द्वारा किये गये प्रयोगों के आधार पर अधिगम के सिद्धान्त का वर्णन करेंगे जिन्हें तीन हिस्सों में विभाजित कर सकते हैं–

1. साहचर्यवादी
2. व्यवहारवादी
3. गैस्टाल्टवादी।

इन्हीं को मनोविज्ञान में अधिगम के सम्प्रदाय कहा जाता है इनमें से प्रत्येक सम्प्रदाय के अन्तर्गत कुछ सिद्धान्त आते हैं, जो अग्रलिखित हैं–

स्किनर का क्रिया प्रसूत अनुकूलन सिद्धान्त

इस सिद्धांत को निम्नलिखित उदाहरण से स्पष्ट किया जा सकता है। आप अपने बीते हुए कल में जाइये जब आप एक बालक थे, आपके माता-पिता ने स्कूल

में आप का दाखिला करा दिया। लेकिन पाठशाला में बिलकुल मन नहीं लगता था। माँ-बाप, भाई-बहन की याद आती तो रोते थे। शिक्षक खाने को कुछ दे देता था अथवा पुचकारता तो चुप हो जाते थे। फिर रोते, फिर चुप हो जाते और यही क्रम दिन भर चलता। छुट्टी की घण्टी बजती, आप प्रसन्न हो जाते और दौड़कर कक्षा से निकलकर घर आने के लिए तैयार हो जाते। स्वयं अथवा किसी की मदद से घर आ जाते। दूसरा दिन आता, आप पाठशाला जाने से इन्कार कर देते। पिता को पता था कि आपको टॉफी बड़ी पसन्द है, वह टॉफी के लिए आपको पैसे दे देते। आप पैसों के लालच से पाठशाला चले जाते। धीरे-धीरे पैसे लेकर पाठशाला जाने की आपकी आदत बन गई। जिस दिन आपको पैसे नहीं मिलते, उस दिन आप पाठशाला न जाने के लिए पूरी तरह अड़ जाते और जाते ही नहीं।

जब आप बड़े हो जाते हैं, पढ़ने में आपका मन लगने लगता है इस समय आप विद्यालय की तरफ बिना किसी लालच के समयानुसार जाने लगते हैं अब आप का मन पढ़ाई में लगने लगता है। कक्षा में प्रथम आए, उत्साह बढ़ गया, लालच टूट गया और पीछे छूट गया।

यहाँ इन दोनों ही स्थितियों पर विचार कीजिए। आप पाठशाला दोनों ही स्थितियों में गए। परन्तु पहली स्थिति में लालच आपको पाठशाला तक ले गया, जबकि दूसरी स्थिति में पढ़ने में रुचि अथवा पढ़ने के प्रति क्रियाएँ आपको पाठशाला तक खींचकर ले गईं। पहली स्थिति शास्त्रीय अथवा क्लासीकल अनुकूलन है और दूसरी स्थिति क्रियाप्रसूत है। स्पष्टतः क्रिया-प्रसूत अनुकूलन परिवेश के प्रभाव में स्वतः प्रकट होने लगती है। दूसरे शब्दों में परिस्थितिजन्य वातावरण और क्रियाप्रसूत अनुकूलन सिद्धांत में क्रिया-प्रतिक्रिया होती रहती है।

बी. एफ. स्किनर की मान्यता है कि मानव का समग्र व्यवहार क्रियाप्रसूत पुनर्बलन का एक उत्पाद बदलते रहते हैं और क्रियाप्रसूत पुनर्बलन के द्वारा व्यवहार को वांछित दिशा में परिवर्तित किया जा सकता है। प्रबलन के द्वारा हम अनुक्रियाओं को बदलने हेतु पुनर्बलनों को परिवर्तित करते रहते हैं और इसी तरह मानव को खेलने, पढ़ने, मनोरंजन करने आदि सभी क्रियाओं में सन्तुलन बिठाते रहते हैं।

उन्होंने यह भी कहा है कि बालक के सम्पूर्ण व्यवहार में परिवर्तन करने के लिए अत्यधिक मनोवैज्ञानिकों के प्रयोगों की आवश्यकता नहीं है। बल्कि पुनर्बलनों को परिवर्तित करके ही व्यवहार को बदला जा सकता है : स्किनर ने इच्छा-शक्ति, संवेदनशीलता, प्रतिमा अथवा बिम्ब, मूलप्रवृत्ति, अन्तनोंद आदि शब्दों का बहिष्कार किया है। स्किनर की दृष्टि से ये सभी शब्द अभौतिक-से प्रतीत होते हैं;

क्योंकि—"व्यवहार, व्यक्ति स्वयं अथवा विभिन्न बाह्य पदार्थों अथवा दबाव के अन्य क्षेत्रों द्वारा संदर्भों में व्यक्ति स्वयं अथवा उसके किसी अंग की क्रिया है।"

स्किनर का क्रिया प्रसूत अनुकूलन का आधार

स्किनर ने क्रियाप्रसूत अनुकूलन का आधार पुनर्बलन माना है। जब कोई बात व्यवहार के किसी रूप को पुनर्बलित करती है, तो उस व्यवहार की आवृत्ति के अवसर अधिक होते हैं। अतः मनोवैज्ञानिक का दायित्व तो केवल उन स्थितियों का पता लगाना है जिनमें किसी व्यवहार-विशेष को अधिकतम बल मिलता है। स्किनर के अनुसार प्रबलन जितना शक्तिशाली होगा, व्यवहार की आवृत्ति उतनी ही अधिक होगी। इस दृष्टि से प्राकृतिक प्रबलन सर्वाधिक शक्तिशाली होते हैं। अगर किसी प्राकृतिक प्रबलन के साथ कृत्रिम प्रबलन मिल जाता है, तो क्रिया की तीव्रता अथवा व्यवहार की आवृत्ति अथवा प्रबलता उतनी ही अधिक बढ़ जाती है। अभिवृत्तियाँ, जीवन मूल्य आदि सभी कृत्रिम किन्तु, स्थाई प्रबलनों के अन्तर्गत आते हैं। इस दृष्टि से स्किनर के अनुसार व्यवहार को उद्दीप्त करने अथवा व्यवहार के अनुकूलन के लिए किसी बाह्य उद्दीपक की इतनी अधिक आवश्यकता नहीं है जितनी जीवन मूल्यों को पनपाने की, क्योंकि ये स्थाई प्रबलन हैं।

स्किनर का प्रबलन का प्रयोग

मनोविज्ञान के क्षेत्र में सामान्य प्रचलन रहा है कि किसी भी प्रयोग में उद्दीपन के लिए कृत्रिम मदद ली गयी है। परिस्थितियों से उत्पन्न प्राकृतिक उद्दीपकों पर कम ध्यान दिया गया।

स्किनर का प्रयोग अन्य मनोवैज्ञानिकों के प्रयोगों से बिल्कुल भिन्न है। इन्होंने सम्पूर्ण प्राणी व्यवहार को किसी बाह्य तत्व के द्वारा बदलने का प्रयत्न नहीं किया बल्कि उस परिस्थिति को बदलकर उसके व्यवहार को परिवर्तित करने का प्रयास किया, जिस परिस्थिति-विशेष में मानव अथवा प्राणी का कोई अंग-विशेष स्वतः ही उद्दीप्त होता है।

इस सम्बन्ध में स्किनर की मूल धारणा यही रही—चूँकि, प्राणी भविष्य में भी वही करना पसन्द करता है जो वह प्रबलन के समय कर रहा था। इस दृष्टि से कोई भी प्रयोगकर्त्ता उस प्रबलन को उद्दीप्त करके प्राणी के व्यवहार में बदलाव ला सकता है। उदाहरण द्वारा इसी बात को इस प्रकार समझिए—मान लीजिए, आप चाहते हैं कि कबूतर गेंद से खेलना सीख जाए, तो आप किसी पिंजड़े अथवा बन्द स्थान में

उसे और उस छोटी गेंद को जिसे वह अपनी चोंच से हिला-डुला सके, रख दीजिए। साथ ही यह देखिए कि वह गेंद के साथ अपनी चोंच से जो हरकत करता है, वह किस स्थिति में अधिक करता है—भरे पेट, भूखे पेट, अंधेरे में, उजाले में, अगर उजाले में तो कैसे उजाले में आदि। पुनः अब आप उस स्थिति का पता लगा लें जिसमें कबूतर गेंद के साथ खेलता है। धीरे-धीरे वह गेंद के साथ खेलना सीख जाएगा। जव वह गेंद के साथ खेलने में मस्त हो जाएगा तो आप पूर्ण से देखेंगे कि जब भी कबूतर को उस जैसा गेंद नजर आएगा वह उसके साथ खेलना शुरू कर देगा।

स्किनर का बॉक्स

स्किनर ने प्राणी के स्वाभाविक व्यवहार को उद्भूत करने की दृष्टि से एक बॉक्स तैयार किया, जिसे 'स्किनर का बॉक्स' कहते हैं। इस बॉक्स में जिस प्राणी के व्यवहार में बदलाव लाना होता है, उस प्राणी को बन्द करके उस स्थिति को बार-बार दुहराया जाता था जिसमें उसका वह व्यवहार बार-बार उद्भूत हो। बॉक्स के बाहर हरकतों की आवृत्ति को नोट करने हेतु एक रिकॉर्डर लगा हुआ होता है, जिससे प्रयोगकर्त्ता की अनुपस्थिति में भी वे हरकतें रिकार्ड होती रहती हैं।

स्किनर के अनुसार मानव के व्यवहार मे प्रत्याशिल परिवर्तन बचपनावस्था में किया जा सकता है क्योंकि इस अवस्था में स्नायु कोमल और लोचदार होते हैं और उन्हें मनोनुकूल दिशा में मोड़ा जा सकता है। इसीलिए स्किनर ज्यादातर प्रयोग छोटी उम्र के प्राणियों पर करता था। इसी दृष्टि से स्किनर ने अपने प्रयोग अधिकतर चूहों, कबूतरों आदि पर किए।

स्किनर के प्रयोग का इस्तेमाल सर्कस के पशु-पक्षियों के अधिगम में महत्त्वपूर्ण योगदान निभाता है

स्किनर के सिद्धान्त का मनोवैज्ञानिक आधार

स्किनर ने जिस आधार पर अपने सिद्धान्त का प्रतिपादन किया, वह मूलतः तो 'उद्दीपन-अनुक्रिया' एवं 'सम्बन्धवाद' पर ही आधारित है। स्किनर से पहले 'उद्दीपन-अनुक्रिया' सिद्धान्त को लेकर वाट्सन एवं थॉर्नडाईक ने भी अपने प्रयोग किए। थॉर्नडाईक ने इसे 'सम्बन्धवाद' का नाम दिया था तो वाट्सन ने व्यवहारवाद का। थॉर्नडाईक ने शारीरिक और मानसिक दोनों ही तत्त्वों का सहारा लेकर अपने प्रयोग किए, किन्तु उसके अध्ययन यान्त्रिक अधिक थे। वाट्सन ने अपने प्रयोग जैवीय आधार पर किए लेकिन वह भी अपने प्रयोगों में यान्त्रिक अधिक रहा।

स्किनर का कहना है कि सम्बन्धवाद तथा व्यवहारवाद तो एक मिश्रित रूप है। उन्हीं के शब्दों में मानव तटस्थ और निष्क्रिय अधिक है और उसके समस्त व्यवहारों को यान्त्रिक रूप दिया जा सकता है। इस दृष्टि से स्किनर के प्रयोगों का अगर विश्लेषण किया जाए तो उसमें यान्त्रिकता, तात्विकता एवं सम्बन्धबद्धता—तीनों का ही समावेश मिलेगा। स्किनर का मानना है कि मनोविज्ञान, मानव व्यवहार का विज्ञान है और उसके व्यवहार को ये तीनों ही तत्त्व प्रभावित करते हैं।

क्रियाप्रसूत अनुकूलन सिद्धांत का शैक्षिक महत्त्व

स्किनर का मानना है कि अध्यापन में कुछ ऐसी समस्याएं है जिनको समझना बहुत जरूरी है जैसे—

1. विद्यार्थियों के व्यवहार में जिस प्रकार का और जो बदलाव हम लाना चाहते हैं, उसके लिए वांछित प्रबलनों का अभाव प्रायः बना ही रहता है।
2. शिक्षण में सामान्यतया पलायनवादी उत्तेजकों से काम अधिक लिया जाता है।
3. प्रबल व व्यवहार के बीच एक बहुत ही बड़ा फर्क अन्तराल होता है।
4. कुशलताओं के अर्जन हेतु जो कार्यक्रम कई सारणियों से होकर गुजरता है, शिक्षण के सामान्य कार्यक्रम में प्रायः उसका अभाव रहता है।

उपर्युक्त चारों अध्यापन समस्याओं का समाधान क्रियाप्रसूत अनुकूलन के द्वारा किया जा सकता है जैसे—

1. छात्रों को दिये गये गृह कार्य जब कोई बात समझ में नहीं आती है तो वे गृह कार्य पूरा करके नहीं लाते हैं जिससे अध्यापक उन्हें दण्ड देता है। फलस्वरूप विद्यालय जाने के प्रति छात्रों का मनोबल गिर जाता है और विकर्षण बढ़ता है।

   इस सम्बन्ध में स्किनर का कहना है कि विद्यालय में ऐसी परिस्थितियों का निर्माण किया जाना चाहिए कि बच्चा स्वयं विद्यालय आने के लिए आकर्षित हो। उदाहरणस्वरूप, आज विद्यार्थी को शिक्षक का उतना भय नहीं रहा, जितना कि उसे इस बात का भय है कि अगर उसने शिक्षण सम्बन्धी कोई कार्य नहीं किया तो उसके विषय में उसके साथी क्या सोचेंगे? कहीं उसकी हँसी तो नहीं उड़ाएँगे? आदि-आदि विद्यार्थी में इस प्रकार की भावनाओं का उद्भूत होना ही उसे पढ़ने अथवा पढ़ाई के कार्य करने के लिए प्रेरित करता है।

2. विद्यार्थी में किसी भी प्रकार के व्यवहारगत बदलाव हेतु कई सारणियों से गुजरना पड़ता है, तब कहीं वांछित बदलाव आता है। किन्तु, शिक्षक के पास इतना समय ही नहीं होता कि प्रत्येक विद्यार्थी में वांछित बदलाव हेतु इन सारणियों से गुजर सके। इस दृष्टि से शिक्षक पढ़ाने से पूर्व उन सभी उद्दीपकों पर विचार कर सकता है जो उसे अपने कक्षागत अथवा पाठशालायी वातावरण में उपलब्ध हैं।
3. स्किनर के मतानुसार मनुष्य का व्यवहार अत्यंत सख्त और दृढ़ होता है। उसे एकबारगी नहीं बदला जा सकता। अतः उसमें धीरे-धीरे और बांटकर बदलाव लाया जाना चाहिए। स्किनर की यह मान्यता अत्यधिक महत्त्वपूर्ण है जैसे किसी को पढ़ाना एवं सिखाना है, जिन्हें पढ़ना नहीं आता। पढ़ाने की पूरी प्रक्रिया में कहीं प्रस्तावना आती है, तो कहीं प्रश्न। भाषाओं के शिक्षण में कहीं उच्चारण संशोधन आता है, तो कहीं कठिन शब्दों के अर्थ बताए जाते हैं। ये सभी क्रियाएँ अलग-अलग हैं। इन सभी में अलग-अलग परिवर्तनों की आवश्यकता पड़ती है। प्रस्तावना द्वारा शिक्षार्थियों को विषयोन्मुख करना होता है, तो वाचन द्वारा उनके उच्चारण को शुद्ध करना। उच्चारण शुद्ध करने में उनकी जिह्वा (जीभ) काम आती है तो दुर्बोध शब्दों के अर्थ जानने में मस्तिष्क से काम लेना पड़ता है। इस प्रकार वे सभी अलग-अलग क्रियाएँ हैं। स्किनर के क्रियाप्रसूत अनुकूलन के अनुसार इन सब क्रियाओं को अलग-अलग बताया जाना चाहिए अर्थात् प्रस्तावना को अलग बताया जाए—वाचन संशोधन को अलग और कठिन शब्दों के अर्थ अलग। जब विद्यार्थी इन सभी में कुशलता अर्जित कर लें, तब सभी को मिलाकर पढ़ाना सिखाया जाए। सूक्ष्म अथवा गहन शिक्षण के पीछे भी यही सिद्धान्त काम करता है।
4. स्किनर के चौथे विचार के अनुसार प्रबलन और व्यवहार में एक बहुत बड़ा अन्तराल होता है और इस अन्तराल को कम किया जाना चाहिए। शिक्षण तथा शिक्षा के सम्बन्ध में अगर स्किनर के इस विचार पर विचार किया जाए तो हम देखेंगे कि स्किनर के इस विचार का सम्बन्ध मूल्यांकन से अधिक है। वर्तमान मूल्यांकन पद्धति में परीक्षा छः महीने अथवा साल भर पश्चात् होती है। तब तक पढ़ने के प्रति जो प्रबलन प्रयोग में लाए गए थे, उनके परिणामों का पता ही नहीं लगता है। साथ ही इस मूल्यांकन के परिणामों को हम विद्यार्थी की स्थिति के रूप में बताते हैं, न कि उसकी कमियों के रूप में, जैसे

कोई बालक हाई स्कूल बोर्ड की परीक्षा में द्वितीय या तृतीय की श्रेणी में पास हुआ और अन्य बालक ने प्रथम श्रेणी में परीक्षा उत्तीर्ण की। स्किनर के अनुसार विद्यार्थियों को केवल ग्रेड अथवा श्रेणी बताना ही पर्याप्त नहीं है; अपितु यह बताना भी आवश्यक है कि अगर किसी ने प्रथम श्रेणी में अंक प्राप्त किए तो उसमें क्या अच्छाइयाँ थीं और जिन्होंने द्वितीय अथवा तृतीय श्रेणी प्राप्त की, उनमें क्या कमियाँ थीं, तथा उन कमियों को किस प्रकार दूर किया जाना चाहिए। साथ ही शिक्षण एवं मूल्यांकन में इतना अन्तराल न होकर प्रतिदिन नहीं तो सप्ताह में एक बार और अगर वह भी सम्भव न हो तो महीने में कम से कम एक बार विद्यार्थियों की व्यक्तिगत कमियों तथा उन कमियों को दूर करने के उपायों से अवगत अवश्य कराया जाना चाहिए।

बालक अथवा विद्यार्थी में वांछित बदलाव लाने की दृष्टि से शिक्षक को पढ़ाते समय अथवा पढ़ाने की योजना बनाने से पूर्व चार प्रश्नों के उत्तर अवश्य खोजने चाहिएँ, जो इस प्रकार हैं–

(i) क्या-क्या अनुक्रियाएँ उपलब्ध हैं?
(ii) प्रबलनों को अधिकतम प्रभावी ढंग से किस प्रकार नियोजित किया जा सकता है?
(iii) अपेक्षित व्यवहारगत बदलाव क्या है?
(iv) वांछित बदलाव के लिए कौन-कौन से उद्दीपन उपलब्ध हैं?

उपर्युक्त चार प्रशनों के उत्तरस्वरूप अध्यापक को इस प्रकार कार्य करना चाहिए कि–

(i) इस सम्बन्ध में शिक्षक को सभी सम्भावित अनुक्रियाओं की एक सूची तैयार करनी होगी कि किस प्रकार की अनुक्रिया के लिए किस प्रकार का प्रबलन आवश्यक होगा।
(ii) वह विद्यार्थी में वांछित परिवर्तनों के अनुरूप पाठ के उद्देश्यों का निर्धारण करें।
(iii) उद्देश्यों के निर्धारण के पश्चात् उसे यह निश्चय करना चाहिए कि ऐसे कौन-कौन से प्रबलन उपलब्ध हैं, जो बच्चों के व्यवहार को उद्दीप्त कर सकें। कुछ सहज उद्दीपनों के साथ ऐसे उद्दीपन भी उपलब्ध हो सकते हैं, जो परिस्थिति के अनुरूप समय-समय पर स्वाभाविक प्रबलनों के साथ मिलकर बच्चों के वांछित व्यवहार को उद्दीप्त कर सकें। ये प्रबलन हैं–अच्छे अन्तरों के लिये विद्यार्थियों को शाबाशी देना।

(iv) चौथी स्थिति में शिक्षक को बड़े विचारपूर्वक एवं विवेकपूर्ण ढंग से उपलब्ध प्रबलनों एवं अनुक्रियाओं का सामंजस्य बिठाना होगा। इस सम्बन्ध में भी शिक्षक को दो प्रकार से विचार करना होगा।

(क) शिक्षण के प्रत्येक चरण में व्यवहार की शक्ति को बनाए रखना।

(ख) जो व्यवहार अति जटिल है, उनकी सूक्ष्मतम व्याख्या करना।

इस तरह हर व्यवहार को पृथक्-पृथक् रूप में बाँटकर छोटा से छोटे कर लिया जाए और उचित प्रबलनों के द्वारा उसमें बदलाव लाया जाए।

अभिक्रमित अध्ययन आदि भी स्किनर के इसी सिद्धान्त पर आधारित है।

थॉर्नडाईक का प्रयत्न एवं भूल का सिद्धान्त

इस अवधारणा को मानने वाले कुछ मनोविशेषज्ञों का कहना है कि बाह्य उत्प्रेरक तत्त्वों और परिणाम के बीच के संबंध को सीखना कहते हैं। उत्तेजक और उसके परिणामों के बीच पारस्परिक सम्बन्धों के आधार पर ही इसे सम्बन्ध सिद्धान्त के अन्तर्गत माना है। सम्बन्ध सिद्धान्त के अनुसार प्रत्येक कार्य को करने के पीछे कोई आवश्यकता अथवा उद्देश्य अवश्य ही निहित होता है। उद्देश्य और आवश्यकता के आधार पर ही हम उस वस्तु को प्राप्त करने का प्रयत्न करते हैं। हमारे प्रयत्न और उसके परिणामों के पारस्परिक सम्बन्धों का जो परिणाम होता है, प्रयत्न एवं भूल के सिद्धान्त का प्रतिपादन थॉर्नडाईक ने किया था। इनका कहना है कि अधिगम परिस्थिति और उसके बीच के परिणामों का पारस्परिक सम्बन्ध है।

थॉर्नडाईक ने अपने इस सिद्धान्त में बिल्लियों पर तथा उनके सहयोगी लॉयड मॉर्गन ने कुत्तों पर एवं मैक्डूगल ने चूहों पर प्रयोग किए और अन्त में यह निष्कर्ष निकाला कि मनुष्य ही नहीं; अपितु पशु-पक्षी भी अनेक भूलें करते हैं।

प्रयोग—1

थॉर्नडाईक ने एक भूखी बिल्ली को पिंजड़े में बन्द करके पिंजड़े के बाहर मछली रख दी। पिंजड़े में एक दरवाजा था, जिसे खोलकर निकला जा सकता था। बिल्ली ने पिंजरे से बाहर निकलने के लिए कई बार असफल कोशिश कि परन्तु, आखिर में उसे दरवाज खोलने में सफलता मिलती है। लेकिन पुनः जब उसे उसी पिंजड़े में बन्द किया गया तो उसे अधिक प्रयत्न नहीं करना पड़ा। धीरे-धीरे कई प्रयत्नों के पश्चात् वह बन्द करते ही पहले ही प्रयत्न में निकलने में समर्थ हो गई।

उपर्युक्त प्रयोग से स्पष्ट है कि बाह्य उत्प्रेरक तत्त्व का जितना ज्यादा प्रभाव होगा सीखने की तीव्रता भी उतनी ही अधिक होगी। हम उसे पूरा करने का उतना ही अधिक प्रयत्न करेंगे, चाहे कितनी ही भूलें क्यों न हों? जो कार्य अधिक महत्त्वपूर्ण नहीं होगा, उसके लिए हम अधिक प्रयत्न नहीं करेंगे।

प्रयोग—2

प्रयोगों के आधार पर मनोविशेषज्ञों ने यह साबित कर दिया है कि मनुष्य की अपेक्षा बन्दरों में अधिगम की प्रवृत्ति कही ज्यादा तीव्र होती है। परन्तु, थॉर्नडाईक ने अपने प्रयोगों द्वारा इसे असत्य सिद्ध करने का प्रयत्न किया। उन्होंने एक बॉक्स में खाना रखकर बन्दर को बॉक्स खोलने और बन्द करने की क्रिया को 15 बार दिखाया लेकिन फिर भी वह अनुकरण द्वारा बॉक्स को खोलने में समर्थ नहीं हुआ।

थॉर्नडाईक के इस प्रयोग की आलोचना के रूप में हम यह तर्क देंगे कि सीखना ऊपर से थोपी हुई क्रिया नहीं अपितु सीखने वाले के मस्तिष्क में किसी बात को सीखने के प्रति जो प्रतिक्रिया होती है, उसका परिणाम है। बहुत कुछ सम्भव है कि बन्दर ने बॉक्स खोलने और बन्द करने की क्रिया को देखा ही न हो। अगर देखा भी हो तो उस पर ध्यान ही न दिया हो और जब तक किसी बात पर ध्यान नहीं दिया जाएगा, तब तक उसे सीखा नहीं जा सकता। अगर बन्दर को पिंजड़े में बन्द कर दिया जाता और जब वह उसमें परेशान हो जाता, तब उसे पिंजड़ा खोलने की क्रिया बताई जाती तो बहुत कुछ सम्भव है कि वह एक अथवा दो बार में ही बॉक्स को खोलना सीख लेता। अगर ध्यान से देखें तो कौआ, बन्दर आदि इतने अधिक चालाक होते हैं कि वे दूसरों की उपस्थिति में चोरी का कार्य प्रायः नहीं करते। बॉक्स से रोटी निकालने का कार्य बन्दर की दृष्टि में चोरी ही था और बन्दर इतना बुद्धिमान नहीं होता कि वह थॉर्नडाईक के मन की बात पहचान सकता। सम्भव है थॉर्नडाईक की उपस्थिति में उसने रोटी और उसे प्राप्त करने की ओर ध्यान ही न दिया हो और उसका ध्यान इसी बात पर केन्द्रित रहा हो कि कब थॉर्नडाईक वहाँ से हटे और कब वह रोटी को निकाले। अतः थॉर्नडाईक ने जो प्रयोग किया, वह बन्दरों के मनोविज्ञान के अनुरूप नहीं था और इसीलिए उसके परिणाम प्रतिकूल रहे। वैसे अगर आप खेल दिखाने वाले, सर्कस आदि में कार्य करने वाले बन्दरों को देखें तो वे अनुकरण द्वारा बहुत कुछ सीखे हुए होते हैं।

अतः इससे स्पष्ट हो जाता है कि किसी भी कार्य को दूसरे व्यक्ति को करते हुए देखकर पशु, पक्षी, बालक हो अथवा फिर एक बड़ा मानव, कोई भी प्राणी क्रिया

करता है तो उसे अनुसरण द्वारा सिखता है। यही अनुकरण द्वारा सीखने का सिद्धान्त है।

शैक्षिक महत्त्व

इस सिद्धांत के प्रमुख शैक्षिक महत्त्व को निम्न पंक्तियों के अन्तर्गत स्पष्ट किया गया है जैसे–

1. इसमें ध्यान रखने की बात यह है कि बाह्य उत्प्रेरक जितना अधिक तेज होगा, प्रयत्न उतने गम्भीर और अधिक होंगे। इस दृष्टि से गणित आदि विषयों की समस्या देकर बच्चों को पुरस्कार, प्रशंसा, प्रमाण-पत्र आदि का बाह्य प्रलोभन दिया जाए तो वे अधिक प्रयत्न करेंगे।
2. इस सिद्धान्त के अनुसार कोई बात सिखाने के लिए समस्या का वितरण छात्रों की शारीरिक एवं मानसिक क्षमता को ध्यान में रखते हुए किया जाए।
3. अगर बालक एक ही कार्य में बार-बार भूल करे तो बीच में उसकी सारी भूलों को न सुधारा जाए ताकि वह अपनी भूल को खुद सुधार सके। अगर किसी कठिन समस्या का समाधान बच्चे अनेकों भूलों के पश्चात् भी नहीं खोज सकें तो उन्हें समस्या का सही समाधान बता दिया जाए, ताकि उनमें हीनभाव ना पैदा न हो।
4. कोई भी अन्य काम को पूरा करने की कोशिश तो सारे मानव कर सकते हैं। लेकिन उसमें भूल हो जाने के बाद उसके अन्दर सुधार करना मस्तिष्क का कार्य है। अतः प्रयत्न और भूल द्वारा सीखना छोटे बच्चों से इतना सम्बन्धित नहीं, जितना बड़े बच्चों से है। जिसका मस्तिष्क जितना अधिक विकसित होगा, वह उतनी ही कम भूलें करेगा और किसी कार्य को उतनी ही जल्दी सीख जाएगा। अतः नए प्रयोग, नई खोज, किसी समस्या का हल करना आदि के लिए यह सिद्धान्त अधिक उपयोगी है।
5. आदतों के लिए अनुकरण और किसी नई बात को सिखाने के लिए भूल और प्रयत्न द्वारा सीखने के सिद्धान्तों का प्रयोग किया जाना चाहिए।
6. हम "बुद्धि और उसका मापन" नामक अध्याय में यह सिद्ध कर चुके हैं कि बुद्धि से जितना अधिक काम लिया जाएगा, वह उतनी ही अधिक विकसित होगी। दूसरे, इसी अध्याय में हमने यह सिद्ध करने का प्रयत्न किया कि जिस काम को सीखने में हम जितना अधिक बुद्धि से काम लेंगे, उसे उतना ही

अधिक अच्छी तरह सीख लेंगे। इन दोनों ही तथ्यों को ध्यान में रखने पर—यदि देखा जाए तो बुद्धि के विकास एवं सीखने के स्थायित्व हेतु बच्चों को जो कार्य स्वयं करने को दिया जाएगा, उसे वे अधिक सीखेंगे। अतः शिक्षक उनकी भूलों पर क्रोधित न होकर उनके प्रयत्नों की सराहना करें तो सीखने के परिणाम भी अच्छे होंगे।

पावलव का अनुकूलित-अनुक्रिया सिद्धान्त

पावलो के अनुकूलित-अनुक्रियाओं के सिद्धांत को सामान्यतः क्लासीकल कण्डिसनिंग की भी संज्ञा प्रदान की जाती है

कोई व्यक्ति राम कहने पर गुस्सा होता है तो कोई श्याम कहने से और कोई किसी अन्य बात से। ऐसा इसलिए होता है कि चिढ़ने वाले व्यक्ति के जीवन में कोई ऐसी घटना घटित हो जाती है, जिसकी याद आते ही उसे दुख का अनुभव होता है। उस शब्द के स्मरण मात्र से वह दुःख पुनः जाग उठता है और व्यक्ति चिढ़ने लगता है। यह अचानक ही नहीं होता; इस तरह की भावनाएँ धीरे-धीरे मन में घर करती हैं। अतः पहले जीवन में कोई अप्रिय घटना घटित होती है। अप्रिय घटना का कोई विशेष कारण होता है। कारण किसी शब्द से जुड़ जाता है और उस शब्द को सुनते ही वह घटना याद आती है। घटना से दुःख की अनुभूति होती है और अनुभूति से व्यक्ति दुःख का आभास होने के कारण चिढ़ने लगता है।

उपरोक्त विवरणों से स्पष्ट होता है कि बालक का सम्पूर्ण व्यवहार उसकी दशाओं पर निर्भर होता है। इसीलिए इसे व्यवहारवादी सिद्धान्त भी कहते हैं। व्यवहारवादी सिद्धान्त को मानने वालों में **पावलो, स्किनर** और **वाट्सन** का नाम विशेष रूप से उल्लेखनीय है। इनमें पावलो ने कुत्तों पर, स्किनर ने चूहों पर और वाट्सन ने खरगोश के बच्चों पर अनेक प्रयोग किए। पावलों ने कुत्ते के ऊपर जो चीज प्रयोग की है उसका विवरण आगे किया जा रहा है।

प्रयोग

पावलो ने अपना प्रयोग एक भूखे कुत्ते पर किया। उन्होंने कुत्ते को एक कमरे में बन्द करा दिया। उस कमरे में बाहर एक खिड़की थी जिसके द्वारा कमरे के भीतर देखा जा सकता था। पावलो ने कुत्ते की लार, नली को काटकर इस प्रकार नियोजित

किया कि कुत्ते के मुँह में आने वाली लार स्वतः ही ट्यूब में एकत्रित हो जाती थी। पावलो ने पहले कुत्ते को कमरे में बन्द करके बाहर उसका गोश्त रख दिया। गोश्त को देखते ही कुत्ते के मुँह में लार आ जाती थी और वह ट्यूब में जमा हो जाती थी। पुनः उसने भोजन रखने के साथ ही घण्टी भी बजाई और कुत्ते के मुँह में लार आ गई। ऐसा कई बार किया गया। जब भी खाना रखा जाता था, तभी घण्टी बजाई जाती थी। धीरे-धीरे मीट न रखकर केवल घण्टी बजाई गई और घण्टी बजाते ही कुत्ते के मुँह में लार आ गई। यह लार जब ट्यूब में जमा हुई तो उसे माप लिया गया। इस प्रकार अन्त में केवल घण्टी बजाने से ही कुत्ते के मुँह में उतनी ही लार आने लगी जितनी खाना देखकर आती थी अर्थात् कुत्ता घण्टी की आवाज से अनुबद्ध हो गया।

पावलो के इस प्रयोग से स्पष्ट हो जाता है कि यहाँ कुत्ते के सामने गोश्त रखना स्वाभाविक अथवा सहज उद्दीपक है। घण्टी का बजना अनुकूलित अथवा कृत्रिम उत्तेजक है। घण्टी का बजना अनुकूलित अथवा कृत्रिम उत्तेजक तथा लार का आना अनुक्रिया है।

पावलो के प्रयोग का विश्लेषण

उपर्युक्त उदाहरणों से यह स्पष्ट होता है कि बालकों में आदतों का निर्माण बाह्य उद्दीपन के द्वारा होता है। कालान्तर में ये आदतें उनका स्वभाव बन जाती हैं। उनको लोरी सुनाना, प्रशंसा करना आदि कोई भी उद्दीपन दिया जाता है। वे उसी के अनुरूप क्रिया करते हैं और बाद में वह क्रिया आदत के रूप में परिवर्तित हो जाती है।

शैक्षिक महत्त्व

इस सिद्धांत के शैक्षिक महत्त्व को निम्न पंक्तियों के अंतर्गत स्पष्ट किया गया है–

1. बच्चों को कभी भी ऐसे शब्द न कहे जाएँ, जो कुण्ठाओं में बदल जाएँ; यथा–''तू बड़ा होशियार बनता है'', "तुझे देख लूँगा" आदि।
2. प्रशंसा और पुरस्कार अच्छे उद्दीपन हैं; लेकिन इनकी अति हानिकारक और प्रतिकूल प्रभाव डालने वाली होती है। अतः प्रशंसा और पुरस्कार भी सीमित होने चाहिएँ।
3. अच्छे कार्य के लिए विद्यार्थियों की आलेख पुस्तिकाओं में 'सुन्दर', 'अच्छा', 'बहुत अच्छा' आदि प्रशंसायुक्त शब्द लिखना बहुत अच्छा रहता है।

4. छोटे बच्चों के लिए प्यार और प्रशंसा तथा बड़ों के लिए अनुबन्ध अच्छे अनुबन्धन हैं।
5. बच्चों में स्वस्थ आदतों के निर्माण हेतु किसी भी बाह्य अथवा आन्तरिक उत्तेजक द्वारा उन्हें उस समय तक उत्प्रेरित किया जाए, जब तक कि वह आदत में न बदल जाए।
6. कभी-कभी अच्छे शिक्षक के कक्षा में प्रवेश करते ही विद्यार्थी पढ़ने के लिए उद्यत हो जाते हैं। अतः शिक्षक को भी स्वयं में उन गुणों का विकास करना चाहिए, जिनसे विद्यार्थी अप्रत्यक्ष रूप से प्रभावित हों।
7. अवांछनीय आदतें भी इसी प्रकार पनपती हैं—अतः

(i) इस बात का पूरा ध्यान रहे कि उन्हें किसी भी गलत काम के व गलत बात के लिये तो उद्दीप्त नहीं किया जा रहा है।

(ii) संगी-साथियों से भी कोई अवांछित उद्दीपन तो उन्हें नहीं मिल रहा है।

अनुकरण का सिद्धान्त

इस सिद्धांत के अनुसार बालक दूसरे के व्यवहार या किसी वस्तु एवं सामग्री को देखकर ही अनुकरण करता है। इससे यह स्पष्ट होता है कि बालक किसी के द्वारा कही हुई बात की अपेक्षा किसी वस्तु, घटना आदि के सम्बन्ध को देखकर अधिगम या सीखना सहज होता है। बच्चों में आदतों का निर्माण प्रायः इसी सिद्धान्त के आधार पर होता है। वे किसी क्रिया की उपयोगिता और अनुपयोगिता पर विचार किए बिना वैसा ही करने लगते हैं, जैसा वह दूसरों को करते हुए देखते हैं। बीड़ी पीना, झूठ बोलना, समय पर न आना आदि ऐसी बातों को वे प्रायः दूसरों से ही सीखते हैं।

अनुकरण द्वारा अधिगम की प्रवृत्ति सम्पूर्ण प्राणियों में विद्यमान होती है। इसका आशय यह हुआ कि जिन व्यक्तियों अथवा बालकों की बुद्धि अविकसित होती है, वे स्वयं किसी बात पर विचार नहीं कर सकते और वे जो कुछ भी सीखते हैं अनुकरण द्वारा अधिक ही सीखते हैं। बौद्धिक विकास के साथ-साथ ज्यों-ज्यों उनमें स्व-निर्णय की शक्ति का विकास होता जाता है, त्यों-त्यों उनमें अनुकरण की प्रवृत्ति कम होती जाती है।

अनुकरण सिद्धान्त का शैक्षिक महत्त्व

बालक का प्रथम पाठशाला उसका घर होता है तथा उसके माता-पिता शिक्षक होते हैं प्रारंभिक अवस्था में बालक अपने माता-पिता एवं परिवार वालो से उनकी

आदतों व रीति-रिवाजों का अनुकरण करता है। सामान्य रूप से एक छोटा आदमी बड़े आदमी का अनुकरण करता है, गरीब, अमीरों का, रूपहीन, रूपवाणों का तथा ज्ञानहीन, ज्ञानवानों आदि का अनुकरण करता है। इस दृष्टि से विद्यार्थी सामान्य रूप से शिक्षकों का अनुकरण करते हैं। जैसे–

1. शिक्षक प्रशिक्षण में भी प्रदर्शन पाठों का महत्त्व पर्यवेक्षक द्वारा दिए गए निर्देशों से अधिक है। छात्रों की कमियों को स्वयं दूर करके बताया जाना अधिक प्रभावशाली सिद्ध होता है, न कि केवल टिप्पणियाँ लिखकर शिक्षण में सुधार लाना।
2. भाषा, बहुत कुछ अनुकरण द्वारा सीखी जाती है। अतः पद्य, नाटक आदि के शिक्षण में मौखिक वाचन उतना अच्छा नहीं रहता जितना अभिनय। कविता शिक्षण में भी आंगिक क्रियाओं का बड़ा महत्त्व है। परन्तु इसमें ध्यान यही रखना चाहिए कि आंगिक क्रियाएँ भावानुरूप हों तथा जो शिक्षक ये क्रियाएँ कर सकने में समर्थ हों वे ही करें सभी शिक्षक नहीं।
3. चूँकि हमारे विद्यार्थी अधिकतर बातों में हमारा अनुकरण करते हैं। हम उन्हें आदत सम्बन्धी जो बातें सिखाना चाहते हैं, उन्हें उपदेश देकर सिखाने की अपेक्षा उस बात को स्वयं अपनी आदत में ढालकर सिखाना चाहिए। उदाहरण के लिए अगर हम चाहते हैं कि हमारे विद्यार्थी समय पर आएँ तो हमें भी समय पर आना चाहिए।
4. गुण ग्रहण प्रायः अनुकरण द्वारा होता है। अतः छोटे-बड़े सभी बच्चों में जिन सद्वृत्तियों का विकास करना हो उनके लिए उपदेश न देकर स्वयं अनुसरण करके बताया जाए।
5. छोटे बालक कुछ वातारवण द्वारा सीखते हैं। अतः, उन्हें ऐसे वातावरण में रखा जाए, जिससे उनमें किसी प्रकार की गलत आदतें न पनप सकें।
6. आयु के अनुसार बुद्धि जितनी अधिक अविकसित होगी, अनुकरण उतना ही अधिक होगा। अर्थात् छोटे बच्चों में अनुकरण की प्रवृत्ति अधिक पाई जाएगी तो बड़ों में कम। छोटे बच्चों को जो कुछ सिखाना है, उसे अगर करके सिखाएँ तो अधिक प्रभावकारी सिद्ध होता है।
7. छोटे बच्चों के लिए बालोद्यान और माण्टेसरी पद्धतियाँ जितनी अधिक उपयुक्त रहेंगी उतनी दूसरी नहीं क्योंकि दोनों ही शिक्षण पद्धतियाँ अनुकरण द्वारा सिखाने अथवा सीखने पर बल देती हैं।

गेस्टाल्ट सिद्धान्त

अमेरिका के **रेमण्ड हीलर** आदि **गैस्टाल्टवादी** मनोवैज्ञानिकों ने अधिगम के क्षेत्र में लगभग दस वर्ष (1920-30) तक विभिन्न प्रयोग किये। उनके अतिरिक्त **कोहलर** ने भी लगभग चार वर्ष तक अनेक प्रयोग किये। गैस्टाल्टवादी और व्यवहारवादी मनोवैज्ञानिकों में परस्पर एक दूसरे से भिन्नता है। इनका मानना है किसी भी प्रयोग में कृत्रिम परिवेश की जगह पर प्राकृतिक रूप से तैयार वातावरण में बच्चों या पशुपक्षियों के ऊपर प्रयोग किया जाना चाहिए। व्यवहारवादियों का मानना है कि मनुष्य का सीखना पशु-पक्षियों की तरह होता है; जबकि गैस्टाल्टवादियों का सोचना है कि क्या पशु-पक्षी भी मनुष्यों की तरह सीखते हैं? ये पशु-पक्षियों की तरह सीखते हैं अथवा पशु-पक्षी, मनुष्यों की तरह। किन्तु, गैस्टाल्टवादियों के वास्तविक में इससे कुछ भिन्न विचार हैं। वे मनुष्यों और पशु-पक्षियों के व्यवहार में कुछ किये गये प्रयोगों के परिणामों को मानव-व्यवहार से जोड़ने पर है। उनका कहना है कि प्रयोग के समय उन्हें जो वातावरण दिया गया, वह उनके वास्तविकता व्यवहार से बिलकुल भिन्न और पूरी तरह कृत्रिम व्यवहार के परिणामों को मनुष्य के वास्तविक अधिगम अथवा व्यहवहार के साथ जोड़ना किसी भी प्रकार उचित नहीं। गैस्टाल्टवादियों के सामय वांछित व्यवहार की के अपेक्षा पहले से ही करके चलते हैं, जबकि गैस्टाल्टवादी यह देखने का प्रयास करते हैं कि किसी परिस्थिति विशेष में व्यवहार का कौन-सा रूप उद्‌भूत होता है? इसे इन्होंने 'सूझ द्वारा सीखना'—नाम दिया है।

सूझ द्वारा सीखने के सम्बन्ध में **कोहलर** तथा अन्य गैस्टाल्टवादी मनोवैज्ञानिकों ने अनेक प्रयोग किये। परन्तु उन सबका उल्लेख यहाँ करना सम्भव नहीं है। हम आगे कोहलर द्वारा किये गये प्रयोगों में जो "मुर्गी के छोटे बच्चों" तथा "चिम्पैंजी" वगैरह पर किये गये थे, उनमें से केवल चिम्पैंजियों पर किये दो प्रयोगों की विवेचना अग्रलिखित बिन्दुओं के अन्तर्गत किया जा रहा है—

प्रयोग—एक रोशनीयुक्त कमरे में दो-चार हल्के डिब्बे रख दिये गये और कमरे में ऊपर एक छड़ में कुछ खाने की सामग्री रख दी गई। इसके बाद एक वनमानुष को कमरे में बन्द कर दिया गया। वनमानुष केलों को खाना चाहता था। लेकिन वह उन तक पहुँच नहीं सकता था। उसने काफी उछल-कूद की। किन्तु जब वह केलों को प्राप्त करने में सभी प्रकार से असफल रहा तो उसने काठ के डिब्बों को एक के ऊपर दूसरा रखा और उन पर चढ़कर केलों को खा लेने में समर्थ हो गया।

प्रयोगों का विश्लेषण

इन प्रयोगों का अगर विश्लेषण किया जाये तो वनमानुष ने जो कुछ भी सीखा, उसे प्रयत्न और भूल द्वारा सीखना भी कहा जा सकता है; क्योंकि केलों को प्राप्त करने के लिए वनमानुष ने जो भी प्रत्यन किये उनमें उसे असफलता मिली और उस असफलता ने उसे कुछ सोचने के लिए बाध्य किया। सोचने का जो परिणाम निकला उससे उसे सफलता मिली। उपर्युक्त प्रयोगों से स्पष्ट है कि वनमानुष ने अपनी सूझ के सहारे अपने लक्ष्य को पाने में सफल रहा इसलिए सीखने में सूझ को महत्त्व दिया जाना चाहिए।

भूल एवं प्रयत्न तथा सूझ द्वारा सीखनें में अन्तर—इनमें पाये जाने वाले प्रमुख अन्तरों को निम्न प्रकार स्पष्ट किया गया है—

1. 'प्रयत्न और भूल' द्वारा सीखी हुई बात में स्थायित्व कम होता है; जबकि 'सूझ' द्वारा सीखी हुई बातों में स्थायित्व अपेक्षाकृत अधिक होता है।
2. छोटी आयु में 'प्रयत्न और भूल' द्वारा सीखने का सिद्धान्त कार्य करता है; जबकि मानसिक विकास के साथ-साथ बड़ी आयु में 'सूझ' द्वारा सीखने का सिद्धान्त।
3. प्रयत्न और भूल द्वारा तो सभी सीखते हैं; जबकि सूझ द्वारा केवल बुद्धिमान व्यक्ति और बालक ही।
4. प्रयत्न और भूल द्वारा पशु-पक्षी भी सीख सकते हैं; जबकि सूझ द्वारा पशु-पक्षी अथवा सभी व्यक्ति नहीं।
5. प्रयत्न शारीरिक क्रिया है; जबकि तत्पश्चात् शारीरिक।
6. सीखने की दृष्टि से पहले मानसिक क्रिया होती है; जबकि सूझ मानसिक क्रिया।
7. जिस क्रिया में केवल शरीर के अंग कार्य करते हैं, वह प्रयत्न है; जबकि जिसमें केवल मस्तिष्क कार्य करता है, वह सूझ है और जिसमें शरीर और मस्तिष्क दोनों ही कार्य करते हैं, वह इन दोनों का मिश्रित रूप। उसे भूल एवं प्रयन्त भी कह सकते हैं।

सूझ द्वारा सीखने का शैक्षिक महत्त्व

शिक्षा में इस सिद्धान्त का उपयोग करने के लिए हमें ध्यान रखना चाहिए कि—

1. समग्र से अंश की ओर तथा समान्य से जटिल की ओर—इन दोनों शिक्षण सूत्रों के पीछे भी यही सिद्धान्त कार्य करता है।
2. सूझ द्वारा सीखी हुई बातों में स्थायित्व होता है। अतः शिक्षक को सदैव छात्रों की सूझ को जाग्रत करने का प्रयत्न करना चाहिए।
3. छोटे बच्चों का मानसिक विकास अधिक नहीं हो पाता। अतः उनके साथ सूझ के सिद्धान्त का असफल प्रयास मत कीजिये। उन्हें तो प्रयत्न और भूल के द्वारा ही सीखने दीजिये।
4. बालकों की सूझ को जाग्रत करने के लिए उन्हें कोई समस्या देकर उसका समाधान उन्हें स्वयं खोजने दीजिये। जो बालक समाधान नहीं खोज सकें उन्हें उत्प्रेरित कीजिये, साहस बँधाइये और अगर आवश्यक हो तो थोड़ा सुझाव और संकेत भी दे दीजिये।
5. छोटे बालकों के लिए प्रयत्न और भूल द्वारा सीखना उपयुक्त हो सकता है, लेकिन बड़े बालक जिनका बौद्धिक विकास हो चुका होता है, सूझ द्वारा ही सीखते हैं।
6. यह सिद्धान्त ज्ञान के उद्देश्य की पूर्ति पर इतना बल नहीं देता, जितना कौशल के विकास पर।
7. बच्चों की सूझ को जाग्रत करने के लिए ऐसे प्रश्नों को पूछना आवश्यक है, जिनका उत्तर विचार किये बिना दिया ही नहीं जा सके। विचारोतेजक प्रश्नों के पूछने का यही उद्देश्य होता है।

अधिगम के सिद्धान्त की व्याख्या

उपर्युक्त वर्णित सिद्धांतों के आधार पर स्पष्ट होता है कि अधिगम के सिद्धांत की उपयोगिता आयु, शारीरिक और बौद्धिक क्षमता एवं परिस्थितियों से प्रभावित होता रहता है। हम यह भी नहीं कह सकते कि सीखना किसी एक ही सिद्धान्त के परिणामस्वरूप होता है। स्थायी रूप से किसी बात को सीखने के लिए केवल शारीरिक क्रिया ही आवश्यक नहीं, अपितु मानसिक क्रिया का होना आवश्यक है। यथार्थतः सीखना मानसिक क्रिया है, शारीरिक क्रिया नहीं। जिस क्रिया में मस्तिष्क से काम नहीं लिया जाता, उसे या तो हम सीख ही नहीं पाते और अगर सीख भी जाएँ तो शीघ्र ही भूल जाते हैं।

सीखने के कार्य में ऐसा बहुत ही कम होता है कि जहाँ एक ही तरह से काम करें। सामान्यतया एक से अधिक सिद्धान्त मिलकर कार्य करते हैं; एक अध्यापक वर्ग या कक्षा के क्षेत्रों को कुछ सवाल हल करने के लिये देता है और निर्देश देता

है कि जो बालक इन सवालों को सबसे पहले हल करके दिखायेगा उस बालक या छात्र को उचित इनाम दिया जायेगा। बालक बार-बार प्रयत्न करने लगे और अन्त में उनमें से एक बालक उस सवाल को हल करने में सफल भी जाएगा। इसमें रखना, अनुकूलित अनुक्रिया के अन्तर्गत आएगा। प्रश्न का हल न आते हुए भी प्रयत्न करना, भूल और प्रयत्न के अन्तर्गत तथा बार-बार सोचकर आगे बढ़ना, सूझ के अन्तर्गत आता है।

आयु के अनुसार

शैशवावस्था में—अनुकरण।

बचपनावस्था में—भूल और प्रयत्न एवं अनुकूलित अनुक्रिया।

किशोरावस्था में—भूल और प्रयत्न, अनुकूलित अनुक्रिया तथा सूझ—तीनों ही सिद्धान्त कार्य करते हैं।

शिक्षा एवं अध्यापन के अनुसार

1. मनोवृत्ति हेतु—अनुकरण।
2. ज्ञान हेतु—भूल एवं प्रयत्न।
3. रुचि हेतु—अनुकूलित अनुक्रिया।
4. कौशल हेतु—सूझ।

ये अधिक लाभदायक सिद्ध होते हैं।

बुद्धि-लब्धि के अनुसार

अविकसित बुद्धि वालों के लिए—अनुकरण, भूल एवं प्रयत्न (आंशिक रूप से) तथा अनुकूलित अनुक्रिया (आंशिक रूप से) कार्य करते हैं।

विकसित बुद्धि वालों के लिए—भूल एवं प्रयत्न (आंशिक रूप से), अनुकूलित अनुक्रिया (आंशिक रूप से) तथा सूझ (पूर्ण रूप से) कार्य करते हैं।

क्लासिकी, नैमित्तिक तथा क्रियाप्रसूत अनुकूलन में अन्तर

अनुकूलन अथवा उद्दीपन के इन तीनों प्रकारों को समझने की दृष्टि से व्यक्ति-व्यवहार की भिन्न-भिन्न स्थितियों पर विचार कीजिए। एक विद्यार्थी पाठशाला आता है और पढ़ता है, उसके पाठशाला में आने की कई स्थितियाँ हो सकती हैं—

पहली स्थिति तो यह हो सकती है कि वह इसलिए पाठशाला आता है कि उसे उपस्थिति का भय है। उसे परीक्षा में बैठने के लिए न्यूनतम उपस्थिति दिखानी ही है।

दूसरी ओर से वह सोच सकता है कि पाठशाला में अध्ययन के कई तरीके हैं। पुस्तकालय, साथी, शिक्षक आदि। वहाँ पहुँचकर किसी विशिष्ट विषय के अध्ययन हेतु उसे जो स्थिति अच्छी लगेगी, उसी को वह चुन लेगा।

तीसरे वह पूरी तरह स्वतन्त्र है कि कहीं भी जाए। परन्तु वह पुस्तकालय में ही आता है; क्योंकि वह सोचता है कि वहीं उसे अधिकतम अधिगम सामग्री मिलेगी।

उपर्युक्त तीनों स्थितियों में प्रथम स्थिति क्लासिकी द्वितीय नैमित्तिक तथा तृतीय स्थिति का सम्बन्ध क्रियाप्रसूत अनुकूलन से है।

अतः हम कह सकते हैं कि क्लासिकी अनुकूलन में—बालक को उद्दीपन के अनुसार ही क्रिया करनी पड़ती है, नैमित्तिक अनुकूलन में—उद्दीपनों में से किसी भी उद्दीपन का चुनाव करने की छूट है, जबकि क्रियाप्रसूत में—बालक क्रिया करने के लिए पूरी तरह स्वतन्त्र है।

स्किनर के अनुसार प्रबलन को जितना अधिक दृढ़ बनाया जाएगा अथवा यों कहिए कि प्रबलन की आवृत्ति जितनी अधिक होगी, उद्भूत क्रिया की तीव्रता भी उतनी ही अधिक होगी। अगर प्रबलन समाप्त हो जाएगा तो क्रिया भी समाप्त हो जाएगी। उद्दीपन-अनुक्रिया सिद्धान्त में ऐसी कोई मान्यता नहीं है।

स्किनर ने प्रबलनों को दो प्रकार का बताया है—धनात्मक एवं ऋणात्मक। स्किनर के अनुसार किसी भी उद्दीपन की प्रस्तुति अथवा उद्दीपन को हटाना अगर क्रिया को प्रबलित करते हैं तो वह दोनों को ही प्रबलन मानते हैं। यहाँ ध्यान देने की बात यह है कि स्किनर यह नहीं मानता कि सुखद परिस्थिति प्रबलन को बढ़ावा देती है तो दुःखद परिस्थिति प्रबलन को कम करती है। उसकी तो मान्यता यह है कि जिस बात को जोड़ने अथवा मिलाने से व्यवहार उद्दीप्त हो, वह धनात्मक प्रबलन है। साथ ही, जिस बात को कम करने अथवा हटाने से भी व्यवहार उद्दीप्त हो, वह भी धनात्मक प्रबलन है।

वैसे देखा जाए तो नैमित्तिक और क्रियाप्रसूत अनुकूलन में इसके अलावा कोई विशेष अन्तर नहीं है कि क्रियाप्रसूत अनुकूलन में नैमित्तिक की अपेक्षा क्रिया करने की गुंजाइश अपेक्षाकृत अधिक है। पावलो के क्लासीकल अनुकूलन में प्राणी अथवा उसके अंग-विशेष तब क्रिया करते हैं, जब उनके समक्ष किसी प्रकार का कोई उद्दीपन

होता है। परन्तु, क्रियाप्रसूत अनुकूलन ठीक इसके विपरीत है। अर्थात् उसमें क्रिया पहले है और उद्दीपन बाद में। इस प्रकार क्लासीकल अनुकूलन अगर उद्दीपन→अनुक्रिया है तो क्रियाप्रसूत अनुकूलन, क्रिया→उद्दीपन। क्लासीकल अनुकूलन में उद्दीपन कुछ भी हो सकता है जबकि क्रियाप्रसूत अनुकूलन में वातावरण। वातावरण में बदलाव ही सबसे बड़ा उद्दीपन है। पावलो के अनुसार उद्दीपन अधिक महत्त्वपूर्ण है। जबकि स्किनर के अनुसार क्रिया एवं वह वातावरण, जिसमें वह क्रिया स्वतः ही उद्भूत होती है, अधिक महत्त्वपूर्ण है।

5

विकास का मनोवैज्ञानिक विश्लेषण

प्रायः लोग वृद्धि एवं विकास को समान मान लेते हैं जो कि सही नहीं है। ये कुछ बातों में एक दूसरे से काफी अलग हैं। लेकिन मनुष्य के व्यक्तिगत बदलावों को सुनिश्चित करने में इन दोनों की महत्त्वपूर्ण भूमिका है। इसका मनुष्य की शिक्षा के साथ गहरा संबंध है। शिक्षा की प्रक्रिया सामाजिक, सांस्कृतिक ऐसे व्यक्ति को जीवन के प्रारंभिक काल में सफल बनाती है अध्ययन करना मानव जीवन में शिक्षा मनोविज्ञान के लिए अत्यधिक जरूरी है। शिक्षा के क्षेत्र में प्रवेश करने के पश्चात् बालक का अधिक समय अध्यापक के साथ गुजरता है। अतः अध्यापक को बालकों की अभिवृद्धि तथा विकास की प्रक्रियाओं की पृथक्-पृथक् दशाओं में बालकों में होने वाले बदलाव तथा उनके गुणों एवं विशेषताओं का अनुभव रखना चाहिए। एक अध्यापक अथवा शिक्षक को शिक्षण कार्य में सफलता प्राप्त करने के लिए सर्वगुण सम्पन्न होना बहुत जरूरी है।

अभिवृद्धि व विकास का आशय

साधारणतया अभिवृद्धि और विकास को एक ही शब्द समझा जाता है लेकिन दोनों का तात्पर्य अलग है। अभिवृद्धि का अर्थ केवल आकार के बढ़ने से है। आकार के बढ़ने में अथवा अभिवृद्धि में केवल शरीर की लम्बाई, चौड़ाई और भार की वृद्धि ही नहीं आती अपितु उसमें शरीर के विभिन्न बाह्य अंगों जैसे धड़, हाथ, पैर, सिर आदि तथा आन्तरिक अंगों जैसे हृदय, मस्तिष्क इत्यादि का बढ़ना भी सम्मिलित है।

इस वृद्धि को विभिन्न प्रकार की इकाइयों में मापा जा सकता है। उदाहरणार्थ ऊँचाई, लम्बाई को गज, फीट, इंच में या मीटर में और भार को ग्राम और किलोग्राम आदि मीट्रिक भारों में मापा जा सकता है। लेकिन, विकास का अर्थ शरीर के विभिन्न अंगों के रूप और आपसी सम्बन्ध में परिवर्तन से होता है। विकास से व्यवहार में परिपक्वता आती है। परिपक्वता का अर्थ उस वृद्धि या विकास से है, जो किसी अर्जित व्यवहार के दिखाई देने से पहले जरूरत होती है या जिसके बाद ही किसी विशेष प्रकार का व्यवहार सीखा जा सकता है। उदाहरण के लिए, चलने में शरीर के भिन्न-भिन्न अंगों के समायोजन की जरूरत होती है। यह तभी सम्भव हो सकता है, जब बालक वृद्धि और विकास की एक विशेष अवस्था पर पहुँच चुका हो। इस परिपक्वता के पूर्व कितना भी श्रम करने से बालक को चलना नहीं सिखाया जा सकता। परिपक्वता की स्थिति आने पर बालक के शरीर के स्नायुतन्तु और माँस-पेशियाँ प्रचुर रूप से अभिवृद्धि और विकास की विभिन्न अवस्थाओं में उसमें विभिन्न तरह के कार्यों को करने के लिए परिपक्वता होती है। बालक विभिन्न आयु में बैठना, चलना, घिसटना और वस्तुओं को उठाना इत्यादि सीखता है। परिपक्वता का अर्थ सिर्फ शारीरिक वृद्धि और विकास से हो ऐसा नहीं है। परिपक्वता मस्तिष्क की भी होती है। जन्म से लेकर वयस्क आयु तक बालक के शरीर के विभिन्न अंग और मस्तिष्क के स्नायु कोषों में समान वृद्धि और विकास होता रहता है।

फ्रैंक महोदय ने वृद्धि एवं विकास के आशय को स्पष्ट करते हुए लिखा है कि "शरीर तथा व्यवहार के किसी भी भाग अथवा हिस्से के परिवर्तन को अभिवृद्धि कहते हैं और समयानुसार व्यक्ति में जो बदलाव दृष्टिगत होते हैं उसे विकास कहते हैं।" गर्भधारण करने के साथ ही बालक की वृद्धि व विकास की प्रक्रिया शुरू हो जाती है। ये प्रक्रियाएँ उसके जन्म के पश्चात् भी चलती रहती हैं। मानव विकास अलग-अलग स्थितियों से होकर गुजरता है जिनमें उसका शारीरिक, मानसिक, सामाजिक एवं संवेगात्मक विकास शामिल हैं। इस आधार पर हरलॉक ने विकास को अभिवृद्धि से व्यापक स्वरूप में मानते हुए लिखा है कि "विकास अभिवृद्धि तक ही सीमित नहीं है अपितु इसमें प्रौढ़ावस्था के लक्ष्य की ओर बदलावों का प्रगतिशील-क्रम निहित रहता है। विकास के फलस्वरूप व्यक्ति में नवीन विशेषताओं और नवीन योग्यताओं का विकास होता है।

मानव जीवन में विकास की अवस्था

विकास एक निरन्तर चलने वाली प्रक्रिया है। मानवीय जीवन का विकास विधि चरणों या आवश्यकताओं से होकर गुजरता है। उस विकास की प्रक्रिया में

विकासात्मक मनोविज्ञान के विशेषज्ञों की भिन्न-भिन्न अवधारणाएँ हैं जो इस प्रकार है–

क्र.स.	अवस्थाएँ	समय
1.	गर्भावस्था	गर्भाधान से बालक के जन्म तक।
2.	शैशवावस्था	जन्म से 3 वर्ष तक।
3.	पूर्व बाल्यावस्था	3 वर्ष से 5 वर्ष तक।
4.	उत्तर बाल्यावस्था	5 वर्ष से 10 वर्ष तक।
5.	किशोरावस्था	10 वर्ष से 18 वर्ष तक।
6.	युवावस्था	18 वर्ष से 50 वर्ष तक।
7.	वृद्धावस्था	50 वर्ष से मृत्यु तक।

भारतीय मनीषियों के द्वारा विकास की अवधारणाएँ–भारतीय मनीषियों ने मनुष्य की आयु को सौ वर्ष मानकर चार भागों में बाँटा है और प्रत्येक भाग को आश्रम की संज्ञा दी है, ये भाग या आश्रम निम्नलिखित सारणी में स्पष्ट किए गये हैं–

क्र.स.	अवस्थाएँ	समय
1.	ब्रह्मचर्य आश्रम	जन्म से 25 वर्ष तक।
2.	गृहस्थ आश्रम	26 से 50 वर्ष तक।
3.	वानप्रस्थ आश्रम	51 से 75 वर्ष तक।
4.	संन्यास आश्रम	76 से 100 वर्ष तक।

भारतीय दृष्टिकोण से विकास की अवस्थाओं को अग्र प्रकार से वर्गीकृत किया जा सकता है–

क्र.स.	अवस्थाएँ	समय
1.	शैशवावस्था	जन्म से 3 वर्ष की आयु तक
2.	बाल्यावस्था	4 से 12 वर्ष की आयु तक
3.	किशोरावस्था	13 से 18 वर्ष की आयु तक
4.	यौवनावस्था	19 से 50 वर्ष की आयु तक
5.	वृद्धावस्था	55 वर्ष की आयु से मृत्यु तक

इस प्रकार मानवीय जीवन के विकास को मनोवैज्ञानिकों ने अपने-अपने विचार से विभिन्न अवस्थाओं में विभाजित किया है। इन्हीं के आधार पर प्रमुख अवस्थाओं का विस्तृत विवरण इस प्रकार किया गया है। इन्हीं सबके आधार पर मुख्य अवस्थाओं—गर्भावस्था, शैशवास्था, बाल्यावस्था एवं किशोरावस्था का विस्तृत वर्णन किया गया है। जो इनके विस्तृत स्वरूप पर प्रकाश डालता है।

गर्भावस्था में बालक विकास

इस अवस्था को मनोवैज्ञानिकों ने कई अवस्था में विभक्त किया है, जिसका संक्षिप्त विवेचन नीचे किया जा रहा है—

(1) प्राण की शुरुआत—गर्भाधान से लेकर दो सप्ताह तक का काल जीव के विकास में जीवधारण प्राण आरंभ काल कहा जाता है। इस काल में जीव एक थलित रजाणु के रूप में रहता है। उसे बाहर से किसी तरह का भोजन नहीं मिलता और वह असम्बद्ध तथा स्वतन्त्र रहता है। भोजन न मिलने के कारण उसमें किसी प्रकार की वृद्धि नहीं होती। रजाणु का रूप एक अण्डे के समान होता है और उसमें कोषों का बराबर विभाजन होता रहता है।

(2) अपक्व भ्रूणावस्था—यह अवस्था गर्भावस्था में तीसरे सप्ताह से 18वें सप्ताह तक की अवधि को कहते हैं। इस अवस्था में भ्रूण को माता से भोजन मिलता है। अतः उसके आकार में बड़ी तेजी से परिवर्तन होता है। इस परिवर्तन में एमनियोटिक सैक तथा याक सैक के मध्य कोषों के ढेर में एक बीज सम्बन्धी मण्डल दिखलाई पड़ता है। इसमें याक सैक के पास वाले कोष एण्डोडर्म कोष और एमनियोटिक सैक के पास वाले कोष को एक्टोडर्म कोष की संज्ञा दी जाती है। यह पहले प्रकार के कोष पाचन तथा स्वास प्रस्ताव संस्थान के विकास में सहायक होते हैं और दूसरे प्रकार के कोषों से स्नायु संस्थान तथा त्वचा का विकास होता है। दोनों तरह के कोषों की पर्तों के मिलने से एक नई पर्त का निर्माण होता है। दोनों प्रकार के कीषों के विकास में जीव में क्रमशः पेशियों और हड्डियों का विकास होता है। कोष मण्डल जो आरम्भ में चपटा और उन्नतोदर होता है, क्रमशः फैल जाता है। कोष मण्डल में गोलाकार पिण्ड होता है। प्रत्येक कोष का अपना एक विशेष स्थान होता है और यदि उस जगह को परिवर्तित कर दिया जाये और यदि वह त्वचा के रूप में विकसित होता है, तो कोष बदल जाने से वह नेत्रों की पेशियों के रूप में बदल सकता है। कोषों के अलग-अलग विकास में कुछ रासायनिक पदार्थ भी महत्त्वपूर्ण होते हैं। ये रासायनिक पदार्थ संगठन-कर्त्ता कहलाते हैं। इनके अलावा प्रकाश का

प्रयोग, विद्युत क्षेत्र, एक्स-रे तथा रासायनिक क्रियाओं का भ्रूण के विकास पर व्यापक रूप से प्रभाव पड़ता है।

(3) पक्व भ्रूणावस्था—इस अवस्था की शुरुआत गर्भधारण के आठवें सप्ताह से होती है। इस अवस्था में कोषों की संख्या बढ़ती रहती है और बाद में क्रमशः उनका आकार भी बढ़ता है। इस काल में बदलाव बहुत तेजी से देखने को मिलते हैं।

पक्व भ्रूणकाल में स्नायु संस्थान में तेजी से विकास होता है तथा परिपक्व भ्रूणावस्था काल में तीसरे माह में स्वाद कलिकाएँ बन जाती हैं तथा विभिन्न संवेदनाएँ ग्रहण करने की शक्ति आ जाती हैं।

गर्भावस्था में प्रक्रियात्मक विकास

गर्भावस्था में होने वाले प्रक्रियात्मक विकास को प्रमुख दो भागों में विभाजित किया गया है जो निम्नलिखित हैं—

(1) गामक और गति विकास

(2) बोध विकास।

(1) गति विकास—उस विकास प्रक्रिया में थोड़ा बहुत बदलाव होता रहता है जो जन्म से 14 से 16 सप्ताह पूर्व स्ट्रेथिस्कोप की सहायता से जानी जा सकती है। इस काल में गर्भवती स्त्री स्वयं भी इस गति का अनुभव कर सकती है। तीन सप्ताह की आयु के बाद भ्रूण में हृदय का स्पन्दन होने लगता है और 18 सप्ताह गुजरने के बाद यह स्पन्दन सुना जा सकता है। इस काल में वक्षस्थल में भी गति होने लगती है। सातवें सप्ताह में पाचन क्रिया के अंगों में गति होने लगती है। और कभी-कभी उदर का तनाव भी होता है। 6 माह की आयु में उत्पन्न होने वाले नवजात शिशु ध्वनि उत्पन्न करते हैं। पृथक्-पृथक् परीक्षणों से यह ज्ञात हुआ है कि एक विशेष अवस्था तक भ्रूण में किसी भी प्रकार की उत्तेजना के प्रति अनुक्रिया नहीं होती। आरम्भ में पश्च भाग में अनुक्रिया नहीं होती जो इस भाग के परिपक्व होने के बाद दिखाई पड़ती है। इस गति में सबसे पहले टाँगों में, फिर घुटने में तथा उसके बाद पैर और एड़ी में गति देखी जा सकती है। गामक विकास में वे दोनों नियम काम करते हैं, जो पीछे रचनात्मक विकास के सम्बन्ध में बतलाए गए हैं। **टौगहिल** के सिद्धान्त के अनुसार, क्रियात्मक विकास में सामान्य से विशेष की ओर गति होती है, अर्थात् पहले सामान्य क्रियाएँ दिखलाई पड़ती हैं और फिर क्रमशः विकास में इन सामान्य क्रियाओं में से अनेक क्रियाएँ एक-दूसरे से अलग दिखलाई पड़ती हैं।

(2) बोध विकास—बोध विकास एक महत्त्वपूर्ण विकास होता है। आठ सप्ताह की आयु में मानव भ्रूण त्वचात्मक उत्तेजनाओं को ग्रहण करने लगता है। बाद में यह

दबाव और तापमान की उत्तेजनाओं को ग्रहण करने लगता है। बाद में वह दबाव और तापमान की उत्तेजनाओं के प्रति अनुक्रियाएँ करता है। सिफैलो कॉडल सिद्धान्त के अनुसार, बोध विकास में सबसे पहले रचनात्मक संवेदना उत्पन्न होती है और फिर शेष शरीर में संवेदनशीलता विकसित होती है। शरीर के अन्दर की उत्तेजनाओं के प्रति भी अनुक्रियाएँ दिखलाई पड़ती हैं परन्तु पीड़ा की संवेदना गर्भावस्था में लगभग बिल्कुल विकसित नहीं होती। गर्भावस्था में प्रत्यक्ष गंध तथा स्वाद की संवेदनाएँ ग्रहण करने की शक्ति आ जाती है। कुछ प्रयोगों से यह मालूम हुआ कि जन्म से एक माह पहले शिशु तीव्र उत्तेजना के प्रति अनुक्रिया कर सकता है।

गर्भावास्था के दौरान बच्चे की परवरिश को अग्रलिखित बातों के नजरिये से देखा जा सकता है–

0 सप्ताह	गर्भाधान
1 सप्ताह	भ्रूणावस्था
8 सप्ताह	गर्भावस्था
40 सप्ताह	जन्म से पूर्व की स्थिति
24 सप्ताह	शारीरिक व रासायनिक नियन्त्रण
20 सप्ताह	गर्दन की सहज क्रिया
18 सप्ताह	मुट्ठी बन्द करना
16 सप्ताह	निगलना व छींकना
10 सप्ताह	धड़ का विस्तार

शैशवावस्था

यह अवस्था जन्म से लेकर 5 वर्ष तक रहती है। मनोवैज्ञानिक इस अवस्था को ऐसा आधार मानते हैं जिस पर बालक के आगामी जीवन को निर्मित किया जा सकता है। इस अवस्था में बालक का जितना ही अधिक निरीक्षण और अच्छा पालन-पोषण किया जाता है–उतना ही अधिक अच्छा इसका विकास होता है। शैशवावस्था की समय सीमा को सभी मनोवैज्ञानिक स्वीकार करते हैं किन्तु रॉस ने इस अवस्था को भी दो भागों में बाँटा है। प्रथम अवस्था जन्म से तीन वर्ष तक तथा द्वितीय अवस्था 3 से 6 वर्ष तक। शैशवावस्था के सन्दर्भ में विभिन्न मनोवैज्ञानिकों ने निम्न प्रकार के विचार प्रस्तुत किए हैं–

ऐडलर के अनुसार "बालक के जन्म के कुछ महीने बाद ही यह निश्चित किया जा सकता है कि जीवन में उसका क्या स्थान है।"

गुडएनफ के अनुसार "व्यक्ति का जितना भी मानसिक विकास होता है उसका आधा तीन वर्ष की आयु तक हो जाता है।"

शैशवावस्था के दौरान बालक का शारीरिक व मानसिक विकास क्रमिक रूप में होता है। इस अवस्था में बच्चा चलना-फिरना, तथा बोलना अनुकरण के द्वारा सीखता है। इस उम्र में उसकी ऊँचाई, भार, हाथ-पैर से कार्य करने की योग्यता, इन्द्रियाँ आदि का विकास होता है। औसत रूप में शिशु 9 माह की आयु तक 7-1/8 इंच बढ़ लेते हैं, और शिशु बालिकाएँ उसी आयु तक पहुँचने पर 6-3/4 इंच बढ़ जाती हैं। शिशु के भार में वृद्धि तो और भी अधिक स्पष्ट है, जो कि पहले 6 महीनों तक औसत बालक में दुगुनी हो जाती है। जब तक एक औसत लड़का 28-1/4 इंच तक पहुँचता है, उसका भार 18-11/19 पौण्ड तक बढ़ जाता है। औसत शिशु बालिका 28-1/4 इंच पहुँचने तक 12-5/1 पौण्ड भार प्राप्त कर चुकेगी।" अन्य विकास की अवस्थाओं की अपेक्षा शैशवावस्था में विकास की गति सर्वाधिक तीव्र होती है।

शैशवास्था के गुण—बालक के विकास की पहली अवस्था गर्भावस्था मानी जाती है जिसके अन्तर्गत बालक सम्पूर्ण रूप से निर्मित होता है। शैशवावस्था मानव विकास की दूसरी अवस्था है। जिसमें बालक का विकास होता है। इस अवस्था के विकास की प्रमुख विशेषताएँ निम्नलिखित हैं—

---

(1) मानसिक विकास में तीव्रता	शारीरिक विकास के साथ-साथ शैशवावस्था में मानसिक क्रियाओं जैसे स्मृति, ध्यान, कल्पना आदि के विकास में पर्याप्त तीव्रता आती है।
(2) अधिगम में तीव्रता	शैशवावस्था में बालक की सीखने की गति अत्यधिक तीव्र होती है और वह अनेक आवश्यक बातों को बहुत शीघ्र ही सीख लेता है।
(3) आत्म प्रेम की भावना में प्रबलता	शैशवावस्था में आत्म प्रेम की भावना बहुत प्रबल होती है। वह अपने माता-पिता, भाई-बहन आदि सभी का प्रेम प्राप्त करना चाहता है।
(4) दूसरों पर निर्भरता	शैशवावस्था सामान्यतः परावलम्बी अवस्था होती है। शैशव में बालक को शारीरिक और मानसिक दोनों रूपों में दूसरों पर निर्भर रहना पड़ता है।
(5) सामाजिक विकास	शैशवावस्था के आखिरी सालों में बच्चों में सामाजिक भावनाओं का विकास हो जाता है। और वह

	परिवार के अलावा अन्य बालकों के साथ खेलना पसन्द करता है।
(6) पुनरावृत्ति की प्रवृत्ति	शिशु में दोहराने की प्रवृत्ति प्रबल होती है। ऐसा करने में उसे आनन्द का अनुभव होता है।
(7) मूल प्रवृत्तियों पर निर्भरता	शैशवावस्था में शिशु का अधिकांश व्यवहार मूल प्रवृत्तियों पर आधारित होता है। जैसे—यदि उसे भूख लगती है, तो उसे जो भी वस्तु मिलती है, उसी को अपने मुँह में रख लेता है।
(8) नैतिकता की कमी	शैशवावस्था में शिशु में नैतिकता का अभाव होता है। उसे अच्छी-बुरी, नैतिक-अनैतिक बातों का ज्ञान नहीं होता।
(9) कल्पनाशीलता	शैशवावस्था में बच्चों का मस्तिष्क कल्पनाशील होता है। तीन से छः वर्ष तक की आयु के बच्चे सामान्यतः दिवास्वप्न के संसार में खोए हुए रहते हैं। जैसे परियों की कहानी सुनना उन्हें बहुत अच्छा लगता है।
(10) जिज्ञासा की प्रवृत्ति	शैशवावस्था में बालकों में जिज्ञासा की प्रवृत्ति बहुत प्रबल होती है। वह विभिन्न वस्तुओं और बातों के विषय में 'क्यों' और 'कैसे'' के प्रश्न पूछता है। अपने खिलौनों को तोड़कर नए प्रकार से जोड़ने का प्रयास करता है।
(11) अनुकरणशीलता	शैशवावस्था के बालकों में अनुकरण द्वारा सीखने की प्रवृत्ति प्रबल होती है। वह दूसरों को जैसा करते देखता है, वैसा ही करने का प्रयत्न करता है।

बाल्यावस्था में वृद्धि एवं विकास

यह अवस्था शैशवावस्था के बाद शुरू होती है अर्थात् इसकी समय सीमा 6 वर्ष से 12 वर्ष है। यह अवस्था शैशवास्था के बाद प्रारंभ होती है वास्तव में बाल्यावस्था को समझना बहुत कठिन है क्योंकि इस अवस्था में परिवर्तन बहुत ही शीघ्र होते हैं। जैसे 6 वर्ष की आयु में बच्चों का स्वभाव बहुत उग्र होता है, वह जिद्दी हो जाते

हैं और सभी बातों का उत्तर 'नहीं' में देते हैं। 7 वर्ष की उम्र में वह उदासीन होते हैं और अकेले रहना पसन्द करते हैं। 8 वर्ष की आयु में वे अपने हम उम्र बालकों के साथ रहना पसन्द करते हैं और सामाजिक सम्बन्धों में उनकी रुचि जाग्रत हो जाती है। 9 से 12 वर्ष की उम्र में बहुत उत्साही हो जाते हैं, और रोमांचकारी कार्य करने की जिज्ञासा उनमें उत्पन्न हो जाती है तथा नियमित कार्य करने में उनकी कोई रुचि नहीं रहती है।

बाल्यावस्था के गुण

बाल्यावस्था के दौरान बालक में निम्नलिखित गुण पाए जाते हैं—

1. सामूहिक भावना का विकास बाल्यावस्था में बच्चों में समूह भावना का विकास होता है। वे किसी न किसी समूह के सदस्य बन जाते हैं और अपने उस समूह के प्रति उनमें त्याग, सहयोग, प्रेम की भावना बहुत प्रबल होती है।
2. वाणी की शुद्धता बाल्यावस्था में बच्चों की भाषा में विशेष सुधार होता है और वे सरल व सुगठित भाषा में अपने विचार व्यक्त करने में समर्थ हो जाते हैं।
3. जिज्ञासा की प्रबलता इस अवस्था में बच्चे जिन वस्तुओं के सम्पर्क में आते हैं, उनके विषय में पूर्ण जानकारी प्राप्त कर अपनी जिज्ञासा को शान्त करने का पूर्ण प्रयास करते हैं।
4. अच्छाई व बुराई की समझ बाल्यावस्था में बालक को बहुत कुछ सोचने और समझने की ताकत प्राप्त हो जाती है। वह अच्छाई एवं बुराई में अन्तर करना सीख जाते हैं। अतः वह अपने व्यवहार से बुराइयों को दूर कर अच्छाइयों को अपनाने का प्रयास करने लगते हैं।
5. स्मरण शक्ति का विकास इस अवस्था में बच्चों की स्मरण शक्ति का विकास बहुत ही तीव्र गति से होता है, उनकी एकाग्रता एवं अवधान में वृद्धि होती है। बाल्यावस्था में बच्चों के अन्दर अनुकरण एवं संचय की प्रवृत्ति भी जागृत हो जाती है।
6. शारीरिक बदलाव बाल्यावावस्था में बच्चों में शारीरिक परिवर्तन तो होते हैं लेकिन उनकी गति बहुत तीव्र नहीं होती है।

उपर्युक्त वर्णित विशेषताओं के अतिरिक्त कुछ अन्य विशेषताएँ भी है जैसे—बहिर्मुखी व्यक्तित्त्व का विकास, संवेगों का दमन एवं प्रदर्शन, वास्तविक जगत के साथ समायोजन, रचनात्मक कार्यों के आनन्द, संग्रह करने की प्रवृत्ति, रुचियों में परिवर्तन आदि।

किशोरावस्था में वृद्धि एवं विकास

बालकों के शारीरिक व मानसिक विकास की दृष्टि से यह अन्तिम अवस्था मानी जा सकती है। इसका समय 12 वर्ष से 18 वर्ष है। यह अवस्था बालक के विकास की अवस्था होती है किशोरावस्था में प्रारम्भ के कुछ वर्षों में लम्बाई बढ़ती है और बाद में भार बढ़ता है। वास्तव में यह एक ऐसी अवस्था है जिसमें बालक आगे के जीवन के लिए तैयार होता है। वैसे तो किशोरावस्था को जीवन का बसन्त कहा गया है। जहाँ एक ओर यह अवस्था काफी अच्छी है, तो दूसरी ओर इसे काफी खतरनाक भी बताया गया है। क्योंकि विकास की दिशा बिगड़ जाने पर समस्त जीवन प्रभावित हो सकता है। बालक सबसे अधिक अपराध की ओर किशोरावस्था में ही प्रवृत्त होते हैं। अतः यह एक ऐसी अवस्था है जिसमें बच्चों में जागृत नई स्फूर्ति एवं शक्ति को उचित दिशा प्रदान की जाए। किशोरावस्था को मनोवैज्ञानिकों ने निम्न प्रकार परिभाषित किया है–

स्टेनले हॉल के अनुसार–"किशोरावस्था बड़े संघर्ष, तनाव, तूफान तथा विरोध की अवस्था है।"

जर शील्ड के अनुसार–"किशोरावस्था वह समय है जिसमें विचारशील व्यक्ति बाल्यावस्था से परिपक्वत्ता की ओर संक्रमण करता है।"

किशोरावस्था के गुण

इसके प्रमुख गुण निम्नलिखित हैं–

(1) परिवर्तनशीलता–इस अवस्था में बालक की शारीरीक विशेषताएँ भिन्न-भिन्न रूप से होती हैं। बालक के शरीर में बदलाव आता है। यह अवस्था परिवर्तन प्रधान है।

(2) नैतिकता का विकास–इस अवस्था की सबसे महत्त्वपूर्ण विशेषता यह है कि बालक-बालिकाओं के अन्तर्गत नैतिकता का विकास होता है, जो उनके अंध-विश्वास का खण्डन करता है। इन्हें अच्छे बूरे का ज्ञान हो जाता है।

(3) संवेगात्मक विकास–इस अवस्था में किशोरावस्था में बालक तथा बालिकाओं की भावनाओं तथा विचारों में सबसे बड़ा बदलाव आता है। वह है–काम वासना के विकास के परिणामस्वरूप पनपा विचारों का द्वन्द्व। यह एक ऐसी समस्या है, जो बालक एवं बालिकाओं को आगे बढ़ने से रोकती है। लड़कियों में विभिन्न अंगों के विकास के परिणामस्वरूप शर्मीलापन भी आ जाता है। उनके चिन्तन एवं कल्पना की दिशा भी बदल जाती है। इसके अतिरिक्त क्रोध, भय, साहस, आत्मसम्मान आदि संवेगों की बहुलता हो जाती है।

(4) पूर्ण मानसिक विकास—बालक का मानसिक विकास करीबन सम्पूर्ण क्षेत्रों में होता है और शारीरिक विकास की अन्तिम सीमा होती है। अतः काम करने की शक्ति बढ़ जाती है।

(5) आजादी की भावना की प्रबलता—सामाजिक दृष्टिकोण से इस अवधि में बालक एवं बालिकाएँ गृह परिवेश में रहना पसन्द नहीं करते। वे स्वतन्त्रता पसन्द करते हैं और अपनी अवस्था के अन्य लड़के-लड़कियों के साथ रहना अधिक पसन्द करते हैं।

उपरोक्त विशेषताओं के अलावा किशोरों में कुछ अन्य विशेषताएँ भी पाई जाती हैं जैसे—आपराधिक प्रवृत्ति का विकास, कामशक्ति की परिपक्वता, जीवन दर्शन का निर्माण, रुचियों में परिवर्तन एवं अस्थिरता, स्थिरता व समायोजन का अभाव, व्यवहार में विभिन्नता, स्वतन्त्रता व विद्रोह की भावना इत्यादि।

अभिवृद्धि एवं विकास में अन्तर

अभिवृद्धि तथा विकास के तात्पर्य को जानने एवं समझने के लिए इसके अन्तर को देखा जाना आवश्यक है, जो निम्नलिखित हैं—

अभिवृद्धि	विकास
1. अभिवृद्धि का स्वरूप लघु है। अतः अभिवृद्धि को विकास का एक चरण माना गया है।	विकास का स्वरूप विस्तृत है, जिसमें अभिवृद्धि भी शामिल है।
2. अभिवृद्धि की प्रक्रिया केवल एक विशेष आयु तक ही चलती है।	विकास की प्रक्रिया जन्म से मृत्यु तक अर्थात् जीवन-पर्यन्त चलती रहती है।
3. अभिवृद्धि द्वारा परिमाणात्मक परिवर्तन की अभिव्यक्ति होती है।	विकास में गुणात्मक एवं परिमाणात्मक दोनों ही पक्षों की अभिव्यक्ति होती है।
4. अभिवृद्धि द्वारा हुए परिवर्तनों को देखा तथा नापा जा सकता है।	विकास द्वारा हुए परिवर्तनों को नापा नहीं जा सकता सिर्फ अनुभव किया जा सकता है।
5. अभिवृद्धि केवल शारीरिक परिवर्तन को प्रगट करती है।	विकास द्वारा मानव के सम्पूर्ण पक्षों के परिवर्तनों को संयुक्त रूप से प्रकट किया जाता है।

अभिवृद्धि एवं विकास के सिद्धान्त

बालक जब विकास की एक आयु से दूसरी उम्र में जाता है, तब उसमें बदलाव दिखाई देते हैं। यह परिवर्तन कुछ निश्चित सिद्धान्तों के आधार पर ही होते हैं, उन्हें अभिवृद्धि एवं विकास के सिद्धान्त कहा जाता है, जो कि इस तरह हैं–

(1) एकीकरण का सिद्धान्त	इस सिद्धान्त के अनुसार, बच्चे पहले सम्पूर्ण अंग को और फिर अंग के भागों को चलाना सीखता है। उसके बाद वह उन भागों में एकीकरण करना सीखता है।
(2) वैयक्तिक भिन्नता का सिद्धान्त	बालक एवं बालिकाओं के विकास का स्वयं अपना एक आकार अथवा स्वरूप निर्धारित होता है। उनमें वैयक्तिक भिन्नताएँ पायी जाती हैं।
(3) विकास की गति का सिद्धांत	सामान्य रूप से देखा गया है कि जिस बालक का मानसिक विकास जितना अधिक होगा उनका शारीरिक विकास भी उतना ही अधिक अवरुद्ध हो जाएगा। क्योंकि बच्चे ज्यों-ज्यों मानसिक कार्यों में उलझते हैं, त्यों-त्यों उन्हें शारीरिक कार्य करने का अवसर कम मिलता है। जिसके कारण उनका शारीरिक विकास अधिक नहीं होता।
(4) विकास क्रम का सिद्धान्त	इस सिद्धान्त के अनुसार बालकों का स्नायु तथा भाषा के विकास का एक निर्धारित क्रम होता है। विकासात्मक मनोविज्ञान के अंतर्गत कई विशेषज्ञों ने अपने अध्ययनों द्वारा यह साबित कर दिया है कि 32 माह से 36 माह का बालक वृत्त को उल्टा, 60 माह का बालक सीधी और 72 माह का फिर उल्टा बनाता है।
(5) साहचर्य का सिद्धान्त	इस सिद्धान्त के अनुसार बालक के शारीरिक, मानसिक, संवेगात्मक इत्यादि क्रमों के विकास में लगभग संबंध होता है। उदाहरणार्थ बच्चों के

	शारीरिक विकास के साथ-साथ उनकी रुचियाँ, ध्यान के केन्द्रीयकरण और व्यवहार में परिवर्तन होते हैं, तब उसके साथ-साथ उनमें गायन एवं भाषा सम्बन्धी विकास भी होता है।
(6) निरन्तर विकास का सिद्धान्त	वृद्धि की तरह विकास भी जो निश्चित सीमा तक नहीं होता अपितु किसी-किसी दिशा में लगातार रूप से चलता ही रहता है। उदाहरण के लिए वृद्धावस्था में मनुष्य की शारीरिक वृद्धि रुक जाती है, परन्तु उसका सामाजिक एवं संवेगात्मक विकास होता ही रहता है।

मनुष्य के व्यक्तित्व में अभिवृद्धि और विकास की प्रक्रिया

(1) आनुवंशिक तत्त्वों का प्रभाव—विकासात्मक मनोविज्ञान में मनुष्य की अभिवृद्धि को प्रभावित करने वाला प्रधान तत्त्व मनुष्य का आनुवंशिक गुण-मनु धर्म है। उसी से यह निश्चित होता है कि वृद्धि को प्राप्त होने पर कोई कोष मानव प्राणी बनेगा अथवा पशु, पशुओं में कौन-सा पशु बनेगा, मनुष्य बनेगा तो नर होगा अथवा मादा तथा उसकी लम्बाई-चौड़ाई, आकार, नाक-नक्शा अपनी माता के समान होंगे या पिता के समान अथवा अन्य किसी पूर्वज से मिलते-जुलते होंगे। मानव शिशु का लिंग, आकार, नाक-नक्शा इत्यादि उसकी आनुवंशिकता पर निर्भर होते हैं। आनुवंशिकता एक ऐसी दशा है जिसको सुधारने के लिए मनुष्य कोई विशेष प्रयास नहीं कर सकता। यूँ तो इस सम्बन्ध में प्रजनन शास्त्रियों ने यह सुझाव दिया है कि अच्छी नस्ल और स्वस्थ शरीर वाले स्त्री-पुरुषों के परस्पर सम्भोग से अच्छी सन्तान उत्पन्न होती है और **प्लेटो** जैसे दार्शनिकों ने राज्य के नियन्त्रण के द्वारा इस प्रकार अच्छी सन्तानें उत्पन्न कराने का सुझाव भी दिया है, परन्तु ये सुझाव कार्यरूप में परिणत नहीं किए जा सकते, क्योंकि सभ्य समाजों में स्त्री-पुरुषों को परस्पर यौन सम्बन्ध में पूरी तरह ऐच्छिक और स्वतन्त्र छोड़ देना ही उचित समझा जाता है। किसी भी सभ्य समाज में विशिष्ट स्त्री-पुरुषों को परस्पर सम्भोग के लिए बाध्य किया जाना उचित नहीं समझा जाएगा। भावी माता-पिता अपने स्वास्थ्य की ओर विशेष ध्यान रखकर भावी शिशु वंशानुक्रम को प्रभावित करके उसकी अभिवृद्धि में सहयोग दे सकते हैं।

वंशानुक्रम का संबंध उसके माँ-बाप से न होकर उसके पूर्वजों से भी हो सकता है, उनके गुण उनमें परिलक्षित हो सकते हैं।

(2) शारीरिक क्रियाओं का विकास पर प्रभाव—बच्चों के विकास में इस प्रकार के खेलों और व्यायामों की सबसे अधिक जरूरत पड़ती है। इससे जो शारीरिक क्रिया होती है उससे हृदय की धड़कन, रक्त-चाप और श्वास गति में वृद्धि होती है। जिसके परिणामस्वरूप शरीर के सभी कोषों में रक्त पहुँचाता है और उनमें अभिवृद्धि की गति बढ़ जाती है। माँस-पेशियों की अभिवृद्धि तो लगभग पूरी तरह अभ्यास और व्यायाम पर ही निर्भर होती है। अतः इनके समुचित विकास के लिए सभी बालकों को सभी आयु में किसी न किसी प्रकार का व्यायाम करना चाहिए। व्यायाम ऐसा हो जिससे शरीर की सभी माँस-पेशियों पर जोर पड़े और कोई विशिष्ट माँसपेशी अत्यधिक न थक जाए। व्यायाम अथवा खेल का शारीरिक विकास पर इतना अधिक प्रभाव पड़ता है कि उनके अभाव में कितना भी अच्छा भोजन तथा देखभाल प्राप्त होने पर भी बच्चों, किशोरों और युवकों का अच्छा शारीरिक विकास नहीं हो सकता।

(3) हारमोंस का प्रभाव—बच्चों की शारीरिक और मानसिक बुद्धि में विभिन्न अन्तःस्रावी ग्रन्थियों से निकलने वाले हारमोंस का बड़ा महत्त्वपूर्ण योगदान होता है। बालक की अभिवृद्धि पर कोष ग्रन्थि, थायरॉयड ग्रन्थि और यौन ग्रन्थियों के हारमोंस का विशेष रूप से प्रभाव पड़ता है। कोष ग्रन्थि से अन्य ग्रन्थियों की क्रिया का नियमन होता है। थायरॉयड या गलग्रन्थि ऑक्सीजन के प्रयोग में सहायक होती है। शरीर में इनकी कमी होने पर मस्तिष्क की वृद्धि रुक जाती है और शरीर का आकार नहीं बढ़ पाता। यौनग्रन्थियों के हारमोंस से मनुष्य में अपने लिंगसुलभ शारीरिक विशेषताओं का विकास होता है।

(4) अभिवृद्धि पोषण और विकास का प्रभाव—भ्रूणावस्था और गर्भावस्था में प्राणी माता से ही अपना भोजन प्राप्त करता है। अतः गर्भवती स्त्री को सब प्रकार से सन्तुलित और उपयुक्त भोजन देना आवश्यक है। जन्म लेने के बाद मानव शिशु अपनी वृद्धि के लिए बाहर से भोजन प्राप्त करता है। प्रारम्भ के कुछ वर्षों में बालक की वृद्धि के लिए सर्वोत्तम भोजन उसकी माता का दूध है। इसके प्राप्त न होने पर उसे बकरी, गाय या फिर कृत्रिम दूध दिया जा सकता है। सभी दशाओं में दूध ऐसा होना चाहिए जिसको शिशु आसानी से हजम कर सकता हो। एक वर्ष की आयु के पश्चात् शिशु को क्रमशः माता के दूध के अलावा अन्य सुपाच्य भोजन दिया जा सकता है। मानव-प्राणी में सबसे अधिक वृद्धि किशोरावस्था में होती है। अतः इस आयु में उसके भोजन की ओर विशेष तौर पर ध्यान दिया जाना चाहिए।

6

बाल्यावस्था एवं युवावस्था में संवेगात्मक समस्या

संवेगात्मक विकास : आशय एवं परिभाषा

संवेग अंग्रेजी शब्द **इमोशन** का पर्यायवाची है। इसका लैटिन स्वरूप **इमोवियर** जिसका अर्थ है हिला देना, उत्तेजित करना है। जब भी संवेग की स्थिति आती है, व्यक्ति में बेचैनी आ जाती है। वह कुछ भी असामान्य व्यवहार प्रकट कर सकता है, हृदय की धड़कन बढ़ जाती है, आँखों से आँसू बह सकते हैं, चेहरे पर मलिनता छा सकती है, अचेतन में व्याप्त अनेक सुप्त व्यवहार जागृत हो जाते हैं।

बोरिंग, लैंगफील्ड एवं **वील्ड**—"संवेग प्रभावशाली अनुक्रिया के समान होता है। यह शरीर की सामान्य एवं शारीरिक प्रतिक्रियाओं के रूप में व्यक्त होता है।"

पी. टी. यंग ने संवेगों की परिभाषा इस प्रकार दी है—"यह सम्पूर्ण व्यक्ति में तीव्र विघ्न उत्पन्न करने वाला है जिसका उद्‌गम मनोवैज्ञानिक है तथा जिसमें व्यवहार तथा चेतना अनुभव तथा अन्तरावयव की क्रियायें शामिल रहती हैं।"

जेम्स ड्रेवर—"संवेग शरीर की जटिल अवस्था है जिसमें साँस लेने, नाड़ी, ग्रन्थियाँ, मानसिक दशा, उत्तेजना, अवरोध आदि का अनुभूति पर प्रभाव पड़ता है और मांसपेशियाँ निर्धारित व्यवहार करने लगती हैं।"

इन परिभाषाओं का विश्लेषण करने पर कुछ बातें स्पष्ट होती हैं–

1. संवेग बाह्य या उद्दीपन के परिणामस्वरूप होता है।
2. संवेग की उपस्थिति से शारीरिक क्रियाओं में व्यावहारिक परिवर्तन होते हैं।
3. संवेग अचानक ही उत्पन्न होते हैं।
4. संवेग, शरीर में बाधायें उत्पन्न करते हैं।
5. संवेग का आधार मनोविज्ञान होता है।

संवेग के विविध स्वरूप

मानव द्वारा संवेग की अभिव्यक्ति विविध रूपों में होती है जैसे–आत्माभिमान, एकाकीपन, कामुकता, भूख, भय, क्रोध, घृणा, करुणा, दुःख, आश्चर्य तथा आत्माहीनता।

गेट्स ने संवेगों का वर्गीकरण इस प्रकार किया है–

1. क्रोध,
2. भय,
3. प्रेम,
4. दया,
5. कामुकता।

व्यक्ति जीवन में इन सभी संवेगों से कभी न कभी प्रभावित होता ही है। संवेगात्मक व्यवहार से कुछ सामान्य प्रतिमानों की अभिव्यक्तियों में भिन्नता पाई जाती है। बालकों तथा वयस्कों में संवेगात्मक व्यवहार की प्रतिक्रिया में अन्तर पाया जाता है; गहनता, स्थायित्व तथा प्रभाव में भिन्नता रहती है। संवेगात्मक परिस्थितियों के प्रति प्रतिक्रिया की जाती है। प्रौढ़ अवस्था में ऐसी प्रतिक्रियाओं पर यथासम्भव नियन्त्रण करते हैं।

बालकों के जीवन में संवेग महत्त्वपूर्ण भूमिका प्रस्तुत करते हैं। वे दैनिक जीवन में केवल प्रसन्नता ही प्राप्त नहीं करते अपितु अनेक प्रतिक्रियाओं के परिणामस्वरूप उनमें प्रेरणा भी भरते हैं। साथ ही यह भी सत्य है कि संवेगों का दुष्प्रभाव भी बालक के व्यक्तित्व पर पड़ता है। शारीरिक विकास की प्रक्रिया के मध्य जब संवेगात्मक अवरोध उत्पन्न होते हैं, तब बालक की पाचन तथा स्नायु प्रणाली में दोष उत्पन्न हो जाता है। नींद में दोष आ जाता है। इससे व्यक्तिगत तथा सामाजिक असमायोजन होने लगते हैं।

बालक हेतु किस सीमा तक संवेग नुकसानदायक होंगे यह उनकी तीव्रता तथा संघनता पर निर्भर करता है। दुखद संवेग—भय, क्रोध तथा ईर्ष्या हानिप्रद होते हैं जबकि सुखद संवेग—प्रेम, विधायकता आदि से व्यक्ति का सन्तुलित विकास होता है।

विभिन्न अवस्थाओं में संवेगात्मक विकास

व्यक्ति के जीवन में संवेगों का बहुत अधिक महत्त्व है। **टी. पी. नन** के मतानुसार—"प्रेम जबसे उत्पन्न होता है, अपने उद्देश्य को खोजता है और उसको सम्पन्न करता है, यह विकास का सिद्धान्त है। नफरत का उद्देश्य ध्वंस है, अतः यह निर्माण के लिये अभिशाप है।" अगर संवेगों की उन्नति सही रूप से होती है तो व्यक्ति का सम्पूर्ण व्यक्तित्व विघटित हो जाता है। अनेक विसंगतियाँ उत्पन्न हो जाती हैं। संवेगों से ही व्यक्ति में निर्माण तथा ध्वंस की भावनायें उत्पन्न होती हैं। विभिन्न अवस्थाओं में संवेगात्मक विकास पर निम्न प्रकार प्रकाश डाला गया है।

शैशवावस्था में संवेगात्मक विकास

जन्म के पश्चात् शिशु संवेगविहीन होता है वह मात्र उत्तेजनाओं का अनुकरण करता है। उत्तेजना के कारण ही एक मास की आयु में बच्चा पीड़ा का कुछ अनुभव करता है। आनन्दानुभूति भी इसी उत्तेजना के कारण होती है। **ब्रिजेज** ने 1932 ई. में बालकों के संवेगों का अध्ययन करके उनका क्रम इस प्रकार निर्धारित किया है—जन्म के समय उत्तेजना, 1 मास की अवस्था में पीड़ा आनन्द, 3 मास की अवस्था में क्रोध, 4 मास की अवस्था में परेशानी, 5 मास की अवस्था में डर, 10 मास की अवस्था में प्रेम, 15 मास की अवस्था में ईर्ष्या, 2 वर्ष की अवस्था में खुशी, लगभग दो वर्ष तक सभी संवेग विकसित हो जाते हैं। मनोवैज्ञानिक प्रमुख रूप से प्रेम, भय और क्रोध को संवेग मानते हैं।

ये तीनों संवेग बच्चों में विकसित हो जाते हैं। वे जरा-जरा सी देर में अपने संवेग बदलते रहते हैं, कभी रोते हैं तो कभी हँसते रहते हैं।

शिशु को अपने सम्पर्क में आने वालों के प्रति प्यार हो जाता है। वे भयानक चित्रों से डरने लगते हैं। **जस्टिन** ने 1932 में एक अध्ययन किया और यह परिणाम निकाला कि अपने साथियों से प्रभावित होकर बच्चे खेलते हैं। मनोविश्लेषणवादी यह भी मानते हैं कि शिशु में काम-प्रवृत्ति का विकास होता है। बालक का माता का स्तनपान, अपने यौनांगों पर हाथ रखना उसकी काम-प्रवृत्ति का परिचायक है। 5 वर्ष

की आयु में शिशु के संवेगों पर उसके वातावरण का प्रभाव पड़ना आरम्भ हो जाता है। वह गर्व, खुशी, आनन्द, उत्तेजना, ईर्ष्या, पीड़ा, गुस्सा, घृणा, भय आदि का अनुभव करने लगाता है।

बाल्यावस्था में संवेगात्मक विकास

इस अवस्था में माँ-बाप बालक को जिस कार्य के लिए उसे मना करते है उस कार्य को वह उनके सम्मुख न कहता है, और न ही करता है। जिस कार्य को मना किया गया है अगर वही कार्य करते हुए वह पकड़ा गया तो झूठ बोलने लगता है। बालक को स्वयं भी अपने कार्य के प्रति सन्तोष या दुःख होने लगता है। बालक को अपने कार्य में आनन्द आने लगता है। बालक में सामूहिकता का विकास हो जाता है और वह साथियों से प्रेम, घृणा, द्वेष तथा प्रतिस्पर्धा की भावना अभिव्यक्त करने लगता है।

बाल्यावस्था में संवेगों में स्थायित्व आ जाता है। बालक भय तथा क्रोध पर नियन्त्रण करने लगता है। वह अपने संवेगों को माता-पिता तथा शिक्षक के समक्ष प्रकट करते हुए सकुचाता भी है और प्रकट करके लाभ भी उठाता है। बालकों के संवेगों का स्थिर-काल अस्थायी होता है। उनके संवेगों में उग्रता होती है, उनका रूप परिवर्तित होता रहता है एवं उनमें वैयक्तिक भिन्नता पाई जाती है। बालकों के संवेगों में आरोपण होता है एवं उनकी अभिव्यक्ति में अन्तर आता है।

किशोरावस्था में संवेगात्मक विकास

किशोरावस्था में संवेगों पर नियन्त्रण करना कठिन हो जाता है। शरीर के विकास से संवेगों का विकास प्रभावित होता है। स्वस्थ शरीर वाले किशोरों में संवेगात्मक अस्थिरता अधिक नहीं होती। किशोरावस्था में बालक न तो बालक होता है और न प्रौढ़। प्रौढ़ उसे प्रौढ़ नहीं मानते, बालक उसे बालक नहीं मानते, फलतः उसमें समायोजन की समस्या बनी रहती है। वह अपने संवेगों को उचित अभिव्यक्ति देने का प्रयत्न करता है। अनुकूल परिस्थितियों में उत्साहित होता है, प्रतिकूल परिस्थितियों में उसमें निराशा उत्पन्न होती है। वह घर से भाग जाता है या आत्महत्या करने की भी सोचने लगता है। इस आयु में गुस्सा जल्दी आता है। लगभग देखा जाता है कि किशोर बालक अपने माता-पिता एवं मित्रों से झगड़ा कर बैठता है। देश-भक्ति भी इस अवस्था में चरम सीमा पर होती है। सहानुभूति, दया, प्रेम आदि गुणों के पूर्णतः विकसित होने के कारण यह दूसरों के दुःख से दुःखी होता है और दूसरों के सुख

से सुखी होता है। प्रेम के संवेग के कारण लड़के-लड़कियों में रोमांस के सम्बन्ध भी विकसित होते देखे गए हैं।

मैक्डूगल ने कहा है—"संवेगात्मक अनुभव एक प्रकार से कार्य की एक प्रणाली और क्रिया की एक विधि है। स्थायीभाव संरचना एक विधि है। स्थायीभाव संरचना स्नायु विन्यासों की एक संगठित अवस्था है जो कि कार्य करने के अवसरों में न्यूनाधिक शान्त दशा में रहती है।"

स्पिज के मतानुसार—"संवेग जन्म से ही उत्पन्न नहीं होते। मानव व्यक्तित्व के अन्य कारकों की भाँति इनका भी विकास होता है। संवेगात्मक प्रतिक्रिया आरम्भ में व्यक्त नहीं होती। इन्ड्रोसीन ग्रन्थि तथा बुद्धि के विकास के साथ-साथ संवेगों का विकास होता है।" परिपक्वता का सम्बन्ध शरीर तथा मस्तिष्क के विकास से है।

परिपक्वता तथा संवेग में आपसी सम्बन्ध—परिपक्वता तथा संवेगों का आपसी सम्बन्ध इस प्रकार है—

(1) आत्म-नियन्त्रण—संवेगात्मक परिपक्वता के लिये आत्म-नियन्त्रण आवश्यक है। आयु के विकास के साथ-साथ व्यक्ति में आत्म-नियन्त्रण का गुण विकसित होता है। किसी के क्रोध, नाराजगी, ईर्ष्या के प्रति प्रतिक्रिया न होने देना ही आत्म-नियन्त्रण है।

(2) सहनशीलता—संवेगात्मकता के सन्दर्भ में सहनशीलता पर भी जरशील्ड ने विचार किया है। सहानुभूति संवेगात्मक परिपक्वता का प्रमाण है। उदाहरणार्थ, यदि कोई व्यक्ति किसी अन्य को गालियाँ दे रहा है, तो उसको सुनकर प्रतिक्रिया व्यक्त न करना संवेगात्मक परिपक्वता का उत्तम उदाहरण है। सहनशीलता के विकास के लिये धैर्य का विकसित होना अनिवार्य है।

(3) परीक्षण—परिपक्वता तथा संवेग का अध्ययन करने के लिये गेसल, गुड इनफ तथा जोन्स आदि ने प्रयोग किये।

1. गेसल ने 10 सप्ताह के बच्चों को घेरे में रखा। उस समय उनमें बैचेनी नहीं पाई गई, 20 सप्ताह की आयु के बालकों में बैचेनी पाई गई।
2. गुडइनफ ने 2 वर्ष की अंधी-बहरी बालिका में क्रोध तथा आनन्द का अध्ययन किया।
3. जोन्स तथा बैलन्टीनार ने 2, 3 तथा 6 वर्ष की आयु के बालकों के मध्य साँप रखा। दो वर्ष के बालकों में साँप के प्रति कोई प्रतिक्रिया नहीं हुई। 3 वर्ष के बालक उससे दूर रहे।

(4) अनुकरण—अनुकरण के द्वारा भी संवेगों की अनुक्रियायें होती हैं। बड़ों के सांवेगिक व्यवहार को देखकर ही बालक उनके जैसा ही व्यवहार करता है। संवेग

का प्रभाव एक दूसरे पर पड़ता है। एक बालक को रोता देख अन्य बालक भी रोने लगते है। ये संवेगात्मक परिपक्वता का परिणाम है।

(5) अनुकूलन—बालक जो भी सीखता है, अनुकूलन द्वारा उस क्रिया को स्थायित्व प्राप्त होता है। वाटसन ने एलबर्ट नामक बच्चे पर एक प्रयोग किया। उसने बच्चे के हाथों में रोयेंदार वस्तु दी और साथ ही धमाका किया। बालक डर गया। इसी क्रिया को दोहराया गया। देखा गया कि बालक में रोयेंदार वस्तुओं से डरने का संवेग विकसित हो गया।

(6) अवस्था के साथ प्रतिक्रिया में अन्तर—संवेगों की प्रतिक्रिया में आयु के साथ-साथ अन्तर आता जाता है। परिपक्वता और संवेगों की अभिव्यक्ति में काफी घना सम्बन्ध है। जन्म के बाद के वर्षों में शारीरिक तथा मानसिक परिपक्वता में अन्तर आने लगता है। स्नायु तथा एन्ड्रोसीन ग्रन्थियों के विकास के कारण संवेगात्मक परिपक्वता विकसित होने लगती है। पशुओं पर किये गए अध्ययनों से इस तथ्य की पुष्टि होती है।

(7) प्रक्रिया—संवेगात्मक परिपक्वता का प्रभाव प्रतिक्रिया पर पड़ता है। प्रायः देखा गया है कि छोटे बच्चे क्रोध में हाथ हिलाकर अपनी प्रतिक्रिया व्यक्त करते हैं जबकि बड़े बच्चे क्रोध आने पर वस्तुयें तोड़ते हैं।

(8) शब्द ग्रहण—संवेगात्मक परिपक्वता के कारण बालक की भाषा का विकास होता है और शब्द ज्ञान के साथ-साथ प्रत्यक्ष निर्माण में वृद्धि होती है। कल्पना तथा अवबोध का विकास संवेगात्मक परिपक्वता पर ही निर्भर करता है।

(9) एन्ड्रोसीन ग्रन्थियाँ—संवेगात्मक परिपक्वता तथा एन्ड्रोसीन ग्रन्थियों का भी घनिष्ठ सम्बन्ध है। इन ग्रन्थियों के सन्तुलित रूप में विकसित न होने पर संवेगात्मक दोष उत्पन्न हो जाते हैं। एन्ड्रोसीन ग्रन्थियों की परिपक्वता, परिपक्व संवेगात्मक व्यवहार का निर्धारण करती है।

विभिन्न परिस्थितियों में उत्पन्न हुए संवेग

जिज्ञासा

प्लेटो के मतानुसार—**'जिज्ञासा ही समस्त ज्ञान की जननी है।'** बालक में हर उस वस्तु के विषय में जानने की इच्छा होती है जिसके विषय में वह कुछ नहीं जानता है। जिज्ञासा के साथ आश्चर्य का संवेग जुड़ा रहता है। बालक में प्रारम्भ से ही जिज्ञासा होती है और इसी जिज्ञासा के कारण वह ज्ञान प्राप्त करता है। बड़े होने

पर भी यह मूल प्रवृत्ति विद्यमान रहती है। बालक में परिस्थितियों की जानकारी प्रदान कर उसे समाज के योग्य बनाना है। अतः अभिभावकों का कर्त्तव्य है कि वह बालक की जिज्ञासाओं को शान्त करें तथा उनमें किसी प्रकार की भावना ग्रन्थियाँ न बनने दें। यदि वह बालकों की जिज्ञासा को शान्त नहीं करेगा तो बालक सीखने की क्रिया के प्रति उदासीन हो जाएँगे।

जिज्ञासा की प्रवृत्ति का शारीरिक महत्त्व भी होता है। इससे शरीर भय तथा पीड़ा जैसे स्थलों में परिचित हो जाता है। जिन चीजों से सन्तोष मिलता है, उनके प्रति जिज्ञासा की वृद्धि होती जाती है। इस प्रवृत्ति के कारण वातावरण के प्रति समायोजन की क्षमता विकसित होती है। अभिभावकों को चाहिये कि इस प्रवृत्ति को विकसित करने के लिये वह इन बातों का ध्यान रखें—

1. शिक्षण सामग्री का उपयोग बालकों में प्रत्ययों के विकास के लिये करें।
2 सभी स्तरों पर अनुभव करके तथा सीखने पर बल दिया जाए।
3. पाठ्यक्रम बालकों की रुचि, क्षमता तथा मानसिक स्तर के अनुसार हो।
4. बालकों को प्रश्न करने के लिये प्रोत्साहित किया जाए।
5. प्रश्नों के पूछने पर बालकों को डाँटा न जाए।
6. बालकों की जिज्ञासाओं को शान्त करें।

गुस्सा अथवा आक्रामकता

संवेग की इस स्थिति में बालक लड़ने के लिए तैयार हो जाता है। यह संवेग व्यक्ति के अलावा पशुओं में भी विद्यमान होता है। इस मूल प्रवृत्ति का विकास लगभग 8, 9 वर्ष की आयु से होता है। उदाहरणार्थ—यदि गाय पालतू नहीं है तो वह उसके बछड़े को छेड़ने वाले व्यक्ति को मारने दौड़ती है। इस मूल प्रवृत्ति का आधार बाधा है। किसी क्रिया की सन्तुष्टि में जब बाधा पहुँचती है तो क्रोध उत्पन्न होना स्वाभाविक है। आक्रामकता का आधार असंतोष तथा हताशा के प्रति प्रतिक्रिया है। बालक जितना हताश होगा, वह उतना ही आक्रामक होगा। प्रश्न यह है कि बालक को उसकी आक्रामकता के कारण दण्ड दिया जाए अथवा नहीं। प्रायः भय के कारण बालक माता-पिता के समक्ष आक्रामक स्वभाव का प्रदर्शन नहीं करते, परन्तु बाद में उनकी आक्रामकता प्रकट होती है।

आक्रामक व्यवहार का प्रदर्शन तोड़-फोड़, मार-पीट, स्वयं को सताना, नाराज होकर भागना, पुस्तकें फाड़ना, चीजें फेंकना आदि के द्वारा होता है। बालक अपनी आक्रामकता का प्रदर्शन किस प्रकार करता है, इसके विषय में कुछ नहीं कहा जा

सकता। यह प्रदर्शन परिस्थितियों पर निर्भर करता है। प्रायः झगड़ा करना, तंग करना, ईर्ष्या रखना आदि आक्रामक व्यवहार के प्रदर्शन हैं। अभिभावक बालक के आक्रामक व्यवहार में इस प्रकार संशोधन कर सकते हैं—बालकों को समय-समय पर सामाजिक मान्यता प्रदान करके; बालकों में नेतृत्व के अवसर प्रदान करके; बालकों में से स्वार्थीपन की प्रवृत्ति में यथासम्भव शोधन करके; समय-समय पर बालकों की प्रशंसा तथा निन्दा करके; बालक में सहयोग तथा सहकारिता की भावना विकसित करके; बालक में निहित असन्तोष तथा हताशा का पता लगाकर इत्यादि।

ये कुछ कार्य हैं जिनका उपयोग करने पर निश्चय ही बालकों में नवीन व्यक्तित्व का विकास होगा।

कारण—क्रोध के अनेक कारण हैं, कुछ प्रमुख कारण निम्नलिखित हैं—

1. जब बालक अपने महत्त्व को प्रकट करना चाहता है और उसे कोई स्वीकार नहीं करता,
2. बालक या व्यक्ति के प्रति ईर्ष्या,
3. बालक की इच्छा के बिना उसकी चीज ले लेना,
4. अस्थायी एवं अल्पकालिक सम्बन्ध।

आत्म-प्रदर्शन

हर व्यक्ति में आत्म-प्रदर्शन की भावना होती है। इस मूल प्रवृत्ति के साथ संवेग जुड़ा रहता है। बालक अपने महत्त्व को प्रकट करने के लिये दूसरों का ध्यान अपनी ओर केन्द्रित करना चाहता है। बाहर जाने के लिये बालक अच्छे कपड़े पहनने की हठ करता है। इस प्रवृत्ति से हर व्यक्ति प्रभावित होता है। हमारे हर कार्य में आत्म-प्रदर्शन का भाव निहित जान पड़ता है।

बालकों की शिक्षा के लिये इस मूल-प्रवृत्ति का अत्यन्त महत्त्व है। बालक में ऐसी बातों, आदतों एवं संस्कारों का विकास होना चाहिये जो कि उसके सामाजिक तथा वैयक्तिक जीवन को प्रभावित कर सकें। यह प्रवृत्ति बालक के भविष्य का निर्माण करती है। यदि आत्म-प्रदर्शन की भावना का दमन किया जाएगा तो उसमें आत्महीनता की भावना पैदा हो जाएगी और उसमें दीनता, हीनता आदि से उसके व्यक्तित्व तथा चरित्र का विकास रुक जाएगा। वह अनैतिक व समाज विरोधी कार्यों में लग जाएगा। अतः उन परिस्थितियों का बहिष्कार किया जाना चाहिये जो आत्म-प्रदर्शन के मार्ग में बाधक हों।

रचनात्मकता

विधायकता की मूल-प्रवृत्ति का संवेग रचना करने की भावना है। किसी भी नई वस्तु की रचना करने की प्रवृत्ति को विधायकता कहते हैं। बालक के सामने लकड़ी के कुछ टुकड़े डाल दिये जाएं तो वह उनसे किसी महल, मकान आदि का निर्माण करने में लग जाएगा। वह सामने आई वस्तु के रूप को परिवर्तित करना चाहता है। पुस्तक मेज पर रखी है तो उसे नीचे फेंक देगा। नीचे है तो ऊपर रख देगा। इसी प्रकार लड़कियाँ गुड़ियों का ब्याह रचाती हैं, बालक रेत में घरोंदे बनाते हैं। इन सभी का उद्देश्य कुछ न कुछ करना है।

अभिभावकों को चाहिये कि वह बालकों की विधायकता की मूल-प्रवृत्ति का विकास सही ढंग से करें। यदि इस प्रवृत्ति का दमन कर दिया जाता है तो बालक अपना आत्म-विश्वास खो बैठता है और उसमें अनेक कुंठायें उत्पन्न हो जाती हैं, जिससे बालक का व्यक्तित्व हीन हो जाता हो।

भय

भय अथवा डर भी एक संवेग है, भय की वजह से ही व्यक्ति पीछे की तरफ भागता है। यदि बाग में बैठे हुए कुछ व्यक्ति किसी एक झाड़ी में सांप को देखते हैं तो वे उसे देखते ही भागने लगते हैं। साँप ने पलायन की मूल प्रवृत्ति को जागृत कर दिया और उससे भय के भाव उत्पन्न हुए। भय के कारण कुछ भी हो सकता है। परन्तु एक बात सत्य है—वह है, आत्मविश्वास खो देना। गिरने के प्रति बालक के मन में भय आता है, क्योंकि उसकी माँसपेशियाँ इतनी परिपक्व नहीं होतीं कि वह चल सके। मांसपेशियों के परिपक्व होने पर गिरने का भय समाप्त हो जाता है। आमतौर पर बच्चों को फटकारना तथा पीटना तथा कार्य करने से रोकना भी भय की उत्पत्ति के लिये उत्तरदायी है। इसके विपरीत प्रशंसा तथा पुरस्कार भय को शिथिल करते हैं।

भय का उपभोग तभी तक है जब तक वह आने वाले खतरों की सूचना देता है, परन्तु देखने में यह आता है कि प्रायः अभिभावक उन बच्चों में उन चीजों के प्रति भी भय उत्पन्न करते हैं जिनका कोई अस्तित्व नहीं हैं, जैसे, हौवा। भय के करण बालकों में जो ग्रन्थियाँ बन जाती हैं उनका कोई अन्त नहीं होता। यह बालकों के व्यक्तित्व एवं शरीर, दोनों को दूषित करता है।

भय का आधार बालक का ज्ञान होता है। कभी-कभी बालक डर अथवा भय से अपरिचित होता है और बेकार की चिन्ता करने लगता है। अप्रिय घटनायें भी भय की उत्पत्ति करती हैं। डॉक्टर से बच्चे इसीलिये डरते हैं कि वह सुई लगाता है जो

बच्चों को प्रिय नहीं है। बाल्यावस्था में भय संवेगात्मक तनाव के कारण होता है। प्रायः बच्चे नहाने या स्कूल जाने से डरते हैं। नहाने या स्कूल जाने से हुए अप्रिय प्रसंग इसके लिए उत्तरदायी हैं।

बालकों में कभी भी पलायन की प्रवृत्ति पैदा नहीं करनी चाहिए। पलायन भय के कारण होता है। अभिभावक कभी-कभी बच्चों को डाँटते हैं तथा पीट भी देते हैं इससे बच्चे में भय की भावना-ग्रन्थि बन जाती है और वे कक्षा और स्कूल से ही भागने लगते हैं। यह प्रवृत्ति बहुत हानि पहुँचाती है।

बालक के भीतर से भय को निकालना भी एक अपने आप में शिक्षा है। इसलिए माता-पिता अथवा अभिभावक एवं शिक्षक का यह कर्त्तव्य होता है, कि बालक के अन्दर जो भय पैदा होता है उसे इस प्रकार दूर कर सकते हैं–

1. बच्चों को स्कूल के प्रति भय न दिखायें। विद्यालय के प्रति प्रेम पैदा करें।
2. भयप्रद स्थितियों का सामना वैज्ञानिक ढंग से करायें जिससे बालक बाद में भयभीत न हों।
3. एकान्त, अन्धकार आदि से डरने वाले बालक को कभी एकान्त में या अन्धकार में न छोड़ें।
4. भयावह कहानियाँ न सुनाई जाएं। वीरता पूर्ण कहानियाँ सुनाकर उनके भय की ग्रन्थि को दूर किया जाए।
5. बच्चों को हर समय डांटना-पीटना ठीक नहीं है, अतः इस बात का ध्यान रखें।

रॉस के मतानुसार–"विधायकता की प्रवृत्ति कुछ चीजों के निर्माण करने से होती है। आमतौर पर बालक छोटी-छोटी वस्तुओं का निर्माण करने एवं उन्हें नष्ट करने में आनन्द का अनुभव करते हैं।" बच्चों में विधायकता की प्रवृत्ति के कारण अनेक अन्तर्निहित शक्तियों का विकास होता है। अभिभावकों को चाहिये कि वह विधायकता की प्रवृत्ति को विकसित करने के लिये इन बातों पर ध्यान दें–

1. बाल-केन्द्रित शिक्षा पर बल दिया जाए।
2. बालकों को सृजनात्मक कार्यों के समय पर्याप्त स्वतन्त्रता दी जानी चाहिये।
3. बालकों में प्रतिस्पर्धा की भावना विकसित करने के लिये उनमें आत्मनिष्ठता की भावना भरी जाए।
4. कला तथा हस्त उद्योग के शिक्षण की व्यवस्था करायें।
5. बालकों में अनेक प्रकार की प्रिय रुचियों का विकास करें।
6. बालोपयोगी बौद्धिक एवं सृजनात्मक खेलों की व्यवस्था हो।
7. करके सीखने पर बल दिया जाए।

ईर्ष्या

वौलनर ने कहा है—"ईर्ष्या स्नेह के टूटने, कम होने अथवा उसके टूटने के भय के प्रति वास्तविक अनुक्रिया है।" यह क्रोध की उपशाखा है। इसकी अभिव्यक्ति, व्यक्ति के प्रति अप्रत्यक्ष रूप से होती है जबकि क्रोध का सीधा सम्बन्ध व्यक्ति से होता है। ईर्ष्या की अभिव्यक्ति झुंझलाहट के भाव के निकट ही होती है। **डॉ. शील्ड** के अनुसार, 'ईष्यालु व्यक्ति, प्रेम करने वाले व्यक्ति के प्रति अपने को असुरक्षित समझता है।' जो व्यक्ति ईष्यालु होता है, वह थोड़े-बहुत अंशों में असमायोजित हो जाता है। भारतीय घरों में प्रायः स्त्रियाँ अपनी देवरानी, जिठानी आदि के प्रति ईष्यालु देखी गई हैं। बचपन में ईर्ष्या का भाव समाज के सम्पर्क तथा उसकी अनुक्रिया के कारण विकसित होता है।

(1) ईर्ष्या-अनुक्रिया—ईर्ष्या का भाव अनेक प्रतिक्रियाओं द्वारा व्यक्त होता है। यह अनुक्रिया इस प्रकार व्यक्त होती हैं—

1. किशोरावस्था के मध्य ईर्ष्या का भाव उत्पन्न,
2. दमनात्मक प्रवृत्ति का विकसित होना,
3. विरोधी भाव की पहचान,
4. किसी भी व्यक्ति के प्रति सीमातीत प्रतिरोध,
5. प्रेमी व्यक्ति से दूर हटना,
6. सृजनात्मक प्रतिस्पर्धा में उदात्तीकरण।

प्रायः देखा गया है कि ईर्ष्यालु बालक का व्यवहार परिस्थिति के अनुसार निम्न होता है। एक ही व्यक्ति के प्रति ईर्ष्यालु बालक का व्यवहार निम्न होता है। उसके व्यवहार में अनिश्चितता तथा अविश्वसनीयता पाई जाती है। इन बच्चों में ईर्ष्या की अनुक्रिया प्रत्यक्ष अथवा अप्रत्यक्षः दोनों ही रूपों में होती है। चोट पहुँचाना, लात मारना, काटना, धक्का देना, चूँटी भरना अथवा इसी प्रकार का व्यवहार ईर्ष्या का द्योतक है। ये व्यवहार कभी-कभी बहुत भयानक हो जाते हैं।

(2) व्यक्तिगत भिन्नतायें—ईर्ष्यालु बालकों में ईर्ष्या का व्यवहार व्यक्तिगत भिन्नता लिये होता है। ईर्ष्या में यौन अन्तर का भी महत्त्व है। तीन लड़कियों में से दो ईर्ष्यालु पाई जाती हैं। तीन-चार वर्षों की आयु में ईर्ष्या अधिकतम होती है। परिवार में भी बड़ा बालक ईर्ष्यालु पाया जाता है। ईर्ष्या घर की परिस्थितियों पर भी निर्भर है।

(3) ईर्ष्या उत्पत्ति के कारण—ईर्ष्या का संवेग सामाजिक परिस्थिति की देन है। बालक जिस व्यक्ति से प्रेम या स्नेह करते हैं, उसी व्यक्ति के प्रेममय व्यवहार

में परिवर्तन आने के कारण उसी से ईर्ष्या भी करने लगते हैं। जब घर में कोई अन्य बच्चा आ जाता है तो यह स्वाभाविक है कि उसके प्रति ईर्ष्या-भाव हो, क्योंकि दूसरे बच्चे के कारण उसके अपने प्रति किये जाने वाले व्यवहार में परिवर्तन आने लगता है।

घर में जब दूसरे बालक के आगमन की तैयारियाँ होती हैं, तो पहले बालक के मन में ईर्ष्या भाव का जन्म होने लगता है। छोटा बच्चा सामाजिक परिस्थितियों को समझने के योग्य नहीं होता और इस कारण वह परिस्थिति का विश्लेषण नहीं कर सकता। सहोदर बालकों में आयु में अन्तर के कारण भी ईर्ष्या उत्पन्न होती देखी गई है। माता-पिता कभी-कभी अपने बच्चों के आदर्श बहुत ऊँचे निर्धारित करते हैं। उन उद्देश्यों को प्राप्त करने में बच्चे असफल रहते हैं, फलतः वे अन्य बालकों से ईर्ष्या करने लगते हैं। प्रतिस्पर्धा की यह भावना, प्रेम, साहस, प्रशंसा या सहानुभूति के बजाय ईर्ष्या की भावना विकसित करती है और बालक विध्वंसात्मक प्रवृत्ति का हो जाता है। भाई-बहनों में ईर्ष्या पाई जाती है। पाँच-छः वर्ष की आयु में बालक घर के बाहर अधिक रहने लगता है। इस अवस्था में घर के सदस्यों के प्रति ईर्ष्या-भाव में कमी आने लगती है। साथियों सहपाठियों, अध्यापकों आदि के प्रति ईर्ष्या-भाव विकसित होने लगता है।

(4) ईर्ष्या दूर करना—बालकों में ईर्ष्या का होना अच्छा नहीं है। इस भावना को विकसित होने से पूर्व ही उसे स्वस्थ दिशा प्रदान करनी चाहिये।

1. बालक के स्वास्थ्य, दिनचर्या आदि को नियमित किया जाए।
2. बालकों को किसी दोष के कारण चिढ़ाया न जाए।
3. परिवार का वातावरण स्वस्थ, सन्तुलित एवं सुन्दर हो। घर में अन्य बालकों के साथ समान व्यवहार किया जाए।
4. जब भी यह लगे कि बालक ईर्ष्या भाव से पीड़ित है, कारणों की खोज कर ईर्ष्या भाव को समाप्त करना चाहिये।

आनन्द एवं सुख

आनन्द का संवेग किसी बात या वस्तु से सुख प्राप्त करना है। आनन्द की अनुभूति करने वाला व्यक्ति उस स्थिति को सदैव बनाये रखना चाहता है। मुस्कराने तथा उन्मुक्त हँसी के द्वारा आनन्द के संवेग की अभिव्यक्ति होती है।

(1) आनन्द की अनुक्रिया—हर्षयुक्त संवेग मुस्कराहट तथा हँसने से प्रकट होते हैं। इससे सम्पूर्ण शरीर को आराम मिलता है। बड़े होने के साथ-साथ हँसने तथा

मुस्कराहट की क्रिया बढ़ती जाती है। मुस्कराने तथा हँसने में भी अनेक भाव निहित होते हैं। एक चौथाई, आधा, पौना तथा पूरा मुँह हँसते समय खुलता है। इसी से उनके अन्तर्निहित संवेगों की अभिव्यक्ति होती है। प्रायः यह भी देखा गया है कि आनन्द की अनुभूति में शरीर के अंग भी हिलते हैं

(2) आनन्द का उद्दीपन—वे परिस्थितियाँ, जिनमें व्यक्ति को आनन्द अनुभव होता है, आयु के साथ-साथ भिन्न होती है। शिशुओं में भौतिक वस्तुओं को प्राप्त करने के बाद हर्ष तथा आनन्द उत्पन्न होता है। वे कू-कू करते हैं, हाथ-पैर फेंकते हैं और आगे खिसकने की कोशिश करते हैं। चार-पाँच वर्ष के बालकों पर प्रसन्नता की स्थितियों का प्रभाव भिन्न होता है। जब कोई बालक अनेक प्रकार के नये कार्य करता है और उसमें उसे सफलता मिलती है, वह आनन्द का अनुभव करता है। बड़े बच्चे रिस्क वाले कामों में सफलता प्राप्त करके प्रसन्नता का अनुभव करते हैं।

(3) सामाजिक सम्पर्क—आनन्द तथा हर्ष की अनुभूति सामाजिक सम्पर्क से होती है। समाज में साथियों के सम्पर्क क्रिया-प्रतिक्रिया आदि से वह हर्ष तथा आनन्द का अनुभव करता है। सम्पर्क का सीधा सम्बन्ध आनन्द से है। इससे बालकों में सामाजिक समायोजन विकसित होता है। मजाक, चुटकले, नाटक, चिढ़ाना आदि से आनन्द प्राप्त होता है।

प्रेम

फ्रायड के मतानुसार—"हर मनुष्य अपने जीवन में कई अवस्थाओं से होकर गुजरता है। जब व्यक्ति अपने को खुश महसूस करता है, या जब किसी से दोस्ती या प्रेम करता है तो उसमें अन्य व्यक्ति को खुशी मिलती है।" बालक स्वयं-प्रेमी होता है। बचपन में उसे स्वयं से प्यार होता है, अपनी चीजों से प्यार होता है। कालान्तर में वह अपने माता-पिता से प्रेम करता है। बाल्यावस्था में लड़कों में ऑडीपस काम्पलैक्स के कारण माता के प्रति एवं लड़कियों में एलेक्ट्रा काम्पलैक्स के कारण पिता के प्रति आसक्ति उत्पन्न हो जाती है।

प्रेम के संवेग में यह बात ध्यान रखने की है कि अधिक प्रेम या बहुत कम प्रेम दोनों ही बालक के लिये घातक होते हैं। अभिभावकों का कर्त्तव्य हो जाता है कि वे समय-समय पर बच्चों के प्रति प्रेम प्रदर्शित करते रहें। जिन बच्चों को प्रेम नहीं मिल पाता, वे अपने जीवन में असफल हो जाते हैं। बालक प्रेम का प्रदर्शन अनेक प्रकार से करता है। वह अपनी प्रिय वस्तु को थपथपाता है, सम्भालकर रखता है।

लड़कियाँ अपनी गुड़ियों के प्रति इसी प्रकार का व्यवहार करती हैं। प्रेम के प्रदर्शन में लड़ाई, जिद्द, रूठना, मनाना आदि होता है।

प्रेम एक जटिल संवेगात्मकावस्था है। इसके कई अर्थ लगाये जाते हैं। सल्ली के अनुसार–"आसक्ति स्वार्थमूलक तत्त्व है और सहानुभूति प्रेम में परार्थ-मूलक तत्त्व है।"

अभिभावक इस संवेग का लाभ उठाकर बालकों में अनेक गुणों का विकास कर सकते हैं। वह बालकों में राष्ट्रीयता तथा देश-प्रेम की भावना के साथ-साथ मानव-मात्र के प्रति प्रेम की भावना विकसित कर सकते हैं। इससे वे इस प्रकार लाभ उठा सकते हैं–

1. संवेगों के द्वारा बालक में रुचि विकसित कर लेते हैं।
2. संवेगों के सन्तुलित विकास से स्थायी भावों का विकास होता है।
3. अवांछित संवेगों को अच्छी दिशा में मोड़ा जा सकता है।
4. संवेगों द्वारा बालकों में अच्छी आदतों तथा चरित्र का निर्माण किया जा सकता है।
5. संवेगों द्वारा बालकों के जीवन को सरस बना सकते हैं।
6. नवीन ज्ञान देने में उसे संवेगों से पर्याप्त सहायता मिलती है।
7. बालकों को पढ़ने के प्रति उत्साहित कर सकते हैं।

संवेगों पर नियंत्रण करना

संवेगों का विकास अवांछित रूप से होने पर अनेक प्रकार की विसंगतियाँ उत्पन्न हो जाती हैं। इसलिये संवेगों पर नियन्त्रण किया जाना आवश्यक है। जरशील्ड की धारणा है कि यदि कोई संवेग परिपक्व हो जाए तो उसमें संशोधन करना कठिन हो जाता है।

संवेगों को नियन्त्रित एवं संशोधित करने की कई विधियाँ हैं–पहली विधि अध्यवसाय है जिसके द्वारा बालकों को अनेक कार्यों में व्यस्त रखा जाता है। इस प्रकार अवांछित संवेगों की अभिव्यक्ति को आशय नहीं मिल पाता। दूसरी विधि अभिव्यक्ति है जो मार्गान्तीकरण भी कहलाती है। इस विधि द्वारा संवेगों को समाज में स्वीकृत ढंग से प्रस्तुत किया जाता है। तीसरी विधि प्रतिगमन है जिसमें संवेगों और तनाव की उत्पत्ति असामान्य व्यवहार से होती है। क्रोधी बालक चीजें तोड़कर अपने तनाव को हल्का कर लेता है। चौथी विधि विस्थापन पेज ने प्रतिपादित किया है। इसमें संवेगों को अन्य तथ्यों पर आरोपित कर दिया जाता है। पांचवीं विधि शमन

है जिसके द्वारा अप्रिय प्रसंगों को भूलने, मन से बाहर निकालने का प्रयास किया जाता है। अन्तिम विधि संवेगात्मक रचना है जिसके द्वारा शमित संवेगों से मुक्ति पाने का प्रयास किया जाता है। शारीरिक रचना गतिशील क्रियाओं—खेलकूद, भाग-दौड़ आदि से होती है। मानसिक रचना में व्यक्ति अपनी अभिवृत्तियों को बदल देता है।

मानव जीवन में संवेगों का महत्त्व

संवेगों का अनुभव माता-पिता अभिभावक को होना जरूरी हैं क्योंकि संवेगों का फायदा लेकर अभिभावक बालक के विकास को आसान कर सकते हैं। संवेगों से अभिभावक इस तरह फायदा ले सकते हैं, जो अग्रलिखित है—

1. संवेगों के संतुलित विकास से स्थायी भावों का विकास होता है।
2. अवांछित संवेगों को अच्छी दिशा में मोड़ा जा सकता है।
3. संवेगों के द्वारा ही बालकों में अच्छी आदतों तथा चरित्र का निर्माण किया जा सकता है।
4. संवेगों का लाभ उठाकर वह बालकों के जीवन को सरल बना सकते हैं।
5. नवीन ज्ञान देने में उसे संवेगों से सहायता मिलती है।
6. बालकों को पढ़ने के प्रति उत्साहित कर सकते हैं।
7. संवेगों का उपयोग करने से बालक पढ़ने में रुचि विकसित कर लेते हैं।

संवेग की मुख्य विशेषताएँ

संवेग मानव व्यवहार का असामान्य अंग है। जब भी संवेगात्मक व्यवहार प्रकट होता है, तो उसकी कुछ न कुछ विशेषतायें होती हैं। संवेग की विशेषतायें इस प्रकार हैं—

1. संवेग पूर्णतः वैयक्तिक होते हैं। एक का संवेग दूसरे से भिन्न होता है। रोना देखकर दया आ जाना इसी का एक उदाहरण है।
2. संवेगात्मक सम्बन्ध क्रोधित व्यक्ति, समझाने वाले पर भी क्रोध कर सकता है।
3. संवेगात्मक सम्बन्ध का होना आवश्यक है। यह दो व्यक्तियों या वस्तुओं के प्रति होता है।
4. संवेग में प्रक्रिया का लोप हो जाता है। प्रेम या क्रोध में व्यक्ति को सोचने का अवसर नहीं मिलता ।

5. संवेग व्यापक होते हैं। ये हर प्राणी में पाये जाते हैं।
6. सुख या दुख का भाव निहित होता है। संवेग में सुख या दुख की अभिव्यक्ति होती है।
7. संवेगों का मूल प्रवृत्तियों से सम्बन्ध होता है। मैक्डूगल संवेग तथा मूल प्रवृत्ति को आपस में जुड़ा मानते हैं।
8. संवेगों की अनुभूति के समय क्रियात्मक अनुभूति होती है। व्यक्ति कुछ करना चाहता है।
9. संवेगात्मक व्यवहार में दृढ़ता रहती है। यह दृढ़ता काफी समय तक रहती है।
10. संवेगों की उपस्थिति से शारीरिक परिवर्तन होते हैं।

संवेग की दशायें

संवेग की दो दशायें होती हैं—आन्तरिक तथा बाह्य। इन दोनों का सम्बन्ध शरीर की भिन्न क्रियाओं में परिवर्तन करने से होता है।

(1) शरीर की बाह्याकृति में परिवर्तन—चेहरे की मुद्रा का बदलना, हास्य, रुदन, प्रेम आदि के भाव, स्वर में परिवर्तन, शरीर के आसनों में परिवर्तन जैसे—हाथ-पैर फेंकना आदि आते हैं। संवेगों की दशायें व्यक्ति की शारीरिक प्रकृति पर निर्भर करती हैं।

(2) शरीर की अन्दरुनी प्रक्रिया में बदलाव—इन परिवर्तनों के अन्तर्गत साँस, नाड़ी, हृदय तथा रक्त की गति में परिवर्तन हो जाता है। रक्त की रासायनिक क्रिया बदल जाती है। पाचन-क्रिया गड़बड़ हो जाती है। रसपाक, ग्रन्थियों तथा त्वचा की प्रतिक्रिया बदल जाती है।

7

क्रियात्मक विकास

जन्म के वक्त शिशु में क्रियात्मक कुशलता नहीं होती है क्योंकि उस समय शिशु एक असहाय जीव होता है। आयु वृद्धि के साथ उसका क्रियात्मक विकास होता है। क्रो तथा क्रो के अनुसार, "नाड़ियों एवं माँसपेशियों की क्रियाओं के समीकरण द्वारा जो शारीरिक गतिविधियाँ सम्भव हो सकती हैं उन्हें हम क्रियात्मक योग्यताएँ कह सकते हैं।"

गति का विकास सुसंगठित रूप में चलता है और इसमें एक सुनिश्चित क्रम होता है। अभ्यास, बुद्धि, स्वास्थ्य तथा अन्य बातों में विविधता के कारण बालक में गति का विकास पहले पूरा हो सकता है या उसमें देर लग सकती है।

क्रियात्मक विकास के अवयव

1. परिपक्वता
2. सीखना या अभ्यास।

(1) परिपक्वता—जब बालक की हड्डियों तथा मांसपेशियों में परिपक्वता आएगी तभी वह इनका समीकरण कर सकेगा। यदि परिपक्वता से पूर्व कौशल सिखाया जाएगा तो बालक नहीं सीख पाएगा। परिपक्वता प्राप्त करने के उपरान्त यदि प्रशिक्षण दिया जाए तो बालक अच्छी तरह क्रियात्मक गतिविधियाँ कर सकता है।

(2) सीखना अथवा अभ्यास—बालक अपनी विभिन्न माँसपेशियों को प्रयोग में लाने का जितना मौका पाता है, उसका भी उसकी गति के विकास पर प्रभाव पड़ता है। जैसे यदि बालक को साईकिल चलाना सिखाया ही नहीं जाएगा तो वह नहीं सीख सकता। प्रोत्साहन देने पर क्रियात्मक योग्यताओं का विकास बहुत तेजी से हो सकता है।

क्रियात्मक योग्यताओं के प्रकार

क्रियात्मक योग्यताओं को दो भागों में विभक्त किया जा सकता है—

(क) स्थूल गतिविधियाँ

(ख) सूक्ष्म क्रियात्मक कौशल।

(क) स्थूल गतिविधियाँ

स्कूल गतिविधियों में शरीर के सभी अंग प्रयोग में आते हैं। यह क्रिया जीवन-पर्यन्त चलती रहती है। जैसे बैठना, चलना, दौड़ना, तैरना, साईकिल चलाना आदि। इन गतिविधियों का विकास अग्रलिखित प्रकार से होता है—

(1) सिर उठाना	नेत्र गति, मुस्कराना, हँसना तथा सिर को ऊपर उठाना आदि में प्रयुक्त मांसपेशियों का विकास शिशु में बहुत शीघ्रता से हो जाता है। जन्म के समय बालक किसी वस्तु पर नजर नहीं टिका सकता लेकिन 2-3 माह का बालक गतिशील वस्तु पर नेत्र टिकाने लगता है। जब बालक एक मास का होता है तो छाती के बल लेटे-लेटे कुछ सेकेण्ड के लिए अपना सिर उठा सकता है। 3-4 माह का बालक गोद में लेने पर सिर को इधर-उधर घुमा सकता है। छः माह की उम्र मे बालक बैठकर, बिना सहारे के अपने सिर को इधर-उधर घुमा सकता है।
(2) बैठना	शिशुओं के शरीर में घूमने की क्षमता जन्म के समय नहीं पायी जाती है। दो माह के पश्चात् इसका विकास होने लगता है। 4 माह का बालक कुछ-कुछ बैठने का प्रयत्न करता है। 5

	माह का बालक सहारा देने पर बैठ सकता है। 6-7 माह का बालक बिना सहारे के बैठ सकता है।
(3) घुटनों के बल चलना	9 माह की आयु में शिशुओं में पैर, धड़ की मांसपेशियों में समन्वय होने लगता है तथा शिशु हाथों व घुटनों के बल चलना शुरू कर देता है। घुटनों के बल चलने की गति में पहले लय नहीं दिखाई देती लेकिन अभ्यास से इनमें लय आ जाती है।
(4) लुढ़ककर या खिसककर चलना	लुढ़कने की क्रिया टाँगों एवं बाँहों की गतिविधियों द्वारा सम्पादित होती है। इसके लिए आवश्यक है कि उसकी टाँगों की माँसपेशियाँ भली-भाँति विकसित हों तथा उनमें ठीक-ठीक समीकरण हो। चलना सीखने से पहले बालक लुढ़कता हैं। चौथे-पाँचवें माह से ही बालक लुढ़कने लगता है। आरंभ में वह लेटे-लेटे ही इधर-उधर लुढ़कता है। लुढ़कने के बाद वह खिसकना सीखता है। खिसकते समय वह अपनी बाँहों एवं हाथों का भी सहारा लेता है।
(5) धारण शक्ति का विकास	नवजात शिशु में धारण क्रिया आरम्भ हो जाती है। लेकिन उस समय यह सहज क्रिया होती है, क्योंकि वे किसी वस्तु को अपनी इच्छानुसार नहीं पकड़ते। हाथों की ये गतिविधियाँ प्रारम्भ में उद्देश्यहीन तथा अनियन्त्रित होती हैं। वह अपनी अंगुलियों को खोलता और बन्द करता है। लेकिन बालक में धारण करने की क्रिया दूसरे-तीसरे महीने में विकसित होती है।
(6) खड़ा होना	7-8 माह का शिशु सहारा लेकर खड़ा हो सकता है। 9-10 माह का बालक बिना सहारे के खड़ा होने लगता है।

(7) चलना या टहलना	खड़ा होना अच्छी तरह सीख लेने के बाद बालक धीरे-धीरे कदम उठाता है। अब उसमें पर्याप्त आत्मविश्वास आ जाता है। धीरे-धीरे अभ्यास से उसमें चलने में दक्षता आ जाती है। आरंभ में वह सहारा लेकर चलता है, बाद में बिना सहारे के चल सकता है।
(8) सीढ़ियाँ चढ़ना	प्रायः यह देखने में आता है कि 3 वर्ष की आयु तक सभी बच्चे ऊँची सीढ़ियों पर आसानी से चलना और चढ़ना सीख लेते हैं।
(9) कूदना	4 वर्ष की अवस्था से बालक ऊपर से नीचे कूद सकता है। खेल-खेल में वह कूदना सीख जाता है। 5-6 वर्ष की आयु में बालक थोड़े ऊँचे स्थान से कूद सकता है।
(10) दौड़ना	2 वर्ष बाद बालक दौड़ने लगता है। शुरू-शुरू में दौड़ना उसे अच्छा लगता है। उसे कहीं पहुँचने की जल्दी नहीं रहती। धीरे-धीरे अभ्यास से वह तेजी से दौड़ने लगता है। 5-6 वर्ष की आयु तक बालक बिना गिरे दौड़ सकता है। कहीं जल्दी पहुँचना हो तो दौड़ कर पहुँच जाता है।
(11) साईकिल चलाना	3-4 वर्ष की आयु में यदि सिखाया जाए तो बालक साईकिल चला सकते हैं। अभ्यास द्वारा और अच्छी तरह चला सकते हैं। यदि किसी बालक को साईकिल मिले ही नहीं तो वह उसे नहीं सीख सकता।
(12) तैरना	तैरने के लिए प्रशिक्षण तथा अभ्यास की जरूरत होती है। छोटी आयु में तैरना सिखाने पर बालक इस कौशल में प्रवीण हो सकता है। देखा गया है कि नदी तथा तालाब के किनारे रहने वाले बालक तैरना जल्दी सीख लेते हैं। यदि बालकों को तैरना सिखाया न जाए तो वे आयु भर तैरना नहीं सीख सकते।

(ख) सूक्ष्म क्रियात्मक कौशल

4-5 वर्ष की अवस्था के बाद सूक्ष्म क्रियात्मक कौशल का विकास होता है। इसमें छोटी माँसपेशियों का समीकरण होता है। क्रियात्मक कौशल के लिए बालक को अभ्यास के साथ-साथ प्रोत्साहन की भी आवश्यकता रहती है। बालक जिस प्रकार के वातावरण में रहेगा तथा उसे सीखने के जैसे मौका मिलेंगे, उसी के अनुरूप वह क्रियात्मक कौशल सीखेगा।

बालकों के कुछ महत्त्वपूर्ण क्रियात्मक कौशल निम्नलिखित हैं—

(1) खाना-पीना—9 माह का बालक बोतल पकड़ कर दूध पी सकता है, और बोतल मुँह से बाहर निकाल सकता है। एक वर्ष का होने पर वह चम्मच द्वारा कटोरी से दूध पी सकता है। शिशु शुरू में दोनों हाथों से तथा धीरे-धीरे एक हाथ से भोजन के बर्तनों को पकड़ने लगता है। 10 वर्ष की आयु तक वह भोजन की समस्त क्रियाओं में कुशलता प्राप्त कर लेता है।

(2) गेंद पकड़ना—गेंद पकड़ने तथा उसे फेंकने की क्षमता बाँह एवं हाथ की संतुलित क्रियाओं पर निर्भर करती है। 4 वर्ष की अवस्था तक बहुत कम बालक गेंद को पकड़ने में कुशल हो पाते हैं। 6 वर्ष की आयु तक काफी बच्चे गेंद पकड़ने लगते हैं। शुरू में वे गेंद पकड़ने के लिए अपने पूरे शरीर का उपयोग करते हैं फिर दोनों बाँहों का प्रयोग करते हैं। धीरे-धीरे वे ठीक से पकड़ना, फेंकना एवं उछालना आरंभ कर पाते हैं।

(3) गेंद फेंकना—एक वर्ष का बालक किसी एक दिशा में गेंद फेंक सकता है। 1.5 वर्ष का बालक एक निश्चित दिशा में बहुत दूर तक गेंद फेंक सकता है। 2 वर्ष का बालक गेंद खेलने में अधिक रुचि लेता है। पहले बालक दोनों हाथों से गेंद फेंकता है। धीरे-धीरे वह एक हाथ से गेंद फेंकने लगता है।

(4) लिखना—2-3 वर्ष की अवस्था में बालक पेंसिल पकड़ कर कागज पर टेढ़ी-मेढ़ी लाइनें खींच सकता है। 4 वर्ष की आयु में वह पेंसिल से कुछ चित्र अपने परिवेश से सम्बन्धित बना सकते हैं। 6 वर्ष की आयु में वह लिखने का अभ्यास कर सकता है। अब वह अपनी कलाई तथा अंगुलियों में नियन्त्रण रख सकता है तथा सरलता और नियमितता से लिख सकता है। धीरे-धीरे प्रशिक्षण के आधार पर तथा स्कूल में पढ़ने पर वह अपने विशेष ढंग से लिखने लगता है। आरंभ में उसके अक्षर टेढ़े-मेढ़े होते हैं। लेकिन बाद में उसके अक्षर छोटे होने लगते हैं, अशुद्धियाँ कम होती हैं तथा अक्षरों का आकार भी ठीक होता है। 12 वर्ष की अवस्था तक बालक एक निश्चित शैली में लिखने लगता है।

(5) वस्त्र पहनना—हाथों को नियन्त्रित करने की शक्ति आने पर पहले बालक वस्त्र उतारना सीखता है और बाद में उन्हें पहनना। यही बात जूते-मोजों के साथ लागू होती है। लड़कियाँ लड़कों की तुलना में वस्त्र पहनने की कला में जल्दी निपुण होती हैं। उनकी कलाई में लचीलापन भी अधिक होता है। 5-6 वर्ष की अवस्था तक बालक अपने सभी वस्त्रों को ठीक प्रकार से पहनने लगते हैं, वे सफलतापूर्वक वस्त्र धारण करना, बटन लगाना तथा खोलना सीख लेते हैं।

(6) खिलौनों का प्रयोग—रंग-बिरंगे खिलौने से खेलना छोटे बच्चों का प्रिय खेल होता है। आरम्भ में बच्चे खिलौने को पकड़ने के लिए दोनो हाथों का प्रयोग करते हैं। फिर उन्हें गति वाले खिलौने अच्छे लगते हैं उदाहरण कार, हवाई जहाज आदि। 3-4 वर्ष की अवस्था से वे खिलौने को जोड़-जोड़कर बना सकते हैं तथा अधिक सम्भाल कर उनका प्रयोग कर सकते हैं। लड़कों की तुलना में लड़कियाँ खिलौने का अधिक अच्छी तरह प्रयोग करती हैं।

क्रियात्मक योग्यताओं को प्रभावित करने वाले तत्त्व

साधारण क्रियात्मक कौशल बच्चों में जन्म से ही पाया जाता है धीरे-धीरे माँसपेशिओं पर नियन्त्रण वृद्धि के साथ उनकी क्रियात्मक योग्यता भी विकसित होती है। लेकिन देखा गया है कि कुछ बालकों में क्रियात्मक विकास बहुत जल्दी होता है तथा कुछ में देर से। इसके कई कारण हैं जो बालकों के क्रियात्मक विकास पर प्रभाव डालते हैं।

बालकों की क्रियात्मक योग्यताओं पर प्रभाव डालने वाले कुछ तत्त्व निम्नलिखित हैं—

(1) परिपक्वता—जब बालक की हड्डियों और माँसपेशियों में परिपक्वता आएगी तभी वह इनका समीकरण कर सकेगा। यदि परिपक्वता से पहले ही उसे क्रियात्मक कौशल सिखाया जाए तो वह बेकार साबित होगा। यदि परिपक्वता के उपरान्त उसे सिखाया जाए तो अधिक कारगर होगा। इस प्रकार हम कह सकते हैं कि क्रियात्मक विकास के लिए परिपक्वता परम आवश्यक है।

(2) पौष्टिक भोजन—पौष्टिक भोजन के अभाव में बच्चों में क्रियात्मक विकास देर से होता है। वे दुर्बल हो जाते हैं। कुपोषण के कारण उनमें रिकेट्स, सूखा रोग आदि हो जाते हैं, जिसके परिणामस्वरूप उनमें उचित स्नायविक नियन्त्रण नहीं हो पाता। अतः पौष्टिक भोजन क्रियात्मक विकास के लिए परम आवश्यक है।

(3) दैहिक विकास—अगर बालक का शारीरिक विकास सामान्य होगा तो वह क्रियात्मक योग्यताएँ ठीक प्रकार से कर सकता है। शरीर के अनुपात और आकार का भी क्रियात्मक विकास पर प्रभाव पड़ता है। बहुत अधिक दुबले-पतले अथवा मोटे बालकों में क्रियात्मक विकास सामान्य बालकों की तुलना में देर से होता है। वे हाथों एवं पैरों की माँसपेशियों का जल्दी सन्तुलन नहीं कर पाते।

(4) भय—प्रत्येक बात अथवा गलती पर बच्चों को डाँटने-फटकारने से उनमें डर उत्पन्न हो जाता है जिससे उनका क्रियात्मक विकास अवरुद्ध होता है। इसलिए सदा यह ध्यान रखना चाहिए कि जब कभी बच्चे कोई क्रियात्मक कार्य करने के प्रयत्न में भूल करें अथवा गलती करें तो उन्हें डाँटे नहीं, उत्साहित करें जिससे कि वे इसे करना जल्द सीख जाएँ।

(5) अभिप्रेरणा—उपयुक्त वातावरण के होते हुए भी प्रेरणा के अभाव में बालक का क्रियात्मक विकास धीमी गति से होता है। इसके लिए प्रोत्साहन की बड़ी जरूरत रहती है। प्रोत्साहन मिलने पर वह कोई क्रिया जल्दी कर सकता है। ज्यादातर यह देखा जाता है कि जिन बालकों के माता-पिता उनके सारे काम स्वयं कर देते हैं, बालकों को करने को प्रोत्साहित नहीं करते, वे बालक सुस्त हो जाते हैं और उनका क्रियात्मक विकास मन्द गति से होता है।

(6) प्रशिक्षण और अभ्यास—किसी कौशल को सीखने के लिए अभ्यास की जरूरत होती है। क्रियात्मक कौशल के विकास में प्रशिक्षण का भी प्रमुख हाथ रहता है। लेकिन प्रशिक्षण तथा अभ्यास एक निर्दिष्ट दिशा में होना चाहिए। यदि बालक के सामने एक निश्चित आदर्श रहेगा और उसे समुचित निर्देश मिलेगा तो वह किसी कौशल में प्रवीणता प्राप्त कर सकता है। जैसे-जैसे अभ्यास बढ़ता जाता है, गति बढ़ती जाती है।

(7) बौद्धिक विकास—जिन बालकों में बुद्धि का विकास धीरे-धीरे होता है वे सामान्य बच्चों की तुलना में देर से बैठना, खड़ा होना, चलना आदि सीखते हैं। दो वर्ष से कम उम्र के बालकों के बुद्धि परीक्षण में क्रियात्मक कार्यों की अधिकता रहती है। अतः हम कह सकते हैं कि बुद्धि एवं क्रियात्मक योग्यताओं के विकास में आपस में गहरा सम्बन्ध है।

(8) विशेष क्रियाओं के विकास पर बल—सामान्य क्रियाओं को जब तक बच्चे पूर्ण रूप से करना नहीं सीख लें, उन्हें विशिष्ट क्रियाओं को करना सीखने पर उनके क्रियात्मक विकास में बाधा पहुँचती है। यदि बालक को कागज पर रेखाएँ खींचने से पहले अक्षर लिखना सिखाया जाए तो उनके लिखने के कौशल में बाधा पहुँचेगी और वे देर से लिखना सीखेंगे।

(9) कपड़े—बच्चों को कसे हुए कपड़ों एवं जूतों की बजाय ढ़ीले कपड़े व जूतों को पहनना चाहिए ताकि उनके शरीर के अंग स्वतन्त्र रूप से क्रिया कर सकें।

(10) स्वास्थ्य—जिन बालकों का शारीरिक स्वास्थ्य अच्छा होता है या जो तन्दुरुस्त होते हैं उनका क्रियात्मक विकास बीमार बालकों की तुलना में जल्दी होता है। ज्ञानात्मक दोष अन्तःस्रावी ग्रन्थियों के कार्य में कमी होने पर भी क्रियात्मक विकास धीरे-धीरे होता है।

बाल्यावस्था में क्रियात्मक योग्यताओं का महत्त्व

क्रियात्मक योग्यताओं के विकास में बालकों को निम्नलिखित उपयोगिता है—

(1) आत्मनिर्भरता—बाल्यावस्था में क्रियात्मक योग्यताएँ विकसित हो जाने से बच्चा जब किसी दूसरे की सहायता से अपना काम करने लगता है तो अपने आप उसमें स्वनिर्भरता की भावना आ जाती है।

(2) खुशी की प्राप्ति—खेलने, भागने, दौड़ने, लिखने, चित्रकारी आदि से बालक को आनन्द की प्राप्ति होती है। अपने समय को खिलौनों एवं अन्य उपकरणों के साथ वह हँसी-खुशी से बिता सकता है। खेल के द्वारा उसकी माँसपेशियों का व्यायाम होगा तथा क्रियात्मक योग्यताओं द्वारा ही उसे खेलने की शक्ति मिलेगी।

(3) विद्यालयी समायोजन—क्रियात्मक योग्यताओं के आधार पर बालक कई कार्यों को दूसरों के साथ कर सकता है। विद्यालयी समायोजन के लिए क्रियात्मक योग्यताओं की जरूरत पड़ती है। जो बालक भाग-दौड़ नहीं सकता, चित्रकारी नहीं कर सकता, वह ये कार्य दूसरे बालकों के साथ नहीं कर सकता। इसलिए दूसरों के साथ मिलजुल कर वह कार्य नहीं कर सकता। क्रियात्मक योग्यताओं के आधार पर ही बालक ये सब कार्य अपने साथियों की अपेक्षा ठीक-ठीक कर सकता है।

(4) सामाजिक सामंजस्य—बालक खेल के द्वारा दूसरे बालकों के साथ सम्पर्क स्थापित करता है। खेलना बालक में क्रियात्मक योग्यताओं द्वारा आता है। जो बालक भाग-दौड़ नहीं सकता वह अकेला रह जाएगा और उसका सामाजिक सम्पर्क घट जाएगा। हम कह सकते हैं कि क्रियात्मक योग्यताओं द्वारा सामाजिक सम्पर्क का विकास होता है।

8

सृजनात्मकता एवं व्यक्तित्व का मनोवैज्ञानिक विश्लेषण

सृजनात्मकता

सृजनात्मकता अथवा विधायकता का तात्पर्य किसी वैज्ञानिक विधि द्वारा कला की रचना से नहीं है बल्कि रचनात्मकता की प्रवृत्ति प्रत्येक व्यक्ति में पायी जाती है। समाज के अन्तर्गत कार्य करने वाले व्यक्तियों के कार्य और व्यवसाय में उनकी रचनात्मकता देखने को मिलती है। जैसे—बढ़ई लकड़ी से मनचाही कलात्मक मेज बना सकता है, चित्रकार मनचाहे रंगों से नवीन कलाकृति की रचना करता है। कवि, कविता रचता है, और गीतकार गीत रच सकता है। कहना यह है कि प्रत्येक व्यक्ति में सृजन की सम्भावनायें होती हैं और उनका विकास किया जाना चाहिये।

सृजनात्मकता का आशय

सृजनात्मकता शब्द अंग्रेजी के क्रियेटिविटी के पर्याय के रूप में प्रयुक्त होता है। इसके समान्तर **विधायकता, उत्पादकता** शब्दों का प्रयोग होता है। **उत्पादकता** में **प्राडक्टीविटी** का बोध होता है जो किसी वस्तु के उत्पादन का आभास कराता

है। **विधायकता** में एकत्रीकरण का बोध होता है। एक और शब्द है—**खोज,** इसे डिस्कवरी के सन्दर्भ में प्रयुक्त किया जाता है। ये सभी शब्द **सृजनात्मकता** के इर्द-गिर्द घूमते हैं और उस आशय को पूरा नहीं करते। सृजनात्मकता के बिल्कुल समानान्तर शब्द भी है। सृजन में शून्य का भाव है और सृजन में विद्यमान में से नवीनता की, मौलिकता की सृष्टि करनी पड़ती है। डॉ. कामिल बुल्के ने क्रियेटिव शब्द के समानान्तर अर्थ—**सृजनात्मक, रचनात्मक, सृजक** बताये हैं। भारत सरकार के तकनीकी कोश में क्रियेटिविटी को **सृजनशीलता** कहा गया है। डॉ. रघुवीर ने क्रियेट का अर्थ—**सृजन, उत्पन्न करना, सर्जन करना,** बनाना कहा है।

परिभाषा—सृजनात्मक का अभिप्राय मौलिकता से लिया जाता है।

प्रसिद्ध अमेरिकी कवि **रॉबर्ट फ्रास्ट** के अनुसार—"मौलिकता क्या है?' यह मुक्त साहचर्य है। जब कविता की पंक्तियाँ या उसके विचार आपको उद्वेलित करते हैं, आपको साधारण कारण के लिये बाध्य करते हैं, यह दो वस्तुओं का सम्बन्ध होता है, परन्तु आप साहचर्य को देखने की कामना नहीं करते, आप तो उसका आनन्द उठाते हैं।

जेम्स ड्रेवर के अनुसार—"अनिवार्य रूप से किसी नई वस्तु का सृजन करना है, विस्तृत अर्थ में जहाँ पर नये विचारों का संग्रह हो, वहाँ पर प्रतिभा का सृजन (विशेषतः तब जबकि स्वयं प्रेरित हो न कि अनुकूल) जहाँ पर मानसिक मात्र आह्वान न हो।"

सी. वी. गुड के अनुसार—"सृजनात्मकता वह विचार है जो किसी समूह विस्तृत सांतत्य का निर्माण करता है। सृजनात्मकता के कारक हैं—साहचर्य, आदर्शात्मक, मौलिकता, अनुकूलता, सांतत्यता, लोच एवं तार्किक विकास की योग्यता।"

स्टेन के अनुसार—"जब किसी कार्य का परिणाम नवीन हो, जो किसी समय में समूह उपयोगी एवं मान्य हो, वह कार्य सृजनात्मक कहलाता है।"

मेडेनिक के अनुसार—"सृजनात्मकता चिन्तन में साहचर्य के तत्त्वों का मिश्रण रहता है जो विशिष्ट आवश्यकताओं की पूर्ति हेतु संयोगशील होते हैं या किसी अन्य रूप में लाभदायक होते हैं। नवीन संयोग विचार जितने कम होंगे, सृजनात्मकता की सम्भावना उतनी ही अधिक होगी।"

उपर्युक्त परिभाषाओं का विश्लेषण करने के बाद निष्कर्ष निकलता है कि सृजनात्मकता के निम्नलिखित उपयोगी कार्य होते हैं—(i) इस कार्य को समाज से मान्यता मिलनी चाहिए, (ii) कार्य की उपयोगिता होनी चाहिये, (iii) सृजनात्मक कार्य में दो या अधिक वस्तुओं के संयोग से नवीनता उत्पन्न की जानी चाहिये,

(iv) सृजनात्मकता से प्रतिभा का विकास होता है। इन सभी तत्त्वों पर विचार करके हम सृजनात्मकता को नये अथवा नये ढंग से सोचने, करने तथा बनाने की प्रक्रिया को सृजनात्मकता कह सकते हैं।

यद्यपि सृजनात्मकता कलाकारों के जीवन में अधिक व्यापक रूप से पाई जाती है। लेखक, चित्रकार, कवि, विद्वान, अभिनेता आदि सभी में सृजनशीलता विद्यमान रहती है। रचनात्मकता की प्रवृत्ति स्वाभाविक रूप से प्रत्येक मनुष्य में पायी जाती है। यदि उचित परिवेश मिले तो मनुष्य की इस योग्यता को विकसित किया जा सकता है। भारत में छात्रों में निहित सृजनशीलता के गुण का विकास न होने से हजारों-लाखों प्रतिभायें अविकसित रह जाती हैं और उनसे राष्ट्र की हानि होती है।

सृजनात्मकता का विकास

सृजनात्मकता का विकास मनोविज्ञान से जुड़ा है। चूँकि इसका उपयोग अनेक परिस्थितियों में किया जाता है, अतः माता-पिता का दायित्व और भी बढ़ जाता है। इन पदों का अनुकरण सृजनात्मक चिन्तन के लिये किया जा सकता है।

1. जो भी कुछ बतलाया उसमें **समस्या के स्तरों को पहचानने का शिक्षण** अवश्य हो। बालक यह अवश्य जान लें कि समस्या किस स्तर की है? जे. स्टेनली ग्रेने ने इस सम्बन्ध में कहा है, "समस्या समाधान की योग्यता दो पदों पर निर्भर करती है—एक व्यक्ति की सीखने की या अधिगम करने की बुद्धिवादी क्षमता या बुद्धि और दूसरा यह कि क्या उक्त व्यक्ति ने क्षमता के भीतर अधिगम कर लिया है।"
2. सृजनात्मक शिक्षण के लिये **समस्या समाधान के सन्दर्भ में तथ्यों का अधिगम** कराया जाये। इनमें क्या किया, क्या न किया जाना चाहिये आदि प्रश्नों के माध्यम से आगे बढ़ा जा सकता है।
3. सृजनात्मकता के शिक्षण के लिये **मौलिकता की उद्भावना** विकसित करने के लिये शिक्षा प्रदान करनी चाहिये। सृजन और मौलिकता से अभिप्राय ज्ञान के तथ्यों को नवीन रूप से ढालना है।
4. बालकों में **सही मूल्यांकन** करने की प्रवृत्ति विकसित होनी चाहिये। यह सृजनशक्ति को अधिक विकसित करती है।

सृजनात्मकता का आधार

सृजन का आधार चिन्तन है। यदि हम यह प्रश्न करें कि एक और एक कितने होते हैं, इसका सीधा उत्तर चिन्तन सरल एवं यांत्रिक होता है। दूसरे प्रकार

का चिन्तन भिन्नता लिए होता है। इसमें सोचने के पर्याप्त अवसर रहते हैं। अपसारी चिन्तन का विशेष लक्ष्य होता है। जिस चिन्तन में प्रत्यक्षतः यांत्रिकता रहती है, उसे अभिसारी चिन्तन कहते हैं।

चिन्तन तथा सृजन के सन्दर्भ में पहली बार गिलफोर्ड ने विचार किया था कि व्यक्ति अपने उद्देश्य की पूर्ति के लिये प्रयत्न करता है और उसकी संतुष्टि होने पर वह भविष्य में प्रयत्न करता है। संतुष्टि की जाँच मूल्यांकन द्वारा होती है। अपसारी चिन्तन एवं मूल्यांकन के साथ-साथ अभिसारी चिन्तन सृजनात्मक शक्ति का तीसरा पक्ष है। प्रायः देखा जाता है कि स्काउट्स साधनों के अभाव में लाठियों से काम चलाऊ स्ट्रेचर बना लेते हैं। किसी वस्तु के अभाव में दूसरी वस्तु से काम चला लेते हैं। इसका सीधा सा अर्थ है कि व्यक्ति में परिस्थिति की पुनर्व्याख्या की शक्ति होना आवश्यक है। इसे कार्यात्मक स्थिरता भी कहते हैं।

विकास में सृजनात्मकता एक महत्त्वपूर्ण तत्त्व है। सभी बालकों के लिये यह एक महत्त्वपूर्ण तत्त्व है। सृजनात्मकता का स्तर प्रत्येक बालक के लिये भिन्न हो सकता है। छात्रों को सृजन का अवसर मिलना चाहिए। सृजनात्मकता के अवसर कक्षागत परिस्थितियों में दिये जाने चाहिएं। इस प्रकार के अवसरों में लोच, स्वतन्त्रता तथा साहस के गुण होने चाहियें। समस्त कक्षा शिक्षण सृजनात्मक होना चाहिए। सृजनात्मक में रटन्त प्रणाली का बहिष्कार किया जाता है। आज की शिक्षा प्रणाली में मौलिकता तथा नवीनीकरण का ध्यान नहीं रखा जाता ।

सच यह है कि सृजनात्मकता वह गुण है जिसे बोधगम्य होना चाहिये तथा उसका अनुकरण करना चाहिए।

अपसारी, अभिसारी चिन्तन का मूल्यांकन सृजनात्मकता के अध्ययन के लिये किया जा सकता है। गिलफोर्ड ने अपसारी चिन्तन के लिए अनेक परीक्षणों का निर्माण किया है। सामान्यतः बुद्धि परीक्षण अपसारी चिन्तन का परीक्षण नहीं है। सृजनात्मकता के मूल्यांकन के लिए इनका परीक्षण किया जाता है।

सृजनात्मकता की पहचान हेतु गिलफोर्ड ने ये तत्त्व बताये हैं—

(1) तात्कालिक स्थिति से परे जाने की योग्यता—जो बालक तात्कालिक सन्दर्भ एवं परिस्थितियों के आधार पर उससे भी आगे जाकर चिन्तन, मनन तथा अभिव्यक्ति करते हैं, उनमें सृजनात्मकता के लक्षण पाये जाते हैं।

(2) समस्या या उसके अंश की पुनर्व्याख्या—जिन बालकों में किसी तथ्य, समस्या की सम्पूर्ण अथवा आंशिक रूप में पुनर्व्याख्या करने की क्षमता होती है, सृजनात्मकता शक्तियों से पूर्ण होते हैं।

(3) असामान्य तथा प्रासंगिक विचारों का सामंजस्य—वे बालक, चिन्तन, तर्क, कल्पना द्वारा प्रासंगिक असामान्य विचारों के साथ सामंजस्य स्थापित कर लेते हैं, सृजनशील होते हैं। ऐसे बालक आत्माभिव्यक्ति के लिए चुनौती को स्वीकार कर लेते हैं, और आत्मनिविष्ट हो क्रियाशील हो जाते हैं।

(4) अन्य व्यक्ति विचारों में परिवर्तन करना—तर्क, चिन्तन तथा प्रमाणों के माध्यम से मौलिक एवं तर्क संगत अभिव्यक्ति के द्वारा किसी अन्य व्यक्ति के विचार, विश्वास तथा धारणा में परिवर्तन करने वाले सृजनशील होते हैं।

सृजनात्मकता की अवधारणा

सृजनात्मकता का ऐसा विचार है जिसके माध्यम से बालकों में निहित मौलिक सम्भावनाओं को विकसित किया जाता है। इसलिये कुछ शब्द तथा अवधारणायें प्रचलित हैं जो इस प्रकार हैं—

(1) **सृजनात्मक मूल्य**	यह कार्यप्रणाली का एक रूप है जो पाठ्यक्रम के संशोधन में प्रयुक्त होता है। इसका मुख्य आधार सामग्री तथा निर्देशात्मक विधियों का चिन्तन तथा आत्माभिव्यक्ति को विकसित करने का लक्ष्य लेकर चयन करना है।
(2) **सृजनात्मक शिक्षा**	कोई भी मुक्त अभिव्यक्ति जो बालक भाषा, नृत्यकला, संगीत, गति, गत्यात्मकता के द्वारा व्यक्त करता है और अपनी भावनाओं की अभिव्यक्ति करता है, इससे उसमें प्रतिबोधात्मक स्पष्टता आती है एवं अभिव्यक्ति हेतु उसमें संवेगात्मक गहनता आती है, सृजनात्मक शिक्षा कहलाती है।
(3) **सृजनात्मक विचार**	सृजनात्मक विचार के अन्तर्गत मौलिक तथा तार्किक, मौखिक या लिखित अभिव्यक्ति पर विचार किया जाता है। **डोनाल्ड एम० जॉनसन के** अनुसार—"मौलिक हल का उत्पादन, विचारों का निर्माण तथा कल्पना का सृजन आता है।"

उपरोक्त सभी विचार सृजनात्मकता के अनेक पहलुओं पर प्रकाश डालते हैं। सच यह है कि सृजनात्मकता जीवन का विकासात्मक पक्ष है। इसके विकास में दण्ड एवं पुरस्कार का विशेष महत्त्व है। यह देखा गया है कि जिन छात्रों को पुरस्कार दिया जाता है वे सृजनात्मकता में अधिक सहयोग देते हैं। सृजनात्मक शक्तियों तथा क्षमताओं का विकास व्यक्ति तथा समाज दोनों के हित में होता है। ज्ञान के विकास तथा परिस्थितियों की अनुकूलता से सृजनात्मकता को बल मिलता है। इसका बुद्धि तथा परिपक्वता के साथ संबंध पाया जाता है।

परिपक्वता एवं सृजनात्मकता

विकास काल अर्थात् परिपक्वता के सृजनात्मकता में पर्याप्त सम्बन्ध रहता है। टोरेन्स ने निष्कर्ष निकाला है कि सृजनात्मकता शैशवावस्था से लेकर किशोरावस्था तक स्थिर रूप से नहीं बढ़ती।

सृजनात्मक परीक्षण में कुछ बिन्दुओं पर झुकाव आते हैं। ये झुकाव या परिवर्तन पाँच वर्ष की अवस्था में दूसरी तथा तीसरी कक्षा में होते हैं। इसके बाद ग्यारहवीं कक्षा तक ये झुकाव आते हैं। टोरेन्स ने अपने अध्ययन का आधार अंतः सांस्कृतिक अध्ययन को बनाया है।

टोरेन्स ने सेवाकालीन अध्यापकों को सृजनात्मक शिक्षण की विधियों को बताया परन्तु उसे सफलता न मिली। अतः उसने निर्देशात्मक सामग्री का निर्माण किया। उसने ड्रामेटिक, ऑडियो टेप पर सामग्री को भरा और उसका उपयोग किया। इसमें चिन्तन तथा सृजन सम्बन्धी अनेक समस्यायें थीं।

बच्चों के विकास का सृजन से वही सम्बन्ध है जो अधिगम तथा परिपक्वता का है। इसमें परिपक्वता का ध्यान रखते हुए इस प्रकार के प्रश्न पूछे जाते हैं–

1. आपके पिता यह किस प्रकार जानते हैं कि बाग में बीज किस प्रकार लगाया जाता है।
2. डॉक्टर यह निश्चय किस प्रकार करता है कि मरीज को कौन-सी दवाई देनी चाहिये।

सृजनात्मकता की पहचान

बालकों में सृजनात्मकता की पहचान के अनेक रूप हैं। प्रोफेसर वेंकटारामैया के अनुसार सृजनशील बालक में ये गुण पाये जाते हैं–

1. सृजनशील बालकों में उत्सुकता भी पाई जाती है। वे उत्सुकता के कारण एक कार्य को करने के अनेक ढंग सोचते रहते हैं। इन नवीन प्रणालियों द्वारा वे अपने विचारों की अभिव्यक्ति करते हैं।
2. सृजनशील बालकों में अपनी प्रभुसत्ता के प्रति अधिक लगाव होता है। वे अपने को उत्तरदायित्वपूर्ण ढंग से करते हैं, तथा कार्य को अपना समझ कर करते हैं। उनमें लक्ष्य पूर्ति होने तक बैचेनी बनी रहती है।
3. सृजनशील बालकों में परिहासप्रियता पाई जाती है। वे खेल, आनन्द एवं मजाक के रूप में सृजन करते रहते हैं।
4. सृजनशील बालक अत्यधिक संवेदनशील होते हैं। वे किसी कार्य को गम्भीरता से लेते हैं।
5. सृजनशील बालक में किसी समस्या पर स्वतः निर्णय लेने की क्षमता होती है। वह वस्तुओं को अपने ढंग से प्रस्तुत करता है। वह दूसरों के सुझावों को स्वीकार नहीं करता।
6. सृजनशील व्यक्ति में मौलिकता अनेक रूपों में पाई जाती है। साधारण विचारों से उसे अधिक संवेदनशीलता अनुभव होती है। वह प्रेरणात्मक होता है और तथ्यों से परे देखता है। वह सदैव विशेष व्यक्ति के रूप में जाना जाता है।

सृजनात्मक प्रक्रिया

सृजनात्मक बालकों में उपरोक्त गुणों का होना जितना आवश्यक है, उतना ही आवश्यक सृजनात्मक क्रियाओं का होना है। अतः सृजनात्मक क्रियाओं में इन बातों पर ध्यान देना आवश्यक है–

(1) सृजनात्मक अभिव्यक्ति–बालक की कल्पना तभी साकार होती है जबकि उसे सृजनात्मक रूप से अभिव्यक्त किया जाये। बालकों में वैयक्तिक भिन्नता पाई जाती है। उनमें सृजनात्मक अभिव्यक्ति की क्षमता भी भिन्न होती है। इसके लिये : (i) संवेगों की अभिव्यक्ति, (ii) ज्ञान एवं अनुभव के पुनर्गठन की आवश्यकता पड़ती है। चित्रकला, पेंटिंग, कला, हस्तकला के द्वारा बालक को सृजनशीलता के अवसर दिये जा सकते हैं। बड़े बालकों को लिखने की अभिव्यक्ति के अवसर देकर सृजनशीलता, गत्यात्मक अभिव्यक्ति द्वारा दी जा सकती है। कलात्मक वस्तुओं का सृजन तथा उनकी प्रशंसा से भी सृजनात्मकता का विकास होता है।

(2) मनतरंग की भूमिका–मनतरंग भी विश्वास की भूमिका जैसी क्रिया है। नर्सरी कक्षाओं में याद की गयी कहानियाँ तथा गीत कालान्तर में बालक की कल्पना

की वस्तु बन जाते हैं। इनसे संवेगों का विकास होता है। पढ़े जाने वाले साहित्य का प्रभाव उन पर पड़ता है और वे साधारणीकरण की प्रक्रिया में प्रवाहित होते रहते हैं।

(3) विश्वास की भूमिका—बालक का जीवन ऐसी घटनाओं से परिपूर्ण रहता है कि मानसिक जीवन में उसे विश्वास की भूमिका अनिवार्य रूप से निभानी पड़ती है। वह यथार्थ से मुक्त होकर खेलता है। वह अनेक परिस्थितियों का सृजन तथा पुनर्सृजन करता है। ऐसे बालक घर में अनेक प्रकार का अभिनय करते हैं। पापा की ऐनक लगाकर पापा बनते हैं, आदि।

बाल्यावस्था की सृजनात्मक क्रियाएँ

सृजनात्मकता का तात्पर्य है कोई नई तथा अलग वस्तु बनाना। बालक की सृजनात्मकता का मूल्यांकन उसके द्वारा बनाई गई वस्तु से की जाती है।

इस तरह हम यह कह सकते हैं कि रचनात्मकता अथवा सृजनात्मकता वह क्रिया है जिसके द्वारा कोई नई वस्तु अथवा नए विचार का निर्माण होता है।

बाल्यावस्था में

बालक में सामान्य रूप से दो प्रकार की सृजनात्मक गतिविधियाँ देखने में आती हैं—

(1) वस्तु निर्माण—बालक किसी भी चीज यथा मिट्टी, कागज, गोंद, लकड़ी के टुकड़ों से कुछ वस्तुओं का निर्माण करता है। छोटा बालक अपनी बनाई हुई वस्तु सबको दिखाता है लेकिन बड़ा होने पर वह उसे आलोचनात्मक दृष्टि से देखता है तथा अच्छा न होने पर छुपा लेता है। बड़े होने पर बालक छोटी झोपड़ी, पहाड़ आदि बनाते हैं।

(2) चित्रांकन—शुरू में बालक की मांसपेशियाँ अच्छी तरह से विकसित तथा सन्तुलित नहीं होतीं इसलिए उसके द्वारा अंकित चित्र बहुत अच्छा नहीं होता। वह अपनी कल्पना के आधार पर चित्र बनाता है अथवा किसी वस्तु को जिस रूप में देखना चाहता है वैसी बनाता है। जैसे-जैसे वह बड़ा होता है चित्रांकन अच्छा करने लगता है। पहले वह रंगीन पेंसिल का प्रयोग करता है, बाद में पानी के रंग का प्रयोग करना सीखता है, और बड़ा होने पर तेलीय रंग का प्रयोग करने लगता है।

सृजनात्मक विकास पर प्रभाव डालने वाले अवयव

सृजनात्मकता को अग्रलिखित तत्त्व प्रभावित करते हैं—

(1) सामाजिक-आर्थिक स्तर—उच्च आर्थिक स्तर के बालकों में सृजनात्मकता की प्रवृत्ति अधिक पाई जाती है। क्योंकि उनको नये अनुभव और ज्ञान प्राप्त करने के अधिक मौके मिलते हैं।

(2) लिंग भेद—लड़कों में सृजनात्मकता लड़कियों की तुलना में अधिक पाई जाती है क्योंकि उन्हें अधिक स्वतन्त्रता और बढ़ावा प्राप्त होता है।

(3) बालकों का क्रम—परिवार के बड़े बालक के ऊपर अधिक पाबन्दी होती है इसलिए वह अधिक निर्माण नहीं कर सकता। मंझले तथा छोटे बालक को अधिक मौके प्राप्त होते हैं। उनके ऊपर अधिक पाबन्दी नहीं होती है। अतः वे अधिक सृजनात्मक होते हैं।

(4) परिवार का आकार—छोटे परिवार के बालक को अधिक सुविधाएँ मिलती हैं इसलिए वे अधिक सृजनात्मक होते हैं।

(5) शहरी वातावरण—शहर में नाना प्रकार की सुविधाएँ उपलब्ध होती हैं इसलिए शहरी बालक अधिक क्रियाशील होते हैं और उनमें सृजनात्मकता की प्रवृत्ति अधिक पाई जाती है।

सृजनात्मकता के परीक्षण

सृजनात्मकता के परीक्षणों के लिये गिल्फोर्ड ने अनेक परीक्षणों की रचना की है। टोरेन्स ने भी इस दिशा में महत्त्वपूर्ण कार्य किया है। उसके परीक्षण **निरन्तरता, लोचनीयता, मौलिकता** एवं **विस्तार** आदि का मापन करते हैं। टोरेन्स ने चार परीक्षणों की एक **बैटरी** का निर्माण बच्चों में सृजनात्मकता के मापन हेतु किया है। इस बैटरी के दो परीक्षण मौखिक तथा दो लिखित हैं। ये परीक्षण इस प्रकार हैं—

(1) वृत्त परीक्षण—पहले परीक्षण की भाँति दूसरा परीक्षण है। इसमें छात्र को वृत्त के अन्दर चित्र बनाने के लिये कहा जाता है। चित्र के लिये छात्र वृत्त के अन्दर की जगह को इस्तेमाल करता है। वह मनचाहे चित्र बनाता है। इसमें **निरन्तरता, लोच, मौलिकता** तथा **विस्तार** के आधार पर अंक प्रदान किये जाते हैं।

(2) चित्रपूर्ति परीक्षण—यह मौखिक परीक्षण है। इस परीक्षण में अपूर्ण चित्र रहते हैं। इनको दिखाकर दूसरे सिरे पर दिये गये चित्र से मिलाकर नवीन चित्र बनाने के लिये कहा जाता है। इस बात का ध्यान रखा जाता है कि छात्र इन चित्रों के सहारे मौखिक चित्र बनायें। इसके आधार पर एक कहानी का निर्माण करने के लिये कहा जाता है। चित्र तथा कहानी का शीर्षक निर्माण करने के लिये भी कहा जाता है।

इस परीक्षण के प्राप्तांकों का निर्धारण **निरन्तरता** तथा **लोचनीयता, मौलिकता** तथा **विस्तार** के आधार पर किया जाता है।

(3) प्रोडक्ट इम्प्रूवमेन्ट टास्क—कुत्ते के खिलौने का चित्र बालक के सम्मुख प्रस्तुत किया जाता है। इसमें उसको चालाकी से कुत्ते बदलने की घटना तथा उपायों को लिखने के लिये कहा जाता है। इस परीक्षण में **निरन्तरता, लोच, मौलिकता** एवं **विस्तार** के सन्दर्भ में नूतन विचार को अंक दिये जाते हैं।

(4) टीन के डिब्बों के उपयोग—छात्र को खाली डिब्बों के नूतन उपयोग बतलाने के लिये कहा जाता है। यह परीक्षण गिलफोर्ड के ब्रिक्स टैक्ट जैसा है। इसमें डिब्बों की संख्या का कोई बन्धन नहीं होता।

प्रत्येक परीक्षण की कालावधि 19 मिनट होती है। इसमें बालकों को असम्भवता की सूची भी बनानी पड़ती है। इसमें इस प्रकार के परिकल्पनात्मक प्रश्न करने पड़ते हैं—जैसे पृथ्वी में आर-पार छेद कर दिया जाये तो क्या होगा? यदि व्यक्ति जब चाहें अदृश्य हो जायें तो क्या होगा, आदि।

इन परीक्षणों के अलावा मैडनिक का रिमोट एसोसिएशन परीक्षण, जॉन सी. फ्लैंगन का मेजरमेंट ऑफ इनजेनुइटी भी सृजनात्मकता के मापन के लिये प्रसिद्ध है।

जहाँ तक मनोविश्लेषणवादियों के मत का प्रश्न है, सृजनात्मकता के परीक्षण के लिये रोर्शाच परीक्षणों के उदाहरण प्रस्तुत करते हैं। हॉल्ट एवं हैवल (1960) ने प्राथमिक तथा माध्यमिक स्तर पर रोर्शा का उपयोग किया। इसका उपयोग व्यक्ति की योग्यता, उत्पादकता, अहं-संप्रयुक्तता को जानने के लिये किया गया। अंक, श्रेणी विषय तथा सामान्य चर या अपसार के तीन समूहों में अंक प्रदान किये गये। अंकों की इस प्रणाली को अनुसन्धान साधन के .रूप में लिया गया। बर्नार्ड मैकलर ने अननुकूली तथा अनुकूली-प्रतिगमन सृजनशीलता की पहचान के लिये इसका उपयोग किया है।

पाईन एवं हॉल्ट गोल्डन बर्गर एवं हॉल्ट (1961) तथा कोहन (1951) ने भी रोर्शा को सृजनात्मकता के परीक्षण हेतु उपयोग किया। है। पाईन एवं हॉल्ट ने कल्पना के विभिन्न परीक्षणों के परिणामों, उत्पादों के गुण तथा सामग्री की प्रक्रिया के सम्बन्धों को ज्ञात करके वांछित परिणाम प्राप्त किये। टी. ए. टी., साइन्स टैस्ट, ह्यूमर टैस्ट, पशु चित्रण तथा गिल्फोर्ड के ब्रिक्स-यूज तथा कान्सीक्वेंसेज टैस्ट का भी बहुतायत में प्रयोग किया गया।

गोल्ड बर्गर एवं हॉल्ट (1951) ने रोर्शा परीक्षण को कालेज के 14 पुरुष छात्रों पर प्रयोग किया। इस परीक्षण से उसने छात्रों के व्यवहार में परिवर्तन अनुभव किया। कोहन (1951) ने हॉल्ट एवं हैवल की प्रणाली की पुनर्व्याख्या की। उसने इसमें अनुकूली अंक तथा अनुकूली प्रतिगमन अंक को सम्मिलित किया। रोर्शा का उपयोग बैरन हैमर ने भी किया। इन सभी परीक्षणों का उपयोग इस आधार पर किया गया। इससे विषय का प्रक्षेपण हो जाता है।

मैल्जमैन तथा उसके साथियों ने 1960 में गिलफोर्ड का अनयूजेबल यूजेज टैस्ट का प्रयोग किया। मैडनिक ने 30 पदों वाले रिमोट एसोसियेशन परीक्षणों का प्रयोग किया।

इस समय भी 39 परीक्षणों का प्रयोग सृजनात्मक परीक्षणों के लिये किया जा रहा है। ये परीक्षण मौखिक और अमौखिक क्षेत्रों को पूरा करते हैं। इनमें टोरेन्स गेजल तथा जैक्सन के परीक्षण निरन्तरता नमनीयता, मौलिकता तथा व्याख्या की ओर संकेत करते हैं। इन परीक्षणों के अतिरिक्त मैडनिक का रिमोट एसोसियेशन एवं मेजरमेंट ऑफ इन्जेनुएटी एवं बैरन बैल्श आर्ट स्केल भी सृजनात्मकता के अध्ययन के लिये प्रचलित है। सृजनात्मकता के परीक्षण के लिये ये कुछ टैस्ट भारत में बनाये गये हैं। इनका उपयोग निरन्तर किया जा रहा है।

सृजनात्मकता और बुद्धि

प्रश्न यह है कि क्या प्रत्येक बुद्धिमान बालक सृजनशील होता है? इस प्रश्न का उत्तर देने में मनौवैज्ञानिकों में मतभेद रहा है। गेजल एवं जैकसन सृजनात्मकता तथा बुद्धि के सम्बन्ध को ज्ञात करने के लिये अध्ययन किये। इस अध्ययन में 132 बुद्धि-लब्धि वाले छात्रों को लिया गया। 500 छात्रों का परीक्षण किया गया। इस परीक्षण में सृजनात्मक व्यक्तित्व, शैक्षिक निष्पत्ति आदि टेस्ट बैटरी का इस्तेमाल किया गया।

इस परीक्षण में पता चला कि खेल एवं मजाक प्रतिभाशाली सृजन के लिए आवश्यक गुण होते हैं। सृजनशील बालक प्रत्येक वस्तु तथा घटना को नवीन रूप देने का प्रयत्न करते हैं। कार्ल रोगर ने इसे (i) तत्त्व एवं अवधारणाओं के साथ खेलना कहा है, (ii) सृजनशील बालक नवीन अनुभवों के लिए अधिक व्यग्र होते हैं, (iii) तीसरी बात यह है कि सृजनशील बालक में कलाकार एवं वैज्ञानिक बनने की सम्भावनायें अधिक होती हैं। देखा गया है कि अधिक उच्च बुद्धि-लब्धि वाले छात्रों की सृजनात्मकता डॉक्टर, इन्जीनियर, वकील आदि उच्च श्रेणी के व्यवसाय से सम्बन्धित होती है।

सृजनात्मकता की विशेषताएँ

सृजनात्मकता की प्रमुख विशेषताएँ अग्रलिखित हैं–

(1) मौलिकता–बालक जब भी कोई चीज बनाता है तो वह उसे स्वयं के अनुसार बनाना चाहता है। इससे उसमें मौलिकता का समावेश होता है।

(2) लचीलापन–सृजनात्मकता के लिए लचीलापन भी जरूरी है क्योंकि कई बार एक वस्तु के स्थान पर दूसरी वस्तु का प्रयोग कर लिया जाता है।

(3) जिज्ञासा–नई चीजें बनाने के लिए बालक नई-नई बातें जानने-देखने आदि का प्रयत्न करता है। अतः उसमें जिज्ञासा रहती है जो कि किसी भी चीज का निर्माण करने के लिए जरूरी है।

(4) उन्मुक्त चिन्तन–नई वस्तु का निर्माण करने के लिए अथवा चित्र बनाने के लिए बालक पहले सोचता है फिर करता है। अतः इसके लिए चिन्तन करना भी आवश्यक होता है।

सृजनात्मकता की उपयोगिता

सृजनात्मकता का प्रमुख महत्त्व अग्रलिखित है–

(1) सौन्दर्य का बोध–जब बालक किसी वस्तु का निमार्ण करता है अथवा चित्र बनाता है तो अन्य व्यक्तियों को दिखाने पर उसे पता होता है कि वह सुन्दर है या नहीं। जिस वस्तु अथवा कला की अन्य व्यक्ति प्रशंसा करते हैं, बालक उसे सुन्दर समझता है। इस प्रकार उसे सौन्दर्य का बोध होता है।

(2) सुख तथा सन्तोष की प्राप्ति–बालक जो भी वस्तु स्वयं बनाता है, बनाने के बाद उसे बहुत खुशी होती है। वह स्वयं चिन्तन करता है तथा उसे क्रियान्वित करता है। अतः उसे बहुत सन्तोष भी प्राप्त होता है।

(3) सामाजिक सामंजस्य में सहायक–बालक अपने दोस्तों के साथ मिलकर सृजनात्मक कार्य करते हैं। इससे उनमें आपस में सामंजस्य करने की भावना आ जाती है।

(4) संवेगों का प्रदर्शन–सृजन के द्वारा बालक अपने संवेगों को प्रदर्शित कर सकता है। उदाहरण के लिए खुशी में वो अच्छा चित्र अथवा वस्तु बनायेगा तथा गुस्से में अच्छा नहीं बनायेगा।

(5) अनुशासन का विकास–अगर बालक अन्य बालकों के साथ मिलकर निर्माण कार्य करता है तो उनकी बात भी सुनता है और मानता है। जितने समय

बालक रचना करता है उतने समय वह व्यस्त रहता है। इस समय वह स्वयं के अनुशासन में रहता है।

व्यक्तित्व

व्यक्ति के व्यक्तित्व का अर्थ शब्दों में व्यक्त करना बड़ा मुश्किल कार्य है। क्योंकि व्यक्तित्व का अभिप्राय किसी एक पक्ष से नहीं है बल्कि व्यक्ति के समग्र व्यवहार से है, जो सामाजिक, बौद्धिक और आन्तरिक भाव है। इसके अर्थ को विभिन्न विद्वानों द्वारा व्यक्त विचारों के माध्यम से स्पष्ट किया जा सकता है। मनोवैज्ञानिक भाषा में व्यक्ति अपने आपमें जो कुछ भी है वही उसका व्यक्तित्व है।

व्यक्तित्व का अर्थ

कहने का अर्थ यह है—कि अपने प्रति तथा दूसरों के प्रति किये जाने वाले व्यवहारों का एक समग्र चित्र व्यक्तित्व है। इसमें व्यक्ति के पास शारीरिक, मानसिक, संवेगात्मक, सामाजिक और आध्यात्मिक रूप से जो कुछ भी होता है वह सभी सम्मिलित होता है। संक्षेप में व्यक्तित्व वह सब कुछ है जो एक व्यक्ति के पास होता है।

कई विद्वान व्यक्तित्व को चरित्र का उद्‌गम मानते हैं। कुछ व्यक्तित्व का अर्थ बाह्य शारीरिक गठन आदि को मानते हैं। कुछ व्यक्तित्व का अर्थ व्यक्ति के मानसिक विकास से लेते हैं। इन सबसे यह प्रकट होता है कि निश्चित रूप से व्यक्तित्व शब्द बाह्य रूप, आकृति और व्यवहार से अधिक गूढ अर्थ संजोए हुए है। वास्तव में व्यक्तित्व तो समग्रता है जिसमें व्यक्ति के संपूर्ण आंतरिक एवं बाह्य गुणों व अवगुणों का समावेशित दिग्दर्शन होता है।

व्यक्तित्व की परिभाषा

व्यक्तित्व की परिभाषा कई विद्वानों ने अपने-अपने ढंग से दी है। 49 विभिन्न परिभाषाओं की समीक्षा करने के बाद ऑलपोर्ट ने अपनी एक अलग परिभाषा दी।

यहाँ कुछ प्रमुख परिभाषाओं को प्रस्तुत किया जा रहा है—

विलियम हीली—व्यक्तित्व वातावरण के साथ विशेषतया सामाजिक वातावरण के साथ संबंधी आदतों के समायोजन की समन्वित व्यवस्था है।

गेट्स—व्यक्तित्व से हमारा तात्पर्य है गुणों का प्रारूप न कि कुछ ही विशेषतओं की सूची।

बोरिंग—वातावरण के साथ सामान्य एवं स्थायी समायोजन ही व्यक्तित्व है।

आईजैन्क—व्यक्तित्व व्यक्ति के चरित्र स्वभाव बुद्धि और शारीरिक बनावट का थोड़ा बहुत ऐसा स्थायी और स्थिर संगठन है जो वातावरण के साथ उसके अपूर्व समायोजन का निर्धारण करता है।

वाटसन—विश्वसनीय सूचना प्राप्त करने के दृष्टिकोण से काफी लम्बे समय तक वास्तविक निरीक्षण या अवलोकन करने के पश्चात् व्यक्ति में जो भी क्रियाओं अथवा व्यवहार का जो भी रूप पाया जाता है, उसे उसका व्यक्तित्व कहा जाता है।

मार्टन प्रिंस—व्यक्तित्व व्यक्ति की सभी प्रकार की जन्मजात प्रकृति, आवेगों, प्रवृत्तियों, इच्छाओं एवं मूल प्रवृत्तियों और अनुभवों के द्वारा अर्जित बातों का योग है।

ट्रैक्लर—व्यक्तित्व से तात्पर्य मनुष्य के संपूर्ण व्यवहार से है, जो कि सामाजिक स्थितियों में दृष्टिगोचर होता है। व्यवहार में केवल बुद्धिमुखी कार्य ही नहीं आते अपितु आन्तरिक भाव भी, जो कि किसी स्थिति द्वारा पैदा होते हैं।

आर. बी. कैटल—व्यक्तित्व वह है, जिसके द्वारा हम यह भविष्यवाणी कर सकते हैं कि कोई व्यक्ति किन्हीं परिस्थितियों में क्या करेगा।

बारेना—व्यक्तित्व व्यक्ति का संपूर्ण मानसिक संगठन है, जो उसके विकास की किसी भी व्यवस्था में होता है।

रैक्स रॉक—व्यक्तित्व समाज द्वारा मान्य तथा अमान्य गुणों का संतुलन है।

केम्प—व्यक्तित्व आदतों की उन व्यवस्थाओं का समन्वय है जो वातावरण के साथ व्यक्ति के विशिष्ट अभियोजन का प्रतिनिधित्व करता है।

देशाइल—व्यक्तित्व व्यक्ति के व्यवहारों का एक समायोजित संकलन है जो कि व्यक्ति अपने सामाजिक व्यवस्थापन के लिए करता है।

ऑलपोर्ट—व्यक्तित्व व्यक्ति में उन मनोवैज्ञानिक व्यवस्थाओं का गतिशील संगठन है जो कि वातावरण के साथ उसके अपूर्व समायोजन का निर्धारण करता है।

उपरोक्त सभी परिभाषाओं में आईजैन्क द्वारा दी गई परिभाषा सबसे उपयुक्त है। ऐसे ऑलपोर्ट ने व्यक्तित्व की 49 विभिन्न परिभाषाओं की समीक्षा करने के बाद अपने विचार व्यक्त किये। उसने व्यक्तित्व की एक पूर्ण परिभाषा देने का दावा किया, लेकिन उसने भी संगठन गतिशील, मनोदैहिक व्यवस्था, अपूर्व समायोजन और वातावरण आदि शब्दों का प्रयोग दूसरे विद्वानों की तरह केवल व्यक्तित्व का वर्णन करने में ही किया। आइजैन्क ने अपनी परिभाषा में शामिल कुछ शब्दों का अर्थ भी स्पष्ट करने का प्रयास किया है, जो अग्रलिखित हैं—

शारीरिक बनावट-शारीरिक बनावट का अभिप्राय व्यक्ति के जन्मजात शारीरिक ढाँचे और उसके साथ एवं नलिका विहीन ग्रन्थियों के थोड़े बहुत स्थायी और स्थिर संगठन से है।

स्वभाव-व्यक्ति के भावनात्मक व्यवहार के थोड़े बहुत स्थिर और स्थायी संगठन को अभिव्यक्त करता है।

चरित्र-व्यक्ति के क्रियात्मक व्यवहार के थोड़े बहुत स्थिर और स्थायी संगठन को प्रकट करता है।

आईजैन्क की परिभाषा की मुख्य विशिष्टताएँ

आईजैन्क की परिभाषा की मुख्य विशेषताएँ निम्नवत् हैं–

1. यह परिभाषा व्यक्तित्व को शरीर विज्ञान सम्बन्धी आधार प्रदान करती है।
2. क्रियात्मक, ज्ञानात्मक, भावनात्मक और रचनात्मक पक्षों को लेकर यह व्यक्ति के व्यवहार का सम्पूर्ण चित्र प्रस्तुत करने का प्रयत्न करती है।
3. यह परिभाषा व्यक्तित्व के निर्माण में वंशानुक्रम और वातावरण के संतुलित महत्त्व को सामने लाती है।
4. इसके माध्यम से आईजैन्क ने व्यक्तित्व के लिए व्यवहार सम्बन्धी विशेषताओं को गिनाने की बजाय उसके संगठन और संरचना को अधिक महत्त्व दिलाने का प्रयत्न किया है। व्यवहार सम्बन्धी विशेषताओं को गिनाने की तुलना वह एक भवन में लगी ईंटों को गिनाने से करता है।
5. व्यक्तित्व को मापन एवं मूल्यांकन की वस्तु बना कर यह उसे वैज्ञानिक आधार भी प्रदान करने की चेष्टा करती है।

वैसे तो आईजैन्क की परिभाषा में भी कई कमियाँ हैं फिर भी यह अन्य परिभाषाओं से उपयुक्त है।

बहिर्मुखी एवं अन्तर्मुखी व्यक्तित्व में अन्तर

बहिर्मुखी और अन्तर्मुखी व्यक्तित्व में अग्रलिखित अन्तर हैं–

1. बहिर्मुखी व्यक्तित्व का व्यवहार लोचदार होता है लेकिन अन्तर्मुखी व्यक्तित्व के व्यवहार में लोच का अभाव रहता है।
2. बहिर्मुखी व्यक्तित्व बोलने में कुशल होता है जबकि अन्तर्मुखी व्यक्तित्व का व्यक्ति लिखने में निपुण होता है।

3. बहिर्मुखी व्यक्तित्व चिन्ताओं से मुक्त होता है लेकिन अन्तर्मुखी व्यक्तित्व चिन्ताओं से मुक्त नहीं होता है।
4. बहिर्मुखी व्यक्तित्व व्यवहार कुशल होता है जबकि अन्तर्मुखी व्यक्तित्व चुप रहने वाला होता है।
5. बहिर्मुखी व्यक्तित्व शीध्रता से घबराने वाला नहीं होता है बाह्यमुखी व्यक्तित्व की तुलना में अन्तर्मुखी व्यक्तित्व शीघ्र घबरा जाता है।
6. बहिर्मुखी व्यक्तित्व खेलकूद में लेने वाले होते हैं। लेकिन अन्तर्मुखी व्यक्तित्व पुस्तक, पत्र-पत्रिका आदि में भाग लेने वाले होते हैं।
7. बहिर्मुखी व्यक्तित्व पर वस्तुनिष्ठ तथ्यों का ज्यादा प्रभाव पड़ता है लेकिन अन्तर्मुखी व्यक्तित्व पर व्यक्तिगत भावनाओं का ज्यादा प्रभाव पड़ता है।
8. बहिर्मुखी व्यक्तित्व अधिक से अधिक दोस्त बनाते हैं लेकिन अन्तर्मुखी व्यक्तित्व अकेला रहना ज्यादा पसन्द करता है।

व्यक्तित्व को प्रभावित करने वाले तत्त्व

व्यक्तित्व को प्रभावित करने वाले कारकों को दो वर्गों में विभक्त किया जा सकता है—वैयक्तिक कारक और सामाजिक कारक। इन पर संक्षेप में निम्न प्रकार प्रकाश डाला गया है—

(1) सामाजिक कारक—व्यक्तित्व को प्रभावित करने वाले सामाजिक कारकों में शैक्षिक वातावरण, परिवार, पड़ोस एवं मित्र, आर्थिक स्थिति, विद्यालय, समाज, जलवायु इत्यादि के नाम उल्लेखनीय हैं।

(2) वैयक्तिक कारक—ये स्वयं व्यक्ति से सम्बन्धित होते है। शारीरिक बनावट स्नायु संस्थान और ग्रन्थियाँ उसका रंग, रूप और डीलडौल, उसकी बुद्धि संवेगात्मक स्वभाव और प्रेरणा एवं अभिवृत्ति, स्वभाव और स्थायी भाव आदि सभी प्रकार के आन्तरिक तत्त्व इस श्रेणी के अन्तर्गत आते हैं। व्यक्ति के व्यक्तित्व को प्रभावित करने वाले कारकों में स्वास्थ्य, मानसिक और मनोवैज्ञानिक कारक, शारीरिक ढाँचा, स्नायु संस्थान और नलिका विहीन ग्रन्थियाँ इत्यादि उल्लेखनीय हैं।

9

सामाजिक बोध : मनोवैज्ञानिक विश्लेषण

सामाजिक विकास का आशय एवं परिभाषा

सामाजिक विकास के सम्बन्ध में **हरलॉक** ने बताया है—"कोई बालक सामाजिक पैदा नहीं होता है। वह दूसरों के होते हुए भी अकेला ही होता है। समाज में दूसरों के सम्पर्क में आकर समायोजन की प्रक्रिया को सीखता है। इसलिये समाजीकरण की प्रक्रिया बालक के सामाजिक विकास के लिये अत्यन्त महत्त्वपूर्ण है। आज के समाज में व्यक्ति को **अच्छाई** तथा बुराई का मापदण्ड, उसका सामाजिक समायोजन, विकास की गति जिस प्रकार की होगी, वैसी ही सामाजिक समायोजन की प्रक्रिया होगी। अध्ययनों से पता चलता है कि दुखद अनुभवों का प्रभुत्व उत्तर बाल्यकाल में बढ़ जाता है। बहुत छोटे बच्चों का सामाजिक अनुभव संवेगात्मक रूप में अवरुद्ध होता है।" आगे कुछ सामाजिक विकास के सम्बन्ध में कुछ विचारकों ने निम्न विचारों को प्रकट किया है।

एलिजाबेथ हरलॉक के अनुसार—"सामाजिक विकास का अर्थ उस योजना का अर्जन करना है जिसके द्वारा सामाजिक प्रत्याशाओं के अनुसार व्यवहार किया जा सके।"

आई० एल० चाइल्ड के अनुसार—"सामाजिक विकास वह प्रक्रिया है जिसके द्वारा व्यक्ति में उसके समूह मानवों के अनुसार वास्तविक व्यवहार का विकास होता है।"

विभिन्न अवस्थाओं में सामाजिक विकास

शैशवावस्था में सामाजिक विकास—सामाजिक प्राणी होने के नाते मनुष्य जन्म से पूर्व अप्रत्यक्ष जन्म के पश्चात् प्रत्यक्ष रूप से समाज से जुड़ जाता है। सामाजिकता के बिना मानव का अस्तित्व कायम नहीं रह सकता है। आरम्भ में बालक का समाज उसकी माता होती है। चार-पाँच सप्ताह में वह माता के चेहरे को देखता है। तीन-चार मास पश्चात् उसकी सामाजिकता का विकास होने लगता है। इसका प्रमाण यह है कि रोता या हँसता हुआ शिशु अपरिचित व्यक्ति को देखकर शान्त हो जाता है। 6-7 मास में वह अपने परिजनों को पहचानने लगता है। 9 मास की आयु में वह रेंगकर या चलकर अपनी माता के पास या परिचित के निकट चला जाता है। 2 वर्ष की अवस्था में वह अपनी आयु के बच्चों के साथ खेलना आरम्भ करता है। 3 वर्ष की आयु में वह समूह कार्यों में रुचि लेने लगता है। 6 वर्ष की आयु तक सामूहिक खेलों में भाग लेने लगता है।

इस अवस्था में लड़के-लड़कियों के सामाजिक विकास में विशेष अन्तर नहीं होता है। लड़कियाँ गुड़िया से खेलती हैं। लड़के अनुकरणात्मक खेल खेलते हैं। नकारात्मक प्रवृत्ति उत्पन्न होने के कारण उनमें क्रोध करना, रूठना आदि की प्रवृत्ति उत्पन्न हो जाती है। अक्सर वे लड़ भी बैठते हैं परन्तु यह लड़ाई क्षणिक होती है।

शैशवावस्था में सामाजिक विकास का रूप होता है। शिशु का अपना समाज होता है। **हरलॉक** के शब्दों—"शिशु दूसरे बच्चों के सामूहिक जीवन को अनुकूलन, उनसे लेन-देन करना, अपने-अपने खेल के साथियों को अपनी वस्तुओं में साझीदार बनाना सीख जाता है। वह जिस समूह का सदस्य होता है, उसके स्वीकृत प्रतिमान के अनुसार अपने को बनाने की चेष्टा करता है।"

वास्तविकता यह है कि बालक के सामाजिक विकास से तात्पर्य उसका समाजीकरण वह असहाय से समर्थ होने लगता है, और वह सामर्थ्य ही समायोजन की ओर दिशाबोध देती है।

बाल्यावस्था में सामाजिक विकास—बाल्यावस्था से बालक का सामाजिक जीवन में प्रवेश शुरू हो जाता है। वह पारिवारिक परिवेश से निकलकर विद्यालय के परिवेश में पहुँचता है। वहाँ अपनी आयु वर्ग के बच्चों के साथ सामूहिक रूप से जुड़

जाता है। यहीं से उसमें समूह बनाने, समूह में रहने की प्रवृत्ति विकसित होती है। मित्र भाव उत्पन्न होने लगता है। लड़के तथा लड़कियाँ अलग-अलग खेलना पसन्द करने लगते हैं। घर के बाहर विभिन्न प्रकार के खेलों में लगा रहता है। प्रतिस्पर्धा उत्पन्न होने लगती है।

इसी अवस्था में यह भी देखा गया है कि बालकों में ऑडीपस तथा एलक्ट्रा ग्रन्थियाँ विकसित होने लगती हैं (i) **ऑडीपस** ग्रन्थि से अभिप्राय है कि लड़के अपनी माता से अधिक प्रेम करने लगते हैं। ऑडीपस नामक एक बालक ने अपनी बहन की सहायता से अपने पिता की हत्या करके अपनी माता से विवाह किया था। इस भावना के कारण यह ग्रन्थि ऑडीपस ग्रन्थि के नाम से पुकारी जाने लगी, (ii) इसी प्रकार लड़कियों में एलक्ट्रा ग्रन्थि के विकसित होने के कारण पिता के प्रति आसक्ति का भाव पाया जाता है। एलक्ट्रा नामक लड़की ने भाई की सहायता से माता को मार कर पिता से विवाह किया था। इसी भावना के कारण ही यह ग्रन्थि एलक्ट्रा कहलाती है।

बाल्यावस्था में विषमलिंगी आसक्ति का भाव माता-पिता के प्रति तो पाया ही जाता है, भाई-बहन भी एक दूसरे को बहुत चाहते हैं। वे छोटे शिशुओं को प्यार करते हैं, गुड़ियों के ब्याह रचाते हैं, किलों का निर्माण करते हैं। नेतृत्व के गुण का भी विकास होने लगता है। **गथरी** एवं **पावर्स** ने स्वत्वाधिकार की भावना का भी अभ्युदय इसी अवस्था में बताते हुए कहा है—"बच्चों में स्वत्वाधिकार की भावना सबसे पहले परिवार के लोगों की या उन लोगों की निजी वस्तुओं के प्रति पैदा होती है जिनके सम्पर्क में वे आते हैं। सार्वजनिक सम्पत्ति का सम्मान करने की आदत वे बाद में चलकर सीखते हैं। स्वामित्व की रक्षा की भावना भी व्यक्तित्व अनुभव पर निर्भर है और इसीलिये बच्चों में यह समान रूप से नहीं पाई जाती है।"

किशोरावस्था में सामाजिक विकास—किशोरावस्था में सामाजिक विकास पर बालक की रुचियाँ, आवश्यकताओं, असुरक्षा की भावना आदि का प्रभाव पड़ता है। इस अवस्था में किशोर अपने वातावरण के प्रति जागरूक हो जाते हैं। किशोर के सामाजिक विकास में उसके शारीरिक विकास का अधिक योग होता है। जो किशोर कमजोर, बीमार तथा अंगहीन एवं शारीरिक दोषयुक्त होते हैं, उनका व्यक्तित्व असमायोजित होता है। ऐसे बालकों को कोई अपने पास बैठाना पसन्द नहीं करता। इस अवस्था में किशोरों में सामाजिक विकास निम्न स्वरूपों में दृष्टिगोचर होता है—

1. किशोरों को यह ज्ञान हो जाता है कि उनकी सामाजिक मान्यता किस स्थान पर है और किस पर नहीं। किशोरों को यह अनुभव होने लगता है कि

माता-पिता उन्हें समझने का प्रयत्न नहीं करते और उचित स्वतन्त्रता नहीं देते।

2. किशोरों में सामाजिकता का विकास इस सीमा तक होता है कि वे अपने साथियों की प्रतिष्ठा के लिये त्याग करने को उद्यत हो जाता है। दल में प्रतिष्ठा बनाये रखने के लिये वह दल की प्रत्येक बात का समर्थन करता है।
3. किशोरावस्था में यौन विकास के कारण लड़के-लड़कियाँ आपस में मिलना, बात करना, सामाजिक कार्यों में भाग लेना चाहते हैं। जहाँ पर लड़के-लड़कियों के सामाजिक सम्बन्ध स्थापित नहीं होते वहाँ पर सम-यौन सम्बन्ध विकसित होते हैं।
4. लड़कियों का सामाजिक विकास अधिक परिपक्वता लिए होता है और वे लड़कों तथा तत्सम्बन्धी चर्चा एवं साहित्य में अधिक रुचि लेती हैं।
5. किशोरों में सामाजिक चेतना का विकास तीव्र गति से होता है। माता-पिता तथा व्यक्तियों से वह अपनी प्रशंसा सुनना चाहता है। रूठना और अपनी बात मनवाना उसका ध्येय रहता है। व्यवहार में स्वार्थपरता अधिक पाई जाती है।
6. किशोरावस्था में समान उद्देश्य होने के कारण स्थायी मित्रता का अभ्युदय हो जाता है। मित्रता में रुचि, अभिवृत्ति, सामाजिक तथा आर्थिक स्तर का भी ध्यान किशोर रखते हैं। घर की निकटता का कोई विशेष महत्त्व नहीं रहता है।

सामाजिक तथा वैयक्तिक मूल्यों की अभिवृद्धि

सामाजिक तथा वैयक्तिक मूल्यों की अभिवृद्धि का सम्बन्ध समाजीकरण की प्रक्रिया से है। **क्लाकहोर्न** तथा **मुर** ने समाजीकरण के विषय में कहा है कि–"नर्सरी से आरम्भ होकर समाजीकरण की प्रक्रिया आजीवन चलती है। अन्य बातों के अतिरिक्त जो सीखा जाना चाहिये, वह यह है। अस्वीकार्य आवश्यकताओं को व्यक्त न करने अथवा मृदु रूप में व्यक्त करने की शक्ति, किसी लालसा को किसी वर्जित लक्ष्य से हटाकर किसी स्वीकार्य लक्ष्य पर स्थानांतरित करने की योग्यता; क्रिया की बहुसंख्यक स्वीकृत विधियों का अपने आप प्रयोग करने की आदत; किसी चक्र का पालन करने की योग्यता।" किसी भी आदत या योग्यता को विकसित करने का सम्बन्ध सामाजिक मूल्यों एवं वैयक्तिक मूल्यों के विकास तथा अभिवृद्धि से इसलिये हो जाता है क्योंकि समाजीकरण की प्रक्रिया के अभाव में व्यक्ति और समाज की अभिवृद्धि असम्भव है।

ये सामाजिक तथा वैयक्तिक मूल्य सामाजिक विकास के कारण विकसित होते हैं–

(1) सामाजिक भूमिका–सामाजिक विकास के अध्ययनों से पता चलता है कि सामाजिक भूमिका का निर्वाह वे ही व्यक्ति ठीक प्रकार से करते हैं जिनके आचरण व्यवहार तथा गुणों का विकास सामाजिक सन्दर्भ में संतुलित रूप से हुआ है। खेल की टीम, कक्षा का संगठन, परिवार में बालक की स्थिति, माता-पिता की भूमिका आदि सभी तत्त्व मिलकर सामाजिक भूमिका का निर्माण करते हैं।

(2) मित्रता की भावना–सामाजिकता के गुण के कारण बच्चों में मित्रता की भावना का उदय होता है। आरम्भ से ही बालकों में मैत्रीवाद का विकास एक दो या अधिक बालकों के साथ होता है। बालक घर में पड़ोस के बालकों से मित्रता करते हैं। छोटे बच्चों में मैत्री भाव के प्रति लड़के-लड़कियों में कोई अन्तर नहीं होता। बड़े होने पर विषम-लिंगी मित्रता विकसित हो जाती है।

(3) स्वामित्व की भावना–गुथरी के अनुसार–'बच्चों में स्वत्वाधिकार की भावना में सबसे पहले अपने परिवार के लोगों की या अन्य लोगों की निजी सम्पत्ति का सम्मान करने की आदत वे बाद में चलकर सीखते हैं। स्वामित्व की रक्षा की भावना भी वैयक्तिक अनुभव पर निर्भर है और इसीलिये वह हर बच्चे में सामान्य रूप से पाई जाती है।

(4) चारित्रिक गुणों का विकास–चरित्र तथा उसके गुणों की वृद्धि सामाजिक विकास द्वारा होती है। समाजीकरण के द्वारा जो गुण विकसित होते हैं, उनका कुल योग चरित्र कहलाता है। व्यक्ति को अपनी चारित्रिक विशेषताओं को समाज सम्मत रूप देना आवश्यक होता है।

(5) सामाजिक परिपक्वता–सामाजिक विकास से सामाजिक तथा वैयक्तिक मूल्यों में परिपक्वता के अनेक स्तरों का विकास होने लगता है। यदि बड़ा आदमी बच्चों जैसी हरकतें करे तो उसे अच्छा नहीं माना जाता और छोटा बालक बड़ों जैसी बातें करे तो कहा जाता है कि उसके पेट में दाढ़ी उग आई है। आयु, समूह, प्रेरक, संवेग तथा मानसिक नियन्त्रणों का सामाजिक परिपक्वता पर प्रभाव पड़ता है।

(6) नैतिकता का विकास–यद्यपि सामाजिक तथा नैतिक मूल्यों में घनिष्ठ सम्बन्ध होता है तो भी अनेक अंशों में भिन्नता होती है। नैतिक स्तर के लिये स्थिति की पहचान और मानदण्डों की निष्ठा की जरूरत होती है। वीर पूजा में नैतिक गुणों के प्रति प्रशंसा का भाव निहित होता है।

(7) अनुशासन की भावना—सामाजिक मान्यताओं तथा मर्यादाओं के विकसित होने के साथ-साथ अनेक ऐसी बातें बालक के मन में स्वयं विकसित होने लगती हैं जो बाद में उसे अनुशासन की ओर ले जाती हैं। माता-पिता शारीरिक दण्ड देकर बालक को अनुशासित करते हैं। शिक्षित माता-पिता शारीरिक दण्ड न देकर परिवेश निर्माण के द्वारा अनुशासन की भावना का विकास करते हैं।

(8) राष्ट्र भक्ति की भावना—समाज राष्ट्र, सामाजिक, राजनीतिक संस्थायें हैं। श्रेष्ठ सामाजिक भावनाओं के कारण ही बच्चों में राष्ट्र के प्रति भक्ति भावना पैदा होती है। साहसी वीरों की कहानियाँ सुनकर राष्ट्र भक्ति की भावना को विकसित किया जा सकता है।

(9) मातृ-पितृ भक्ति—भारत में मातृ देव भवः पितृ देव भवः के आदर्श को अपनाया गया है। परिवार में ऐसे आदर्श तथा आचरण बालकों के समक्ष प्रस्तुत किये जाते हैं कि उनमें स्वतः ही माता-पिता के प्रति श्रद्धा तथा भक्ति-भाव उत्पन्न होने लगते हैं।

(10) सामूहिक भावना—बालक जिस समुदाय में रहता है उसके प्रति उसके मन में अधिक उत्तम भाव विकसित होने लगते हैं। समुदाय के व्यक्तियों के साथ उसका सामंजस्य होने लगता है। सामुदायिक भावना का विकास इस तेजी से हुआ है कि अब एक-दूसरे समुदाय के बालक भी अपने में निहित गुणों को विकसित करने लगे हैं।

(11) सामाजिक आचरण—सामाजिक आदर्शों के अनुसार ही कार्य की क्षमता स्वीकार करना सामाजिक आचरण के अन्तर्गत आता है **ग्रिफिथ** ने सामाजिक आचरण के विषय में कहा है—"सामाजिक आचरण विकास की सामान्य पृष्ठभूमि में प्रारम्भिक बाल्यावस्था में इस समझ-बूझ की क्रमिक उत्पत्ति में मिलता है जिन्हें हम पदार्थ प्रविधियाँ कहते हैं। उनमें आपस में बड़ा अन्तर होता है।" सामाजिक आचरण में परिमाणात्मक तथा गुणात्मक अन्तर होता है।

(12) सौजन्य—समाज में रहकर दूसरे की सहायता करना सौजन्य कहलाता है। सौजन्य का गुण सामाजिक सम्पर्क से ही विकसित होता है। इससे बालक में अपने प्रति आत्मविश्वास जागृत होता है। महात्मा गाँधी, ईश्वर चन्द्र विद्यासागर, ईसामसीह, राम, कृष्ण जहाँ वीर पूजा के आदर्श हैं वहाँ वे सौजन्य की मूर्ति भी रहे हैं।

(13) प्रतिस्पर्धा एवं सहयोग—सामाजिक विकास की ही देन है कि बालकों में सहयोग तथा प्रतिस्पर्धा के गुण विकसित होते हैं। प्रतिस्पर्धा तथा सहयोग के

कारण समाज विरोधी गुणों का विकास नहीं होता है। प्रतिस्पर्धा के सन्तुलित विकास से ही व्यक्ति के अनेक सुप्त गुण जागृत होते हैं।

(14) समूह की प्रतिष्ठा—समाज में अपने समूह या वर्ग की प्रतिष्ठा के प्रति संज्ञान होना सामाजिक विकास की ही देन है। वैज्ञानिक अध्ययन से ज्ञात हुआ है कि निर्णयों तथा क्रियाओं के निर्धारण में सामाजिक वर्ग एक प्रमुख कारक होता है। समाज के सभी साधन वर्ग प्रतिष्ठा से जुड़े हैं।

सामाजिक विकास की विशेषतायें

सामाजिक विकास की प्रमुख विशेषतायें निम्नलिखित हैं—

(1) आरम्भिक सामाजिक अनुक्रियायें—शैशवावस्था में बालक का सामाजिक सम्पर्क माता तथा उसके इर्द-गिर्द का वातावरण होता है जिस पर शिशु की आँखें जमती हैं। माता के चेहरे को देखकर वह मुस्कराता है और यही उसका सामाजिक सम्पर्क है। कालान्तर में उसका सामाजिक सम्पर्क बढ़ता रहता है और उसी की तरह अनुक्रियायें भी करता है। वह अपने-पराये में अन्तर करने लगता है और यही अन्तर करना उसके सामाजिक विकास का पहला चरण है। वह अपने से बड़ों के प्रति अपनी सहज क्षमता के अनुसार अनुक्रियायें करने लगता है।

(2) बालकों में होने वाले विवादः—बालकों में होने वाली आयु वृद्धि के साथ उनके व्यवहार में परिवर्तन होता है तथा विवाद उत्पन्न होने लगते हैं। इनके कारण हैं—(i) उनके कार्यों, प्रेरकों में भेद होना, (ii) झगड़ों के सम्बन्ध में अन्तर होना। जब भी बच्चे के कार्य की गति में अवरोध उत्पन्न किया जाता है, बालक लड़ने के लिये तैयार हो जाता है। उनमें संघर्ष होने लगता है। लड़ाई-झगड़ों में प्रौढ़ों की अनुक्रिया का विशेष योग होता है। यदि बड़े लोग सामाजिक मान्यता प्राप्त विषयों से बच्चों को प्रशिक्षण देंगे तो उनमें झगड़े होने की सम्भावना कम होगी।

(3) सहयोग—सहयोग सामाजिक विकास तथा समायोजन का मूल है। सहयोग की भावना के विकास से ही व्यक्ति में मित्र-शत्रु भाव उत्पन्न होता है। मित्र भाव से अस्तित्व, शत्रु भाव से सुरक्षा, दोनों ही बालक के सामाजिक पक्ष को विकसित करने में योग देते हैं।

(4) सहानुभूति की प्रवृत्ति—सामाजिक विकास के साथ ही बालकों में सहानूभूति की प्रवृत्ति उत्पन्न होने लगती है। बालक में यह प्रवृत्ति सहानुभूति की परिस्थितियों में ही विकसित होती है। सहानुभूति पूर्ण व्यवहार में भी आयु तथा परिपक्वता के साथ-साथ भिन्नता पाई जाती है।

(5) प्रतिद्वन्द्विता—बालक में प्रतिस्पर्धा का विकास सामाजिक विकास के कारण होता है। अपने को आगे बढ़ाने में व्यक्ति सदा ही लगा रहता है। उसे अपने प्रतिद्वन्द्वियों से स्पर्धा करनी पड़ती है। उदाहरण के रूप में एक छात्र को कक्षा में अच्छे अंक लाने और कक्षा में श्रेष्ठ स्थान प्राप्त करने हेतु कक्षा के अन्य छात्रों से स्पर्धा करनी पड़ती है।

(6) निषेधात्मक व्यवहार—सामाजिक व्यवहार के विकास के साथ-साथ बालकों में प्रतिरोधी अथवा नकारात्मक व्यवहार उत्पन्न होने लगता है। बच्चों में शारीरिक या मानसिक अस्वस्थता के कारण नकारात्मक व्यवहार उत्पन्न होने लगता है। नकारात्मक व्यवहार में होंठों को बन्द करना, सिर हिलाना, अंगों में सख्ती ले आना आदि हैं। यह व्यवहार कभी-कभी तर्क का रूप धारण कर लेता है। बच्चे किसी काम को करने से पूर्व तर्क करने लगते हैं।

(7) सामाजिक प्रतिबोध—सामाजिक प्रतिबोध का विकसित होना भी सामाजिक विकास की महत्त्वपूर्ण प्रक्रिया है। सामाजिक परिपक्वता इसी प्रतिबोध के कारण होती है। दूसरे व्यक्तियों के विचारों तथा अनुभूतियों के प्रति बालक में संवेदना जागृत होने लगती है। इसी प्रक्रिया में बालक स्वाभाविक तथा अर्जित सामाजिक व्यवहारों को सीखता है तथा परिस्थितिं उत्पन्न होने पर उसके अनुकूल करता है। वे मुखांगों द्वारा अपनी अनुक्रिया व्यक्त करने लगते हैं। उनमें विरोध, प्रतिद्वन्द्विता, सहयोग, अनिच्छापूर्वक कार्य करना आदि भाव विकसित होने लगते हैं।

(8) सामूहिक क्रियायें—तीन वर्ष की आयु के बाद बालक के सामाजिक विकास में वृद्धि होने लगती है और वह सामूहिक क्रियाओं में भाग लेना आरम्भ कर देता है। यह बात अलग है कि ऐसे बालकों का समूह दो बालकों का हो या पाँच बालकों का। छः वर्ष की आयु में बालक की सामूहिक क्रियाओं में वृद्धि होने लगती है। वे चोर, सिपाही, जैसे खेलों से एक दूसरे की विशेषताओं से परिचित होने लगते हैं।

(9) अन्य बालकों के साथ अनुक्रिया—सामाजिक विकास एकांगी तथा एक तरफा अनुक्रिया नहीं है। बालक अन्य बालकों के व्यवहार के प्रति अनुक्रिया करता है। इससे उसके सुखद अनुभव में वृद्धि होती है। **मौद्री एवं नेकुला** ने अध्ययन से परिणाम निकाला कि नौ मास की आयु तक के बच्चे अनुक्रिया के प्रति प्रतिक्रिया नहीं करते, चौदह मास के बच्चे अपने वातावरण को पहचानने लगते हैं। दो वर्ष की आयु के बच्चे लेने-देने की अनुक्रिया करने लगते हैं।

सामाजिक विकास को प्रभावित करने वाले तत्त्व

सामाजिक विकास को प्रभावित करने में निम्न तत्त्व मुख्य रूप से उत्तरदायी हैं–

(1) संवेग–बालक का संवेगात्मक व्यवहार उसके सामाजिक विकास को प्रभावित करता है। जिद्दी, नाराज होने वाला, क्रोध करने वाला बालक समूह में ठीक प्रकार से समायोजित नहीं हो पाता। यदि यह कहा जाये कि संवेगात्मक तथा सामाजिक विकास एक दूसरे के पूरक हैं, तो अतिश्योक्ति नहीं होगी।

(2) खेल–सामाजिक विकास पर बालक के खेल और उसके साथियों का प्रभाव पड़ता है। खेल से सहयोग, सहानुभूति, प्रतिस्पर्धा, प्रतियोगिता आदि भावनाओं का विकास होता है।

(3) सामाजिक-वित्तीय स्तर–बालक के माता-पिता का आर्थिक-सामाजिक स्तर कैसा है, यह भी सामाजिक विकास पर प्रभाव डालता है। निर्धन परिवार के बच्चे बिना पैसे के खेल तथा कबड्डी, चोर-सिपाही आदि खेलते हैं, जबकि धनिकों के बच्चे ऐसे खेल खेलते हैं जिनमें धन लगता है। सामाजिक विकास को प्रभावित करने वाला यह प्रमुख कारक है।

(4) नेतृत्व–जहाँ कहीं कुछ बालक एक साथ खेलते हैं, उनका सामाजिक व्यवहार एक सा प्रतीत नहीं होता। बालकों के समूह में उनका एक नेता अवश्य बन जाता है। वह बालक अपने समूह की आवश्यकता को समझता है और उसके अनुसार कार्य करता है। नेतृत्व का गुण समाज में परिस्थितियों के कारण विकसित होता है। नेता बालक कई परिस्थितियों में नेतृत्व कर सकता है। शारीरिक स्वास्थ्य, भाषा, कार्यकुशलता, वीर-पूजा आदि गुणों से नेतृत्व का विकास होता है।

(5) दल–बालकों में अपने दल के प्रति आस्था देखी जाती है। यह आस्था कभी-कभी बड़ी प्रबल होती है। दल के नेता का आदेश हर बालक मानता है। दल समायोजन, आज्ञा-पालन, नवीन मूल्यों आदि भावनाओं को विकसित करता है। दल में रहकर वह अनेक गुणों तथा दुर्गुणों को भी सिखाता है।

बालकों के सामाजिक विकास के मानदण्ड

(1) सामाजिक अनुरूपता–सामाजिक मानदण्डों के अनुरूप कार्य करना सामाजिक अनुरूपता कहलाता है।

(2) समायोजन–जो व्यक्ति जितना अधिक सामाजिक समायोजन करता है, उसका सामाजिक विकास उतना अच्छा माना जाता है।

(3) सहभागिता–बालक सामाजिक कार्यों में किस सीमा तक भाग लेता है, इस पर उसका सामाजिक विकास निर्भर करता है।

(4) अन्तःक्रिया–बालक आपसी व्यवहार में जितना कुशल होगा, उसकी सामाजिक अन्तःक्रिया उतनी ही सशक्त होगी।

(5) परिपक्वता–समाज के मूल्यों, नियमों, आदर्शों, अभिवृत्तियों आदि को अपनी स्थिति के अनुसार ग्रहण करना सामाजिक परिपक्वता कहलाता है। जो बालक जितना परिपक्व होता है, उससे व्यावहारिक सामाजिकता की अपेक्षा अधिक की जाती है।

10

संज्ञान एवं भाषा विकास : मनोवैज्ञानिक सिद्धांत

बुद्धि

बुद्धि संप्रत्यय एवं अर्थ

प्रत्येक मानव में मानसिक विकास एक महत्त्वपूर्ण तथ्य है जो एक लगातार चलने वाली प्रक्रिया का परिणाम है। मानसिक विकास की शुरुआत 7-8 साल की अवस्था में इसी तरह से होती है जो आजीवन चलती रहती है। इस प्रकार यह भी कहा जा सकता है कि मानसिक विकास गतिशील होता है। मानसिक विकास स्वतन्त्र रूप से कुछ नहीं है। वह तो शरीर के अन्य विकास स्तरों का योग एवं अभिव्यक्ति है। बालक की क्रिया-प्रतिक्रिया से उत्पन्न व्यवहार के द्वारा ही बालक के मानसिक विकास का पता चलता है। मानसिक विकास में प्रतिमानित अनुक्रियायें निहित होती हैं। इसके सहयोग में संवेदना, प्रतिबोध, स्मृति, कल्पना, तथा तर्क आदि मानसिक व्यवहार का प्रदर्शन करती हैं। जैसे-जैसे बालक के व्यवहार प्रतिमानों में प्रगति होती है, वैसे-वैसे व्यवहार की प्रतिक्रियाओं में मानसिक विकास परिलक्षित होने लगता है। आयु के साथ-साथ चिन्तन में लोच आने लगता है। सम्बोध अथवा

प्रत्यय का विकास संवेदना के विकास के बाद होने लगता है। समाज के सम्पर्क से ही भाषा तथा सम्बोध विकसित होते हैं जो बालक का मानसिक विकास करके उसे सामाजिक बनाते हैं।

बुद्धि परिभाषाएँ

बुद्धि और उसकी परिभाषा को लेकर मनोवैज्ञानिकों एकमत नहीं हैं। उनकी अपनी अलग-अलग धारणा है। बुद्धि का ज्ञान, छात्रों की कक्षा में उपलब्धि, क्रिया तथा सामान्य जीवन में उसके उपयोग से हो सकता है। बदलते मानदण्ड एवं विकासशील उपलब्धियों से अनेक प्रकार की परिभाषाओं का निर्माण किया गया है। हम यहाँ पर कुछ परिभाषायें प्रस्तुत कर रहे हैं–

(1) समायोजन की कला–महत्त्वपूर्ण मनोवैज्ञानिकों का मानना है कि किसी व्यक्ति में बुद्धि-लब्धि की परख नये वातावरण में उसके समायोजन की क्षमता पर निर्भर करता है। जो व्यक्ति जितना शीघ्र अपने आपको नये वातावरण के प्रति समायोजित कर लेता है वह उतना ही बुद्धिमान होता है। इस मत से प्रभावित विद्वानों ने बुद्धि को निम्न प्रकार परिभाषित किया है–

कालविन–"एक व्यक्ति उसी अनुपात में बुद्धि रखता है जिस अनुपात में वह अपने नये वातावरण में समायोजित होने की क्रिया सीख चुका है या सीख सकता है।"

क्रूज–"बुद्धि नई और विभिन्न परिस्थितियों में अच्छी प्रकार से समायोजन की योग्यता है।"

स्टर्न–"'बुद्धि' जीवन की नवीन समस्याओं के समायोजन की सामान्य योग्यता है।"

(2) अधिगम की योग्यता–कुछ मनोवैज्ञानिक मानते हैं कि अधिक अधिगम क्षमता वाले व्यक्ति की बुद्धि काफी तेज होती है। बुद्धि के द्वारा ही व्यक्ति अधिगम की योग्यता तथा अनुभव ग्रहण करता है। जो आदमी अपने पूर्वानुभवों द्वारा भविष्य में कुशलतापूर्वक लाभ उठाने की क्षमता रखता है, वह उतना ही अधिक बुद्धिमान समझा जाता है। इस दृष्टि से बुद्धि की परिभाषायें इस प्रकार हैं–

बकिंघम–"बुद्धि सीखने की योग्यता है।"

डियरबोर्न–"बुद्धि सीखने या अनुभव का लाभ उठाने की योग्यता है।"

(3) अमूर्त चिन्तन–कुछ मनोवैज्ञानिकों का मानना है कि बुद्धि अमूर्त चिन्तन की योग्यता है। इन व्यक्तियों के अनुसार बुद्धि की परिभाषायें इस प्रकार हैं–

टर्मन—"एक व्यक्ति उसी अनुपात में बुद्धिमान होता है जिसमें वह अमूर्त रूप से चिन्तन की क्षमता रखता है।"

स्पीयर मैन—"बुद्धि सामर्धिक चिन्तन है।"

(4) समस्या-समाधान—यह माना जाता है कि बुद्धि समस्या का समाधान है और इसी के आधार पर इसकी परिभाषा प्रस्तुत की है। बर्ट ने बुद्धि को इस तरह से परिभाषित किया है—"बुद्धि में अच्छी तरह निर्णय करने, समझने तथा तर्क करने की योग्यता है।"

उपर्युक्त परिभाषाओं के अलावा कुछ परिभाषायें ऐसी भी हैं जो बुद्धि की व्यापक रूप से व्याख्या करती हैं। ये परिभाषायें इस प्रकार हैं—

स्टोडर्ड—"बुद्धि वह योग्यता है जिसमें कठिनाई, जटिलता, अमूर्तता, मितव्यता, उद्देश्य के प्रति अनुकूलता, सामाजिक मूल्य, मौलिकता की आवश्यकताओं की विशेषतायें हों, जो कि शक्ति के केन्द्रीयकरण की माँग की पूर्ति करती हो तथा भावात्मक शक्तियों के प्रति सहनशील हों।"

वैश्लर—"बुद्धि व्यक्ति की वह सार्वभौमिक शक्ति है जो उसे ध्येय-युक्त कार्य करने, चिन्तन करने तथा वातावरण के साथ प्रभावपूर्ण समायोजन करने में सहायता देती है।"

मानसिक विक.स के क्षेत्र में किये गये अनेक अनुसंधानों के द्वारा यह निष्कर्ष निकाला गया है कि मानसिक विकास की प्रक्रिया जटिल होती है। इस जटिल प्रक्रियाओं के आधार पर किसी संकल्पना का निर्माण करना सम्भव नहीं है। अतः कुछ मुख्य मानदण्ड हैं जिनसे बौद्धिक विकास का पता चलता है। यह मानदण्ड निम्न प्रकार हैं—

(1) मानसिक विकास का मापन—व्यक्ति की बौद्धिक क्षमता का पता लगने हेतु बौद्धिक परीक्षण किया जाता है। इस परीक्षण से यह स्पष्ट हो जाता है कि किस व्यक्ति में कितना मानसिक विकास हुआ है और उसकी बुद्धि-लब्धि की वास्तविक स्थिति का ज्ञान होता है। टर्मन ने अमूर्त चिन्तन की योग्यता को बुद्धि कहा है। बुद्धि के दो रूप हैं—आनुवंशिक सम्भाव्य योग्यता, अर्जित बुद्धि योग्यता।

प्रसिद्ध मनोवैज्ञानिक फ्रीमैन ने कई वर्ष तक परीक्षण करके यह निष्कर्ष निकाला है कि बालक के मानसिक विकास की गति निम्न बातों पर विशेष रूप से निर्भर है—

1. बच्चों के विकास का ढंग।
2. परिवेश तथा परिस्थितियाँ।

3. परिवेश में मनोवैज्ञानिक तथा सामाजिक परिस्थितियाँ।
4. मानसिक विकास का मूल्यांकन करने के लिये प्रयुक्त परिणाम का रूप।

मनोवैज्ञानिकों ने बुद्धि-लब्धि की स्थिरता पर काफी अध्ययन किया है।

कार्ल सी. गैरिसन ने कहा है—"बच्चों और किशोरों के बुद्धि परीक्षण फलांकों पर आधारित दीर्घकालीन विकास चक्रों से पता चलता है कि यद्यपि अधिकांश व्यक्तियों के सम्बन्ध में स्कूल जाने की आयु में वर्ष-प्रतिवर्ष किये जाने वाले बुद्धि परीक्षणों के फलांकों में अपेक्षाकृत बहुत अधिक स्थिरता रहती है। इतने पर भी उनमें पर्याप्त परिवर्तन देखने में आते हैं।"

(2) भाषा विकास—भाषा भी मानसिक विकास का एक प्रमुख मापदण्ड है। भाषा के द्वारा ही अर्जित ग्राह्य शक्ति तथा नवीन क्रियाओं को सीखने की क्षमता विकसित होती है। प्रारम्भिक वर्षों की अपेक्षा बाद के वर्षों में बालक जटिल वाक्य रचना तथा अधिक शब्दों को सीखता है।

(3) मानसिक विकास और प्रतिबन्ध—व्यक्ति के मानसिक विकास में प्रतिबन्ध भी सहायक है। संकल्पना के निर्माण का महत्त्व मानसिक विकास की प्रक्रिया में महत्त्वपूर्ण है। बाल्यावस्था तक बालक मांस-पेशियों पर नियन्त्रण तथा पदार्थों को देखने में स्थिरता को विकसित करता है। विद्यालय पूर्व अवस्था में बालक का विचार उसकी अपनी सीमाओं तक रहता है।

बालक जिस वस्तु या घटना को स्वयं देखता है उसी के द्वारा अपने प्रत्ययों का विकास करता है। उसके चिन्तन का आधार ये ही बनते हैं। पियाजे ने दो जार लिये। एक में मोटे मोती भरे और दूसरे में छोटे मोती। फिर उसने छोटे बालकों से पूछा कि किस जार में ज्यादा मोती हैं। बच्चों ने बड़े मोतियों वाले जार में ज्यादा मोती बताये। स्पष्ट है कि जार की सतह को देखकर ही बच्चों ने ऐसा अनुमान लगाया। उनमें लम्बाई, चौड़ाई तथा ऊँचाई का प्रत्यय तो विकसित हुआ, परन्तु तर्क का विकास नहीं हो पाया। बड़े बच्चों ने सही उत्तर दिया।

बालक के अन्दर होने वाली संकल्पनाओं के विकास को ज्ञात कर मानसिक विकास की जानकारी प्राप्त की जा सकती है। बालक शब्दों को सीखता ही नहीं उनकी प्रतिमा भी ग्रहण करता है। वह नल शब्द से पानी के नल की प्रतिमा ग्रहण करता है। इसी प्रकार दैनिक व्यवहार की संकल्पनायें बालक के मानसिक विकास की द्योतक हैं, स्थान तथा दिशा का ज्ञान, समय, संख्या, कारणात्मक सम्बन्ध से युक्त संकल्पनाओं से बालक के मानसिक विकास का पता चलता है।

(4) मानसिक क्रियाएँ—बालक की मानसिक सक्रियता में वृद्धि होने पर यह समझा जाता है कि उसकी बौद्धिक क्षमता का विकास हुआ है। वैश्लर ने इस क्षेत्र में अत्यधिक कार्य किया है। पन्द्रह वर्ष की आयु को मानसिक परिपक्वता का आधार मानकर बाकी वर्षों में मानसिक स्तर को पहचाना जाता है। प्रत्येक व्यक्ति की मानसिक वृद्धि की रोक विभिन्न आयु वर्गों में होने लगती है। मानसिक क्रियाओं की वृद्धि के ज्ञान के लिये : शब्द ज्ञान, रिक्त-पूर्ति, विपरीत शब्दों के परीक्षणों का उपयोग अधिक किया गया है।

मानसिक विकास के प्रमुख चरण

मानसिक विकास के सन्दर्भ में जे. एम. रॉस का विचार कुछ इस प्रकार है—"हमारा मस्तिष्क हमारे वातावरण के प्रति व्यापार से विकसित होता है। आन्तरिक प्रकृति के आधार पर ही बाह्य प्रकृति का निर्माण होता है। और ये बारी-बारी से पूर्ण संगठित रूप से प्रस्तुत होते हैं।"

व्यक्ति में मानसिक विकास विभिन्न अवस्थाओं के तहत भिन्न-भिन्न रूपों में होती है। प्रसिद्ध मनोवैज्ञानिक हरलॉक ने वैयक्तिक भिन्नताओं पर विशेष जोर दिया है और कहा है क्योंकि दो बालकों में समान योग्यतायें या समान अनुभव नहीं होते हैं, इसलिये दो व्यक्तियों में किसी वस्तु या परिस्थिति का समान ज्ञान होने की आशा नहीं की जा सकती। विभिन्न अवस्थाओं में मानसिक विकास का विवेचन यहाँ, पर प्रस्तुत है—

शैशवावस्था—प्रत्येक बालक का मानसिक विकास उसके ज्ञानेन्द्रियों के आधार पर होता है। शिशु अपने वातावरण की प्रत्येक वस्तु को देखता और उसे जानने का प्रयत्न करता है। शिशु खिलौनों तथा परिवार के सदस्यों के सम्पर्क में भी आता है। वह अपने खिलौनों को तथा परिवार के सदस्यों को पहचानता है। इस अवस्था में मानसिक विकास की गति तीव्र होती है। तीन वर्ष तक की अवस्था में मानव जीवन की आधारशिला का निर्माण हो जाता है; ऐसा मनोविश्लेषणवादियों का कथन है। 6 वर्ष की अवस्था में स्मरण शक्ति विकसित होने लगती है। जिज्ञासा भी उत्पन्न हो जाती है, जिसके परिणामस्वरूप वह अपने सम्पर्क में आने वाली वस्तुओं के बारे में माता-पिता से प्रश्न करना आरम्भ कर देता है।

सन् 1938 में किये गये एक अध्ययन के फलस्वरूप बर्ट महोदय ने बताया कि तीन वर्ष का शिशु 4 से 5 मिनट तक, 4 वर्ष का शिशु 5-6 मिनट तक अपना ध्यान किसी वस्तु पर केन्द्रित कर सकता है। शिशुओं का ज्ञान स्थूल वस्तुओं के बारे

में ही होता है। जिज्ञासा के कारण तर्क-शक्ति का विकास भी होने लगता है। इस सम्बन्ध में हमें, **सोरेनसन** के कथन का स्मरण करना पड़ता है—"जैसे-जैसे शिशु प्रतिदिन, प्रति मास, प्रति वर्ष बढ़ता जाता है, वैसे-वैसे उसकी मानसिक शक्तियों में परिवर्तन होता जाता है।"

मानसिक विकास के सन्दर्भ में प्रसिद्ध मनोवैज्ञानिक ब्लूम का मानना है—"बालक का बौद्धिक विकास लम्बात्मक विधि में 50% प्रकट होता है और विद्यालयों के निष्पत्ति कार्यों में 33% प्रकट होता है।" अनेक परीक्षणों से इस बात की पुष्टि होती है, कि वंशक्रम तथा वातावरण का क्या प्रभाव बालक के मानसिक विकास पर पड़ता है? पियाजे ने अनुभवों को विशेष महत्त्व दिया है।

मानसिक विकास की गति कई बातों पर निर्भर होती है। जैसे—बच्चे के विकास का ढंग, परिवेश की परिस्थितियाँ, उसके परिवेश में मनोवैज्ञानिक तथा सामाजिक परिस्थितियाँ, मानसिक विकास का मूल्यांकन करने के लिये प्रयुक्त परीक्षण का रूप; ये सभी तथ्य शैशवावस्था में मानसिक विकास को प्रभावित करते हैं।

बाल्यावस्था—बाल्यावस्था के दौरान बालक का विकास काफी सुगमता से होता है। इस अवस्था में बौद्धिक विकास तीव्र गति से हुआ करता है। वह अपनी जिज्ञासा शांत करने के लिये अनेक प्रकार के प्रश्न अपने अभिभावकों से करता है। उसकी रुचि विस्तार पाने लगती है। छोटी-छोटी रोचक कहानियाँ पढ़ने में उसकी रुचि बढ़ जाती है। यात्रा करने तथा इतिहास पढ़ने में समय लगता है। सूक्ष्म चिन्तन का आरम्भ हो जाता है। समस्या पर चिन्तन करके कारण तथा निदान खोजने का प्रयत्न करता है। स्मरण शक्ति बढ़ जाती है। रटने की योग्यता का विकास हो जाता है।

6 वर्ष के बालक को दायें-बायें का ज्ञान, 13-14 वस्तुओं को गिनना एवं समस्या का समाधान करने की प्रवृत्ति दिखाई देती है। 7 वर्ष के बालक में दो वस्तुओं का अन्तर करने की शक्ति विकसित हो जाती है। 8 वर्ष की आयु में वह 16-17 शब्दों के वाक्यों को दोहरा सकता है। 9 वर्ष की आयु में वह दिन, समय, तारीख बता सकता है, सिक्कों का ज्ञान प्राप्त कर लेता हैं और 5-6 वर्ष की आयु में वह तुकान्त शब्दों को बताने में सफलता प्राप्त कर लेता है। 10 वर्ष की अवस्था में वह छोटे-छोटे वाक्यों की त्रुटियों को दोहराने लगता है। 3 मिनट में वह 60-70 शब्दों को दोहरा सकता है। 11 वर्ष की आयु में समानता, भिन्नता, तुलना, नर-नारी, पशु-पक्षी आदि में भेद कर सकता है। 12 वर्ष की अवस्था में बालक में इतनी क्षमता आ जाती है कि वह किसी बात का कारण बताकर उसका विश्लेषण कर सकता है।

किशोरावस्था—किशोरावस्था के दौरान बालकों का मानसिक विकास सहज नहीं रह जाता है। इसमें माता-पिता या अध्यापकों को दिशा-निर्देश करना पड़ता है। बच्चों के लिए यह संवेदनशील अवस्था होती है। किशोरों में मानसिक विकास परिचय इस प्रकार प्राप्त होता है—

1. किशोरावस्था में किसी वस्तु या विषय के प्रति ध्यान केन्द्रित करने की क्षमता विकसित हो जाती है। वह अमूर्त चिन्तन कर सकता है। बाल्यकाल की चंचलता समाप्त हो जाती है। उसके ध्यान की अवधारणा में बाह्य परिस्थितियों की बाधा कम पड़ती है।
2. किशोर की स्मरण शक्ति विकसित हो जाती है। स्थायी स्मरण योग्यता बढ़ जाती है। लड़कियों में लड़कों की अपेक्षा रटन्त शक्ति बढ़ जाती है।
3. इस अवस्था में कल्पना-शक्ति विकसित हो जाती है। इन कल्पना शक्तियों के आधार पर ही वह अपनी आन्तरिक शक्तियों का विकास करता है। दिवास्वप्न में वृद्धि होती है। कल्पना का विकास लड़कों में लड़कियों की अपेक्षा अधिक होता है।
4. तर्क-शक्ति के विकास के कारण किशोर तर्क के अभाव में किसी बात को स्वीकार नहीं करता। प्रत्येक समस्या के विषय में उसमें प्रश्न करने की प्रवृत्ति पाई जाती है। वातावरण से ज्ञान प्राप्त करने की प्रवृत्ति का विकास होता है।

किशोरावस्था के दौरान बालकों की रुचि तीव्रगति से विकसित होती है। इस अवस्था में उनकी रुचियाँ सामान्य न होकर विशिष्ट हो जाती हैं। ये रुचियाँ निम्न प्रकार की हो सकती हैं—

1. इस अवस्था में किशोर अपने भविष्य की योजनायें बनाने लगते हैं। आमतौर पर यह देखा गया है कि निर्धन परिवारों के किशोर अपने माता-पिता का व्यवसाय अपनाने में रुचि नहीं लेते। उच्च परिवारों के किशोर माता-पिता का व्यवसाय अपनाने में रुचि लेते हैं। सामान्यतया डॉक्टरी, इंजीनियरिंग, वकालत, प्रशासनिक व्यवसायों को ग्रहण करने की दिशा में किशोर प्रयत्नशील रहते हैं। लड़कियों की रुचि डॉक्टर, नर्स, लेखिका, अध्यापिका, सामाजिक कार्यकर्त्री, अभिनेत्री, आदि बनने की होती है।
2. इस अवस्था में लड़के तथा लड़कियों में खेल की रुचि भिन्न हो जाती है। लड़के सामूहिक खेल में रुचि रखते हैं, जैसे फुटबाल, कबड्डी आदि। लड़कियाँ नाचने-गाने, ड्रामा, संगीत आदि में अधिक रुचि लेती हैं।

3. किशोरावस्था में शरीर के प्रदर्शन की भावना विकसित होने लगती है। लड़के अपने शरीर को मांसल बनाते हैं एवं लड़कियाँ शृंगार-सामग्री का अधिक अच्छी तरह उपयोग करने लगती हैं।
4. स्वतन्त्र पठन की रुचि भी विकसित हो जाती है। लड़के वैज्ञानिक साहित्य, हास्य, देश-प्रेम, रोमांच तथा यौन-साहित्य पढ़ने का प्रयत्न करते हैं एवं लड़कियाँ प्रेम कहानियाँ तथा लुकछिप कर यौन-साहित्य भी पढ़ती हैं। लड़कों की रुचि समाचार-पत्रों में खेल के स्तम्भ को पढ़ने में भी हो जाती है।
5. किशोरावस्था में सिनेमा देखने, रेडियो से हास्य वार्तायें, झलकियाँ, फिल्मी गाने आदि सुनने का शौक बढ़ जाता है। लड़के जासूसी साहित्य पढ़ने, स्टंट चलचित्र देखने में अधिक रुचि लेते हैं तो लड़कियाँ रोमांसपूर्ण, सुखान्त एवं धार्मिक चित्र देखना पसन्द करती हैं। रेडियो पर भी उनकी रुचि, हास्य, रोमांस तथा मनोरंजनात्मक कार्यक्रम सुनने की रहती है।
6. किशोरावस्था में बातचीत के विषय का निर्धारण होता है। लड़कों की बातचीत का आधार खेल तथा सिनेमा होते हैं। वे सामाजिक कार्यों में भी रुचि लेने लगते हैं। लड़कियों के विषय में भी लड़के बातचीत किया करते हैं। लड़कियाँ अपनी सहेलियों से व्यक्तिगत समस्याओं, लड़कों से सम्बन्ध एवं सामाजिक क्रियाओं के विषय में बातचीत करती हैं। लड़के खेल तथा यात्रा सम्बन्धी बातों में अधिक रुचि लेते हैं।

बुद्धि का स्वरूप

थॉर्नडाईक के अनुसार बुद्धि तीन प्रकार की होती हैं जो निम्न प्रकार हैं–

(1) मूर्त बुद्धि–मूर्त बुद्धि को और भी कई नामों से जाना जाता है जैसे- यांत्रिक बुद्धि और गायात्मक बुद्धि भी कहा जाता है। वस्तुओं के समरूप क्रियाशीलता को मूर्त बुद्धि कहा जाता है। इस प्रकार बुद्धि उन परिस्थितियों में कार्य करती हैं जिसमें वस्तु उद्देश्य निहित होता है। मिस्त्रीगिरी का काम, मशीनों की ओवरहॉलिंग आदि यन्त्रों से सम्बन्धित काम इसी के अन्तर्गत आते हैं। ऐसा व्यक्ति उन समस्याओं को शीघ्र हल कर सकता है जिनमें मूर्त वस्तुओं को अपनाया जाता है। मूर्त बुद्धि के परीक्षणों में आमतौर पर ऐसे परीक्षण बनाये गये हैं जिनमें यन्त्रों का एकीकरण करना पड़ता है। मिनेसोटा एसेम्बलिंग टैस्ट, स्टेनक्विस्ट टैस्ट आदि इसके प्रसिद्ध परीक्षण रहे हैं। मूर्त बुद्धि का दूसरा स्वरूप शारीरिक शिक्षा में भी देखा जा सकता है। इसमें गत्यात्मक योग्यता निहित रहती है। नृत्य, खेल तथा अन्य इसी प्रकार के कार्यों में यह बुद्धि निहित होती है।

(2) अमूर्त बुद्धि—सूक्ष्म एवं अमूर्त किस्म के प्रश्नों का हल चिन्तन मनन के द्वारा होता है। इस तरह की बुद्धि को अमूर्त बुद्धि कहा जाता है। इसमें समस्याओं तथा अनुभव प्रतिमाओं को अधिकाधिक स्पष्ट किया जाता है। कवि, साहित्यकार, चित्रकार आदि अपने भावों को इसी बुद्धि के माध्यम से अभिव्यक्त करते हैं। इस प्रकार की बुद्धि में शब्द, अंक एवं प्रतीकों का प्रयोग अधिक किया जाता है। यह प्रश्न पठन को सीखने की प्रक्रिया है। उन समस्याओं को हल करने की प्रक्रिया है जिनमें शब्द एवं प्रतीकों का इस्तेमाल किया जाता है। इसीलिये शब्द एवं प्रतीकों के माध्यम से अपने विचारों को अभिव्यक्त करने की कला अमूर्त या मौखिक बुद्धि की देन है। विद्यालय में पठन, गणित, भूगोल, इतिहास एवं ऐसे ही विषयों में सफलता के लिये अमूर्त बुद्धि का विकास किया जाना आवश्यक है। मस्तिष्क की पहली आवश्यकता है—प्रतिबोध एवं अवबोध करना। प्रत्येक व्यक्ति अपनी क्षमता के अनुसार किसी वस्तु को पहचानता व समझता है। बुद्धिमानी की निशानी यह है कि व्यक्ति किसी तथ्य को किस प्रकार ग्रहण करता है। बुद्धि का यह पक्ष व्यक्ति की अभिवृत्ति की ओर संकेत करता है।

अमूर्त बुद्धि का परीक्षण करने के लिये सामान्यतः तीन विधियों का प्रयोग किया जाता है, जो निम्न प्रकार है—

(i) आकांक्षा का मापन—व्यक्ति की आकांक्षा के स्तर का मापन करने से हमें उस व्यक्ति की अमूर्त बुद्धि का पता चलता है। अत्यधिक महत्त्वाकांक्षी व्यक्ति में तीव्र बुद्धि पायी जाती है। उसकी बुद्धि अमूर्त किस्म की होती है।

(ii) कार्य करने की क्षमता—जो व्यक्ति अनेक प्रकार के कार्य करते हैं, उनके कार्यों के करने की क्षमता से अमूर्त बुद्धि के विषय में जाना जा सकता है।

(iii) कार्य करने की गति—जो अमूर्त कार्यों को जितनी अधिक गति से करता है, उसकी अमूर्त बुद्धि उसी के अनुसार कम या अधिक होगी।

(3) सामाजिक समायोजन बुद्धि—इस प्रकार की बुद्धि व्यक्ति के समायोजन से सम्बन्धित होती है। इसमें व्यक्ति द्वारा नवीन वातावरण में समायोजन की क्षमता देखी जाती है। सामाजिक प्राणी होने के कारण व्यक्ति को समाज में सम्बन्ध बनाने में यह बुद्धि योग्यता प्रदान करती है। इस प्रकार की बुद्धि के अन्तर्गत व्यवहार कौशल आता है। व्यवहार कौशल के साथ व्यक्तित्व एवं चरित्र के गुण निहित होते हैं। स्वभाव, मनःस्थिति, मनोवृत्ति, ईमानदारी, निर्णय, हास्य, स्वभाव आदि कारक सामाजिक बुद्धि की ओर संकेत करते हैं। बहुत से व्यक्ति सामाजिक बुद्धि न होने के कारण अपने जीवन में असफल हो जाते हैं। सामान्यतः अमूर्त एवं सामाजिक

बुद्धि साथ-साथ चलती हैं। नेतागण इसी बुद्धि के उपयोग से जनजीवन में लोकप्रिय होकर प्रतिनिधि बन जाते हैं।

बुद्धि के सिद्धांत

कुछ प्रमुख मनोवैज्ञानिकों ने बुद्धि से सम्बन्धित अपने-अपने सिद्धांतों का प्रतिपादन किया है, जिसे उनके नामों से ही जाना जाता है। इसमें कुछ प्रमुख सिद्धांतों का विवरण निम्न प्रकार है—

(1) थॉर्नडाईक का सिद्धांत—थार्नडाईक द्वारा प्रतिपादित यह सिद्धांत बहुतत्व सिद्धांत भी कहलाता है। इन्होंने कहा है कि बुद्धि में कोई एक नहीं कई तत्त्व शामिल होते हैं। अतः इसमें सामान्य योग्यता जैसी कोई सत्ता नहीं पायी जाती। किसी भी मानसिक क्रिया में कई तत्त्व मिलकर कार्य करते हैं। इसी कारण दो मानसिक परीक्षाओं में सह-सम्बन्ध पाया जाता है। थॉर्नडाईक ने बुद्धि को उद्दीपन-अनुक्रिया के सिद्धान्त के आधार पर सिद्ध करने का प्रयत्न किया है। उसका मत है कि जिन अनुभव के मध्य उद्दीपन-अनुक्रिया का सम्बन्ध स्थापित हो जाता है, भविष्य में उसी प्रकार की समस्याओं को हल करने में वे अनुभव सहायक होंगे।

(2) स्पीयरमैन का सिद्धांत—इसे द्वितत्त्व सिद्धांत के नाम से भी जाना जाता है। उसके अनुसार बुद्धि के दो तत्त्व हैं—**सामान्य योग्यता** एवं **विशिष्ट योग्यता**। सामान्य योग्यता का उपयोग प्रत्येक बौद्धिक कार्य में होता है। यह प्रत्येक में भिन्न होती है। हर व्यक्ति मानसिक दृष्टि से दूसरे से भिन्न है। स्पीयरमैन के अनुसार सामान्य योग्यता मानसिक शक्ति है। जिस प्रकार शारीरिक शक्ति का उपयोग शारीरिक सामान्य कार्यों को करने के लिये होता है। उसी प्रकार मानसिक शक्ति का उपयोग मानसिक कार्यों को करने में होता है। सामान्य योग्यता किस व्यक्ति में कितनी है, इसकी जानकारी अन्तर्दृष्टि द्वारा किये जाने वाले कार्यों से होती है। इस प्रकार की योग्यता में सम्बन्ध-शिक्षण तथा सह-सम्बन्ध शिक्षण पाया जाता है। जहाँ तक विशिष्ट योग्यता की बात है वह भी प्रत्येक व्यक्ति में भिन्न होती है। व्यक्ति के वैयक्तिक विकास में, प्रतिमा को विकसित करने में इनका योग रहता है।

(3) थर्सटन का सिद्धांत—इस मत का प्रतिपादन थर्सटन ने किया है। थर्सटन के अनुसार बुद्धि अनेक प्रतिकारकों का समूह है। प्रतिकारक इस प्रकार हैं—

(1) प्राथमिक प्रतिकारक—थर्सटन ने बुद्धि के प्राथमिक प्रतिकारक इस प्रकार बताये हैं—

- i. **मौखिक कार्य**—तर्क, अध्ययन, शब्दबोध आदि के विकास में सहायक होता है।
- ii. **संख्या**—यह योग्यता गणित सम्बन्धी समस्याओं को हल करने में सहायक होती है।
- iii. **दूरी**—स्थान की दूरी तथा अन्तर आदि के ज्ञान में सहायक है।
- iv. **रटन्त स्मृति**—इससे व्यक्ति की रटने की योग्यता का पता चलता है।
- v. **शब्द प्रवाह**—इसके अन्तर्गत छात्रों की भाषा का विकास होता है।
- vi. **तर्क**—इसके माध्यम से छात्रों की तर्क सम्बन्धी योग्यता का परीक्षण होता है।

(ब) द्वितीयक प्रतिकारक—इन प्रतिकारों के अन्तर्गत ये प्रतिकारक हैं—

- i. **समस्या समाधान**—इसके अन्तर्गत नवीन समस्या के समाधान को हल करने की योग्यता का परीक्षण किया जाता है।
- ii. **साहचर्य स्मृति**—दो सम्बन्धित साहचर्यों की स्मरण योग्यता इसके अन्तर्गत आती है।
- iii. **वस्तु परीक्षण**—वस्तुओं का स्थानगत सम्बन्ध मालूम करने में सहायक है।
- iv. **प्राप्य गति**—किसी वस्तु को देखकर उसे समझने में शीघ्रता, समस्या की समानता तथा असमानता के अभिज्ञान आदि में कितनी तीव्रता रहती है।

उपर्युक्त सिद्धांतों के अलावा दो प्रमुख मनोवैज्ञानिक बर्ट और बर्नन ने मिलकर एक सिद्धांत का प्रतिपादन किया है। इस सिद्धांत के अनुसार—'सामान्य मानसिक योग्यता अधिक महत्त्वपूर्ण है।' योग्यता दो प्रकार की होती हैं—"सांख्यिक, शाब्दिक, शैक्षिक, क्रियात्मक, यान्त्रिक। इन्होंने व्यक्ति की विशिष्ट योग्यताओं को बाद में स्थान दिया है। यह मत क्रमिक महत्त्व का मत कहा जाता है।"

बुद्धि-लब्धि

सन् 1908 में बीने साइमन द्वारा मनोविज्ञान के क्षेत्र में मानसिक आयु की विचारधारा को प्रस्तुत किया गया। मानसिक आयु से अभिप्राय उस आयु से है जो "बुद्धि या मानसिक परीक्षण से निर्धारित होती है। किसी भी वास्तविक आयु का औसत मानसिक स्तर या मानसिक विकास की ओर संकेत करता है।"

मानसिक आयु को इस प्रकार निर्धारित किया जा सकता है—आठ वर्ष का बालक यदि उस बुद्धि परीक्षण को हल कर लेता है, जो दस वर्ष के बालकों के लिए बनाया गया है तो उसकी मानसिक आयु दस वर्ष हुई। परन्तु मानसिक आयु की गणना में त्रुटियाँ होने की सम्भावनायें थीं अतः मनोवैज्ञानिकों ने बुद्धि-लब्धि का विचार प्रस्तुत किया। बुद्धि-लब्धि का सूत्र निम्न प्रकार है—

बुद्धि-लब्धि —वास्तविक आयु 100

माना कि एक बालक की वास्तविक आयु 12 वर्ष है। वह 15 वर्ष के बालक के समान प्रश्न हल करता है तो उसकी मानसिक आयु 15 वर्ष होगी और सूत्र के अनुसार बुद्धि-लब्धि इस प्रकार होगी—

मानसिक आयु 15

बुद्धि-लब्धि —100—125

वास्तविक आयु 12

मानसिक आयु, वास्तविक आयु के पारस्परिक सम्बन्ध तथा विकासात्मक गति की जानकारी बुद्धि लब्धि द्वारा प्राप्त की जा सकती है। एक बालक की बुद्धि-लब्धि जीवन भर एक जैसी नहीं रहती। मानसिक आयु का विकास वास्तविक आयु के साथ-साथ होता है।

वर्ग	*बुद्धि-लब्धि*	*प्रतिशत*
1. प्रतिभाशाली	140—ऊपर	.5
2. असामान्य	130—139.5	3.5
3. अत्यन्त उच्च	120—129.5	9.0
4. उच्च	110—119.5	15.0
5. सामान्य	90—109.5	42.0
6. पिछड़े हुए	80—99.5	15.0
7. अत्यन्त पिछड़े	70—79.5	9.0

8. सीमावर्ती	60—69.5	3.5
9. मूर्ख	50—59.5	1.5
10. मन्द-बुद्धि	40—39.5	—
11. जड़-बुद्धि	30—नीचे	—

भारत में डॉ. कॉमथ ने यहाँ की परिस्थितियों के अनुसार बुद्धि-लब्धि का वितरण ज्ञात किया है। यहाँ पर बुद्धि-लब्धि वितरण उपर्युक्त सारणी में दिया गया है।

बुद्धि परीक्षण का स्वरूप

आमतौर पर मनोवैज्ञानिकों द्वारा बुद्धि परीक्षण तीन प्रकार के बतलाये गये हैं जो निम्न प्रकार हैं—

(1) व्यक्तिगत बुद्धि परीक्षण—इस प्रकार का बुद्धि परीक्षण सिर्फ एक ही व्यक्ति पर एक ही समय में किया जाता है। व्यक्तिगत परीक्षण का सबसे बड़ा गुण यह है कि इसके निष्कर्ष विश्वसनीय होते हैं क्योंकि परीक्षक को प्रयोज्य के गुणों के अध्ययन करने का अधिक निकट से अवसर मिलता है।

इस बुद्धि परीक्षण में कई विशेषतायें है वो निम्नलिखित हैं—

(i) धोखा देने की कम सम्भावना—इस प्रकार के परीक्षण में परीक्षार्थी और परीक्षक आमने-सामने होते हैं। अतः इसमें परीक्षार्थी के धोखा देने की कम सम्भावना रहती है।

(ii) परीक्षार्थी का व्यवहार अध्ययन—परीक्षक को परीक्षार्थी के व्यवहार का अध्ययन करने का अवसर मिलता है। अतः इसमें परीक्षार्थी के गुणों तथा दोषों का ठीक-ठीक अध्ययन किया जा सकता है।

(iii) क्रियात्मक बुद्धि परीक्षण—क्रियात्मक बुद्धि परीक्षण के आधार पर बालकों के मानसिक तथा संवेगात्मक गुण व दोषों का अध्ययन करके उनको व्यक्तिगत रूप से निर्देशन दे सकता है।

बुद्धि परीक्षण के दोष—इस बुद्धि परीक्षण में कुछ कमियाँ भी पाई जाती हैं जिनका विवरण निम्न प्रकार है—

(i) प्रशिक्षित मनोवैज्ञानिक की आवश्यकता—वैयक्तिक परीक्षणों को कार्य में लाने के लिये प्रशिक्षित मनोवैज्ञानिक की आवश्यकता होती है। उसे परीक्षण के प्रत्येक पद तथा सम्भावनाओं का ज्ञान आवश्यक है।

(ii) सामान्य बुद्धि का मापन सम्भव नहीं—वैयक्तिक परीक्षणों से व्यक्ति की सामान्य बुद्धि का ही मापन सम्भव है। विशेष योग्यताओं के मापन की सम्भावना इसमें नहीं होती।

(iii) वातावरण का प्रभाव—इस प्रकार के परीक्षण की सफलता अच्छे वातावरण पर निर्भर करती है। यदि वातावरण अच्छा है तो परीक्षण के परिणाम अच्छे होंगे अन्यथा उनमें वस्तुनिष्ठता नहीं आ पायेगी।

(iv) धन तथा समय—वैयक्तिक परीक्षायें लिखित तथा मौखिक दोनों ही प्रकार की होती हैं।

(2) सामूहिक बुद्धि परीक्षण—अमेरिका में सरकार द्वारा सैनिकों के लिये आर्मी अल्फा तथा आर्मी बीटा परीक्षण का निर्माण करवाया गया। ये परीक्षण क्रमशः शिक्षित तथा अशिक्षित व्यक्तियों के लिये थे। इसी के साथ AGCT तथा NGCT परीक्षण विकसित हुए। इनके अतिरिक्त कैलिफोर्निया मानसिक परिपक्वता परीक्षण, टर्मन मैकनीमर मानसिक योग्यता परीक्षणों का निर्माण हुआ।

विशेषता—सामूहिक बुद्धि परीक्षण के गुण निम्न प्रकार हैं—

1. इस प्रकार के परीक्षणों के प्रशासन में सामान्य निर्देशों से काम चल जाता है। विशेष प्रशिक्षित व्यक्तियों की आवश्यकता नहीं पड़ती।
2. बालक शर्म, भय आदि के कारण व्यक्तिगत परीक्षणों में अच्छे परिणाम प्राप्त करते हैं।
3. एक ही समय हजारों व्यक्तियों को यह परीक्षण दिया जा सकता है। इसके प्रशासन में कोई योग्यता की आवश्यकता नहीं पड़ती।
4. धन तथा समय, दोनों की बचत इस प्रकार के परीक्षणों में होती है।

आलोचना—सामूहिक परीक्षाओं के कुछ दोष भी हैं, जो निम्नलिखित हैं—

1. इन परीक्षाओं के द्वारा व्यवहार का अध्ययन सम्भव नहीं हो पाता।
2. सामूहिक परीक्षणों में नकल, अनुमान आदि के कारण धोखा भी सम्भव रहता है।
3. सामूहिक परीक्षण लिखित होते हैं। वे अनपढ़ व्यक्तियों पर लागू नहीं किये जा सकते। छोटे बच्चों की भाषा का उचित विकास न होने के कारण वे भी इसको पूरा करने में असमर्थ रहते हैं।

(3) निष्पादन परीक्षण—सन् 1911 तक किया जाने वाला बुद्धि परीक्षण भाषा पर आधारित था। इस कारण गूँगे-बहरे और विदेशी बालक इससे अछूते थे। इससे निपटने हेतु 1911 ई. में निष्पादन परीक्षण का विकास हुआ। यह परीक्षण

हिली-चित्र परीक्षण के नाम से प्रसिद्ध हुआ। **फ्रीमैन** ने इसके विषय में कहा है–"निष्पादन परीक्षण वह परीक्षण है जिसमें भाषा का प्रयोग केवल सूचना के लिये किया जाता है। सभी सूचनायें संकेत द्वारा दी जाती हैं। इनमें भाषा का प्रयोग नहीं किया जाता है।"

यह एक जटिल परीक्षण है। इसके तहत व्यक्ति को ठोस वस्तुओं द्वारा कार्य करना पड़ता है। विश्लेषण के माध्यम से बुद्धि तथा योग्यता का अध्ययन किया जाता है। सामान्य बुद्धि परीक्षणों के साथ इसका प्रयोग किया जाता है।

बाल विकास में बुद्धि परीक्षणों का उपयोग

बाल विकास में विभिन्न प्रकार के बुद्धि परीक्षणों का प्रयोग किया जा सकता है। इस संदर्भ में गिलफोर्ड का मानना है कि–"बुद्धि-परीक्षणों द्वारा मापी जाने वाली सामान्य योग्यताएँ तथा प्राथमिक योग्यतायें अलग हैं और उनका विकास आयु के साथ-साथ होता है। मध्यावस्था आने पर उनका पतन होने लगता है। विकास का चरमोत्कर्ष 20 वर्ष की आयु तक होता है। इसमें कुछ यौन भिन्नताएँ भी पाई जाती हैं। कुछ पुरुषों को प्रभावित करती हैं तो कुछ स्त्रियों को। सन्तुलन इस बात का प्रतीक है कि दोनों में (पुरुष तथा स्त्री) सामान्य योग्यता एक समान होती है।" अतः समानता तथा भिन्नता के आधार पर बुद्धि परीक्षणों का विनियोग होता रहा है। इसके उपयोग इस प्रकार हैं–

(1) शैक्षणिक मार्ग-प्रदर्शन–बालक का बौद्धिक स्तर क्या है? इसको बुद्धि परीक्षण के माध्यम से ज्ञात किया जा सकता है। मानसिक योग्यता के आधार पर उनको पाठ्य विषय के चुनाव में सहायता दे सकते हैं। बुद्धि परीक्षण के द्वारा हम छात्रों की विशिष्ट योग्यताओं का पता लगाकर उनका उचित निर्देशन कर सकते हैं मार्ग-प्रदर्शन के द्वारा व्यक्ति की अनेक समस्याओं का समाधान हो जाता है। और उसके भविष्य का मार्ग प्रशस्त हो जाता है।

(2) वर्गीकरण–शैक्षिक जगत में अनेक प्रकार की समस्याएँ पाई जाती हैं। इन समस्याओं का निवारण बालकों का बुद्धि-लब्धि के आधार पर वर्गीकरण करके किया जा सकता है। बालकों को भी कक्षा-शिक्षा का अधिक से अधिक लाभ होता है। जो बालक मन्दबुद्धि होते हैं, वे साधारण बच्चों के साथ पढ़ने में कठिनाई अनुभव करते हैं। ऐसे बच्चों को बुद्धि-परीक्षण की सहायता से साधारण बच्चों से अलग करके उनकी शिक्षा का उचित प्रबन्ध किया जा सकता है। इस प्रकार बुद्धि-परीक्षण शिक्षण की समस्या के समाधान में सहायक होता है।

(3) यौन भेद का अध्ययन—बाल और बालिका के यौन भेदों को ज्ञात करने में बुद्धि परीक्षण सहायक है।

1. यौन-भेद और विशिष्ट योग्यता के अन्तरों को ज्ञात करके समायोजन सम्बन्धी अनेक समस्याओं का समाधान किया जा सकता है।
2. यौन-भेद और बुद्धि के विकास की सीमा
3. यौन-भेद और बुद्धि में अन्तर।

(4) व्यावसायिक मार्ग-प्रदर्शन—मनोवैज्ञानिक प्रयोगों ने यह सिद्ध कर दिया है कि विभिन्न किस्म के व्यवसाय में अलग-अलग तरह की बुद्धि की जरूरत पड़ती है। बच्चों को मानसिक योग्यता के आधार पर भविष्य के व्यवसाय के लिये परामर्श दिया जाता है जिससे कई प्रकार की समस्याओं को रोका जा सकता है। बालकों को व्यावसायिक मार्ग-प्रदर्शन के माध्यम से उनके क्षमता के अनुसार कार्य करने के लिये प्रेरित किया जा सकता है।

(5) चुनाव—विद्यालयों में विभिन्न क्रियाओं के लिए विधार्थियों का चुनाव करने में भी बुद्धि परीक्षण सहायक हैं।

(i) व्यक्तित्व अवबोध—बालकों में विद्यमान व्यक्तित्व सम्बन्धी दोष इस परीक्षण से स्पष्ट हो जाते हैं। इनका प्रयोग बाल-अपराधी तथा अन्य समस्या को बालकों को समझने के लिये किया जाता है। बालकों के व्यक्तित्व को समझने का अर्थ है, उनके व्यवहार का परिष्कार करना।

(ii) सीखने की क्रिया का मार्ग-प्रदर्शन—बुद्धि तथा सीखने की क्रिया में काफी घनिष्ठ सम्बन्ध होता है। वस्तुतः सीखने की क्षमता का विकास ही बुद्धि है। बुद्धि के सामान्य स्तर का ज्ञान होने पर बच्चों को सीखने की क्रिया में अधिक योग दिया जा सकता है। अधिगम की क्रिया के मार्ग-प्रदर्शन का अर्थ है बालकों के ज्ञान के विकास का मार्ग प्रशस्त होना। बुद्धि परीक्षण इस कार्य में योग देता है।

(iii) अतिरिक्त विकास—यह अतिरिक्त विकास में भी सहायक हैं। बुद्धि परीक्षण के आधार पर प्रतिभावान बालकों को एक ही वर्ष में दो कक्षायें पास कराना तथा उनको किस प्रकार से पढ़ाया जाय, बुद्धि परीक्षण के द्वारा ही सम्भव है। बुद्धि परीक्षण से ही इस बात का पता चलता है कि बालक का कक्षा समूह में किस प्रकार विकास हो रहा है, उसे अतिरिक्त प्रगति चाहिये अथवा नहीं।

(iv) अनुसन्धान—विद्यालय में अनेक प्रकार की समस्याएँ होती हैं, जिनका निदान करने के लिये अनुसन्धान की आवश्यकता पड़ती है। बच्चों से सम्बन्धित प्रत्येक अनुसन्धान में बुद्धि परीक्षण की आवश्यकता पड़ती है।

(v) प्रवेश—विद्यालय विधार्थियों के प्रवेश के समय बुद्धि परीक्षण का प्रयोग करते हैं।

(vi) छात्रवृत्ति—छात्रवृत्ति देने हेतु।

(vii) विशिष्ट योग्यता—विशिष्ट योग्यता परीक्षण से बालकों का चुनाव करके उनका विकास किया जा सकता है।

बुद्धि परीक्षणों की आलोचना

प्रत्येक व्यक्ति के अन्दर कुछ मूल योग्यतायें विद्यमान होती हैं जिनका व्यक्ति के साथ सापेक्षिक संबंध होता है। यह योग्यताएँ परस्पर जुड़ी हुई भी रहती हैं। इसका अर्थ यह हुआ कि एक व्यक्ति में बहुत बड़ी मात्रा में प्राथमिक योग्यतायें हो सकती हैं। स्पष्ट है कि बुद्धि का विचार भी निश्चित रूप से नहीं ले पाया है। अतः बुद्धि परीक्षणों की आलोचना होना स्वाभाविक है। ये आलोच्य बिन्दु इस प्रकार हैं—

(1) भविष्यवाणी में असमर्थता—बुद्धि परीक्षण के द्वारा बालकों के भविष्य की किसी भी प्रकार की घोषणा नहीं की जा सकती है।

(2) विश्वसनीयता का अभाव—बुद्धि-लब्धि पर वातावरण का प्रभाव पड़ता है, परिणामतः वह गतिशील है। आज किसी व्यक्ति की बुद्धि-लब्धि 90 है तो कल 95 हो सकती है। अतः विश्वसनीयता का अभाव रखता है।

(3) वातावरण की कमी—परीक्षण के समय मानसिक योग्यता, वातावरण आदि का प्रभाव बालक की उपलब्धि पर पड़ता है।

(4) सामान्यतर बालकों हेतु उपयोगी—बुद्धि परीक्षण सामान्येतर बालकों के लिये ही उपयोगी हो सकती है।

(5) अनुमान—सामूहिक बुद्धि परीक्षणों में अधिकांश बच्चे अनुमान के आधार पर उत्तर देते हैं, जिसका प्रभाव उनकी बुद्धि-लब्धि पर भी पड़ता है।

(6) विकास वैभिन्नय—मानव का विकास निरन्तर होता रहता है। किसी निश्चित आयु पर निकाली हुई बुद्धि-लब्धि आगे चलकर प्रामाणिक नहीं हो सकती।

(7) यन्त्रों की कमी—बुद्धि मापन के लिये प्रयोग किये जाने वाले यन्त्र (Tools) अपूर्ण हैं, बुद्धि मापन ठीक प्रकार से नहीं किया जा सकता।

(8) मतभेद—बुद्धि के सन्दर्भ में काफी मतभेद सामने आये हैं। मनोवैज्ञानिक का दृष्टिकोण बुद्धि के प्रति जैसा होगा, वैसा ही प्रभाव परीक्षण पर आयेगा।

निष्पादन परीक्षणों के प्रकार

निष्पादन परीक्षण कई प्रकार के होते हैं, जिनका सम्बन्धित विवरण निम्न प्रकार है—

(1) हिली चित्रपूर्ति परीक्षण—इस परीक्षण में परीक्षार्थी को चित्रों को पूरा करना पड़ता है।

(2) सैग्युन आकृतिफलक परीक्षण—इस निष्पादन परीक्षण का निर्माण सैग्युन ने मन्द-बुद्धि बालकों के लिये किया था। इसका प्रयोग आजकल भी कई परीक्षणों के साथ किया जाता है।

(3) पिन्टनर-पेटरसन मापदण्ड—इस मापदण्ड का विकास 1917 ई. में किया गया था। इसके अन्तर्गत 15 परीक्षण हैं जिनका प्रयोग आजकल कई मापदण्डों में किया जाता है।

(4) गुड-एनफ निष्पादन परीक्षण—यह परीक्षण गुड-एनफ ने बनाया था। इनमें बच्चों को मानवाकृति बनानी पड़ती है।

(5) रेविन उत्तरोत्तर रूपांकन परीक्षण—इस परीक्षण का निर्माण प्रौढ़ों तथा बालकों के लिये किया गया। यह परीक्षण एक प्रसिद्ध परीक्षण है।

(6) भाटिया बुद्धि परीक्षण—भारत में भाटिया निष्पादन परीक्षण प्रसिद्ध है। यह 11 वर्ष से लेकर 16 वर्ष तक आयु के बालकों के लिये है। इसके अन्तर्गत पाँच परीक्षण हैं—(i) कोफ्का काष्ठ अनुकृति, (ii) ऐलेक्जेन्डर का पास एलांग परीक्षण, (iii) आकृति चित्रण, (iv) आंकिक तात्कालिक स्मृति परीक्षण (v) चित्र रचना परीक्षण।

लाभ—निष्पादन परीक्षणों ने लिखित बुद्धि परीक्षणों के एकांगीपन की पूर्ति की है। इनके लाभ निम्नलिखित हैं—

1. निष्पादन परीक्षण का उपयोग मानसिक समस्याओं को हल करने एवं चिकित्सालयों में निदान प्रस्तुत करने के उपयोग में लाये जा सकते हैं।
2. ये लिखित तथा शाब्दिक परीक्षणों के पूरक के रूप में कार्य करते हैं। निष्पादन परीक्षणों की सहायता से मूल्यांकन अधिक वैध सिद्ध होता है।
3. मानसिक दृष्टि से हीन व्यक्तियों का भी मापन किया जाता है।
4. ये परीक्षण गूँगे, बहरे तथा विदेशी बालकों के बुद्धि का मापन करने के लिये उपयोगी हुए हैं।
5. इन परीक्षणों के द्वारा व्यक्ति के गुणात्मक व्यवहार का अध्ययन सरलतापूर्वक हो जाता है।

6. निष्पादन परीक्षण छोटे बच्चों के लिये उपयोगी है।
7. इस प्रकार के परीक्षणों में परीक्षार्थी को भय नहीं रहता। पूर्व परीक्षण का प्रभाव भी कम पड़ता है।

दोष—निष्पादन परीक्षण के दोष अग्रलिखित हैं—

1. निष्पादन परीक्षण पर अभ्यास तथा प्रशिक्षण का प्रभाव अधिक पड़ता है। इसमें अधिकांश सामग्री ऐसी होती है जो सरलता से उपलब्ध हो जाती है और उसका अभ्यास कराया जाता है।
2. निष्पादन परीक्षण उच्च मानसिक स्तर के बालकों के लिये उपयोगी नहीं है। इसका उपयोग सामान्य प्रौढ़ों के लिये भी नहीं है।

भाषात्मक

साधारण तौर पर भाषा और वाणी को एक दूसरे का पर्याय मान लिया जाता है किन्तु इन दोनों में पर्याप्त अन्तर है। भाषा वाणी की तुलना में अधिक व्यापक है और इसके अन्तर्गत विचारों के सभी माध्यम सम्मिलित हैं। लिखना, पढ़ना, बोलना, संकेतों का प्रयोग करना, मुखमण्डलीय प्रकाशन, हाव-भाव तथा अनेक कलात्मक अभिव्यक्तियाँ, सभी भाषा के विविध रूप हैं। इस प्रकार, वाणी भाषा केवल एक विशिष्ट रूप कही जाएगी। वाणी में हम भाव को व्यक्त करने के लिए मुख से ध्वनि निकालते हैं या शब्दों को उच्चारित करते हैं। विकास-क्रम में बालक द्वारा पहले ये शब्द अस्पष्ट और अनियन्त्रित ढंग से उच्चारित किए जाते हैं, किन्तु धीरे-धीरे उनमें स्पष्टता आने लगती है। वाणी-विकास के अन्तर्गत वस्तुतः इस बात का अध्ययन किया जाता है कि बच्चे के भीतर किस प्रकार, किस गति से तथा किस अवस्था नें अस्पष्ट और अनियन्त्रित ध्वनियाँ स्पष्ट और शब्दोच्चार में परिवर्तित हो जाती हैं।

भाषा-विकास क्रमिक विकास

बच्चे के भाषा-विकास में कई अवस्थाएँ आती हैं। इनमें क्रंदन बलबलाना, हाव-भाव, शब्द-भण्डार और वाक्य निर्माण की अवस्थाएँ प्रमुख समझी जाती हैं। परन्तु इन विवरणों को समझने के पूर्व हमें यह जान लेना आवश्यक है कि बच्चों के भीतर वास्तविक भाषा का विकास कब प्रारम्भ होता है। जैसा ऊपर बताया गया है, वास्तविक भाषा की दो पहचान या शर्तें बतलाई गई हैं। बच्चों की भाषा की शुरुआत तब होती है जब वह शब्दों का सही उच्चारण करने लगे। बच्चे जिन शब्दों को बोलने

की कोशिश करते हैं वह उसे स्वयं और दूसरे को समझाने की ही कोशिश होती है। वह उनका संबंध उचित वस्तुओं के साथ स्थापित कर सके। उदाहरण के लिए, जब बच्चा कुत्ते को देखकर 'कुत्ता' शब्द बोल सके, तभी यह कहा जा सकता है कि वह समझ-बूझकर शब्दों का उपयोग कर रहा है।

वास्तविक भाषा उपयोग करने से पहले सभी बच्चे अपनी जरूरतों को हाव-भावों तथा अन्य प्रतीकात्मक शारीरिक चेष्टाओं द्वारा व्यक्त करते हैं। अतः इन साधनों को वास्तविक भाषा के पहले की अभिव्यक्तियाँ माना जाता है। इस कोटि की अभिव्यक्तियों में क्रन्दन, बलबलाने तथा हाव-भावों की गणना की जाती है। इनका इतिहास उपलब्ध न होने के कारण यह ठीक-ठीक नहीं कहा जा सकता है कि इन अभिव्यक्तियों का विकास मनुष्य शरीर के अन्दर किस तरह हुआ। शिशुओं में अपने भाव एवं शारीरिक आसनों को दूसरे के सामने प्रकट करने की समझ पूर्ण रूप से पाई गई है अतः वे अपनी बात को दूसरे के सामने इतने प्रभावशाली ढंग से करते हैं कि उनका अर्थ सभी एक-सा ही समझते हैं। जैसे किसी खाने की वस्तु से मुँह मोड़ लेने का अर्थ 'नहीं' और वस्तु के लिए मुँह खोलने का अर्थ 'हाँ' समझा जाता है। कुछ हाव-भाव का प्रयोग सयाने लोगों के द्वारा भी किया जाता है जिन्हें उनकी गुप्त वार्तालाप का साधन समझना चाहिए। पति-पत्नी और मित्र-मण्डलियों में कभी-कभी इस तरह क गुप्त भाषा का प्रयोग किया जाता है। नीचे भाषा-विकास की विभिन्न अवस्थाओं का विवरण प्रस्तुत है—

(1) बलबलाना—बच्चे का रोना ही उसके बलबलाने या विस्फोटक ध्वनियों में परिवर्तित हो जाता है। बलबलाने से शब्दोच्चारण का विकास होता है। बलबलाना प्रायः तीसरे महीने की शुरुआत में ही शुरू कर देता है तथा 25 महीनों के अंदर ही वह चलना शुरू कर देता है। स्वर-यन्त्र की परिपक्वता के लिए बलबलाना बहुत जरूरी माना जाता है। बलबलाने में एक ध्वनि की पुनरावृत्ति होती है। बच्चा अन्य लोगों के द्वारा बोले गए शब्दों में से कुछ स्वरों को बार-बार दोहराता है तो उन्हीं से क्रमशः मामा, बाबा, पापा, नाना, दादा आदि शब्दों का विकास होता है। बलबलाने में जो मुख्य बातें दिखलाई पड़ती हैं उनमें से एक यह भी है कि बच्चा स्वर को ही दोहराता है और व्यंजनों का उच्चारण बाद में करता है। अतः सबसे पहले अ, इ, उ, ए आदि स्वर दोहराए जाते हैं। यही नहीं, जब बच्चा कोई व्यंजन भी दोहराता है तो उसके साथ कोई स्वर भी अवश्य जुड़ा रहता है। उदाहरण के लिए, वह पहले 'म' के स्थान पर 'मा' और 'प' के स्थान पर 'पा' बोलता है। बलबलाने की क्रिया अनुकरण पर आधारित होती है। अपने माँ-बाप और अन्य मनुष्यों को निरन्तर बोलते

हुए सुनकर बच्चे उनका अनुकरण करते हैं और स्वर ध्वनियों को दोहराते हैं। शनैः शनैः वे सम्बद्धता के आधार पर इन शब्दों का अर्थ भी समझने लगते हैं। इस समस्या को लेकर मनोवैज्ञानिकों के मध्य बड़ा वाद-विवाद चला कि बलबलाना अनुकरण के कारण होता है या अन्य किसी कारण। मैकार्थी और मोवर के मतानुसार-बच्चे बलबलाने की क्रिया ध्वनिप्रियता के कारण करते हैं। ध्वनियों को दोहराने में उन्हें आनन्द आता है। वे बलबलाने को एक खेल समझते हैं।

(2) चिल्लाना और रोना—बच्चे के जीवन की शुरुआत ही रोने और चिल्लाने के साथ होती है। बच्चे अपनी बात को पूर्ण रूप से न बोल पाने अथवा दूसरों पर प्रकट न कर पाने की वजह से रोना अथवा चिल्लाना शुरू कर देते हैं जो इस बात का प्रतीत होता है कि उन्हें कोई-न-कोई परेशानी अवश्य है जिससे वे इस प्रक्रिया को प्रकट कर रहे हैं। तीन-चार सप्ताह के बच्चे के रुदन को सुनकर यह स्पष्टतः समझ में आने लगता है कि उसे भूख या दर्द का अनुभव हो रहा है। परन्तु इससे कम उम्र के शिशुओं का रोना सर्वथा अनियमित होता है और शिशु खुद उसका अर्थ नहीं समझ पाता। बच्चे का रोना-चिल्लाना जितना ही तेज होता है उसके अन्दर उतनी ही शारीरिक चेष्टाएँ जैसे, हाथ-पैर पटकना और शरीर को पलटना इत्यादि भी पाया जाता है। इसके अतिरिक्त, रोते समय बच्चों के चेहरे का रंग लाल हो जाता है और साँस लेने की गति अनियमित और अनियन्त्रित हो जाती है। एक माह से बड़े बच्चों की आँखों से रोते समय आँसू भी बहने लगते हैं। परन्तु ज्यों-ज्यों बच्चा बड़ा होता जाता है, भूख-प्यास, सर्दी-गर्मी, पीड़ा, पेट में दर्द, साँस की गति में आकस्मिक अवरोध, तेज प्रकाश, ध्वनि तथा किसी संवेग की अनुभूति के कारण प्रायः बच्चों में रोने की क्रिया देखी जाती है।

बच्चों के रुदन और क्रन्दन की विशेषता उस समय दिखलाई पड़ती है जब वे रो-रोकर या क्रन्दन ध्वनि द्वारा अन्य मनुष्यों का ध्यान अपनी ओर आकर्षित करते हैं। रोने को वे अपनी जरूरत-पूर्ति का साधन समझते हैं। इसलिए रोना उन बच्चों में ज्यादा पाया जाता है जिनके माँ-बाप उनकी ओर पर्याप्त ध्यान नहीं दे पाते। अतः बालक के शारीरिक स्वास्थ्य और व्यक्तित्व के समुचित विकास के लिए यह जरूरी है कि उन्हें रोने का कम अवसर दिया जाए। शारीरिक कमजोरी और चिड़चिड़े स्वभाव के कारण शुरू में बच्चे ज्यादा रोते हैं। फिर भी भाषा के विकास-क्रम में रोने का अपना महत्त्व है, क्योंकि इसी से भाषा का विकास प्रारम्भ होता है।

(3) हाव-भाव—रोने और बलबलाने की तरह हाव-भाव भी बच्चों के भाषा-विकास में अपना महत्त्वपूर्ण स्थान रखते हैं। बच्चों में हाव-भाव का निर्माण

बलबलाने के साथ-साथ ही होने लगता है। बड़े बच्चों की तुलना में छोटे बालकों के हाव-भाव में विभेद पाया जाता है। बड़े बच्चे उच्चारित वाक्यों के अनुसार हाव-भाव व्यक्त करते हैं। अतः बच्चों के हाव-भाव को शब्दों का स्थानापन्न समझना चाहिए। हाथ फैलाकर, मुस्कराकर और उँगली को नचा कर अनेक भावनाओं और विचारों को मूक भाषा में व्यक्त करता है। अतः हाव-भाव विचारों की अभिव्यक्ति का एक सुगम साधन है जो बचपन में शब्दों के स्थान पर उपयोग में लाया जाता है।

(4) शब्द-भण्डार—आयु वृद्धि के साथ-साथ बच्चों के शब्द-भण्डार में भी वृद्धि होने लगती है। (1) शुरुआत में वह संज्ञाओं का प्रयोग अधिक करता है। दो वर्ष का बच्चा तो लगभग 50 प्रतिशत से भी अधिक संज्ञाएँ बोलता है। ये संज्ञाएँ प्रायः खाने-पीने की चीजों, खिलौना, कपड़ा और व्यक्तियों से सम्बन्धित होती हैं। (2) संज्ञाओं के बाद क्रियाओं का प्रयोग होता है। साधारण क्रिया-सूचक शब्द, जैसे—आओ, जाओ, लो, दो, पकड़ो, सो जाओ, खाओ आदि का प्रयोग बच्चे सबसे पहले करते हैं। वे इन शब्दों के अर्थ भली-भाँति समझने भी लगते हैं। (3) डेढ़ साल की अवस्था में ही विशेषण शब्दों का प्रयोग बच्चों में देखा जाता है। परन्तु जिन विशेषण शब्दों को वे बोलते हैं वे भोजन की वस्तुओं और खिलौने से ही सम्बन्धित होते हैं। प्रारम्भ में अधिकतर अच्छा, बुरा, गरम, ठंडा आदि विशेषणों का प्रयोग किया जाता है। (4) तीन वर्ष का बालक सर्वनाम का भी प्रयोग करने लगता है। मुख्यतः वह, मेरा, मैं, मुझे, तू, तेरा, तुझे, वह, उसका और उसे सर्वनामों को बोलता है। शुरू में उसे यह समझने में पर्याप्त कठिनाई का पता चलता है कि मैं, मेरा और मुझे, में से कौन-सा शब्द कब बोलना चाहिए। अतः वह सर्वनामों का प्रयोग कम करता है। (5) अन्य प्रकार के शब्द में से अव्यय, संयोजक तथा विभक्तियों का प्रयोग 5-6 वर्ष की अवस्था में देखा जाता है।

स्मिथ, शर्ली, गेसेल तथा थाम्पसन आदि ने बच्चों के शब्द-भण्डार और शब्द-चयन संबंधी अध्ययन के माध्यम से बताया है कि बालकों में तीन वर्ष की अवस्था में 900, चार साल में 1500 तथा पाँच व छः वर्ष की अवस्था में 2500 शब्दों को बोलने और समझने की क्षमता होती है। इस प्रकार दिन-प्रतिदिन उसके शब्द-भण्डार में वृद्धि होती जाती है।

गेसेल और थाम्पसन ने अपने एक अध्ययन में बतलाया है कि 52 सप्ताह के बच्चों ने जिन शब्दों का प्रयोग किया उनका सम्बन्ध निम्नांकित वर्गों से था—

1. व्यक्तियों से, 2. स्वयं से, 3. जानवरों से, 4. सामाजिक सम्बन्धों से, 5. खाने-पीने की वस्तुओं से, 6. क्रियाओं से, 7. वस्तुओं के गुणों से, 8. निर्जीव पदार्थों से, 9. चिल्लाकर लोगों के ध्यान को आकर्षित करने से।

अंतर स्पष्ट (सामान्य शब्द भण्डार और विशिष्ट शब्द भण्डार)—सामान्य शब्द भण्डार के अंतर्गत बच्चों के उन शब्दों की गणना की जाती है जिन्हें बोलना आम बात होती है जो वह अक्सर बोलता रहता है। इस स्थिति के अंतर्गत आने वाले शब्द इस प्रकार हैं—(1) मम्मी-पापा, (2) लेना-देना, (3) आना-जाना, (4) दादा-दादी, (5) चाचा-चाची, (6) अच्छा-बुरा, (7) खिलौना इत्यादि।

विशिष्ट शब्द भण्डार के अंतर्गत बच्चों के उन शब्दों की गणना की जाती है जिन्हें बच्चा खास अवसरों में ही बोलता है। बच्चे में 3-4 वर्ष की आयु में इन शब्दों को बोलने का ज्ञान प्राप्त होता है और 6 वर्ष की आयु में वह ठीक ढंग से इन शब्द को बोल पाता है। इस स्थिति के अंतर्गत आने वाले शब्दो इस प्रकार हैं—

1. शिष्टाचार के शब्द जैसे—जी, आप, श्रीमान, जनाब, साहब, महाशय, धन्यवाद आदि।
2. रंग सम्बन्धी शब्द जैसे—लाल, हरा, नीला, पीला आदि।
3. अशिष्ट शब्द जैसे—गाली के शब्द या अन्य गन्दे अर्थ देने वाले शब्द आदि।
4. संख्यात्मक शब्द जैसे—एक, दो, दस, सौ आदि।
5. समय सम्बन्धी शब्द जैसे—सुबह, दस, दोपहर, शाम, महीना, वर्ष, आज, कल आदि।

(5) व्याकरण उच्चारण संबंधी दोष—बालक के भाषा-विकास की आखिरी अवस्था वह होती है, जब वह व्याकरण के दोषों को सुधारता है और शब्दोच्चारण को शुद्ध करता है। तीन वर्ष के बालक की भाषा में बहुत अधिक व्याकरण के दोष पाए जाते हैं। शब्दोच्चारण में विशेष रूप से बालक व्याकरण संबंधी गलतियाँ करते हैं इन गलतियों को यदि समय रहते ठीक न किया जाये तो बालकों के अशुद्ध भाषा बोलने की प्रवृत्ति विकसित हो जाती है। व्याकरण के दोष प्रायः उस समय से सुधरने लगते हैं जब बातक पाठशाला जाना आरम्भ कर देता है। बालक की भाषा में व्याकरण के दोषों के अलावा शब्दोच्चारण के दोष भी पाए जाते हैं। यह दोनों प्रकार के दोष घर के वातावरण के कारण विकसित होते हैं।

बच्चे अपने माता-पिता और परिवार के अन्य सदस्यों द्वारा बोले गए शब्दों और उच्चारण को दोहराने का प्रयास करते हैं। अतः कई शब्दों का वे गलत उच्चारण करने लगते हैं। परन्तु उच्चारण की अशुद्धि का एक और भी कारण होता है। जब तक

बच्चों की जीभ, गला, और स्वर-यन्त्र पूर्ण रूप से परिपक्व नहीं हो पाता है और उनके परिपक्व हो जाने के बाद काफी अभ्यास नहीं किया जाता है, तब तक शब्दों का उच्चारण ठीक नहीं हो पाता। उदाहरण के लिए, बहुत छोटी अवस्था में बच्चा 'र', 'स' और 'क्ष' आदि अक्षरों का ठीक उच्चारण नहीं कर पाते। 'र' को बच्चे प्रायः 'ल' उच्चारित करते हैं और 'रोटी' को 'लोटी' या 'ओटी' कहते हैं। यह त्रुटि अनुकरण के कारण ही नहीं बल्कि अपरिपक्वता और अनाभ्यास के कारण होती है। छः साल की अवस्था में अनुकरण की प्रवृत्ति इतनी तीव्र होती है कि बच्चे अपने शब्दों के उच्चारण में बहुत अधिक सुधार ला सकते हैं। अतः पाठशालाओं में शुद्ध उच्चारण पर ध्यान दिया जाता है। जैसे-जैसे बच्चा बड़ा होता है, वैसे-वैसे उसको शुद्ध उच्चारण की आदत पड़ती है और विशाल एवं शुद्ध भाषा का विकास होने लगता है।

(6) वाक्य-चयन—बच्चों द्वारा अपने विचार और भाव व्यक्त करने के लिए शब्द चयन कर वाक्य निर्माण ही भाषा की मुख्य अवस्था है। बच्चे अपने वाक्यों को पूरी तरह से न बोलकर भी अपने एक शब्द से दूसरों को यह व्यक्त कर देते हैं कि उन्हें किस वस्तु की आवश्यकता है या उन्हें किसके पास जाना है। इस प्रक्रिया को संज्ञा शब्द कहा जाता है। उदाहरण के लिए, यदि बच्चा किसी से 'मम्मी' शब्द कहता है तो इसका अर्थ यह होता है कि 'मुझे मम्मी के पास ले चलो।' यदि वह 'गुड़िया' कहता है तो इसका अर्थ है कि 'मुझे गुड़िया दो।' ऐसे एकपदीय वाक्यों को बच्चे एक और डेढ़ वर्ष के बीच बहुत ज्यादा बोलते हैं। ऐसे वाक्यों के साथ हाव-भाव भी जरूर प्रदर्शित किए जाते हैं। यदि बच्चों को बाहर घूमने की इच्छा होती है, तो वह उँगली से इशारा करके कहता है 'वहाँ'। एकपदीय वाक्यों में संज्ञाओं के अतिरिक्त प्रश्न-सूचक शब्दों का भी बाहुल्य देखा जाता है।

तीन-चार वर्षों में बालकों द्वारा बोले गए वाक्यों में क्रमशः शब्दों की संख्या बढ़ने लगती है। मैकार्थी के अनुसार 3 वर्ष का बच्चा और 4 वर्ष का बच्चा 4 या 5 शब्दों का उपयोग अपने वाक्यों में करता है। ऐसे वाक्यों में संज्ञाओं, क्रियाओं और विशेषणों का मिश्रण होता है। इसलिए वाक्य-निर्माण की इस अवस्था को अपूर्ण वाक्य की अवस्था या लघु-वाक्य की अवस्था कहा जाता है। इस अवस्था में जैसे वाक्य बोले जाते हैं उनके कुछ नमूने इस तरह हैं—'रोटी बिल्ली खाई', 'दीदी स्कूल गई'। इसी तरह 5 वर्षों में छः से दस शब्दों तक का उपयोग बालक अपने वाक्यों में करने लगता है। वाक्य-निर्माण की प्रक्रिया में एक विशेषता पाई जाती है कि प्रारम्भ में बच्चे सिर्फ साधारण वाक्य ही बोलते हैं। मिश्रित और संयुक्त वाक्यों का प्रयोग वे बाद में 5-6 वर्ष की अवस्था में कर पाते हैं।

भाषा विकास के प्रमुख सिद्धान्त

मानव द्वारा उपयोग की जाने वाली भाषा और उसके शब्दों का अभिप्राय उपयोगिता तथा समझने की कुशलता का विकास कैसे हुआ? विद्वानों ने भाषा को सामूहिक उपलब्धि माना है। वस्तुतः व्यक्ति जो भाषा सीखता और प्रयोग में लाता है उसमें उन सहस्त्रों शब्दों और अर्थों का समावेश होता है जो युग-युगान्तर से उसके समाज के सदस्य बोलते रहे हैं। मानव-भाषा का इतना विशाल भण्डार अकेले किसी एक व्यक्ति द्वारा निर्मित नहीं किया जा सकता। कोई मनुष्य किसी विशिष्ट भाषा, जैसे अंग्रेजी या हिन्दी के सभी शब्दों को नहीं सीख सकता। कोई भी व्यक्ति अपने सीमित सामाजिक परिवेश में रहते हुए उसमें प्रचलित भाषा को किसी सीमा तक अवश्य अर्जित कर लेता है जिससे वह समाज में समायोजन जीवनयापन कर सके।

मनोवैज्ञानिकों ने मानव प्राणी में भाषात्मक कौशल के विकास को तीन भिन्न दृष्टिकोणों से समझने का प्रयास किया है। इस सन्दर्भ में निम्नलिखित सिद्धान्तों का प्रतिपादन किया गया है।

1. परिपक्वता सिद्धान्त
2. अधिगम सिद्धान्त
3. संज्ञानात्मक सिद्धान्त।

1. परिपक्वता सिद्धान्त

परिपक्वता सिद्धान्त इस बात पर विशेष ध्यान देता है कि भाषा-विकास के लिए सम्बन्धित शारीरिक अंग का परिपक्व होना जरूरी है। परिपक्वता एक आन्तरिक जैविक प्रक्रिया का नाम है जो अनुवंशिक शक्ति द्वारा नियन्त्रित होती है। ध्वनियों की उत्पत्ति या शब्दोच्चारण में शरीर के अंगों का योगदान होता है। गला, फेफड़ा, जीभ, तालू, होंठ, मुँह, नाक, दाँत, स्वरयंत्र तथा मस्तिष्क में वाणी केन्द्र सभी वाणी के विकास के साथ सम्बन्धित होते हैं। समुचित भाषा-विकास के लिए इन सभी अवयवों का पूर्ण रूप से परिपक्व होना आवश्यक है। परन्तु उक्त सभी अवयव एक ही समय या एक ही साथ परिपक्व नहीं हो पाते। इन अवयवों के अपरिपक्व होने के कारण ही छोटे बच्चों में अस्पष्ट ध्वनियाँ सुनने को मिलती हैं। परिपक्वता की प्रक्रिया सार्वभौमिक होती है और सभी सामाजिक, सांस्कृतिक परिवेशों में विकसित होने वाले बच्चों में समान रूप से पाई जाती है। सभी बच्चों के लिए भाषा के क्षेत्र में शारीरिक अवयवों का पूर्ण रूप से परिपक्व होना बहुत महत्त्व रखता है।

एक बार आवश्यक परिपक्वता प्राप्त हो जाने के बाद कोई भी बच्चा अपने परिवेश में प्रचलित किसी भी भाषा को आसानी से सीख सकता है।

2. संज्ञानात्मक सिद्धान्त

भाषा विकास के संज्ञानात्मक सिद्धान्त का मूल भाव यह है कि बालक अपने परिवेश से जो कुछ सीखते हैं उसको प्रकट करने के लिए उचित शब्दों और व्याकरण के सिद्धान्तों को सीखते हैं। इस प्रकार बच्चों की भाषात्मक क्षमता उनके संज्ञान-विकास के साथ सम्बद्ध होती है। जन्म के कुछ महीनों बाद से ही बच्चा पर्यावरण के तत्त्वों के प्रति जानकारी प्राप्त करना चाहता है और उसी उत्सुकता के कारण वह इस विषय को जल्दी ही सीख जाता है। शीघ्र ही एक ऐसी अवस्था आ जाती है जब वह वस्तुओं और घटनाओं को सक्रिय रूप से जानने का प्रयास करने लगता है। बच्चा अपने अनुभवों के सम्बन्ध में दूसरों से उनके प्रति जानकारी एकत्रित करना चाहता है अपितु ऐसा वह तभी कर सकता है जब उसे आवश्यक शब्दों का पूर्ण रूप में ज्ञान हो। उदाहरण के लिए एक छोटी उम्र का बच्चा यह अनुभव करता है कि वातावरण में वस्तुओं की सत्ता है, कभी-कभी कुछ वस्तुएँ विलुप्त हो जाती हैं तथा कभी-कभी विलुप्त वस्तुएँ पुनः उपलब्ध हो जाती हैं। अब बच्चा अपने उक्त अनुभवों की अभिव्यक्ति से पहले वस्तुओं के नाम सीखता है। वह जितनी वस्तुओं को देखता है, सभी के नामों को जान लेना चाहता है। इस तरह जितना व्यापक बच्चे का अनुभव होता है उतना ही विशाल शब्द-भण्डार उसके अन्दर निर्मित हो जाता है।

अनेक वस्तुओं के नामों को स्मरण कर बच्चा अपने इस अनुभव को व्यक्त करता है कि वातावरण वस्तुओं से परिपूर्ण है। बाद में वह इन वस्तुओं में होने वाले परिवर्तनों को व्यक्त करने के लिए भी जरूरी शब्दावली को अर्जित करता है जैसे, वह कहता है ('गेंद खो गई'), ('खिलौना टूट गया'), ('टॉफी खो गई')—ये सभी अभिव्यक्तियाँ वस्तुओं के विलोप से सम्बन्धित हैं। बच्चे का एक अन्य अनुभव यह होता है जिससे कुछ वस्तुओं या घटनाओं को पुनः उपलब्ध होने की बात जुड़ी हुई होती है। ऐसे अनुभवों को व्यक्त करने के लिए वह ऐसे शब्दों और वाक्य रचना को सीखता है, जैसे 'मुझे टॉफी ला दो'। इस तरह भाषा सम्बन्धी संज्ञानात्मक सिद्धान्त बच्चे में होने वाले भाषा-विकास को संज्ञान-विकास का फल मानता है।

उपरोक्त सिद्धांतों में प्रत्येक भाषा-विकास को अलग-अलग दृष्टि से बच्चे किस प्रकार अपने वाक्यों को व्यक्त करता है इस बात की पूर्ण जानकारी उपलब्ध

है। भाषा विकास की गतिविधियों को सही-सही समझने के लिए हमें तीनों सिद्धान्तों के मूल तथ्यों को स्वीकार करना चाहिए।

3. अधिगम सिद्धान्त

पावलव, स्किनर, बैण्डूरा, चामस्की आदि मनोवैज्ञानिक ने बालक के भाषा विकास के संबंध में अलग-अलग नियमों का उल्लेख किया है। भाषा विकास अधिगम का परिणाम है। दूसरी शारीरिक क्रियाओं के समान ही बालक द्वारा भाषा कुशलता का अर्जन किया जाता है।

अनुबन्धन का केन्द्रित तथ्य शब्दों एवं अर्थों के बीच साहचर्य निर्मित होने से ही है। बच्चे के सामने जब गुड़िया नाम की वस्तु उपस्थित की जाती है और साथ ही 'गुड़िया' शब्द भी बोला जाता है तो वह उस शब्द और वस्तु के बीच सम्बन्ध समझने लगता है। जब यह बात कई बार दोहराई जाती है तो गुड़िया वस्तु और 'गुड़िया' शब्द के बीच साहचर्य निर्मित हो जाता है। उस साहचर्य के कारण भविष्य में 'गुड़िया' शब्द सुनकर बच्चे के मानस पटल पर गुड़िया वस्तु की प्रतिमा अंकित हो जाती है। अब वह यह समझने लगता है कि यह शब्द किस वस्तु के लिए बोला गया है। इसी प्रकार, जब बच्चे को गुड़िया दिखलाई जाती है तो वह 'गुड़िया' शब्द उच्चारित करने लगता है। इस तरह बच्चा विभिन्न नए शब्दों का अर्थ अर्जित कर लेता है और अनुबन्धन प्रणाली के आधार पर वह बोलना सीख लेता है।

बैण्डूरा का मानना है कि बच्चे अपने परिवेश के जरूरी मनुष्यों जैसे माता-पिता, भाई-बहन, अध्यापक और सहपाठी के अनेक व्यवहारों का अवलोकन एवं अनुकरण करते हैं। अन्य व्यवहारों की भाँति वे भाषा का भी अनुकरण करते हैं। इसी कारण बच्चों में बुरी आदतें एवं गन्दी भाषा का विकास होने लगता है। इस प्रक्रिया को सामाजिक अधिगम कहा जाता है अतः इसमें समाज के महत्त्वपूर्ण व्यक्ति नमूनों के रूप में अपनाए जाते हैं। सामाजिक अधिगम के परिणामस्वरूप व्यक्ति न केवल विशाल शब्द-भण्डार, शब्दों का उच्चारण और शब्दों का अर्थ एवं प्रयोग सीखता है बल्कि वह बोलने की शैली तथा वार्तालाप की कला भी सीख लेता है। इस विधि द्वारा भाषा सीखने में न तो बहुत अधिक अभ्यास की आवश्यकता पड़ती है और न ही पुनर्बलन या प्रलोभन ही आवश्यकता होती है।

सन् 1954 में जिनेरेत्वि नामक ग्रामर सिद्धान्त को नोम चामस्की ने समाज को विकसित किया था। इसी की वजह से भाषा अध्ययन के क्षेत्र को एक नया सिद्धान्त प्राप्त हुआ था। चाम्स्की के जेनेरेटिव ग्रामर के सिद्धान्त का केन्द्रीय तथ्य

यह है कि बच्चे शब्दों की एक निश्चित संख्या से कुछ नियमों का अनुसरण करते हुए अनेक वाक्यों का निर्माण कर सकते हैं। इन शब्दों से बनाए हुए पृथक्-पृथक् वाक्यों के अर्थ अलग-अलग होते हैं। ऐसे वाक्यों के निर्माण में बच्चे जिन नियमों द्वारा निर्देशित होते हैं, उन्हें ही जेनेरेटिव ग्रामर की संज्ञा दी गई है। चाम्स्की का विश्वास था कि एक ही शब्द समूह को अलग-अलग क्रम में व्यवस्थित करने तथा नए-नए सन्दर्भों में प्रयोग करने की क्षमता और व्याकरण के नियमों के पालन की कुशलता बच्चों में छोटी उम्र में ही विकसित होने लगती है।

चाम्स्की के तर्क को नीचे दिए गए उदाहरण की सहायता से समझा जा सकता है। मान लीजिए हम कोई साधारण-सा वाक्य लिखते हैं, जैसे—बच्चे ने सेब खाया। अब हम इन्हीं शब्दों की सहायता से अर्थ के आधार पर कई तरह के वाक्यों की रचना कर सकते हैं। जैसे—

बच्चे ने सेब खाया	(विधानार्थक वाक्य)
क्या बच्चे ने सेब खाया?	(प्रश्नवाचक वाक्य)
बच्चों, सेब खाओ।	(आज्ञासूचक वाक्य)
बच्चे ने पूरा सेब खा लिया।	(विस्मयबोधक वाक्य)

वयस्क व्यक्ति ऊपर के चार वाक्यों को एक-दूसरे से अलग समझते हैं क्योंकि वे औपचारिक व्याकरण का ज्ञान रखते हैं। किन्तु बच्चों का व्याकरण वयस्कों से कुछ भिन्न होता है। वे वाक्यों को बोलने में अनौपचारिक व्याकरण के नियमों का पालन करते हैं। चाम्स्की ने वाक्यों की ऊपरी सतही संरचना और आंन्तरिक संरचना में भेद किया है। ऊपर दिये गए सभी वाक्यों के एक ही रचना एवं भाव की दृष्टि के समान हैं परन्तु इसके बावजूद भी ये बाह्य रचना में भिन्न-भिन्न लग रहे हैं। चामस्की का मत है कि बच्चे छोटी अवस्था में वाक्यों की भीतरी संरचना को ही सीखते हैं और उन्हीं शब्दों को भिन्न-भिन्न प्रकार से व्यवस्थित कर नए अर्थों को व्यक्त करने वाले वाक्यों का निर्माण सरलता से कर लेते हैं। ऐसा करने से बच्चे जिन नियमों का पालन करते हैं उन्हें ही चाम्स्की ने जेनेरेटिव ग्रामर का नाम दिया है क्योंकि इन नियमों के अनुप्रयोग से नए-नए वाक्यों की उत्पत्ति होती है।

इस तरह चाम्स्की ने बतलाया है कि बच्चे औपचारिक व्याकरण द्वारा नहीं निर्देशित होते बल्कि अनौपचारिक व्याकरण के नियमों को सीखते हैं और इस प्रकार अनौपचारिक व्याकरण को शब्दों के अर्थ के साथ जोड़ देते हैं। चामस्की के नये सिद्धान्त के अनुसार बालकों को भाषा विकास हेतु केवल नवीन शब्दों को सीखना ही नहीं अपितु वाक्यों की अंदरूनी रचनाओं से संबंधित सिद्धान्तों की जानकारी भी

जरूरी होती है, ताकि अलग-अलग शब्दों को व्यवस्थित करके नवीन वाक्य रचना कर सकें।

बाल-भाषा में निहित अन्तर्वस्तु

छोटे बच्चों के शब्द-भण्डार का ज्ञान प्राप्त करने और भाषा की अन्तर्वस्तु को भली-भाँति समझने के लिए यह जरूरी है कि उनके द्वारा बोली गई भाषा का विश्लेषण किया जाए। बालकों द्वारा प्रयुक्त भाषा के माध्यम से ही उनकी विशिष्टता, अभिरुचि, मानसिक योग्यता संबंधी जानकारी प्राप्त होती है। बच्चों की बातचीत का अध्ययन कई मनोवैज्ञानिकों ने किया है और उसका विश्लेषण करके बच्चों की भाषा में पाई जाने वाली अनेक विशेषताओं पर प्रकाश डाला है। बाल-भाषा में पाई जाने वाली कुछ प्रमुख प्रकार की अन्तर्वस्तुओं का विवरण यहाँ प्रस्तुत है–

(1) बच्चों के प्रश्न–बच्चे की बातचीत सवालों से भरी हुई होती है। बच्चा अपने बड़ों से अनेक प्रश्न करता है। ऐसे प्रश्न वह अपनी जिज्ञासा शान्त करने के लिए करता है। परन्तु कभी-कभी चार-पाँच वर्ष का बच्चा अन्य लोगों के ध्यान को अपनी ओर आकर्षित करने के लिए भी प्रश्न पूछता है। यदि सवेरे से रात्रि में सोने के पहले तक की किसी बच्चे की बातचीत का अध्ययन किया जाए तो लगभग 50 प्रतिशत शब्द प्रश्न-सूचक पाए जाएँगे। प्रायः सोकर उठते ही बच्चा कोई न कोई प्रश्न पूछ बैठता है और इसी प्रकार रात में सोने से पहले तक कोई न कोई प्रश्न पूछता रहता है। "They start the day with a question and probably drop off to sleep just before the last question is answered." बड़ों द्वारा दिए गए निर्णय में बच्चों को बहुत अधिक विश्वास होता है और इसलिए वे लगभग 80 प्रतिशत प्रश्नों को बड़ों से ही पूछते हैं।

(2) शब्दों की पुनरावृत्ति–बच्चे की भाषा में प्रायः एक ही शब्द की अनेक बार पुनरावृत्ति देखी जाती है। आयु में छोटा और अनुभव में कम होने के कारण उसके विचार स्पष्ट व्यक्त नहीं हो पाते। अतः वह एक ही शब्द बार-बार दोहराता है। इस दशा में डेविस का अन्वेषण प्रसिद्ध है। डेविस ने 2 से 5 वर्ष के बीच की आयु के 62 खेलते हुए बच्चों का एक घंटे तक निरीक्षण किया। इस अवधि में उनका विश्लेषण करने पर पता चलता है कि प्रति चार शब्दों में एक शब्द बालकों द्वारा जरूर दोहराया गया था। डेविस ने बतलाया कि बातचीत में निपुण न होने के कारण ही बालक शब्दों और वाक्यांशों को दोहराता है। जब वह किसी विचार को जल्दी से

व्यक्त नहीं कर पाता और जब वह नहीं समझ पाता कि आगे उसे क्या बोलना है, तो वह तुरन्त बोले गए शब्दों को दोहरा देता है।

(3) अहं-भावना—छोटी उम्र के बच्चे अधिक चर्चा करके अपनी बात को समझने की प्रक्रिया अकसर दोहराते रहते हैं अतः इस अवस्था को स्वरप्रेम अवस्था कहा जाता है। इसलिए उनकी भाषा में मैं, मेरा, मुझे आदि शब्दों का बाहुल्य पाया जाता है। कुछ बड़े हो जाने पर वे दूसरों के विषय में भी बातचीत करते हैं, परन्तु उस समय भी वे अपने अहं-भाव से पूर्णतः मुक्त नहीं हो पाते। अतः वे अपनी भाषा में प्रायः प्रश्न-सूचक वाक्यों का प्रयोग करते हैं।

(4) भावात्मक सामग्री—बच्चों की भाषा में संवेगों का प्रदर्शन अकसर ही एक आम बात होती है। अतः वे अपनी बातचीत में अधिकतर अपनी मनमानी जैसे कुछ शब्दों को छलकाना शुरू कर देते हैं जैसे आकुलता, क्रोध, भय, प्रेम, घृणा, आशा और निराशा को व्यक्त करते हैं। वे अपने माता-पिता, भाई-बहन तथा घर का जिक्र अपनी बातचीत में इसीलिए करते हैं क्योंकि यह लोग संवेगात्मक परिस्थितियों में उसकी मदद करते हैं। बच्चों की भाषा का अध्ययन करने वाले विद्वानों के मतानुसार-बालक सदैव खुशी या दुःख से जुड़े संवेगों से ग्रस्त रहते हैं। लगातार संवेग की यह अवस्था उनकी भाषा को प्रभावित करती है।

उत्तर-बाल्यावस्था में भाषा-विकास

ऊपर वर्णित भाषा विकास की विशिष्टताओं का संबंध मुख्य रूप से बाल्यावस्था की भाषा से होता है। आयु वृद्धि के साथ बच्चों के अनुभवों, संवेगों में वृद्धि होने लगती है। उनकी सामाजिक और संवेगात्मक अनुभूतियों में मुख्य रूप से व्यापकता आने लगती है। परिणामस्वरूप उनकी भाषा में नित्य नई विशेषताएँ दिखलाई पड़ने लगती हैं। इसमें कोई सन्देह नहीं कि पूर्व-बाल्यावस्था और उत्तर-बाल्यावस्था के बच्चों की भाषाओं में गुणात्मक और परिमाणात्मक दोनों की दृष्टियों से भिन्नता देखी जाती है। बड़े बच्चों के शब्द-भण्डार का आकार-प्रकार, वार्तालाप की सामग्री, बोलने की गति तथा बोले गए वाक्यों की लम्बाई और जटिलता आदि सभी प्रकार की भाषात्मक अभिव्यक्तियों में अन्तर आ जाता है। नीचे बड़े बच्चों में अर्थात् उत्तर-बाल्यावस्था में पाई जाने वाली प्रमुख भाषात्मक विशेषताओं का संक्षिप्त विवरण प्रस्तुत है—

(1) शब्द-भण्डार—जैसे-जैसे बच्चा बड़ा होता जाता है उसकी अपनी कुछ जिम्मेदारी बढ़ने लगती है और वह भी इन सब बदलावों को ग्रहण करने लगता है।

बच्चों में दो प्रकार के शब्द-भण्डार का विकास होता है—सामान्य शब्द-भण्डार तथा विशिष्ट शब्द-भण्डार का। जहाँ तक सामान्य शब्द-भण्डार का प्रश्न है, सम्पूर्ण उत्तर-बाल्यावस्था में इसका बड़ी शीघ्रता से विकास होता है। ऐसा अनेक कारणों से होता है। इस अवस्था में बच्चा विद्यालय के वातावरण में पहले की अपेक्षा अधिक अच्छी तरह समायोजित हो गया होता है। उसे अब कई विषयों की किताबें पढ़नी होती हैं। सामाजिक सम्पर्क की व्यापकता के कारण उसे अन्य मनुष्यों की बातें सुनने और समझने का अवसर अधिक मिलता है। लिखने और बोलने में उसे अब नए शब्दों का बहुलता के साथ उपयोग करना पड़ता है। इन अन्य कारणों से इस अवस्था के बच्चों के सामान्य शब्द-भण्डार का नित्य-प्रति विकास होता रहता है। साथ ही विशिष्ट शब्द-भण्डार भी प्रचुर मात्रा में विकसित हो जाता है। शिष्टाचार के शब्दों को बच्चा अपने विद्यालय के वातावरण से अधिक सीखता है। वर्ण सम्बन्धी शब्द लड़कों को अपेक्षा लड़कियों में अधिक पाए जाते हैं। रुपए-पैसे का उपयोग करने तथा अंकगणित के सवालों को हल करने के कारण उनके अन्दर संख्यात्मक शब्दावली व्यापक होने लगती है। कालसूचक शब्दों का विकास तो इस अवस्था के बच्चों में लगभग सयानों के समान ही हो जाता है। गाली और कसम के शब्द तो दैनिक भाषा के अंग बन जाते हैं, परन्तु समझदार बच्चे ऐसे शब्दों का अर्थ समझने लगते हैं। लड़कियों की तुलना में लड़कों के अंदर बुरे बर्ताव एवं भद्दे शब्दों का आभास देखने को मिलता है। बालक गाली तथा कसम जैसे शब्द अपने परिवेश से ही सीखता है। बचपन की इस अवस्था को गाली की अवस्था कहा जाता है। उनके द्वारा बोते गए गन्दे शब्दों को सुनकर माँ-बाप जितना अधिक चकित रह जाते हैं, कदाचित् उसे उतनी ही अधिक प्रसन्नता और मानसिक सन्तुष्टि का अनुभव होता है।

उत्तर-बाल्यावस्था में विकसित शब्द-भण्डार के सन्दर्भ में 'गुप्त-भाषा' की भी चर्चा कर देना युक्तिसंगत होगा। गुप्त-भाषा एक नए प्रकार की भाषा होती है जिसे लड़के अपने रहस्यों के आदान-प्रदान के लिए विकसित कर लेते है। हरलॉक के अनुसार, इसका उपयोग वह सिर्फ अपने घनिष्टतम् मित्रों के साथ ही करता है। अन्य लोग उसकी गुप्त-भाषा को समझ भी नहीं सकते। गुप्त रहस्यों को मित्रों तक किस प्रकार पहुँचाना है इसका ज्ञान इन बच्चों को भली-भाँति आता है। इस अवस्था के बच्चे गुप्त भाषा का ही प्रयोग करके अपने साथियों तक पहुँचा देते हैं। लड़कों की तुलना में लड़किया सांकेतिक भाषा का उपयोग अधिक करती हैं। वे अपने भावों को प्रकट करने के लिए शारीरिक अंगों द्वारा हाव-भाव प्रदर्शन एवं इशारों का प्रयोग करती

हैं। लिखित गुप्त-भाषा के स्थान पर संकेतों, संख्याओं तथा रेखाचित्रों का प्रयोग किया जाता है। खेलने में लड़के शब्दों का गलत उच्चारण करके या उन्हें तोड़-मोड़कर गुप्त-भाषा का निर्माण करते हैं। ऐसी गुप्त-भाषा इस अवस्था के पूर्व बहुत कम विकसित रहती है।

(2) वाक्य और शब्द उच्चारण—जहाँ तक उत्तर-बाल्यावस्था के लड़कों में वाक्य-रचना का सवाल है, उनके वाक्य पहले की अपेक्षा और अधिक लम्बे और मुश्किल होते हैं। उनके द्वारा लिखे हुए कई वाक्य परस्पर जुड़े हुए होते हैं और इस प्रकार उनमें पैराग्राफ लिखने की आदत विकसित होने लगती है। प्रायः उनमें वाक्य मिश्रित और संयुक्त प्रकार के होते हैं। उत्तर-बाल्यावस्था में बच्चों में अपने भावों को कहने की योग्यता विकसित हो जाती है। व्याकरण की दृष्टि से भी अब उनके वाक्य-निर्माण में उतनी बिखरी हुई नहीं दिखलाई पड़ती, जितनी पहले होती थी। अब बालक प्रश्नसूचक, आदेशात्मक, विस्मयबोधक तथा निषेधात्मक वाक्यों में बहुत अच्छी तरह अन्तर समझने लगता है। बालक के उच्चारण में भी अब कोई विशेष बिखरी नहीं देखी जाती। नए शब्दों के उच्चारण में ज्यादा से ज्यादा एक या दो बार ही बिखरी हुई हो सकती है जिसके बाद बालक उसे सुधार लेता है।

(3) भाषा-सामग्री—जिन पियाजे ने स्वकेन्द्रित और समाज केन्द्रित को ही बच्चों की भाषा चरण बताए हैं। छोटे बच्चों की भाषा का अध्ययन करके यह देखा गया है कि उनकी अधिकांश भाषा स्वकेन्द्रित या स्वयं से सम्बन्धित होती है। वे प्रायः अपने-अपने परिवार, अपनी वस्तुओं तथा अपनी रुचियों, पसन्द और इच्छाओं के विषय में चर्चा करते रहते हैं। ऐसा विशेष रूप से उस समय देखा जाता है जब वे स्वयं से बात करने में व्यस्त रहते हैं। जैसे-जैसे बच्चे का सामाजिक सम्पर्क में विस्तार होता है। उसकी दूसरों के विषय में समझने और कहने की क्षमता में वृद्धि होती है। वह परिवार, पाठशाला, मित्रों, खेलकूद, पशुओं तथा विभिन्न घटनाओं के विषय में ब्यौरे के साथ चर्चा करता रहता है। यही नहीं, वह अब बातचीत में दूसरों की अभिव्यक्तियों का भी बहुत अधिक अनुकरण करता है। अतः इस अवस्था के बच्चों की भाषा स्वकेन्द्रित कम और समाज-केन्द्रित अधिक होती है। सयाने बच्चों की भाषा सामग्री का विश्लेषण करने से यह पता चलता है कि उनमें डींग हाँकने की प्रवृत्ति बहुत अधिक पाई जाती है। परन्तु समझदार बच्चों में अपनी पुस्तक को पढ़ने के लिए उत्साह एवं उल्लास उसी प्रकार का होता है जैसे कोई उत्सव मनाने की तैयारी करता है। अतः इनमें पढाई में ही केवल सफलता पाने की इच्छा नहीं होती अपितु वे बच्चे खेल-कूद में भी बाकी बच्चों से आगे ही होते हैं। अन्य मनुष्यों की आलोचना

की प्रवृत्ति भी उत्तर-बाल्यावस्था के भाषात्मक विकास की एक प्रमुख विशेषता होती है।

स्वर दोष

बच्चों में स्वर उच्चारण संबंधी विभिन्न अशुद्धियाँ पायी जाती हैं, जिनकी वजह से बालक दूसरों के साथ बातचीत करने में झिझक महसूस करता है, और फलस्वरूप आत्महीनता की भावना से पीड़ित हो जाता है। आगे चलकर उसकी मनोवृत्तियों और उसके सामाजिक समायोजन पर इन भाषा-दोषों का बुरा प्रभाव पड़ता है। माता-पिता एवं शिक्षकों की स्वर सम्बन्धी गलतियों को उसके बचपन में ही सुलझा लेना चाहिए जिससे आगे चलकर उसे किसी परेशानी का सामना ना करना पड़े। कुछ दोष वातावरण से सम्बन्धित होते हैं। शिथिल वातावरण और गलत नमूने का अनुकरण करने से गलत उच्चारण का विकास होने लगता है। बालक के भीतर पाए जाने वाले कुछ सामान्य भाषा-दोषों का उल्लेख यहाँ किया जाएगा–

(1) गलत उच्चारण–गलत उच्चारण भाषा का एक ज्यादा ही सामान्य दोष समझा जाता है। अलग उच्चारण के कई रूप हो जाते हैं परन्तु एक रूप जो सबसे साधारण है उसमें बच्चा अक्षरों की ध्वनियों को बदल देता है। उदाहरण के लिए बहुत बच्चे 'र' को 'ल' या 'अ' उच्चारित करते हैं और इस तरह वे 'रोटी' को 'लोटी' या 'ओटी' कहते हैं। कुछ बालक 'स' को 'श' कहते हैं और बहुत से बच्चों को 'स' के स्थान पर 'फ' बोलते हुए सुना गया है। वे 'सही-सही बोलो' को 'फही-फही बोलो' कहते हैं। बिहार राज्य वाले 'ड़' के स्थान पर 'र' और 'प्र' के स्थान पर 'पर' बोलते हैं। इस प्रकार यदि उन्हें 'पेड़' कहना है तो 'पेर' कहेंगे और 'प्रणाम' को 'परनाम' बोलेंगे।

बच्चों में शब्द उच्चारण की अशुद्धि के दो कारण माने जाते हैं–(1) जबड़ों, दाँतों और होंठों की संरचना का ठीक न होना (2) बच्चों में शैशवावस्था की भाषा को बोलने की प्रवृत्ति। कभी-कभी बच्चों के गलत उच्चारण पर माँ-बाप हँसते हैं और उन्हें उसको दोहराने के लिए प्रोत्साहित करते हैं। बालक को खुद गलत उच्चारण में आनन्द आता है। इन कारणों से वह शैशवकालीन भाषा को दोहराता हैं। परिणामस्वरूप इस दोष का विकास हो जाता है। यदि बच्चों को उनके परिवार या पड़ोस में गलत उच्चारण का कोई नमूना भी उपलब्ध हो गया हो तो वह जल्दी ही उसका अनुकरण कर लेता है। जिस गलत उच्चारण का सम्बन्ध वातावरण या शैशवकालीन भाषा से

होता है वह पाठशालीय अवस्था में दूर हो जाता है क्योंकि अन्य बच्चे गलत उच्चारण करने वाले बच्चों का उपहास करते हैं।

(2) अशुद्ध उच्चारण—बालकों की भाषा में अस्पष्ट उच्चारण को एक दूसरा दोष माना जाता है। बच्चों की उच्चारण संबंधी समस्या बच्चों की बुद्धि विकास में रुकावट डालती है अतः बच्चों को गलत उच्चारण बोलते रहने से वे जीवन भर के लिए ऐसी ही प्रक्रिया के साथ चलते रहते हैं और दूसरे को अपनी सही बात का अर्थ समझा नहीं पाते अतः माता-पिता को इस विषय पर गौर कर इनमें शुद्ध उच्चारण बोलने की प्रक्रिया बचपन से ही डाल देनी चाहिए। अस्पष्ट उच्चारण से यह अभिप्राय है कि कभी-कभी बच्चा किसी शब्द के किसी एक अक्षर को उच्चारित ही नहीं करता। जैसे वह 'अध्ययन' को अध्यन या 'समान्तर' को समन्तर कहता है। बहुत छोटे बच्चे 'ट्रेन' को टेन कहते हुए पाए गए हैं। अस्पष्ट उच्चारण की प्रवृत्ति कुछ सयाने बालकों में भी पाई जाती है। बी.ए. कक्षा के कुछ विद्यार्थी प्रायः 'Statistics' को 'Statics' उच्चारित करते हैं।

अस्पष्ट उच्चारण के कई कारण बतलाए गए हैं। यह दोष प्रायः होंठ, जीभ और जबड़े की निष्क्रियता के कारण विकसित होता है। कभी-कभी लकवे के प्रभाव के कारण जीभ की मांसपेशियों के विकृत हो जाने से भी यह दोष उत्पन्न हो जाता है। परन्तु अधिकांश उदाहरणों में अस्पष्ट उच्चारण वातावरण से सम्बन्धित होता है। भय संचार के कारण बच्चे के होंठ और जिह्वा ठीक ढंग से कार्य नहीं कर पाते, इसलिए दूसरों के सामने वे प्रायः अपने मुँह को बन्द ही रखते हैं। कभी-कभी बहुत बिना रुके बोलने के कारण भी बच्चा कुछ शब्दों को स्पष्ट रूप से उच्चारित नहीं कर पाता। यदि बहुत तीव्र बोलने की आदत पड़ जाए तो अस्पष्ट उच्चारण का विकसित होना स्वाभाविक होगा।

(3) तुतलाना—जब एक ही शब्द को बच्चा कई बार दोहराने लगे तो उस प्रक्रिया को तुतलाने की प्रक्रिया कहा जाता है। यदि कोई बच्चा तुतलाता है और उसे कहना है कि 'गाड़ी छूट गई' तो वह कहेगा 'ग ग ग ग गाड़ी छ छ छ छ छूट गई।' इस प्रकार यह स्पष्ट होता है कि तुतलाने में विशेषकर किसी शब्द के प्रथम अक्षर को बार-बार दोहराया जाता है। तुतलाने का दोष जीवन की प्रारम्भिक अवस्था में ही शुरू हो जाता है। ब्लैण्टन ने 400 बच्चों और व्यक्तियों के तुतलाने का अध्ययन किया है। उसने देखा कि अधिकांश बच्चों में तुतलाना ढाई वर्ष की अवस्था में आरम्भ हो गया था। कुछ बच्चों में तुतलाना छः वर्ष की अवस्था में आरम्भ हुआ। इन दोनों अवस्थाओं में बच्चा अपने पुराने वातावरण से निकलकर नए वातावरण में

प्रवेश करता है। ढाई साल की अवस्था में वह बचपन से बाल्यावस्था में प्रवेश करता है। छः साल की उम्र में घर के वातावरण से निकलकर उसे विद्यालय में जाना पड़ता है। इन दोनों अवस्थाओं में बच्चा अपना स्वस्थ समायोजन स्थापित करने में मुश्किलों का अनुभव करता है। परिणामस्वरूप तुतलाने का दोष उसमें विकसित होने लगता है। ब्लैटन ने अपने अध्ययन में बताया है कि अनेक स्थितियों में समायोजन न कर पाने से भी बच्चों में तुतलाने की प्रवृत्ति विकसित होती है। कभी कभी बालक अनजान मनुष्य या समूह के सामने घबराहट या डर के कारण तुतलाकर बोलने लगते हैं। तुतलाने के दोष को सम्बद्धता की विधि द्वारा कुछ सीमा तक दूर भी किया जा सकता है।

(4) हकलाना—हकलाना तुतलाने से सर्वथा अलग होता है। तुतलाने में किसी ध्वनि को बार-बार दोहराया जाता है। लेकिन हकलाने में ध्वनि ही गायब हो जाती है। ध्वनि का गायब होना ही हकलाने का प्रमुख लक्षण माना जाता है। हकलाने की प्रक्रिया में व्यक्ति एक वाक्य को बोलने में अधिक समय लगाता है और एक शब्द बोलने के बाद रुक जाता है अतः वह अपना वाक्य पूरा ही नहीं कर पाता। कुछ देर बाद जब उसका मांसपेशीय तनाव दूर हो जाता है तो वह शेष शब्दों को जल्दी से मुँह के बाहर फेंक देता है। कभी-कभी तुतलाना और हकलाना दोनों साथ-साथ चलते हैं।

हकलाने की उत्पत्ति भी संवेगात्मक परिस्थितियों अर्थात् भय और घबराहट में होती है। थॉर्पे के अनुसार, हकलाने का कारण पूर्ण दर्द का असन्तुलित होना है। स्वर-यन्त्र, गला, जीभ, फेफड़ा और होंठ सभी का सन्तुलन बिगड़ा हुआ होने पर बालक में हकलाने का दोष हो जाता है। ट्रेविस ने हकलाने का कारण मस्तिष्क में श्रवण और वाक्-केन्द्रों का विकृत हो जाना बतलाया है।

बच्चों की भाषा अशुद्धि एवं भाषा दोषों को दूर करने के लिए माता-पिता एवं शिक्षकों को पूर्ण रूप से यह ख्याल रखना चाहिए कि वह बचपन में किस प्रकार से इन्हें दोहराता है अतः इस विषय को बचपन में ही सुधार लेना चाहिए जिससे कि बड़ा होने पर उसे भाषा बोलने में कठिनाई उत्पन्न न हो। जहाँ तक हो सके, उन्हें अन्य बच्चों के साथ खेलने और बोलने का मौका देते रहना चाहिए। शुद्ध उच्चारण पर जोर देने की जरूरत है। इसके लिए यह आवश्यक है कि घर के प्रौढ़ व्यक्ति गलत उच्चारण कभी न करें और बच्चों के सम्मुख गलत नमूने न उपस्थित होने दें। साथ ही, बच्चों के मन से उनके अन्तर्निहित संघर्ष, भय, संकोच और घबराहट का निवारण कर देना चाहिए ताकि वे सबके सामने धड़ाके के साथ बोल

सकें। यदि कोई दोष शरीर से सम्बन्धित है और जन्म से विद्यमान है, तो उसके लिए चिकित्सक से राय लेनी चाहिए। इस तरह बालक के अन्दर स्वस्थ भाषा का विकास होने से उत्तम व्यक्तित्व के विकास में मदद मिलती है।

भाषा-विकास को प्रभावित करने वाले अवयव

हर बालक में एक ही तरह से भाषा विकसित नहीं होती। कोई बच्चा शीघ्र बोलने लगता है, कोई देर में। किसी बच्चे का शब्द-भण्डार अधिक विकसित होता है, किसी को बहुत कम शब्दों की जानकारी होती है। इसी तरह, कोई बच्चा शब्दों का शुद्ध उच्चारण कर पाता है और किसी के अंतर भाषा-सम्बन्धी असंख्यात्मक रूप से पाए जाते हैं। बच्चों में भाषा-विकास की दृष्टि से काफी व्यक्तिगत भिन्नता पाई जाती है। इन व्यक्तिगत भिन्नताओं तथा भाषा के विलम्बित या सीमित विकास के कई कारण होते हैं। बच्चे के भाषा-विकास को प्रभावित करने वाले कुछ मुख्य तत्त्वों पर यहाँ प्रकाश डाला जाएगा–

(1) लिंग भेद–मनोवैज्ञानिकों ने अध्ययन के आधार पर निष्कर्ष निकाला है कि लिंग भेद भी भाषा विकास को प्रभावित करने वाले तत्त्वों में से एक है। जैसा कि प्रायः देखने में आता है कि लड़कों कि तुलना में लड़कियाँ जल्दी बोलना शुरू कर देती हैं। उनका शब्द-भण्डार भी लड़कों से अधिक व्यापक होता है। जहाँ तक उच्चारण का सवाल है, लड़कियाँ प्रायः शुद्ध उच्चारण करती हैं। इसलिए भाषा के दोष लड़कों में अधिक पाए जाते हैं। लड़कियों में छोटे-छोटे वाक्यों के निर्माण और शब्दों को चुनने की क्षमता भी ज्यादा पाई जाती है, अतः भाषा का विकास यौन-भेद पर बहुत कुछ निर्भर होता है। इस दिशा में इर्विन, चेन और मैकार्थी के अध्ययन प्रसिद्ध हैं। मैकार्थी के अध्ययनों से प्रमाणित हुआ है कि सामान्य उम्र के बालक-बालिकाओं में बालिकाओं की भाषा शीघ्र समझ में आ जाने योग्य होती है।

(2) परिपक्वता–क्रियात्मक विकास की तरह भाषा-विकास भी प्रारम्भिक अवस्था में स्नायुओं की परिपक्वता पर निर्भर होता है; जैसे–फेफड़ा, गला, जीभ, होंठ, दाँत, स्वर-यन्त्र तथा मस्तिष्क के वाणी केन्द्र आदि का। जब तक बच्चे के शरीर के इन सभी अंगों का परिपक्व नहीं होता विकास और ये पूर्ण रूप से अपना कार्य करना शुरू नहीं कर देते तब तक वे भाषा को अच्छी तरह से बोलने में समर्थ नहीं होते। इन अंगों के अपरिपक्व रहने पर बच्चों को चाहे जितना प्रलोभन उपस्थित किया जाए, उनके भीतर वाणी कदापि नहीं फूट सकती। परन्तु ज्यों-ज्यों इन सारे

अंगों में दृढ़ता और परिपक्वता आती जाती है, त्यों-त्यों बच्चों की वाणी में विकास दिखलाई पड़ने लगता है।

(3) बुद्धि—बुद्धि और भाषा-विकास में बहुत गहरा सम्बन्ध पाया जाता है। बुद्धि परिणामों से यह ज्ञात किया गया है कि जिन बच्चों में कम बुद्धि होती है अतः वे देर से-बोलना शुरू करते हैं, ठीक इसके विपरीत जिन बच्चों में पूर्ण रूप से बुद्धि होती है वे जल्दी ही भाषा के क्षेत्र में विकसित हो जाते हैं परन्तु इस समस्या को लेकर मनोवैज्ञानिकों में परस्पर मतभेद भी हैं। विशेष रूप से टरमन इस बात को नहीं मानते कि मानसिक मन्दता का प्रभाव भाषा-विकास पर पड़ता है। लेकिन अन्य मनोवैज्ञानिकों ने बालकों की बुद्धि जाँचने के लिए कई तरह के वाचिक परीक्षण और शब्द-भण्डार परीक्षण का निर्माण किया है। इन परीक्षणों की मदद से सामान्य बालकों व मन्द बुद्धि बालकों में भाषा-विकास का अध्ययन किया गया। अधिकांश अध्ययनों में पाया गया है कि सचमुच बुद्धि का प्रभाव भाषा के विकास पर पड़ता है। अधिक बुद्धिमान बालकों के भीतर सुन्दर शब्द-भण्डार, शुद्ध उच्चारण, उपयुक्त शब्द-चयन और शब्दों को जोड़कर वाक्य रचना करने की अधिक क्षमता पाई जाती है।

(4) समाजार्थिक स्थिति—जिन परिवारों की वित्तीय स्थिति उत्तम होती है तथा शिक्षित माँ-बाप की सन्तान भी शुद्ध, सभ्य शब्दों का उच्चारण भाषाओं में उपयोग करती है, उनमें बुरे शब्द का ज्ञान कम होता है अतः परिणामस्वरूप उन बच्चों को माता-पिता बचपन में ही सही शिक्षा प्रदान कराते हैं जिससे बचपन में ही उनका सुधार हो जाता है। इसके विपरीत, निम्न स्तर के परिवारों में लोग भाषा का महत्त्व नहीं समझते। यदि जुड़वाँ बच्चों को जन्म के बाद ही परस्पर विरोधी सामाजिक और आर्थिक दशाओं वाले परिवारों में रख दिया जाए तो, निश्चित ही उनकी भाषा के स्वरूप, शब्द-भण्डार की व्यापकता और उच्चारण की शुद्धता में फर्क दिखाई पड़ेगा।

(5) विभिन्न भाषाओं का प्रयोग—जहाँ पारिवारिक सदस्यों के द्वारा एक से ज्यादा भाषाओं का प्रयोग किया जाता है वहाँ बच्चे की भाषा विकास के क्षेत्र में रुकावट आने लगती है। क्योंकि उसे सभी भाषाओं के शब्दों को याद करना उनका पृथक् उच्चारण करना जटिल लगता है, और साथ ही दो तरह के व्याकरण के नियमों का पालन करना पड़ता है। यह सारा काम बच्चों के लिए बड़ा जटिल होता है। उन्हें दोनों भाषाओं पर समान रूप से ध्यान देने की जरूरत पड़ती है। लियोपोल्ड ने एक ऐसे दो वर्षीय बच्चे की भाषा का अध्ययन किया जिसका पिता जर्मन भाषा और माता अंग्रेजी बोलती थी। उक्त बच्चे द्वारा बोले गए कुल 377 शब्दों में 104 जर्मन भाषा के, 195 अंग्रेजी भाषा के और 78 दोनों भाषाओं में पाए जाने वाले शब्द थे। आगे

चलकर अंग्रेजी शब्द-भण्डार का विकास जर्मन शब्द-भण्डार से बहुत अधिक हो गया। लियोपोल्ड ने निष्कर्ष निकाला कि निःसन्देह दो भाषाओं का प्रयोग बालक के समुचित भाषा-विकास को अवरुद्ध कर देता है और उसके अन्दर घबराहट और अनिश्चितता उत्पन्न कर देता है। दो भाषाओं के प्रभाव के कारण वह जल्दी यह निश्चित नहीं कर पाता कि किसी भाव को व्यक्त करने के लिए वह किस शब्द को प्रयोग में लाए। कई अन्य मनोवैज्ञानिकों ने एक भाषा और दो भाषा बोलने वाले बच्चों की बुद्धि परीक्षा की। प्रमुख रूप से स्टैनफोर्ड-बिने बुद्धि परीक्षण का उपयोग किया गया जिसमें वाचिक प्रश्नों का बाहुल्य था। परिणामों से ज्ञात होता है कि एक भाषा बोलने वाले बच्चे दो भाषा बोलने वाले बच्चों की अपेक्षा बुद्धि के क्षेत्र में अधिक पाए गए।

(6) शब्द-अर्थ साहचर्य—कठिन शब्दों का अभिप्राय समझने के लिए उनको याद रखने की कठिनाई के कारण बच्चों की शब्द ग्रहण क्षमता कम होती है और उसका भाषा विकास भी धीमी गति से होता है। किसी शब्द का अर्थ बच्चे कैसे ग्रहण कर पाते हैं यह अनुबन्धन प्रक्रिया पर निर्भर होता है। जैसे, यदि खिलौना दिखाकर बच्चे के सामने 'खिलौना' शब्द बोला जाता है तो कई बार ऐसा होने पर वह खिलौना शब्द का अर्थ समझने लगता है। भविष्य में जब कभी वह खिलौना शब्द सुनता है या खुद ही बोलता है तो उसके मानस पटल पर खिलौने की प्रतिमा निर्मित हो जाती है। इस प्रकार जिन वस्तुओं की प्रतिमाएँ बच्चों के सामने अंकित हो जाती हैं वे उन्हें शीघ्र याद कर लेते हैं और उनके नामों को सरलतापूर्वक उच्चारित कर पाते हैं।

(7) सीखना और अनुकरण—स्नायुविक परिपक्वता प्राप्त हो जाने और भाषा सम्बन्धी अवयवों के दृढ़ हो जाने के बाद बालक की भाषा का विकास वातावरण पर निर्भर हो जाता है। स्वच्छ वातावरण से बच्चे में कुछ ऐसे तत्त्वों का विकास होता है जिससे उनकी भाषा और अधिक अच्छी होने लगती है और बालक भी पूर्ण रूप से भाषा के क्षेत्र में उत्तरदायी हो जाते हैं। भाषा विकास में सीखने के मौके और अनुकरण प्रमुख तत्त्व माने जाते हैं। जो बालक परिवार के बड़े सदस्यों के साथ ज्यादा रहते हैं अथवा जिन्हें पड़ोस के साथियों के साथ ज्यादा बातचीत का अवसर मिलता है उनका भाषा विकास और शब्द ज्ञान भण्डार ज्यादा विकसित होता है। स्वयं माता-पिता को चाहिए कि वे बच्चों के सामने कुछ न कुछ बोलते रहें। परन्तु वे शब्दों का शुद्ध उच्चारण करें जिससे बालकों में केवल भाषा का ही नहीं, बल्कि शुद्ध भाषा का विकास हो सके। सीखने के अवसर के साथ ही स्वयं बालकों में अन्य लोगों द्वारा बोले गए शब्दों और उनके उच्चारण का अनुकरण करने की प्रबल प्रवृत्ति भी होनी

चाहिए। अनुकरण की प्रवृत्ति तो सभी सामान्य बालकों में 9-10 महीने की अवस्था में उत्पन्न हो जाती है। परन्तु हमें इस बात का ध्यान रखना चाहिए कि वे जिन नमूनों का अनुकरण करते हैं वे उपयुक्त प्रकार के हों। शिक्षित और सुसंस्कृत परिवारों के बच्चे सुन्दर और शिष्ट भाषा का अनुकरण करते हैं और इसलिए उनके शब्द-भण्डार में अच्छे शब्दों का बाहुल्य होता है। इसके विपरीत, अशिक्षितों के बच्चों में भद्दी भाषा विकसित होने लगती है क्योंकि अशिक्षित व्यक्ति अपनी भाषा पर पर्याप्त ध्यान नहीं देता।

(8) अभिप्रेरणा—भाषा विकास में अभिप्रेरणा, प्रलोभन या प्रोत्साहन का भी महत्त्वपूर्ण स्थान होता है। छोटे बच्चों को माताओं और दादियों की ओर से पर्याप्त प्यार-दुलार की आवश्यकता होती है। यही उनके लिए प्रेरणा या प्रोत्साहन का कार्य करता है। ऐसा प्यार-दुलार पाकर बच्चा खिलखिलाकर हँसता है और माता द्वारा बोले गए शब्दों को दोहराने की कोशिश करता है। जुड़वाँ बच्चों के अध्ययन से पता चलता है कि उनके अन्दर भाषा का विकास उतनी जल्दी नहीं हो पाता जितनी जल्दी अकेले बच्चों के भीतर होता है। इसका कारण यह भी हो सकता है कि माता दोनों जुड़वाँओं पर पर्याप्त मात्रा में ध्यान नहीं दे पाती और दोनों में से किसी को भी उचित ढंग से प्यार-दुलार नहीं मिल पाता। बच्चों को पुचकारकर और चुटकी बजाकर बोलने के लिए प्रोत्साहित करना चाहिए। कहा जाता है कि छोटे बच्चे और तोते को बोलना सिखलाना समान रूप से कठिन होता है।

11

विविध अवस्थाओं में समायोजन

हर व्यक्ति के जीवन में कहीं न कहीं कोई कठिनाई अवश्य होती है। व्यक्ति की योग्यता इस बात से नहीं कि उसके समक्ष कितनी परेशानियाँ हैं बल्कि वह उनसे किस प्रकार से सामंजस्य स्थापित करता है। समायोजन, मनोविज्ञान का महत्त्वपूर्ण प्रत्यय और चर ही नहीं है, बल्कि प्रत्येक मनुष्य की यह एक महत्त्वपूर्ण प्रक्रिया या अवस्था है। इस सम्बन्ध में कुछ अधिक कहने से पूर्व आवश्यक है कि इसके अर्थ को समझ लिया जाय।

आइन्जैक और उनके साथियों के अनुसार, "समायोजन वह अवस्था है जिसमें एक ओर व्यक्ति की आवश्यकताएँ तथा दूसरी ओर वातावरण के कुछ दावे पूर्ण रूप से सन्तुष्ट होते हैं अथवा समायोजन वह प्रक्रिया है जिसके द्वारा आवश्यकताओं और दावों में सामंजस्य संबंध प्राप्त होता है।"

उपर्युक्त परिभाषा के आधार पर कहा जा सकता है कि समायोजन के द्वारा व्यक्ति की आवश्यकताओं और वातावरण की माँगों या दावों में सामंजस्य सम्बन्ध प्राप्त होता है। समायोजन में व्यक्ति अपनी आवश्यकताओं या समस्याओं के प्रति यदि ऐसी प्रतिक्रिया करता है कि उसकी समस्याओं और वातावरण की माँगों में एकरसता या सामंजस्य आ जाता है तो व्यक्ति की अनुक्रिया या व्यवहार समायोजित प्रकार का कहा जाता है। यदि सामंजस्यपूर्ण सम्बन्ध स्थापित नहीं हो पाते हैं तो

व्यक्ति का व्यवहार असमायोजित होता है। अतः कहा जा सकता है कि समायोजन एक गतिशील प्रक्रिया है न कि स्थिर प्रक्रिया।

विश्व की हर वस्तु में बदलाव आते है। यहाँ तक मानव में बदलाव आते हैं। विश्व और समाज की परिवर्तित दशाओं में अनेक प्रकार से समायोजन करना पड़ता है। इस समायोजन में हमेशा सफलता भी प्राप्त नहीं होती है।

प्रस्तुत अध्याय में समायोजन के दो पहलुओं पर विचार किया गया है– (1) व्यक्ति किसी प्रकार की समस्याओं के प्रति समायोजन करता है। (2) व्यक्ति समस्याओं के प्रति किन तरीकों से समायोजन करता है।

समायोजन के प्रकार

सामान्यतः व्यक्ति प्रत्येक प्रकार की प्रतिबल परिस्थिति में समायोजन करने का प्रयास करता है, कहीं वह अधिक सफल होता है कहीं कम सफल होता है। अधिकांश परिस्थितियों में उसका समायोजन साधारण होता है। प्रतिबल परिस्थिति कितनी भी तीव्र क्यों न हो वह उसमें समायोजन के लिए संघर्ष अवश्य करता है। समायोजन के प्रयास निम्न दो प्रकार के हो सकते हैं–

1. प्रत्यक्ष प्रयत्न

इस प्रकार के प्रयास में समायोजन के वे तरीके आते हैं जो प्रत्यक्ष होते हैं और जिनमें व्यक्ति अशान्त करने वाली परिस्थिति को परिवर्तित करना चाहता है अथवा अशान्त करने वाली परिस्थिति को हटाना चाहता है या उस परिस्थिति से अपने आपको हटाना चाहता है। संक्षेप में वह तीन प्रकार के समायोजन कर सकता है–(1) आक्रमण (2) सुलह तथा (3) परिस्थिति से पीछे हटना । इनका वर्णन इसी अध्याय में कुण्ठा के प्रति प्रतिक्रिया के तरीके शीर्षक के अन्तर्गत किया गया है।

2. मनोरचनाएँ

प्रतिबल अथवा अन्तर्द्वन्द्व और कुण्ठा से बचने के प्रयास में इन मनोरचनाओं का उपयोग व्यक्ति प्रतिदिन अपने दैनिक जीवन के व्यवहार में भी करता है। अन्तर्द्वन्द्व और कुण्ठा से सम्बन्धित तनाव को कम करने में इन मनोरचनाओं के उपयोग से व्यक्ति का सन्तुलन और समायोजन सामान्य हो जाता है। प्रत्येक व्यक्ति में कुछ-न-कुछ यह भय होता है कि उसके परिचित उसका तिरस्कार न करें, वह निःसहाय न हो जाय या लोग उसे निकम्मा न कहें। इस डर और आपत्ति की

स्थितियों में कुण्ठा और अन्तर्द्वन्द्व बढ़ जाता है। ऐसी दशाओं में भी व्यक्ति आसानी से हार नहीं मानता है और इनसे बचने के लिए मनोरचनाओं का प्रयोग करता है।

ब्राउन के अनुसार मनोरचनाएँ वह चेतन और अचेतन प्रक्रियाएँ हैं, जिनमें आन्तरिक संघर्ष कम होता है अथवा समाप्त हो जाता है। इन मनोरचनाओं का वर्णन करते हुए ब्राउन ने आगे लिखा है कि Id, Ego तथा Super ego के बीच उत्पन्न चेतन या अचेतन संघर्ष या अन्तर्द्वन्द्व भी समाप्त हो जाता है। यह अन्तर्द्वन्द्व बड़े ही इकनोमिकल ढंग से तथा विभिन्न प्रकार से हो सकता है। इन मनोरचनाओं को कोलमैन ने Ego defence mechanism कहकर परिभाषित किया है कि वह व्यक्तियों की प्रतिक्रिया के प्रकार हैं जिनसे व्यक्ति में उपयुक्तता की भावना बनी रहती है तथा इनकी सहायता से व्यक्ति प्रत्यक्ष रूप से दबावपूर्ण परिस्थितियों से सामना करता है, बहुधा ये प्रतिक्रियाएँ चेतन तथा वास्तविकता को विकृत करने वाली होती हैं।

समायोजन से संबंधित समस्याएँ

व्यक्ति अनेक मानसिक अवस्थाओं में विभिन्न प्रकार की अनेक समस्याओं के साथ सामंजस्य और अनुकूलन करता है। वह जिन मानसिक अवस्थाओं में समायोजन करता है, उनमें से कुछ प्रमुख निम्न प्रकार से हैं–(1) प्रतिबल, (2) दबाव, (3) चिन्ता, (4) अन्तर्द्वन्द्व, (5) कुण्ठा।

1. चिन्ता

वर्तमान समय में चिन्ता समस्त मनुष्यों में पाया जाने वाला एक साधारण लक्षण है। आधुनिक युग में प्रत्येक व्यक्ति किसी न किसी रूप में चिन्ता से ग्रसित है। कोलमैन ने 1981 में अपने अध्ययन में चिन्ता की परिभाषा बताते हुए लिखा है–कि "भय और आशंका की सामान्यीकृत अनुभूति ही चिन्ता है।" यह प्रतिबल का एक परेशान करने वाला रूप है।

चिन्ता के क्षेत्र में स्पाइलबर्गर के अनेक महत्त्वपूर्ण अध्ययन हैं। आपके अनुसार चिन्ता मुख्यतः दो प्रकार की होती है–**(1) Trait Anxiety**–इस प्रकार की चिन्ता कुछ विशिष्ट परिस्थितियों से सम्बन्धित होती है। इसकी तीव्रता में समय-समय पर तथा परिस्थितियों के अनुसार परिवर्तन होते रहते हैं।

इस दिशा में एक महत्त्वपूर्ण अध्ययन हुआ है, जिससे इन दो प्रकार की चिन्ताओं की प्रकृति और प्रभाव स्पष्ट हो जाते हैं। इस अध्ययन में उन रोगियों

की चिन्ता का अध्ययन किया गया, जिनका आपरेशन होना था। इस अध्ययन में देखा गया कि आपरेशन के बाद State Anxiety की मात्रा रोगियों में अधिक थी तथा संर्जीकल आपरेशन के बाद State Anxiety मात्रा रोगियों में कम हो गयी। इन्हीं रोगियों में Trait Anxiety की मात्रा आपरेशन के पहले से बाद तक एक-सी मात्रा में रही। इस अध्ययन में यह भी देखा गया है कि प्रतिबल का मात्रा जितनी ही तीव्र होती है State Anxiety की मात्रा भी उसी रूप में अधिक होती है।

2. अन्तर्विरोध

अन्तर्द्वन्द्व के क्षेत्र में सर्वप्रथम प्रयोगात्मक अध्ययनों का प्रारम्भ लूरिया ने किया। लूरिया ने कई वास्तविक जीवन तथा प्रयोगात्मक अध्ययनों के आधार पर लूरिया के अध्ययनों से प्राप्त निष्कर्षों पर प्रकाश डाला है। लेविन ने अपने अध्ययनों के आधार पर तीन प्रकार की द्वन्द्व परिस्थितियों का वर्णन किया है। लेविन की दिशा में प्रयोगात्मक शृंखला को बढ़ाने का श्रेय हबलैण्ड तथा सियर्स को है। इन मनोवैज्ञानिकों ने लेविन द्वारा वर्णित तीस द्वन्द्व परिस्थितियों के स्थान पर चार द्वन्द्व परिस्थितियों का वर्णन किया है। ब्राउन ने द्वन्द्व का विश्लेषण अपने चूहों पर किये गये प्रयोगात्मक अध्ययनों के आधार पर किया है। ब्राउन के कार्य को आगे बढ़ाने का श्रेय मिलर को हे। लेविन द्वारा प्रतिपादित द्वन्द्व सिद्धान्तों की दिशा में हल ने भी महत्त्वपूर्ण योगदान दिया है। विलियम्स, डेलहीज तथा माहर ने इस दिशा में एक मॉडल को विकसित करने का प्रयास किया है। कुछ मनोवैज्ञानिकों का विचार है कि अन्तर्द्वन्द्व के कारण ही कुछ कुण्ठा उत्पन्न होती है, परन्तु अन्तर्द्वन्द्व और कुण्ठा में सम्बन्ध अभी अधिक स्पष्ट नहीं है।

3. क्षोभ

एन. एल मन ने 1964 में कुष्ठा अथवा क्षोभ के विषय में बताया है कि यह प्राणी की वह अवस्था है जो सन्तुष्टि के अभाव में उत्पन्न होती है। कुण्ठा शब्द के सम्बन्ध में मनोवैज्ञानिकों में एक मत नहीं है। इसके मुख्यतः तीन अर्थ लगाये जाते हैं जो कुण्ठा के भिन्न-भिन्न क्षेत्रों से सम्बन्धित हैं—

(1) Frustrating Situation—मनोवैज्ञानिकों का विचार है कि कुण्ठा उत्पन्न करने वाली परिस्थितियों में ये परिस्थितियाँ सम्मिलित हैं; जैसे—जिनमें आंशिक या पूर्ण भौतिक बाधाएँ हों, जिसमें पुरस्कार समाप्त या कम किया गया हो,

प्रत्युत्तर क्रम के प्रारम्भ होने या पूर्ण होने में देर की जाए, जब सफलता की आशा हो, तब असफलता अथवा दण्ड प्राप्त हो।

(2) Frustrating State—कुण्ठा उत्पन्न करने वाली परिस्थितियाँ जीव में कुण्ठा की दशा उत्पन्न करती हैं। व्यक्ति में कितनी कुण्ठा उत्पन्न होगी, यह इस बात पर निर्भर करता है कि कुण्ठा परिस्थिति कितनी शक्तिशाली है। अधिक शक्तिशाली परिस्थितियाँ अधिक मात्रा में कुण्ठा उत्पन्न करती हैं। भिन्न-भिन्न कुण्ठा परिस्थितियाँ भिन्न-भिन्न व्यक्तियों में भिन्न-भिन्न मात्रा में कुण्ठा उत्पन्न करती हैं। कुण्ठा की दशा का मापन प्रत्यक्ष और मात्रात्मक रूप से सम्भव है। इसका मापन त्वक् प्रत्युत्तर क्रिया तथा नाड़ीगत द्वारा किया जाता है।

(3) Reaction of Frustration—कुण्ठा के प्रति प्रतिक्रियाओं में जिन कुण्ठा प्रतिक्रियाओं का अध्ययन विस्तार में किया गया है, वह निम्न प्रकार से है–Aggression, Regression तथा Fixation। उपर्युक्त विवरण के आधार पर कहा जा सकता है कि कुण्ठा केवल आवश्यकताओं या इच्छाओं की निष्फलता ही नहीं है, कुण्ठा का अर्थ इससे कहीं अधिक विस्तृत है।

4. प्रतिबल

प्रतिबल वह अवस्था है जो व्यक्ति पर इतना दबाव डालती है कि उसे समायोजन की आवश्यकता पड़ती है या उसे समायोजन करना पड़ता है। व्यक्ति का मानसिक स्वास्थ्य प्रतिबल की अनुपस्थिति में विकसित नहीं होता है। प्रत्येक व्यक्ति का मानसिक स्वास्थ्य उस अवस्था में तीव्र गति से विकसित होता है, जब वह इन प्रतिबल परिस्थितियों के प्रति सन्तोषजनक ढंग से प्रतिक्रिया करता है।

कोलमैन ने 1976 में प्रति बल के विषय में बताया, ''कोई भी परिस्थिति जो व्यक्ति पर दबाव डालती है तथा जिसके कारण व्यक्ति को समायोजन करना पड़ता है वही प्रतिबल है।''

कॉफर तथा एपली ने 1964 प्रतिबल को परिभाषित करते हुए लिखा है कि "Stress is the state of the organism when he perceives that his well being (or integrity) is endangered and that he must elevate all of his energies to his protection.''

मनोवैज्ञानिक रूप से यदि प्रतिबल को देखा जाय तो यह जटिल ज्ञानात्मक प्रतिक्रियाओं और दैहिक प्रतिक्रियाओं से पूर्ण दिखायी देती है। इस रूप में प्रतिबल कई बार चिन्ता, अन्तर्द्वन्द्व, संवेग, कुण्ठा तथा उदोलन के समान प्रतीत होता है।

प्रतिबल इन सबसे भिन्न अवस्था है। वास्तव में प्रतिबल इन सबका एक मिला-जुला रूप है। दबाव, चिन्ता, अन्तर्द्वन्द्व और कुण्ठा प्रतिबल के चार प्रमुख प्रकार हैं।

व्यक्ति जब वातावरण की समस्याओं के प्रति संघर्ष करने में असफलता का अनुभव करता है अथवा जब व्यक्ति भयावह या हानिकारक परिस्थिति का सामना करने में असफल होता है। यह भयावह और हानिकारक परिस्थिति शारीरिक या मनोवैज्ञानिक किसी भी प्रकार की हो सकती है। ऐसी अवस्था में व्यक्ति तनाव और अशान्ति का अनुभव करता है। ऐसी परिस्थिति में तनाव और अशान्ति का मिला-जुला रूप ही प्रतिबल कहलाता है। इस अशान्ति और तनाव की अवस्था में व्यक्ति दबाव, तनाव, चिन्ता, अन्तर्द्वन्द्व और कुण्ठा आदि किसी भी मानसिक अवस्था में हो सकता है। एक व्यक्ति, जो कैन्सर से पीड़ित होता है उसमें जितनी मात्रा में प्रतिबल होता है उससे कहीं अधिक प्रतिबल उस व्यक्ति में होता है जिसकी पत्नी के अन्य व्यक्ति या व्यक्तियों से अनैतिक सम्बन्ध होते हैं। एक व्यक्ति की प्रतिबल की मात्रा बहुधा इस बात पर निर्भर करती है कि वह भयावह परिस्थिति के साथ संघर्ष करने की अपनी योग्यता का मूल्यांकन किस प्रकार करता है। प्रतिबल की मात्रा का एक महत्त्वपूर्ण कारक व्यक्ति में उत्तरदायित्व की भावना भी है। 1971 में जे. एम. वैश ने अपने अध्ययन में बताया है कि जिन व्यक्तियों में जिम्मेदारी की भावना की कमी होती है उनमें प्रतिबल ज्यादा होता है। गतिबल सम्बन्धी अनुक्रियाएँ व्यक्ति में उस समय अधिक पायी जाती हैं जब व्यक्ति किसी परिस्थिति की पूर्वानुमान की अवस्था में होती है।

5. दबाव

मोरिस ने दबाव को परिभाषित करते हुए लिखा है कि "दबाव एक प्रकार की मनोवैज्ञानिक प्रतिबल अवस्था है, जिसमें व्यक्ति यह अनुभव करता है कि उसे एक विशिष्ट भावना के अनुसार रहना या पहुँचना या व्यवहार करना है अथवा उसे तीव्र गति से हो रहे परिवर्तनों के साथ अनुकूलन करना है।"

बहुधा देखा गया है कि व्यक्ति के अधिकांश आन्तरिक दबाव उसकी आत्म-प्रतिष्ठा को बनाये रखने वाले होते हैं। आन्तरिक दबाव कई बार रचनात्मक होता है। बहुधा यह उस समय होता है जब व्यक्ति अपनी शारीरिक या मनोवैज्ञानिक योग्यताओं या कौशलों या लोकप्रियता के कारण उच्च मानकों के साथ अनुरूपता स्थापित करना चाहता है। जब मनुष्य स्वनिर्धारित लक्ष्यों/उद्देश्यों की पूर्ति में असफल होता है, तब अंदरुनी दबाव विनाशकारी होते हैं। वर्तमान आधुनिक युग

में व्यक्ति को अनेक भौतिक, मनोवैज्ञानिक, सांस्कृतिक और सामाजिक परिवर्तनों का सामना करना पड़ता है। यदि वह इनके साथ अनुकूलन करने में सफल होता है तो उसका व्यवहार समायोजित कहलाता है और असफल होने पर कुसमायोजन का शिकार हो जाता है। कोलमैन ने दबाव की सार्थकता को स्पष्ट करते हुए लिखा है, "In general, pressure force a person to speed up, intensity, or change the direction of goal oriented behaviour."

12

नैतिक विकास के मनोवैज्ञानिक पक्ष

समाज के आदर्शों, मूल्यों एवं मानदण्डों के अनुरूप आचरण और व्यवहार करना ही नैतिकता कहलाता है। बिना किसी डर या दबाव के सामाजिक आदर्शों का पालन ही नैतिकता का उद्देश्य है। नैतिक कार्यों के प्रति व्यक्ति की भावनाएँ जुड़ी रहती हैं। किसी कार्य को करते समय व्यक्ति यह सोच लेता है कि वह कार्य अनैतिक तो नहीं है। सच्ची नैतिकता जटिल होती है।

नैतिकता में दो प्रकार का उच्चतम दृष्टिकोण निहित होता है : **(1) बौद्धिक, (2) स्नायुविक**। व्यक्ति को यह जानना आवश्यक हो जाता है कि वह यह जाने कि क्या सच है और क्या झूठ। क्या गलत है और क्या सही। साथ ही उसमें यह भावना भी विकसित होनी चाहिये कि वह सही कार्य करे और गलत कार्य से बचें।

परिभाषा

सी. वी. गुड ने नैतिकता की निम्न परिभाषायें की हैं—"(i) उचित-अनुचित व्यवहार के सिद्धान्त की प्रणाली, जिसमें यथार्थ अथवा आदर्श निहित हों, तथा प्रजातांत्रिक नैतिकता, धार्मिक नैतिकता, (ii) किसी सिद्धान्त या उचित-अनुचित नियम का या प्रशिक्षण के सन्दर्भ में उत्तम आचरण का अनुपालन तथा नैतिकता का प्राशिक्षण।"

एल्डरिच के शब्दों में–"बालक जब भी किसी कार्य को करने की इच्छा करता है तो उसे समाज से स्वीकृति प्राप्त करना आवश्यक हो जाता है। जब भी सामाजिक नियमों तथा वैयक्तिक व्यवहार में संघर्ष होता है, तब नैतिक रूप से परिपक्व व्यक्ति उनके लिए संघर्ष की स्थिति को कुशलतापूर्वक सम्भाल लेता है।"

डॉ. कामिल बुल्के ने अंग्रेजी-हिन्दी कोश में नैतिकता के विषय में बताया–सदाचार, नीतिशास्त्र, नैतिक शिक्षा, उपदेश आदि बताये हैं। इसी प्रकार बील्ड ने नैतिकता के बारे में कहा है–"नैतिकता का अर्थ उपदेश, आचरण संहिता, सही गलत, नैतिक आचरण तथा चरित्र आदि से है। इसका एक अर्थ यह भी है–आचरण के सही नियमों का पालन, नैतिक उत्कृष्टता तथा गुण, विशेष रूप से यौन व्यवहार में शालीनता।"

नैतिक व्यवहार अर्जित किया जाता है। यह संचेतना परिवार में विकसित होती हैं। बालक द्वारा नैतिकता के विरुद्ध व्यवहार करने पर परिवार को उसके लिए जिम्मेदार माना जाता है। दैहिक सजा के माध्यम से बच्चे को सुधारने की कोशिश की जाती है। ऐसी विचारधारा वाले व्यक्ति को याद रखना चाहिए कि बच्चे को सही और गलत का ज्ञान नहीं होता है। उनसे धीरे-धीरे सामाजिक सम्पर्क के कारण ही नैतिक मानदण्डों तथा उसकी आवश्यकताओं का ज्ञान होता है। साथ ही यह भी सत्य है कि कोई भी बालक अपना स्वयं का नैतिक आचरण विकसित नहीं कर सकता। सामाजिक आचरण का अनुपालन एकदम नहीं हो पाता, इसके लिए सतत् प्रयत्न, नैतिक शिक्षा और समय की आवश्यकता है। बारह वर्ष की अवस्था तक पहुँचने पर बालक इस योग्य होता है कि उसका व्यवहार स्थायी हो। यह भी देखा गया है कि जिन घरों में दोहरे नैतिक मानदण्ड पाये जाते हैं, वहाँ पर बालक के नैतिक विकास में संघर्ष पाया जाता है।

नैतिक विकास के स्तर

नैतिक विकास के दो स्तर हैं–

1. नैतिक अवधारणा का विकास और
2. नैतिक व्यवहार का विकास।

नैतिक ज्ञान मात्र संकेत करता है। आचरण के विकास में यह सहायक नहीं होता। बालक का व्यवहार अनेक कारकों द्वारा अभिप्रेरित होता है। सामाजिक दबाव, बालक की इच्छाओं का दमन करते हैं और विरोध की भावना, अनैतिक व्यवहार को विकसित करता है। स्वार्थीपन की भावना को लेकर किये गये अध्ययन इसी प्रकार

के परिणामों की ओर संकेत करते हैं। **सी० वी० गुड ने** नैतिकता को पारिवारिक रूप से देखा है—"वैयक्तिक आचरण के स्तर पर नैतिकता से अभिप्राय किसी समूह के रीति-रिवाजों के अनुकूलन से है। इसमें आत्म-चेतन, दार्शनिकता या समाज में स्थापित किसी मान्यता के आधार पर परखे जाने वाले व्यवहार या रूढ़ियाँ आते हैं।" हम अब उक्त पदों का वर्णन करते हैं—

(1) नैतिक अवधारणा का विकास—नैतिक विकास प्रक्रिया में नैतिक अवधारणा का विकास आवश्यक पहलू है। जब हम सही/गलत की बात करते हैं तो हम यह मान लेते हैं कि यह भावात्मक विचार है। भावात्मक अवधारणाओं को ग्रहग करने तथा समझने के लिए यह आवश्यक है कि मानसिक तथा शारीरिक परिपक्वता में संतुलन हो। अवधारणा के विकास का सम्बन्ध बालक की बुद्धि, उसके सामाजिक सांवेगिक विकास, सांस्कृतिक वातावरण एवं उसकी प्रक्रिया से उत्पन्न गुणों का प्रभाव पड़ता है। निःस्वार्थ भावना का विकास स्वार्थी भावना-युक्त आत्म-केन्द्रीयता, सामाजिक-केन्द्रीयता, आज्ञा-पालन, धर्म तथा नैतिकता के नियमों का अनुपालन, सामाजिक अस्वीकृति का भय तथा पारस्परिक-अनुक्रिया द्वारा होता है।

(2) नैतिक व्यवहार का विकास—समाज समस्त व्यवहार को ग्रहण करने में व्यक्ति को अनेक वर्ष लगते हैं। इसमें कुछ नैतिक व्यवहारों को वह दण्ड एवं पुरस्कार के कारग सीखता है, कुछ को अनुकरण द्वारा सीखता है और कुछ को प्रतिबिम्बित चिन्तन अनुशासन की भावना विकसित करता है। यदि अनुशासन की धारणा स्पष्ट है तो नैतिक व्यवहार को सरलतापूर्वक सीख लेता है। बालक को सही-गलत सिखाना मात्र ही नैतिक व्यवहार का अधिगम नहीं है। ईमानदारी का अध्ययन करके यह परिणाम निकाला गया कि विशिष्ट परिस्थितियों में ऐसे गुणों का विकास किया जा सकता है। कभी-कभी ऐसी भी परिस्थिति आती है कि बालक सही निर्णय लेने में संघर्ष की स्थिति से गुजरता है।

नैतिक व्यवहार को सिखाने के लिए निम्नलिखित बातों की जानकारी जरूरी हो जाती है—

1. सही गलत की शुद्ध अवधारणाओं का विकास होना चाहिए।
2. विभिन्न परिस्थितियों में समान विशेषताओं वाले व्यवहार का अर्जन करना चाहिए।
3. बालक को विशिष्ट परिशिष्ट में सही कार्य करने की कुशलता अर्जित करनी चाहिए।

नैतिकता की अवधारणा के सोपान

नैतिक धारणायें—साधारण नैतिक अवधारणाओं का विकास साधारण परिस्थितियों में ही होता है। इन परिस्थितयों के तहत बच्चों में नैतिकता के सही व गलत परिपेक्ष्य को समझकर नैतिकता विकसित होने लगती है। इन धारणाओं का बुद्धि तथा परिपक्वता से घनिष्ठ सम्बन्ध है। नौ-दस वर्ष की आयु तक बालकों में सामान्य नैतिक अवधारणा का विकास हो जाता है। मैकॉल तथा वाटकिन्स ने 2500 बालकों से सबसे अधिक पापपूर्ण बातों की सूची बनाने को कहा। इनमें रोचक तथ्य यह रहा कि माता को चोट पहुँचाना तथा पशुओं को सताना ही पापपूर्ण कार्य था।

आत्म निर्णय—आयु के विकास के साथ-साथ एक अवस्था ऐसी आती है कि बालक में सही/गलत के प्रति आत्म-निर्णय की क्षमता विकसित हो जाती है। बड़े होने के साथ-साथ वह अपने व्यवहार को अच्छे तथा बुरे के सन्दर्भ में अभिव्यक्त करने लगता है। कभी-कभी बालक अपने दल की बातें अपने माता-पिता को खूब बढ़ा-चढ़ाकर कहता है, परन्तु इनकी निगाह में यह कार्य अनुचित है। अतः वह इस तथ्य की अच्छाई/बुराई को समझने लगता है। आत्म-निर्णय की धारणा का विकास दण्ड तथा पुरस्कार की भी भावना पर निर्भर करता है। आत्म-निर्णय लेने में बालक कितना सशक्त है, यह इस बात पर निर्भर करता है कि बालक का नैतिक प्रशिक्षण किस प्रकार हुआ है।

नैतिक मूल्य—बालक में सामान्य स्तरों के विकसित होने से उचित-अनुचित का ज्ञान विकसित होता है। बचपन में जिन मूल्यों से बालक का सम्पर्क होता है, उन्हीं से उसका सामान्य ज्ञान प्रत्यय विकसित होता है।

विभिन्न आयु स्तर में नैतिक विकास

नैतिक विकास भिन्न-भिन्न आयु स्तर पर क्रमिक रूप में होता है, परन्तु यह विकास किस आयु में कितना हुआ, इसकी कोई निश्चित सीमा नहीं है।

(1) शैशवावस्था में नैतिक विकास—शिशु गीली मिट्टी के समान होता है। जिस प्रकार गीली मिट्टी को मनचाहा आकार प्रदान किया जा सकता है उसी प्रकार शिशु के मानसपटल पर चाहे जैसे अनुभव तथा धारणायें विकसित की जा सकती हैं। वह न तो नैतिक होता है और न अनैतिक। सही-गलत का निर्णय भी वह नहीं ले सकता। बालक में स्वामित्व की भावना भी विकसित नहीं होती। यह भावना कालान्तर में विकसित होती है। इस अवस्था में (i) सुखद अथवा दुःखद अनुभव के

आधार पर अच्छे-बुरे की पहचान तथा (ii) पश्चाताप की भावना न होना शिशु के नैतिक विकास के लक्षण हैं।

(२) पूर्व बाल्यावस्था में नैतिक विकास—तीन से छः वर्ष की आयु नैतिक व्यवहार की आधारशिला है। इस समय तक बालक यह नहीं जान पाता कि कोई कार्य क्यों अच्छा अथवा बुरा है। उसे केवल कार्य करने के लिये कहा जाता है। इस अवस्था में उनके नैतिक व्यवहार के लक्षण इस प्रकार विकसित होते हैं—(i) औचित्य-अनौचित्य के कारण को न समझना, (ii) समूह का अनुकरण करना, (iii) न्याय तथा आदर को समझना, (iv) माता तथा पिता के पृथक्-पृथक् नैतिक स्तर को जानना।

(३) किशोरावस्था में नैतिक विकास—किशोरावस्था में नैतिक विकास परिपक्व हो जाता है, बालक में अन्याय के प्रति विद्रोह की भावना उत्पन्न हो जाती है। गलत बात को वह सहन नहीं कर पाता। दल के आदर्शों को मानना वह अपना कर्त्तव्य समझता है। यौन सम्बन्धी नैतिकता के प्रति वह जागरूक हो जाता है। माता-पिता के दोहरे नैतिक स्तर को वह जानने लगता है। आत्मालोचना करने तथा आत्मनिर्णय पर चलने के प्रति उसमें भावनायें पाई जाती हैं।

अनुशासन

अनुशासन को विनय भी कहा गया है। **डुबोयस** ने अनुशासन को परिभाषित करते हुए लिखा है—"यह विकास तथा अभिवृद्धि का आरक्षण करने का प्रशिक्षण है।" यह शब्द अंग्रेजी शब्द डिसाइपल से विकसित हुआ है जिसका अर्थ है जो स्वेच्छा से सीखना तथा आचरण करना। जब बालक सामाजिक मान्यताओं के अनुरूप कार्य करने लगता है, उसे अनुशासित कहा जाता है। परिस्थिति के अनुसार अनुक्रिया करना इसका प्रमुख लक्षण हो जाता है।

डुबोयस का कहना है—"अनादिकाल से अनुशासन को मानव जीवन का महत्त्वपूर्ग और अनिवार्य पक्ष माना जा रहा है। अनुभवों ने यह सिद्ध कर दिया है कि व्यक्ति अपने जीवन का आनन्द तभी प्राप्त कर सकता है जब वह नियमित रूप से अपना लक्ष्य प्राप्त करे। जब व्यक्ति की अपनी आकांक्षायें समाज की आकांक्षाओं से टकराती हैं, तब सामान्य हित के लिए समाज में नियम बनाये जाते हैं। इन नियमों का पालन करना व्यक्ति के लिए अनिवार्य होता है अन्यथा उसे दण्ड भुगतना पड़ता है।"

अतः नैतिक विकास के लिये अनुशासन के गुण का विकसित होना भी अनिवार्य है। बालक में अनुशासन की भावना का विकास इस प्रकार हो सकता है–

1. बालक वांछित व्यवहार करे और अवांछित व्यवहार का परित्याग करे।
2. बालक को वांछित तथा अवांछित, संतोषजनक तथा असंतोषजनक कार्य के प्रति स्वयं को सम्बद्ध करना चाहिए।
3. वांछित व्यवहार, स्वरूप के रूप में परिणत हो जाने चाहिएँ।
4. उसे अवांछित व्यवहार को वांछित व्यवहार की कला में परिवर्तित करना आना चाहिये।

इन सबसे यह तो स्पष्ट है कि अनुशासन मानव जीवन का आवश्यक अंग है। इससे इन आचरणों का विकास होता है–

1. अनुशासन से आत्मबल विकसित होता है।
2. वह अपराधी भावना से बचता है। समाज-सम्मत जीवन-व्यवहारों के द्वारा वह अपने जीवन का विकास करता है।
3. अनुशासन से बालक में आत्माभिमान विकसित होता है।
4. जब बालक सही कार्य करता है तो वयस्क उसकी प्रशंसा करते हैं। इससे उसे अनुशासन वृत्ति में प्रेरणा मिलती है।
5. अनुशासन से बालक में सुरक्षा की भावना का विकास होता है, वह अपने व्यवहार की सीमाओं को जानता है।

गेसल ने अनुशासन को विकसित करने के लिए कुछ महत्त्वपूर्ण सुझाव दिये हैं, जो निम्नलिखित हैं–

1. बालक को यह स्पष्ट कर देना चाहिये कि जिस बात पर बल दिया जाय, वही कार्य किया जाए।
2. बालक को सुरक्षा अवश्य मिलनी चाहिये।
3. बालक को वांछित व्यवहार के लिए प्रशंसा तथा अवांछित व्यवहार से बचाने के लिए माता-पिता को प्रयत्नशील रहना चाहिये।
4. माता-पिता तथा वयस्क लोगों को बालक के सम्मुख अनुशासित व्यवहार का प्रदर्शन करना चाहिये।
5. वयस्कों को चाहिये कि वे बालकों को यह समझाने की चेष्टा करें कि वांछित व्यवहार की क्या आवश्यकता है।
6. नियमों-उपनियमों को सही समय पर लागू करना चाहिये।

नैतिक व्यवहार को प्रभावित करने वाले घटक

बालक का नैतिक विकास किसी एक कारण से नहीं, अपितु अनेक कारणों से प्रभावित होता है। ये कुछ प्रमुख कारण हैं जिनमें बालक का नैतिक व्यवहार प्रभावित होता है—

(1) परिवार—सर्वप्रथम परिवार के बीच रहकर ही बालक नैतिक व्यवहार की बातें सीखता है। परिवार के व्यक्तियों के विचार, आदर्श परस्पर संबंध सभी बालक के नैतिक व्यवहार को प्रभावित करते हैं। परिवार की सामाजिक, आर्थिक स्थिति भी इसके लिए उत्तरदायी होती है। परिवार बच्चे के नैतिक विकास पर इस प्रकार प्रभाव डालता है : (i) बालक परिवार के व्यवहार को आदर्श मानकर तदानुकूल अनुकरण करता है। (ii) दण्ड एवं पुरस्कार, प्रशंसा तथा प्रताड़ना बालक को नैतिक व्यवहार सिखाते हैं। (iii) दण्ड तथा प्रताड़ना द्वारा बालक को अवांछित कार्य करने से रोका जाता है। (iv) अच्छे कार्यों को करने की प्रेरणा देकर बालक का नैतिक विकास किया जाता है।

(3) लिंग—यौन अथवा सैक्स का नैतिक व्यवहार से सम्बन्ध है। हमारी संस्कृति में लड़के या लड़कियों के व्यवहार में भिन्न प्रतिमान पाये जाते हैं। एक निश्चित अवस्था आने पर यदि दोनों में से कोई भी उन प्रतिमानों को तोड़ता है तो वह दोषी तथा अनैतिक माना जाता है।

(3) धर्म—माता-पिता किस धर्म में आस्था रखते हैं और उसका समूह किस धर्म को मानता है, धर्म बालक के नैतिक विकास में महत्त्वपूर्ण भूमिका अदा करता है क्योंकि धार्मिक श्रद्धा के कारण बालक धर्म के सिद्धान्तों को जल्दी सीखता है। धार्मिक मूल्यों एवं सिद्धान्तों का प्रभाव चिरकाल तक रहता है।

(4) क्रीड़ा के साथी—बालक के नैतिक व्यवहार पर खेल के साथियों (Playmates) का भी प्रभाव पड़ता है। खेल में अनेक नियमों का पालन करना आवश्यक होता है, इसलिये खेल के मैदान में खेल के साथियों के बीच जाने-अनजाने अनेक प्रकार के नैतिक व्यवहारों तथा अवधारणाओं का बालक विकास करता है।

(5) बुद्धि—नैतिक व्यवहार तथा बुद्धि का पारस्परिक सम्बन्ध है। **हार्टशोन** तथा **में** ने एक अध्ययन से परिणाम निकाला कि बुद्धि तथा नैतिकता का सह-सम्बन्ध 0.50 है। बुद्धिमान बालक सही गलत का निर्णय शीघ्र लेते हैं।

(6) मनोरंजनात्मक क्रियायें—खाली समय में बालक अपना समय किस प्रकार व्यतीत करता है, इस पर उसका नैतिक व्यवहार निर्धारित होता है। बालक

के पढ़ने की पुस्तकों, खेल, कहानियाँ तथा अन्य प्रकार की मनोरंजनात्मक क्रियाओं का प्रभाव उसके नैतिक व्यवहार को किसी न किसी प्रकार प्रभावित करता है। जो बच्चे सिनेमा आदि देखते हैं, उनके नैतिक व्यवहार में शीघ्र परिवर्तन दिखलाई देता है।

(7) विद्यालय—विद्यालय बालक के लिए सम्पूर्ण दुनिया है। इस दुनिया के अपने कायदे-कानून हैं। इन कायदे-कानूनों का पालन करना प्रत्येक बालक के लिये अनिवार्य होता है। यहाँ पर (i) बालक-बालक के मध्य, (ii) कक्षा-कक्षा के मध्य, (iii) बालक-अध्यापक, एवं (iv) बालक-कर्मचारी के प्रति व्यवहारों का विकास होता है। **एण्डरसन** के अनुसार—"जब छात्र-अध्यापक के मध्य मधुर सम्बन्ध होते हैं तो बालक के नैतिक व्यवहार का आदर्श अध्यापक हो जाता है। सम्पूर्ण कक्षा पर इस बात का प्रभाव पड़ता है।" विद्यालय में प्रतियोगितात्मक खेल, छात्र-परिषद् तथा अन्य सांस्कृतिक संगठनों के माध्यम से बालक में नैतिक व्यवहार का विकास होता है।

13

किशोरावस्था एवं वृद्धावस्था : समस्या-समाधान

बालक जब किशोरावस्था में प्रवेश करता है तब वह कुछ-कुछ परिपक्व होने लगता है। यह समय उसके लिये बहुत ही महत्त्वपूर्ण होता है। परिपक्वता आने के साथ-साथ बालक में विभिन्न प्रकार के शारीरिक व मानसिक बदलाव होते हैं। किशोरावस्था ऐसी अवस्था है, जिनमें बालक न तो युवा माना जा सकता है और न ही बच्चा। इस दौरान बाल्यावस्था की क्रियायें समाप्त होने लगती हैं और उनके स्थान पर नवीन गुणों का आविर्भाव होने लगता है। विशेष रूप से किशोरों के भीतर शारीरिक, संवेगात्मक, सामाजिक तथा मानसिक चार प्रकार के परिवर्तन दृष्टिगोचर होते हैं, यद्यपि पूर्व-किशोरावस्था में इन परिवर्तनों का स्वरूप वैसा नहीं होता जैसा उत्तर-किशोरावस्था के अन्तिम वर्षों में दिखाई पड़ता है। इससे इस तथ्य की ओर संकेत होता है कि किशोरावस्था महत्त्वपूर्ण परिवर्तनों की अवस्था है और इस अवस्था में पहुँचकर बालक तेजी से विकास की पूर्णता की ओर बढ़ने लगता है।' इस शब्द की व्युत्पत्ति लैटिन भाषा की क्रिया से हुई है जिसका अर्थ 'परिपक्वता की ओर बढ़ना' होता है। अतः किशोरावस्था में बालक पूर्ण रूप से परिपक्व या प्रौढ़ नहीं हुआ होता बल्कि

प्रौढ़ता की ओर उन्मुख होता है। देखते ही देखते बाल्यावस्था से निकलकर किशोर परिपक्वता में प्रवेश होने लगता है।

लोगों का मानना है कि किशोरावास्था की शुरुआत 13 वर्ष के बाद होती है जो 20-21 वर्ष तक रहती है। इस अवस्था में बालक न केवल शारीरिक और मानसिक दृष्टि से ही परिपक्व होने लगता है, बल्कि उसे प्रायः इसी अवस्था में वैधानिक परिपक्वता भी प्राप्त हो जाती है। परन्तु केवल बालक का तेरह वर्ष का हो जाना ही किशोरावस्था के प्रारम्भ के लिए पर्याप्त नहीं समझा जाता। वास्तव में किशोरावस्था की शुरुआत बालक की शारीरिक आयु पर ही नहीं बल्कि उसके भीतर उत्पन्न होने वाली शारीरिक और मानसिक विशेषताओं पर आधारित होती है। किशोर तथा किशोरियों के भीतर यौन सम्बन्धी विशेषताएँ और उनसे सम्बन्धित मानसिक, संवेगात्मक तथा सामाजिक परिवर्तन इस अवस्था के मुख्य लक्षण माने जाते हैं। परन्तु व्यक्तिगत भिन्नताओं के कारण कुछ बालकों के भीतर ये लक्षण एकाध वर्ष पहले और कुछ के भीतर अपेक्षाकृत कुछ समय बाद उद्भूत होते हैं। चूँकि किशोरों में विद्यमान समायोजन-क्षमताओं, संवेगात्मक अनुभूतियों और सामाजिक सम्बन्धों का स्वरूप पूर्व-कैशोर और उत्तर-कैशोर दोनों में एक-सा नहीं होता, इसलिए किशोरावस्था को सुविधा की दृष्टि से दो उप-अवस्थाओं में बाँट दिया गया है।

मनुष्य के जीवन में किशोरावस्था का अत्यधिक महत्त्व है। इसके महत्त्व का विस्तृत वर्णन सम्भव नहीं है सच्चाई तो यह है कि इस अवस्था में व्यक्ति का पूर्ण विकास होता है। बालक के प्रौढ़ जीवन की रूपरेखा इसी अवस्था में बनकर तैयार हो जाती है। यदि बालक को भावी जीवन में महान बनना है तो उसे इसका संकल्प अपनी किशोरावस्था में ही कर लेना पड़ता है। इस अवस्था में व्यक्ति के जीवन की सरिता का प्रवाह जिस ओर मोड़ दिया जाता है उसी ओर वह प्रवाहित होती रहती है। **रॉस** के अनुसार, "Adolescence is the age for the final consolidation of the self into something stable and permanent." जैसा ऊपर संकेत किया गया है, किशोर बालकों और बालिकाओं में घोर शारीरिक तथा मानसिक परिवर्तन उत्पन्न होते हैं। उनके संवेगात्मक, सामाजिक और नैतिक जीवन का स्वरूप ही बदल जाता है, उनके हृदय स्फूर्ति और उमंग से भर जाते हैं और संसार की प्रत्येक वस्तु में उन्हें एक नवीन आशय दिखाई देता है। ऐसा प्रतीत होता है मानों किशोरावस्था में प्रविष्ट होकर बालक एक नया जीवन ग्रहण करता है। परन्तु सत्य यह है कि किशोर बालक-बालिकाओं की इन उद्भूद उमंगों के पीछे उनकी यौन-परिपक्वता कार्य करती रहती है। कामेच्छा जाग्रत हो जाने के कारण किशोरों को यह अवस्था अत्यन्त

प्रिय और आनन्दमयी लगने लगती है। इसीलिए कोई किशोरावस्था को अपने जीवन की सुनहरी अवस्था कहकर पुकारता है और कोई उसे अपने जीवन का बसन्त समझता है।

शारीरिक परिवर्तन और उनका महत्त्व

किशोरावस्था में प्रवेश करते ही अचानक बालक के शरीर व मस्तिष्क में बदलाव होने लगता है। इसका उनके मानस-पटल पर गहरा प्रभाव पड़ता है। अतः उसके भीतर इस अवस्था में होने वाले शारीरिक परिवर्तनों को भी महत्त्वपूर्ण समझा जाता है। बालक में पूर्ण परिपक्वता लगभग 18 वर्ष की आयु तक पहुँचते-पहुँचते आ जाती है। लड़कियों में शारीरिक परिपक्वता लड़कों की अपेक्षा दो वर्ष पूर्व ही आ जाती है। प्रायः लड़कियाँ चौदह और लड़के सोलह वर्ष की आयु में ही शारीरिक परिपक्वता प्राप्त कर लेते हैं। इसी कारण चौदह वर्ष का बालक उसी आयु की लड़की की अपेक्षा कुछ कम विकसित दिखलाई पड़ता है। अध्ययन की सुविधा की दृष्टि से किशोरावस्था में होने वाले मुख्य शारीरिक परिवर्तनों को निम्न प्रकार विभाजित किया जा सकता है—

1. ऊँचाई,
2. यौन सम्बन्धी गौण परिवर्तन,
3. यौन सम्बन्धी मुख्य परिवर्तन,
4. त्वचा तथा बाल,
5. शारीरिक अंगों का अनुपात,
6. शारीरिक भार।

किशोरावस्था के दौरान लड़के एवं लड़कियों में यौन सम्बन्धी बदलाव भी तीव गति होता है। उनकी ज्ञानेन्द्रियाँ अत्यधिक क्रियाशील और परिपक्व हो जाती हैं और धीरे-धीरे उनके आकार में वृद्धि होने लगती है। लड़कों के अंडकोष और लड़कियों के डिम्बकोषों में क्रमशः वीर्यकण और रजकण बनकर तैयार होने लगते हैं जिससे उनमें प्रजनन की क्षमता आ जाती है। बालकों के भीतर वीर्यपतन और बालिकाओं में राजस्वला की घटनाएँ किशोरावस्था में घटित होने लगती हैं जो किशोर-किशोरियों की यौन परिपक्वता का मुख्य घटक है।

यौन-परिपक्वता में पिट्यूटरी ग्रन्थि की महत्त्वपूर्ण भूमिका होती है। इस ग्रन्थि से उत्पन्न रस गोनाडोट्रोपिक हारमोन गोनड ग्रन्थि की क्रियाशीलता में वृद्धि करता है और गोनड ग्रन्थि के द्वारा उत्पन्न किया गया हारमोन जननेन्द्रियों के विकास को

प्रभावित करता है। गोनड ग्रन्थि का रस न केवल जननेन्द्रियों को ही अपितु यौन-सम्बन्धी गौण परिवर्तनों को भी विकसित होने में सहायता करता है। बालकों में होने वाले यौन-सम्बन्धी गौण परिवर्तनों में दाढ़ी, हाथ-पैर, बगल तथा शरीर के गुप्त अंगों में बालों का उगना, कन्धों का चौड़ा होना, वाणी-परिवर्तन तथा मुख्यमण्डलीय बदलाव आदि प्रमुख हैं। इस प्रकार लड़कियों में शरीर का चौड़ा तथा गोल होना, वक्षस्थल का विकास, बालों का उगना, वाणी-परिवर्तन तथा मुखमण्डलीय परिवर्तन यौन सम्बन्धी गौण परिवर्तन कहे जाते हैं। ये सभी परिवर्तन किशोरावस्था में होने वाली यौन-परिपक्वता के लक्षण माने जाते हैं।

लम्बाई की दृष्टि से देखा जाय तो लड़कियाँ अपने उम्र के लड़कों की अपेक्षा शुरू में तेजी से बढ़ती हैं। लेकिन पूर्व किशोरावस्था समाप्त होते-होते लड़के अपनी आयु की लड़कियों से लम्बाई में बढ़ने लगते हैं। लड़कियों में तेरह और लड़कों में चौदह वर्ष की अवस्था में ऊँचाई सबसे अधिक तीव्र गति से बढ़ती है। लगभग अठारह वर्ष के बाद लड़कियों की बाढ़ रुक जाती है। परन्तु इन बातों में सदा व्यक्तिगत भिन्नताएँ पाई जाती हैं। पिट्यूटरी ग्रन्थि के रस का प्रभाव बालकों की लम्बाई पर भी पड़ता है। यह रस जिन बालकों में कम मात्रा में पाया जाता है उनकी बाढ़ कुण्ठित हो जाती है और जिनमें इसकी अधिकता होती है, उनकी लम्बाई अधिक हो जाती है।

किशोरावस्था के दौरान शारीरिक वजन प्रमुखतः माँसपेशियों और हड्डियों के विकास के कारण बढ़ता है। परन्तु इस अवस्था में पहले ऊँचाई में वृद्धि होती है और फिर भार में। शारीरिक भार में वृद्धि सबसे अधिक किशोरावस्था के दौरान ही होती है। प्रातः दस से पन्द्रह वर्ष की आयु के बीच लड़कियाँ लड़कों की अपेक्षा अधिक भारी हो जाती हैं परन्तु पन्द्रह वर्ष की अवस्था के बाद लड़के लड़कियों की अपेक्षा अधिक भारी होने लगते हैं।

इस अवस्था के दौरान शरीर के सभी अंग भी पूरी तरह विकसित हो जाते हैं जहाँ बाल्यावस्था में शरीर का ऊपरी भाग निचले भाग की अपेक्षा बड़ा होता है वहीं किशोरावस्था में निचला भाग ऊपरी भाग की अपेक्षा अधिक लम्बा हो जाता है। नाक, कान तथा माथा भी पूरी तरह विकसित हो जाते हैं। इन परिवर्तनों के कारण किशोर प्रौढ़ व्यक्तियों की आकृति प्राप्त कर लेता है। किशोर बालक-बालिकाओं की त्वचा पर चिकनापन और कोमलता भी इसी अवस्था की विशेषता होती है। उसके सिर के बाल पहले से अधिक काले और घने हो जाते हैं। वाणी में बदलाव भी इस अवस्था की एक प्रमुख घटना है। किशोरों की आवाज में कर्कशता तथा किशोरियों की वाणी

में कोमलता आ जाती है। मुखाकृति में भी बड़े परिवर्तन आने लगते हैं। बालकों के मुखमण्डल पर मूँछ-दाढ़ी उग जाने से भद्दापन आ जाता है, परन्तु प्रौढ़ता के लक्षण स्पष्ट हो जाते हैं। बालिकाओं के चेहरे पर दिन-प्रतिदिन निखार और मादकता आने लगती है।

इन सभी बदलावों का किशोर व किशोरियों के मानसिक जीवन व्यवहार पर व्यापक प्रभाव पड़ता है। अन्य बातों के साथ-साथ किशोर या किशोरी को अपने शारीरिक अंगों की पूर्णता की चेतना भी होने लगती है। ये सारी चेतनाएँ उसके भीतर एक प्रबल स्वचेतना को जाग्रत कर देती हैं। फलस्वरूप किशोर स्वयं को अन्य व्यक्तियों के ध्यान और चिन्तन का केन्द्र समझने लगता है। वह अपने आकर्षक शरीर को सामाजिक सम्बन्ध बढ़ाने और विशेषकर विपरीत यौन के सदस्यों का ध्यान खींचने का एक सशक्त साधन समझता है। अतः वह अपने शरीर को सुन्दर वस्त्रों से अलंकृत करने और उद्भूत ढंगों से केश सँवारने में अभूतपूर्व रुचि का प्रदर्शन करता है। इस क्रिया में किशोर बड़े लोगों का अनुकरण करता हैं। जिसके कारण उसके भीतर बाल्यावस्था में अनुभूत आंगिक हीनता की भावना समाप्त हो जाती है। साथ ही किशोर बालक के भीतर इस बात की भी प्रबल इच्छा पाई जाती है कि वह अपने धार्मिक विचारों, राजनैतिक निष्ठाओं, मित्रों के चुनाव, वस्त्रों की पसन्द, सौन्दर्य-प्रसाधनों के प्रयोग तथा अपनी आय गतिविधियों में पूर्णतः स्वतन्त्र रहे। वे इनमें किसी प्रकार की दखलअंदाजी पसन्द नहीं करते। बड़ों द्वारा बार बार दखल देने से किशोर या किशोरी में उनके प्रति विरोधी भावना समाहित हो जाती है और उसकी अधिकांश प्रवृत्तियाँ एवं उत्साह अन्तर्मुखी हो जाते हैं। अतः यदि किसी किशोरी के मुखमण्डल पर निखार, वाणी में कोमलता तथा शरीर के अंगों में यौवन के लक्षण विलम्ब से उद्भूत होते हैं तो उसके लिए यह एक चिन्ता का विषय बन जाता है। इसी प्रकार यदि किसी किशोर के चेहरे पर दाढ़ी-मूँछ के बाल देर से उगते हैं या उसके हाथ-पैर की माँसपेशियों में प्रौढ़ता का उद्भव विलम्बित हो जाए तो वह स्वयं को अपने साथियों से हीन समझने लगता है। जिन बालकों का विकास जल्दी हो जाता है उनके भीतर यौन-परिपक्वता शीघ्र ही आ जाती है और वे अवांछित आचरणों का प्रदर्शन करने लगते हैं। इसी प्रकार जो बालक विलम्ब से परिपक्व होते हैं वे आवश्यकता से अधिक लम्बे हो जाते हैं जिसका परिणाम यह होता है कि वे अपने समूह के बालकों के सम्मुख लज्जालु और संकोची बने रहते हैं और वे खेलकूद में खुलकर भाग नहीं ले पाते। इस प्रकार के बालकों को समूह में जाना या किसी सामाजिक कार्यक्रम में शामिल होने में संकोच करते है। ऐसे बालक प्रायः अन्तर्मुखी,

असाहसिक, मन्द और एकान्तवासी हो जाते हैं। जिन बालिकाओं का शरीर भारी, मोटा और बेडौल होता है या जिनके शरीर पर बालों की गहनता होती है या जिनके हाथ-पैर आवश्यकता से अधिक लम्बे-चौड़े हो जाते हैं वे भी समायोजन की समस्या से घिर जाते हैं जिस कारण हमेशा परेशान रहते हैं।

जो किशोर शारीरिक रूप से पूरी तरह परिपक्व नहीं होता है उसमें कुछ अजीब सी घटनायें घटती हैं, जैसे उच्च स्तरीय सामाजिक सम्बन्ध का विनष्ट होना और मानसिक सन्तुलन खो देना। परन्तु किशोरावस्था की शारीरिक विशेषताओं से सम्पन्न बालक या बालिका भी अपने सामाजिक सम्बन्धों और सम्पर्कों में इस प्रकार के असन्तुलन का अनुभव करते हैं। इसका अनुभव उन्हें प्रायः विपरीत यौन के सदस्यों के निकट आने में होता है। एक ओर वह विजातीय व्यक्तियों के साथ अपना सम्पर्क बढ़ाना चाहती हैं, दूसरी ओर लोक-लज्जा का भाव उसके पैरों को बाँध देता है। अज्ञात कामुकता उसे ढकेलती है, उत्साह आगे बढ़ाता है और संकोच उसे पीछे घसीट लाता है। अतः किशोरावस्था में प्रमुख शारीरिक, विकास अभाव या प्रादुर्भाव दोनों ही किशोर-किशोरियों के सम्मुख समस्याएँ उत्पन्न कर देते हैं।

किशोरावस्था की प्रमुख विशेषता

किशोरावस्था की प्रमुख विशेषता को निम्न बिन्दुओं के तहत स्पष्ट किया गया है।

1. शैशव पुनरावृत्ति की अवस्था

कुछ मनोवैज्ञानिकों ने बतलाया है कि किशोर व शैशव अवस्था के कई मानसिक लक्षणों में काफी समानता होती है। इसी विचार से डॉक्टर जोन्स ने इसे शैशव पुनरावृत्ति कहा है। इस काल में बाल्यावस्था की स्थिरता और शान्ति नहीं दिखलाई पड़ती बल्कि किशोर बालक शिशुओं की भाँति एक बार पुनः चंचल हो उठता है। किशोरावस्था में पुरानी आदतें और रुचियाँ मूल्यहीन और निरर्थक मालूम पड़ने लगती हैं। रूप में भद्दापन, आचार-व्यवहार में भोंड़ापन तथा स्वभाव में भावुकता लिए रहने के कारण बेचारा किशोर न तो अपना शारीरिक और न ही मानसिक समायोजन उचित प्रकार से स्थापित कर पाता है। वह निरन्तर इस भ्रम में रहता है कि वह प्रत्येक व्यक्ति के ध्यान और आकर्षण का केन्द्र है। अतः उसके भीतर स्व-चेतना का जागरण हो जाता है और उसे स्व-केन्द्रित शिशु के समान पुनः अपने वातावरण के साथ नवीन समायोजन प्रारम्भ करना पड़ता है। शिशु की ही भाँति

किशोर के भीतर भी कामुकता, निर्भरता और संवेगशीलता के प्रधान लक्षणों का उद्भव होता है। यदि अन्तर है तो सिर्फ इतना कि किशोर की कामुकता अपनी माता की ओर उन्मुख न होकर विपरीत यौन के अन्य अपरिचित सदस्यो की ओर प्रवाहित होती है। इसी प्रकार, किशोर बालक शिशु की भाँति अपने माता-पिता पर निर्भर न रहकर समाज के नेताओं, वीरों तथा साहित्य और इतिहास की विभूतियों से प्रेरणा प्राप्त करता है। अतः उसकी अनेक विशेषताएँ शैशव की ही विशेषताएँ होती हैं जिन्हें वह उच्च स्तर पर दुहराता है।

2. कामुकता का पुनर्जागरण

किशोरावस्था के सन्दर्भ में प्रसिद्ध मनोवैज्ञानिक स्टैनेल हाल जो कि अमेरिका के रहने वाले हैं ने अपनी पुस्तक में लिखा है कि किशोरावस्था के बालक में विशेष रूप से दो प्रकार की भावनाओं का उदय होता है—एक समाज सम्बन्धी और दूसरी काम-सम्बन्धी। काम सम्बन्धी भावना इस अवस्था का मुख्य लक्षण है। इस सन्दर्भ में डॉ. जोन्स का मानना है कि किशोर के भीतर इस अवस्था में शैशव की कामुकता का ही पुनर्जागरण होता है। परन्तु इस अवस्था में उदित काम-भावना इतनी प्रबल होती है कि इसे दबाया नहीं जा सकता। **रॉस** का मत है किशोर की कामुकता तीन अवस्थाओं से होकर गुजरती है। प्रथम तो यह है कि शिशु की भाँति किशोर भी स्वप्रेमी होता है क्योंकि वह अपने शरीर को सुन्दर और आकर्षक समझता है। इसके उपरान्त सजातीय कामुकता की अवस्था आती है जब किशोर अपने ही यौन के बालकों के साथ प्रगाढ़ मित्रता का सम्बन्ध स्थापित करता है। परन्तु शीघ्र ही विजातीय कामुकता की अवस्था आ जाती है और वह विपरीत यौन के सदस्यों की ओर आकर्षित होता है। इस सन्दर्भ में **डॉ. फ्रायड** का मानना है कि किशोर बालक की विजातीय कामुकता में उसकी शैशवकालीन कामुकता की बड़ी स्पष्ट झलक मिलती है। शैशव में बच्चा अपने प्रेम का पात्र अपनी माता को और बच्ची अपनी पिता को बनाती है। उसकी यह प्रवृत्ति किशोरावस्था के दौरान भी देखी जाती है। किशोर बालक अपनी प्रेमिका में प्रायः अपनी माता का स्नेह ढूँढ़ता है और किशोरी अपने प्रेमी में अपने पिता के प्यार को देखना चाहती है। कभी-कभी किशोर अपने से अधिक आयु वाली स्त्री के साथ प्रेम करते हुए पाया जाता है। यह सारी प्रवृत्तियाँ शैशव की इडिपस और इलेक्ट्रा ग्रन्थियों की ही प्रकाशन हैं, क्योंकि बड़ी आयु वाली स्त्री को वह अज्ञात रूप से अपनी माता स्वीकार कर लेता है।

इस प्रकार यह स्पष्ट है कि कामुकता इस अवस्था की प्रमुख विशेषता है। बढ़ी हुई नदी के समान यह हमारे जीवन के विशाल प्रान्त को सींचकर हरा-भरा बनाती है। अतः किशोर की सम्पूर्ण शिक्षा का एकमात्र उद्देश्य उसके काम-जीवन को नियन्त्रित एवं परिष्कृत करना होता है। अभिभावक को किशोरों को काम के सम्बन्ध से समुचित ज्ञान करा देना श्रेयस्कर होगा। परन्तु ऐसा ज्ञान उन्हीं गन्दी चर्चाओं से नहीं बल्कि ऐसे व्यक्ति के सुनियोजित निर्देशन के माध्यम से मिलना चाहिए जिस पर उसका विश्वास हो। कुछ मनोवैज्ञानिकों का विचार है कि यदि शारीरिक परिश्रम का कार्य किशोरों से कराया जाए तो उनकी कामुकता पर नियन्त्रण हो सकता है। परन्तु यह ध्यान देने की बात है कि कामेच्छा एक मानसिक शक्ति होती है। अतः इसको सही प्रकार से नियंत्रित करने हेतु शारीरिक व मानसिक कार्य में व्यस्त रहना सहायक है।

3. गम्भीर एवं जटिल समस्याओं का कार्य

किशोर व किशोरियों को कई प्रकार की जटिल व गर्म्भीर समस्याओं का सामना करना पड़ता है। प्रायः देखा जाता है कि वे अपनी समस्या लोगों से छिपाते हैं या फिर अपने मित्र को ही बताते हैं। ऐसा वह मुख्यतः दो कारणों से करते है। उसे यह भ्राँति होती है कि उसके माता-पिता या गुरुजन उसकी समस्याओं को भली-भाँति न समझ पाएँगे और यदि समझ भी सके तो उसके साथ वे सहानुभूति का बर्ताव नहीं करेंगे। इसलिए वह उनके सामने अपनी कठिनाइयों कों रखने में कोई लाभ नहीं देखता। इसके अतिरिक्त, किशोर बालक-बालिकाओं की अधिकांश समस्याएँ उनकी निजी समस्याएँ होती हैं जिनका सम्बन्ध किसी न किसी रूप में उनके प्रेम और कामेच्छा से होता है। अतः वे उन समस्याओं को अपने बड़ों के सामने प्रस्तुत करने में हिचकते हैं। परन्तु अपनी समस्याओं, कठिनाइयों और उलझनों को अपने हृदय की चारदीवारी में बन्दी बनाकर किशोरी या किशोर शान्ति से नहीं रह पाता और उन्हें हल करने की विधि खोजता रहता है।

किशोरावस्था के दौरान उत्पन्न होने वाली समस्याओं में सामाजिक समायोजन भी प्रमुख है। किशोर अपने मित्रों के साथ सम्बन्ध स्थापित करने में तो किसी प्रकार की उलझन का अनुभव नहीं करता, अधिक से अधिक जब कभी उसे अपने मित्र से निराशा होती है तो वह उसे अपने विश्वास का पात्र नहीं बनाता और वह नए मित्रों की तलाश करता है। परन्तु वह अपने माता-पिता तथा विपरीत यौन के सदस्यों के साथ सामाजिक सम्बन्ध स्थापित करने में बड़ी कठिनाई का अनुभव करता है।

जहाँ तक बड़ों से उसका सम्बन्ध होता है, बेचारा किशोर यह नहीं समझ पाता कि उनके सामने वह किस प्रकार का व्यवहार प्रदर्शित करे। यदि बड़ों के सामने अपने को छोटा समझकर चुप रहता है तो वे उसे गैर-जिम्मेदार बच्चा समझते हैं और यदि उनके सामने अपनी राय पेश करता है तो वे उसकी धृष्टता पर क्रुद्ध होते हैं। इस प्रकार की दशा में किशोर जटिल व गम्भीर समस्या से घिर जाता है और वह घर के भीतर अपना स्वस्थ समायोजन स्थापित नहीं कर पाता। जिस बालक के माता-पिता पर उनकी किशोरावस्था में नियन्त्रण और बन्धन रखा गया होता है वे कदापि अपने बालक को स्वतन्त्रता नहीं देना चाहते। कुछ माता-पिता और शिक्षक तो किशोरों की भावनाओं को अपनी अवस्था के आधार पर आँकते हैं। अतः किशोर बालक घर के वातावरण, परिवार के नियमों और पिता के नियन्त्रण के भय से त्रस्त रहते हैं।

अक्सर देखा जाता है कि किशोर व किशोरियाँ एक दूसरे के पास रहना पसन्द करते हैं। बालक और बालिका दोनों एक-दूसरे के ध्यान को अपनी ओर आकृष्ट करना चाहते हैं। परन्तु इस प्रकार किशोर-किशोरी के बीच जो सम्बन्ध स्थापित होता है उसमें उन्हें कई प्रकार की उलझनों का अनुभव होता है। एक ओर तो उसमें विपरीत यौन के व्यक्तियों के निकट आने की प्रबल उत्सुकता होती है परन्तु दूसरी ओर उनमें संकोच और समाज का भय होता है। इस प्रकार वे अपनी इच्छा को पूरा करने हेतु पूर्णतः स्वतंत्र नहीं हो पाते हैं। इसके अतिरिक्त, किशोर बालक को सदा इस बात का सन्देह रहता है कि वह अमुक बालिका के ध्यान को आकृष्ट करने और उसके मन में अपने लिए प्रेम भाव उत्पन्न करने में समर्थ है या नहीं। अब वह अपने रूप और कपड़ों पर आवश्यकता से अधिक ध्यान देने लगता है। यदि दुर्भाग्यवश उसके किसी दूसरे साथी ने भी उसकी पसन्द की हुई लड़की से मित्रता करनी चाही तो बेचारे उस किशोर बालक के लिए एक नई चिन्ता उत्पन्न हो जाती है। इस प्रकार हम देखते हैं कि किशोर-किशोरी के सम्बन्ध की बात को लेकर बालकों के भीतर कई समस्याएँ पैदा हो जाती हैं। इसीलिए किशोरावस्था को समस्या-बाहुल्य की अवस्था कहा गया है।

किशोर का आगे का जीवन इन्हीं समस्याओं पर निर्भर रहता है। यदि वह इन समस्याओं का समाधान सामान्य ढंग से कर लेता है और आन्तरिक संघर्ष का अनुभव नहीं करता तो निःसन्देह उसका भावी जीवन सुन्दर होगा और वह अपने घर तथा समाज में उत्तम प्रकार का समायोजन स्थापित कर पाएगा। लेकिन सभी किशोर बालक ऐसा कर सकने में समर्थ नहीं होते।

किशोरावस्था के दौरान बालक और समाज की इच्छायें एक दूसरे से टकराती रहती हैं। तात्विक दृष्टि से देखा जाए तो स्पष्ट होगा कि किशोरी या किशोर न तो अपने माता-पिता के कहने में होता है और न अपने गुरुजनों के। वह केवल अपनी उमंगों के कहने में होता है, उन्हीं के वश में होता है। उसका शरीर व दिमाग लगभग वयस्कों की तरह ही हो जाता है। अतः लोग उससे उत्तरदायित्व की अपेक्षा करते हैं और उसके प्रत्येक आचरण तथा उसकी प्रत्येक भावना को प्रौढ़ मानदण्ड से आँकते हैं। फलस्वरूप किशोर कभी-कभी खिन्न और उदास हो जाता है और कभी उत्तेजना में आकर सामाजिक नियमों और नियन्त्रणों का विरोध करना चाहता है। भावना को अधिक चोट पहुँचने पर बालक के व्यवहार में समाज विरोधी प्रवृत्ति दिखाई देने लगती है। इस स्थिति में परिवार और विद्यालय का कर्त्तव्य है कि वे बालक को अपनी वर्तमान समस्याओं को सुलझाने में उपयुक्त अवसर दें और उनके साथ सहानुभूति का बर्ताव करें अन्यथा उसे अपने प्रौढ़ जीवन में कठिनाई का सामना करना पड़ेगा।

4. संवेग में अस्थिरता

किशोरावस्था के दौरान बालकों का संवेग तीव्र हो जाता है फलस्वरूप उसका जीवन अस्थिर हो जाता है। क्षणभर में वह उमंगों से भर जाता है और दूसरे क्षण घोर उदासीनता का अनुभव करता है। इसी कारण वह अपने सामाजिक सम्बन्धों में भी अस्थिरता का प्रदर्शन करता है। कभी वह किसी व्यक्ति पर अधिक विश्वास करता है तथा उसके साथ घनिष्ठ मित्रता स्थापित करता है और कभी उसके प्रति बिल्कुल विश्वास खो बैठता है। ऐसा प्रायः विपरीत यौन के सदस्यों की मित्रता में देखा जाता है। किशोर बालक की रुचियों, मनोवृत्तियों और इच्छाओं में भी शीघ्रता के साथ परिवर्तन होता रहता है। वास्तव में इस अवस्था में उसके सम्बन्ध व्यापक होने लगते हैं और उस पर कई दिशाओं से प्रभाव पड़ने लगता है। अतः उसके सामाजिक-नैतिक मूल्यों में दृढ़ता नहीं आ पाती। इस कारण उसके विचार और निश्चय स्थिर नहीं हो पाते। अस्थिरता का एक और प्रमुख कारण यह है कि सभी परिस्थितियों में उसकी इच्छा जैसे वह चाहता है वैसे पूरी नहीं हो पाती है। वह प्रधानतः आदर्शवादी होता है। समाज, साहित्य तथा इतिहास के आदर्श व्यक्तियों से प्रेरणा ग्रहण करता है। परन्तु अपने आदर्शवादी चिन्तनधारा को लेकर उसे वास्तविक जगत में ही रहना पड़ता है। कुछ क्षणों के लिए वह कल्पना और दिवास्वप्नों के मनोराज्य में भले ही विचरण कर लेता है परन्तु अन्त में तो उसे जीवन की कठोरताओं, निराशाओं और जटिलताओं का सामना करना ही पड़ता है। ऐसी अप्रिय वास्तविकताओं के सम्पर्क

में आते ही उसकी महत्त्वाकांक्षाओं का विनाश हो जाता है। फलस्वरूप किशोर बालक को अपने माता-पिता, शिक्षकों तथा मित्रों से मतभेद होने लगता है। किशोर के जीवन में संवेगात्मक अनुभूतियों का बाहुल्य होता है। संवेग में आकर वह कोई भी कार्य तुरन्त कर डालना चाहता है। परन्तु यदि कोई बालक अधिक भाव-सरिता में प्रवाहित हो जाता है, यदि वह भाव-सागर की कठोरताओं से बचने के लिए भाव-सागर में शरण लेता है तो वह पलायनवादी हो जाता है और स्वस्थ-प्रौढ़ता नहीं प्राप्त कर पाता।

(5) सामाजीकरण की अवस्था

किशोरावस्था के दौरान बालक समाज के प्रति आकर्षित होने लगता है वह उसकी गतिविधियों में भाग लेने लगता है। इस उम्र में मित्रों की संख्या अचानक बढ़ जाती है। किशोरावस्था में बालकों में प्रगाढ़ मित्रता का विकास होता है और उनके बीच बिना जाति, धर्म, रूप, रंग और आर्थिक-सामाजिक भेद भाव किए एक-दूसरे के प्रति घनिष्ठता बढ़ जाती है। परस्पर सहयोग और सहानुभूति से वे एक-दूसरे की सहायता करते हैं। परन्तु इस अवस्था में भी उनकी मित्रता कई स्तर की होती है। कुछ बालकों को किशोर अपना विश्वासपात्र समझता है, कुछ को केवल विशेष दृष्टियों से उपयोगी समझता है और कुछ से साधारण परिचय रखता है। परन्तु मित्रता का जितना अधिक विकास होता जाता है बालक उतना ही अधिक अपने परिवार के प्रति उदासीन होता जाता है और घर की जिम्मेदारियाँ वह अच्छी तरह से पूरी नहीं कर पाता। इस दौरान विपरीत यौन के व्यक्ति के प्रति उसका आकर्षण अधिक होता है। परन्तु किशोर विपरीत यौन के साथियों के साथ सभ्य आचरण का प्रदर्शन करके अपनी नैतिकता और परिपक्व सामाजिकता का परिचय देता है। आत्मप्रदर्शन और नेतृत्व की भावनाएँ इस अवस्था में अपनी चरम सीमा पर पहुँच जाती हैं। समाज की रीतियों, प्रथाओं और परम्पराओं के प्रति एक निष्ठा की भावना किशोर के भीतर विकसित होने लगती है। समाज के व्यक्तियों और आदर्शों के प्रति उसके भीतर नवीन मनोवृत्तियों, रुचियों, धारणाओं और मूल्यों का निर्माण होता है। वीर-पूजा की विशेषता मुख्य रूप से इस अवस्था में दिखलाई पड़ती है। किशोरों को आदर्श लोगों की बातों व कार्यों का अनुकरण करना चाहिए इसमें उनका सामाजिक जीवन सभ्य व श्रेष्ट बनेगा। जहाँ तक सामाजिक रुचियों का प्रश्न है किशोर बालक सामाजिक कार्यक्रमों में विशेष रुचि प्रदर्शित करता है। वह पार्टियों, दावतों और अन्य सामाजिक आयोजनों में सक्रिय भाग लेता है। वह प्रायः अपनी मित्र-मण्डली में बैठकर राजनैतिक, सामाजिक और यौन-सम्बन्धी चर्चाओं का आनन्द लेता है।

6. कल्पना की सृष्टि की अवस्था

अक्सर देखा जाता है कि किशोर कोई न कोई कल्पना करते रहते हैं। उनमें कल्पनात्मक प्रवृत्ति अधिक होती है। कुछ निजी समस्याओं के कारण ये अन्तर्मुखी भी होते हैं। विशेष रूप से वह अपने प्रेम की समस्याओं को लेकर कभी-कभी एकाकीपन पसन्द करने लगता है। वास्तविक जीवन की कठोरताओं और निराशाओं से पीड़ित होकर किशोर बालक अपने हृदय की इच्छाओं के अनुरूप एक कल्पना जगत की सृष्टि कर लेता है। इसी अन्तर्मुखी प्रवृत्ति से प्रेरणा पाकर वह कविताओं और कहानियों की रचना करता है। कभी-कभी वह चित्रकला के माध्यम से भी अपनी दमित भावनाओं को व्यक्त करता है। अत्यधिक कल्पना और दिवास्वप्न बालक को पलायनवादी बना देते हैं लेकिन इसमें सन्देह नहीं कि यदि कल्पना अच्छी है तो बालक का व्यवहार भी अच्छा होता है।

किशोर का संवेगात्मक जीवन

प्रसिद्ध अमेरिकन बाल-मनोवैज्ञानिक स्टैनले हाल ने किशोरावस्था को गम्भीर उथल-पुथल की अवस्था बताया है। इन दो शब्दों अर्थात् storm and stress के द्वारा हाल ने किशोर बालक-बालिकाओं के संवेगात्मक जीवन की ओर संकेत किया है। इस अवस्था के बालक में कुछ विशेष प्रकार की विशेषताएँ उत्पन्न हो जाती हैं और उसे अपने वातावरण में कुछ ऐसी समस्याओं का सामना करना पड़ता है जिससे उसे अपने सामान्य समायोजन में कठिनाई का अनुभव होने लगता है। अतः वह असफलताओं और कुण्ठाओं की परिस्थिति में अधिक मात्रा में भावुकता और संवेगात्मक का प्रदर्शन करता है। किशोर बालक के जीवन का संवेगात्मक पक्ष इतना अधिक स्पष्ट इसलिए मालूम पड़ता है क्योंकि इस अवस्था के पूर्व और पश्चात् की अवस्थाओं में अर्थात् बाल्यावस्था तथा प्रौढ़ावस्था दोनों ही में उद्भूद संवेगात्मक स्थिरता देखने को मिलती है। किशोरों की भाँति न तो आठ-दस वर्ष का बालक ही चंचल होता है और न प्रौढ़ व्यक्ति ही उग्रता प्रदर्शित करता है। अतः किशोरावस्था में पाई जाने वाली संवेगात्मक इस अवस्था की एक प्रमुख विशेषता मानी जाती है।

किशोरावस्था के दौरान जो संवेगात्मक उथल-पुथल होता है उसके सन्दर्भ में कुछ बातें बहुत ही महत्त्वपूर्ण होती हैं जिन पर ध्यान देना अति आवश्यक है। प्राचीन विचारकों का मत था कि किशोरावस्था की संवेगात्मक उथल-पुथल के पीछे किशोर बालकों में होने वाली विशेष शारीरिक परिवर्तन ही कार्य करते हैं। परन्तु आधुनिक

विचारधारा के पोषक इस मत का समर्थन नहीं करते हैं। आज का किशोर-मनोविज्ञान इस तथ्य पर बल देता है कि बालक के सामाजिक सम्बन्धों की व्यापकता, उसके समायोजन की जटिलता और उसके भीतर उदित शारीरिक विशेषताओं तीनों का प्रभाव उसके संवेगात्मक जीवन पर पड़ता है। अतः किशोर के संवेगात्मक जीवन के अध्ययन में अब हम उसकी विकसित सामाजिकता और समायोजन की जटिल समस्याओं की उपेक्षा नहीं कर सकते। इसमें कोई शक नहीं कि किशोरावस्था के दौरान बालकों में भावात्मक आवेश विद्यमान होता है और इसका प्रदर्शन वे समय-समय पर उग्रता के साथ करते हैं। लेकिन प्रचण्ड संवेगात्मक उथल-पुथल को अब सार्वभौमिक लक्षण नहीं माना जाता। यदि किशोर बालक का वातावरण स्वस्थ होगा, जिसकी शिक्षा-दीक्षा उचित रूप से चलेगी और जिसकी आवश्यकताएँ पूरी होती जाएँगी तो उसके विषय में यह नहीं कहा जा सकता है कि वह आवश्यक रूप से मानसिक उथल-पुथल का अनुभव करेगा ही। अतः किशोरावस्था की संवेगशीलता का सम्बन्ध बालकों के समायोजन-प्रक्रियाओं से होता है। जिन बालकों का पारिवारिक, सामाजिक और संवेगात्मक समायोजन निम्न स्तर का होता है और जिन्हें उलझनों और निराशाओं का अनुभव होता है वे संवेगात्मक रूप से अधिक उग्र के होते हैं। इस सन्दर्भ में एक दूसरी बात ध्यान देने की यह है कि इस प्रकार संवेगात्मक उथल-पुथल पूर्व-किशोरावस्था अर्थात् 13 से 18 वर्ष के बालक-बालिकाओं में ही विशेष रूप से पाई जाती है। उत्तर-किशोरावस्था में तो बालक अपने को समाज में कुछ अच्छी तरह समायोजित कर लेता है। इसलिए उसके भीतर कुछ सीमा तक संवेगात्मक स्थिरता के लक्षण दृष्टिगोचर होने लगते हैं। किन्तु जिन बालकों में उत्तर-किशोरावस्था में भी समुचित तरीके से समायोजन नहीं हो पाता है, उनमें संवेगात्मक उथल-पुथल आजीवन बरकरार रहता है।

स्टैनले हॉल यह भी कहा है कि किशोरावस्था में विद्यमान संवेगात्मक उथल-पुथल का कारण किशोर-किशोरियों के भीतर होने वाले शारीरिक एवं ग्रन्थीय बदलाव ही हैं। परन्तु आधुनिक विचारधारा इस मत का खण्डन करती है। 13-14 वर्ष की अवस्था में ग्रन्थि परिवर्तन अपनी चरम पर होता है। जबकि प्रचण्ड संवेगशीलता लगभग सत्रह-अठारह वर्ष की अवस्था में पराकाष्ठा पर पाई जाती है। इसलिए ग्रन्थि परिवर्तन और संवेगात्मक उथल-पुथल दोनों एक ही अवस्था की घटनाएँ नहीं कही जा सकतीं। अतः एक को दूसरे का कारण नहीं माना जा सकता। इस तथ्य को दृष्टि में रखते हुए किशोरावस्था को संवेगात्मक उथल-पुथल, संवेगात्मक अस्थिरता या संवेगात्मक अनियन्त्रित की अवस्था कहना अधिक उपयुक्त होगा।

इसी प्रकार किशोरावस्था की अतिसंवेगशीलता का कारण केवल यौन-परिपक्वता को न मानकर अन्य तथ्यों के महत्त्व को भी स्वीकार करना युक्तिसंगत होगा। किशोरों में विद्यमान तीव्र संवेगों हेतु जो दशायें जिम्मेदार हैं उनमें असन्तोषप्रद पारिवारिक सम्बन्ध, माता-पिता का अधिक हस्तक्षेप, लक्ष्य प्राप्ति के मार्ग में बाधाएँ, किशोर आचरण का प्रौढ़ मानदण्ड द्वारा मूल्यांकन, नवीन परिस्थितियों में समायोजन, विजातीय यौन सम्बन्ध, विद्यालय की असफलताएँ, मित्रों से अनबन और आर्थिक संकट जैसी दशाओं का ज्यादा महत्त्व है।

किशोरों का संवेगात्मक जीवन परिवार, पाठशाला और संघ तीनों से सम्बन्धित होता है। परिवार के माता-पिता तथा बड़े भाई-बहनों, विद्यालय में शिक्षकों और सहपाठियों, मित्र-मण्डली में मित्रों के साथ उसे भिन्न-भिन्न स्तर पर अपना सम्बन्ध स्थापित करना पड़ता है। परन्तु इसके अतिरिक्त उसे कुछ ऐसे परिचित, अर्ध-परिचित और अपरिचित व्यक्तियों से भी अपना सम्पर्क बढ़ाना पड़ता है जिनका सम्बन्ध उसके निजी और व्यक्तिगत जीवन से होता है। ऐसे व्यक्ति विपरीत यौन के सदस्य होते हैं जिन्हें वह अपना प्रेमपात्र मानकर आनन्द विभोर होता रहता है। आम तौर पर सभी किशोरी और सभी किशोर यह चाहते हैं कि परिवार, पाठशाला, संघ और विपरीत यौन के व्यक्तियों के वर्ग में उसकी प्रतिष्ठा हो, उन्हें स्नेह मिले और लोग उसकी आवश्यकता समझें । परन्तु वास्तविक जगत में किसी की भी सभी अभिलाषाएँ तृप्त नहीं होतीं, और न ही सभी सपने पूरे होते हैं। अतः जब किसी किशोर बालक के स्वप्न टूटने लगते हैं, तो वह घोर चिन्ताओं का अनुभव करने लगता है और प्रायः उसकी संवेगात्मक स्थिरता भंग हो जाती है, सन्तुलन बिगड़ जाता है, प्रसन्नता घटने लगती है और समस्याएँ बढ़ने लगती हैं। स्पष्ट है कि किशोरावस्था में संवेगात्मक पक्ष का सम्बन्ध बालक के स्नेह, प्रतिष्ठा, प्रेम और कामुकता तथा मान्यता की भावनाओं से होता है।

किशोरावस्था के दौरान बालक के संवेगात्मक जीवन का अध्ययन करने से इस बात का खुलासा हो जाता है कि उनके भीतर क्रोध, भय, ईर्ष्या, चिन्ता, स्नेह एवं प्रसन्नता के संवेग मुख्य रूप से कार्य करते हैं। जहाँ तक क्रोध का सम्बन्ध है, किशोर का क्रोध और क्रोधात्मक प्रतिक्रियाएँ बालकों के क्रोध और उनके क्रोधात्मक प्रदर्शनों से भिन्न होती हैं। हरलॉक ने इस सन्दर्भ में स्पष्ट किया है कि किशोरों के क्रोध मुख्यतः सामाजिक होते हैं। अब उसकी क्रोध की प्रवृत्ति भी कुछ कम हो जाती है। वह बच्चों की तरह छोटी-छोटी वस्तुओं के लिए क्रोध नहीं करता। वह विशेष रूप सें तब क्रोध प्रदर्शित करता है, जब उसके साथ अन्याय किया जाता है या जब उसकी आलोचना

की जाती है या जब उसके हँसी उड़ाई जाती है। घर में जब उस पर अधिक प्रतिबन्ध लगाया जाता है या विद्यालय में जब साथियों के साथ पक्षपात किया जाता है तो वह क्रोध का प्रदर्शन करता है। इसी तरह उसके मार्ग में अवरोध उत्पन्न करने वाला भी उसके क्रोध के आगोश में आ जाता है। कभी-कभी ऐसी भी परिस्थिति आ जाती है, जब वह अपने प्रेमपात्र का भी विनाश करने पर तुल जाता है अथवा स्वयं आत्महत्या करने का निश्चय कर लेता है। परन्तु ऐसा तभी होता है, जब उसे प्रेम में घोर निराशा होती है। किशोर बालक की संवेगात्मक उथल-पुथल की यह चरम सीमा होती है। इसी प्रकार उनकी चिन्ताओं का सम्बन्ध भी उसकी निर्धनता और असफलता से होता है। चिन्ताओं के पीछे भय का संवेग भी छिपा होता है। जो किशोर अन्तर्मुखी होते हैं वे सही बातों की कल्पना करके चिन्तित होते रहते हैं। सामाजिक अमान्यता, कुख्याति तथा प्रेमपात्र को खो देने का भय किशोर बालक एवं बालिकाओं की चिन्ताओं के मूल में कार्य करते हैं। किशोर बालक की ईर्ष्याओं का सम्बन्ध उन व्यक्तियों से होता है, जो उसकी अपेक्षा अधिक ख्याति प्राप्त कर लेते हैं और जो उनके प्रेम के मार्ग में समान अभिलाषा लेकर आ पहुँचते हैं। जिस बालिका के साथ कोई बालक प्रेम करता है, यदि उसी के ध्यान को आकर्षित करने वाला कोई अन्य बालक सामने आता है, तो इन दोनों में ईर्ष्या के भाव का विकास अवश्य सम्भव है। इस प्रकार ईर्ष्या, चिन्ता, भय और क्रोध को जन्म देती है और हर्ष, प्रसन्नता तथा शक्ति का नाश कर देती है।

एक तरफ तो बालक संवेगात्मक आवेग के द्वारा कार्य करने के लिये प्रेरित होता है और दूसरी तरफ अधिक संवेग होने की स्थिति में उसको हानि होती है। इससे उसका शारीरिक एवं मानसिक स्वास्थ्य कुप्रभावित होता है। कभी-कभी किशोरों को इतनी अधिक चिन्ता सताती है कि उन्हें नींद नहीं आ पाती और धीरे-धीरे उनके भीतर अनिद्रा का विकास होने लगता है। कुछ बालकों को रात में भयानक स्वप्न दिखलाई पड़ते हैं। मानसिक और शारीरिक थकान, सिर में दर्द, भूख न लगना और शक्ति की कमी तो साधारण बातें हैं। फलस्वरूप उनकी कार्यक्षमता घट जाती है। निरन्तर भय या क्रोध की दशा में रहने से थकान, सोचने और सीखने की क्षमताओं में कमी आने लगती है। साथ ही कुछ व्यक्तित्व-दोष भी उत्पन्न हो जाते हैं, जैसे—बालक उदासीन, निराश, चिड़चिड़ा तथा आक्रामक प्रवृत्ति का हो जाता है। इसलिए स्वस्थ व्यक्तित्व एवं सामाजिक समायोजन के लिए यह आवश्यक है कि किशोर अपने संवेगात्मक नियन्त्रण विकसित करे। संवेगात्मक नियन्त्रण से यह अभिप्राय नहीं है कि हम अपने संवेगों का दमन करें, बल्कि इसका अर्थ यह है कि हम किसी समस्या के समाधान में अपने विवेक का प्रयोग करें।

सामाजिक परिपक्वता की अवस्था

किशोरावस्था एक ऐसी अवस्था है जिसमें सम्पूर्ण सामाजिक विकास का अन्य अवस्थाओं से अधिक महत्त्व होता है। किशोर बालक-बालिकाओं के भीतर सामाजिक गुणों का आविर्भाव तथा सामाजिक परिपक्वता का विकास केवल इस दृष्टि से ही आवश्यक नहीं होता क्योंकि वे सामाजिक सफलताओं के इच्छुक होते हैं, बल्कि इसलिए भी इसकी आवश्यकता होती है कि बालक द्वारा किशोरावस्था में स्थापित समायोजन उसकी भावी प्रौढ़ावस्था की रूपरेखा को निर्धारित करता है। जब तक व्यक्ति अपने समाज के विभिन्न सदस्यों के विचारों, भावनाओं, आदर्शों तथा व्यवहारों को भली-भाँति समझ नहीं लेता तब तक उसके लिए उत्कृष्ट कोटि का सामाजिक समायोजन स्थापित कर सकना कठिन होता है। जब व्यक्ति सामाजिक मूल्यों व नियमों का सम्मान करेगा और समाज द्वारा मान्यता प्राप्त गतिविधियों को अपनायेगा तभी वह समाज का एक अच्छा व प्रतिष्ठित सदस्य बन पायेगा। परन्तु यह तभी सम्भव हो पाता है जब व्यक्ति के भीतर सामाजिक परिपक्वता विकसित होने लगती है। जब कोई व्यक्ति विभिन्न सामाजिक परम्पराओं और रीति-रिवाजों में आस्था रखता है और जब वह खुशी से अपने समुदाय के प्रतिबन्धों के साथ अपना कुशल समायोजन स्थापित कर पाता है, तभी यह कहा जा सकता है कि वह व्यक्ति सामाजिक दृष्टि से परिपक्व हो गया है।

विद्वानों ने किशोरों को विकसित सामाजिक सम्बन्धों की अवस्था कहा है। इस दौरान किशोरों में क्रियाशीलता अत्यधिक होती है और उसकी अधिकांश क्रियाएँ सामाजिक पृष्ठभूमि में होती हैं। परन्तु उसके सामाजिक व्यवहारों का जो स्वरूप पूर्व-किशोरावस्था में दिखलाई पड़ता है वह उत्तर-किशोरावस्था में पहुँचकर कुछ बदल जाता है। पूर्व-किशोरावस्था में बालक के सामाजिक व्यवहारों में प्रमुख विशेषता यह पाई जाती है कि वह प्रायः प्रौढ़ स्तर पर आचरण करना चाहता है। प्रौढ़ों की भाँति वह अपना एक छोटा-सा समूह बनाता है और एक किशोर दूसरे किशोर के साथ उसी प्रकार व्यवहार करता है जैसे एक प्रौढ़ दूसरे प्रौढ़ के साथ। यही नहीं, वह प्रायः अपने से बड़ों के साथ रहने और उनके साथ वार्तालाप में भाग लेने का इच्छुक भी होता है। सबसे महत्त्वपूर्ण बात यह है कि इस दौरान बालक सामाजिक कार्यक्रमों, जैसे—पार्टियों, दावतों, सम्मेलनों और अन्य सामाजिक आयोजनों में सक्रिय भाग लेकर अपनी सामाजिक परिपक्वता का परिचय देता है तथा साथ ही प्रौढ़ व्यक्तियों का समर्थन प्राप्त करता है।

पूर्व-किशोर में सामाजिक विकास का एक दूसरा महत्त्वपूर्ण पक्ष है। किशोर बालक या बालिका अपने विपरीत यौन के साथियों और सहेलियों के साथ अधिक से अधिक समय व्यतीत करना चाहते हैं। उत्तर-बाल्यावस्था में लड़का अपने वर्ग के और लड़कियाँ अपने वर्ग के समूह में रुचि लेते हैं और विपरीत यौन के बालकों से उन्हें कुछ चिढ़-सी होती है। परन्तु किशोरावस्था में यह मनोवृत्ति समूल परिवर्तित हो जाती है और बाल्यकालीन चिढ़ और विकर्षण प्रेम तथा आकर्षण में बदल जाता है। वे अपने विजातीय मित्रों के सम्मुख सदा सुनिश्चित ढंग से व्यवहार करते हैं। पार्टियों, सैर-सपाटों, मनोरंजनात्मक कार्यक्रमों, सिनेमा और नाटक आदि के लिए किशोर सदा यौन के साथियों की संगति का इच्छुक होता है।

अन्तर किशोरावस्था को खत्म होते होते बालक की सामाजिक प्रौढ़ता लगभग पूर्ण हो चुकी होती है। क्योंकि किशोरावस्था के उत्तरार्द्ध में उसके समाज की परिधि बहुत अधिक व्यापक हो जाती है। अतः उत्तर-कैशोर में विशेष रूप से बालक के व्यवहारों में उसकी सामाजिक परिपक्वता की झलक मिलती है। उनकी रुचियों में भी पहले की अपेक्षा अधिक स्थायित्व आ जाता है। इसी अवस्था में उसके दृष्टिकोण में व्यापकता, व्यवहार में उदारता तथा चिन्तन में स्पष्टता आती है। सामाजिक ख्याति और नेतृत्व की उसमें बड़ी प्रबल भावना पाई जाती है जिसके कारण उसके भीतर बहिर्मुखता, वाकपटुता, कर्मठता तथा आत्मविश्वास आदि सामाजिक विशेषतायें काफी विकसित हो जाती हैं।

वृद्धावस्था

सामान्यतः वृद्धावस्था को आखिरी अवस्था माना गया है। वृद्धावस्था शुरू होने के बाद मृत्यु तक रहती है। एक आम धारणा है कि जब व्यक्ति 60 साल की अवस्था में पहुँचता है तो उसका वृद्ध जीवन शुरू हो जाता है। सभी लोगों में इसका विस्तार एक समान नहीं होता है। विकास की अन्य अवस्थाओं की भाँति वृद्धावस्था की अन्तिम सीमा का निर्धारण कठिन ही नहीं, असम्भव भी है। इसलिए मृत्यु को ही वृद्धावस्था की अन्तिम सीमा के रूप में स्वीकार कर लिया गया है।

वृद्धावस्था का अर्थ व परिभाषा

अमरीका के कुछ विकासात्मक मनोवैज्ञानिकों ने वृद्धावस्था का प्रसार 120 वर्ष तक मान लिया है क्योंकि कुछ लोग इस आयु तक जीवित पाए गए हैं। इन

मनोवैज्ञानिकों ने वृद्धावस्था 'Old Age' को अब 'उत्तर-प्रौढ़ावस्था कहना शुरू कर दिया है। इस प्रकार, सभी वृद्धों की समस्याओं का अध्ययन करने हेतु उन्हें निम्नलिखित तीन भागों में बाँटा गया है।

1. The young old—65 से 75 वर्ष
2. The old old—75 से 85 वर्ष
3. The oldest old—85 से ऊपर (John W. Santrock 1997).

चूँकि वृद्धावस्था व्यक्ति की अन्तिम अवस्था होती है इसलिये वह शैशव, बालकाल, किशोर और प्रौढ़ावस्था के सुनहरे वर्षों की खट्टी-मीठी अनूभूतियों को समेटे वृद्धावस्था में प्रवेश करता है। उसके पीछे अतीत की एक विशाल चादर फैली होती है जिसकी लम्बाई उसने स्वयं अपने पैरों से नापी है।

रॉबर्ट ब्राउनिंग ने वृद्धावस्था के महत्त्व को प्रदर्शित करते हुए कहा है–

"Grow old along with me
The best is yet to be
The last of life, for which the first was made."

जोसेफ कैम्पबेल ने वृद्ध व्यक्ति के सम्मान में लिखा है–

"As a white candle.
In a holy place,
So is the beauty
Of an aged face."

वृद्धावस्था के सम्बन्ध में आशावादी दृष्टिकोण रखना निश्चय ही भावनात्मक मनोवृत्ति का परिचायक है। आम तौर पर देखा जाता है कि कई वृद्ध व्यक्ति अनुभवी, साहसी, सहिष्णु, विवेकशील, उदार और धैर्यवान होते हैं। कुछ तो उत्साह से भरे होने के कारण अपनी सीमित शारीरिक क्षमता के बावजूद अभूतपूर्व मानसिक दृढ़ता, सृजनात्मक कौशल और इच्छा-शक्ति का प्रदर्शन करते रहते हैं। वे न तो अपने परिवार पर और न ही समाज पर आश्रित रहते हैं। इन गुणों से युक्त वृद्ध काफी कम पाये जाते हैं।

कुछ वृद्धों में सामाजिक समायोजन स्थापित करने की क्षमता पाई गयी है। ऐसे लोग वृद्धावस्था की वास्तविकताओं को स्वीकारते हुए परिवार एवं समाज के साथ समझौता कर लेते हैं और वृद्धावस्था की कमियों तथा कठिनाइयों के बीच प्रायः सुखी जीवन व्यतीत करते हैं। परन्तु उपर्युक्त दोनों प्रकार के वृद्धजनों से सर्वथा भिन्न वे होते है जो पूर्णतः पराश्रयी होकर जीवन के शेष दिनों को 'येन केन प्रकारेण' काटते हैं। इन वृद्धजनों में शारीरिक-मानसिक ह्रास अपेक्षाकृत तीव्र गति से होता है और

उन्हें विवश होकर दूसरों की सहायता लेनी पड़ती है। परिणाम यह होता है कि उनका जीवन सुखविहीन हो जाता है।

इस प्रकार स्पष्ट है कि सभी वृद्धों में पायी जाने वाली मनोवृत्तियाँ भिन्न-भिन्न होती हैं। इनकी दिनचर्या अलग-अलग होती है। कुछ तो काम को ही जीवन मानते हैं और अपने पिछले वर्षों की दिनचर्या की दुहराते रहने का संकल्प ले लेते हैं। परन्तु कुछ लोग बुढ़ापे को विश्राम करने की अवस्था मानकर चारपाई पकड़ लेते हैं और समय से पूर्व ही बुढ़ापे को आमंत्रित करने का प्रयत्न करते हैं।

सक्रिय वृद्धावस्था

कुछ मनोवैज्ञानिकों ने कहा है कि जो वृद्ध सक्रिय होते है उनमें प्राणशक्ति तुलनात्मक रूप से ज्यादा पाई जाती है। वे मानसिक और शारीरिक रूप से स्वस्थ होते हैं और उनमें जिजीविषा बची रहती है। विशेषज्ञों ने इस बात के प्रति अपना दृढ़ विश्वास जताया है कि यदि कोई निरोग वृद्ध समुचित आहार लेता रहे, नियमित रूप से व्यायाम करता रहे और उत्तम सामाजिक सम्बन्धों तथा आवश्यक सहायता का लाभ उठाता रहे तो उसकी अनेक क्षमताएँ उतनी शीघ्रता से कमजोर नहीं होने पायेंगी जितना कि आमतौर पर समझा जाता है। इसलिए वृद्धजनों को नियमित रूप से सक्रिय रहना आवश्यक है। वृद्धावस्था की सक्रियता काफी लाभदायक होती है। इसमें शरीर व दिमाग दोनों चुस्त दुरूस्त रहते हैं। शारीरिक क्षीणता के कारण वृद्धावस्था में व्यायाम करना तथा कठिनाइयों का सामना करना कठिन अवश्य होता है परन्तु जिसने परिस्थितियों को सक्रियता से सामना करने का संकल्प ले रखा है वह जीवन से अधिक सन्तुष्टि प्राप्त कर पाता है। बुढ़ापे में सक्रिय बने रहने के कारण व्यक्ति का अपने परिवार के सदस्यों तथा समाज के साथ उत्तम कोटि का समायोजन भी बना रहता है। जो लोग वृद्धावस्था में किसी व्यवसाय से जुड़ जाते हैं उन्हें व्यावसायिक शून्यता भी नहीं महसूस होती बल्कि उससे उन्हें कुछ धन भी मिलता है।

दैनिक गतिविधियों से दूर रहने वाले वृद्ध शीघ्र ही शारीरिक व मानसिक दृष्टि से कमजोर हो जाते हैं। उनके सामाजिक सम्बन्ध भी सीमित होने लगते हैं और आर्थिक दृष्टि से भी वे दूसरों पर आश्रित हो जाते हैं। ऐसे वृद्धों में शीघ्र ही उदासीनता विकसित होने लगती है। इस प्रकार के बुढ़ापे को ही निष्क्रिय बुढ़ापा कहा जाता है।

वृद्धावस्था के कारण

आयु परिवर्तन एक स्वाभाविक प्रक्रिया है जो स्वयं चलती रहती है। व्यक्ति को जन्म लेने के बाद की अवस्था को शैशवावस्था कहते हैं उसके बाद वह क्रमशः बाल्यावस्था, किशोरावस्था, प्रौढ़ावस्था और फिर अन्ततः वृद्धावस्था में प्रवेश करता है। बुढ़ापा क्यों आता है? यह एक विवादास्प्रद प्रश्न है। इसको लेकर वैज्ञानिकों के बीच मतभेद है। सभी अपने-अपने तरीके से इसकी खोज में लगे हुए हैं। सम्भवतः बुढ़ापे के कारणों को भली-भाँति जान लेने के बाद हम उसकी प्रक्रिया को धीमी या विलम्बित कर सकते हैं। कुछ चिकित्सकों का मानना है कि कोई भी व्यक्ति बुढ़ापे के कारण नहीं मरता। लोगों की मृत्यु इसलिए होती है क्योंकि जीवन को सुरक्षित रखने वाली जैविक, दैहिक एवं परिवेशीय कारकों की आपूर्ति वृद्धावस्था में रुक जाती है। इन कारकों की जानकारी अत्यन्त महत्त्वपूर्ण है क्योंकि इनके समुचित ज्ञान के आधार पर व्यक्ति के जीवन का नियोजन और प्रबन्धन बेहतर ढंग से किया जा सकता है और यथासम्भव उसके जीवन प्रसार को व्यापक बनाया जा सकता है। साथ ही वृद्धावस्था के प्रति उसके मन में जो डर या भय विद्यमान है उसे दूर किया जा सकता है।

वृद्धावस्था के कई कारण हैं जिन्हें निम्न प्रकार प्रस्तुत किया गया है—

(1) जेनेटिक संरचना के कारण—जेनेटिक सिद्धांत का प्रतिपादन स्पेन्सर नामक एक प्रसिद्ध मनोवैज्ञानिक ने सन् 1989 में किया था। यह सिद्धांत इस बात को स्पष्ट करता है कि प्रत्येक मनुष्य के जीन्स में ही ऐसे तत्त्व विद्यमान होते हैं जिनके द्वारा बुढ़ापे का आना तय होता है। इस प्रकार ये जीन्स हानिकारक होते हैं। अभिन्न जुड़वाँओं के जीवन की घटनाओं से इन हानिकारक जीन्स का अस्तित्व प्रमाणित होता है। ऐसे जीन्स प्रारम्भिक वर्षों में तो कोशीय क्रियाओं को नियन्त्रित करते हैं परन्तु बाद में वे अपनी क्रिया को बदल देते हैं। जीन्स की परिवर्तित क्रियाओं के कारण व्यक्ति की क्रियात्मक क्षमता में ह्रास आता है।

(2) जैविक कारण—मनुष्य के शरीर का निर्माण कोशों द्वारा हुआ है। ये कोश शरीर के सबसे ज्यादा छोटे तत्त्व हैं। अधिक पुराने हो जाने के बाद कोशों की अपनी गन्दगी निकालने की क्षमता समाप्त हो जाती है। यह कचरा कोश के लगभग 20 प्रतिशत स्थान में जमा हो जाता है। समयान्तराल कोशों के मोलेक्यूल परस्पर सट जाते हैं जिससे बायोकैमिकल चक्रण की क्रिया रुक जाती है। इसके फलस्वरूप कोशों की सामान्य क्रिया बाधित हो जाती है। यह वृद्धावस्था का एक मुख्य जैविक

कारण है। परन्तु बहुत से वैज्ञानिक इस स्थिति को वृद्धावस्था का कारण न मानकर इसे वृद्धावस्था का परिणाम मानते हैं।

विद्वानों ने एक बात और बतलाई है कि मस्तिषक में केन्द्रित हाइफेथैलमस और पिट्यूटरी ग्रंथि से किसी ऐसे हार्मोंस की उत्पत्ति होती है जिसके कारण शरीर में नियोजित ढंग से ह्रास की प्रक्रिया प्रारम्भ हो जाती है। परन्तु इस हार्मोन की खोज अभी तक नहीं की जा सकी है। इसके कारण थायराइड ग्रंथि से निकले थायाराक्सन रस को ग्रहण करने की कोशकीय क्षमता नष्ट हो जाती है। परिणामस्वरूप शरीर में पोषक तत्त्वों के परिवर्तन की क्रिया प्रभावित हो जाती है और वृद्ध लोगों को विभिन्न प्रकार के रोग जकड़ लेते हैं।

(३) शारीरिक कारण—अत्यन्त मेहनत करने के कारण व्यक्ति की शारीरिक क्षमता में कमी आने लगती है और वह धीरे-धीरे वृद्धावस्था में पहुँच जाता है और इस तरह बुढ़ापा आ जाता है। निर्धन व्यक्तियों के निरन्तर मेहनत करने किन्तु पौष्टिक आहार न मिल पाने के कारण उनके शरीर को क्षति पहुँचती है और वे वृद्धावस्था की जटिलताओं को बहुत दिनों तक झेल नहीं पाते। जिस प्रकार गरिष्ठ भोजन से शरीर को क्षति पहुँचती है उसी प्रकार पौष्टिक भोजन के अभाव में भी शरीर दुर्बल हो जाता है।

मनुष्य के अन्दर, व्यक्ति के भीतर प्रकृति की योजना के अनुसार एक निश्चित अवधि में शारीरिक शक्ति में ह्रास उत्पन्न हो जाता है। ऐसा क्यों होता है, यह पता नहीं चल पाया है। परन्तु यह बात प्रत्येक में पायी जाती है। कुछ पशु तो बच्चों को जन्म देने के तुरन्त बाद मर जाते हैं। इस सिद्धान्त को दैहिक सिद्धान्त के नाम से जाना जाता है।

दैहिक सिद्धान्तों में एक सिद्धान्त वह है जो होमियोस्टैटिक असन्तुलन का सिद्धान्त कहलाता है। इसके अनुसार, जब शारीरिक अवयवों के बीच अन्तःक्रिया बिगड़ जाती है तो शारीरिक स्वास्थ्य और क्रियाशीलता प्रभावित होती है और बुढ़ापे के लक्षण दिखाई देने लगते हैं। ऐसा उस स्थिति में होता है जब वृद्ध व्यक्ति में किसी मानसिक आघात का लोप हो जाता है।

क्रॉस-लिन्केज सिद्धान्त द्वारा यह स्पष्ट किया गया है कि हमारे कोशों में पाए जाने वाले प्रोटीन की रचना पेप्टाइड से होती है। परन्तु जब इन पेप्टाइड्स के बीच क्रॉस लिंकिंग हो जाती है तो प्रोटीन की प्रकृति बदल जाती है। फलस्वरूप शरीर में पाये जाने वाले कोलाजेन का कार्य प्रभावित हो जाता है। कोलाजेन शरीर के भीतर

पाया जाने वाला मुख्य तन्तु होता है जो त्वचा और रक्त की धमनियों को लोच प्रदान करता है। इसका काफी महत्त्व होता है।

एक दूसरे शारीरिक सिद्धांत ने यह स्पष्ट करने का प्रयास किया है कि शरीर के विभिन्न अंगों में मेटाबालिज्म से उत्पन्न गंदगी के कारण शारीरिक अंगों की सक्षमता में गिरावट आती है। इस गंदे पदार्थ के कारण आँख में मोतियाबिन्द, रक्त की धमनियों में कोलेस्ट्राल तथा हड्डियों में भंगुरता का प्रादुर्भाव होता है।

मृत्यु से पहले की अवस्था

मृत्यु वृद्धावस्था व जीवन का अन्त है। इससे लगभग सभी लोग डरते हैं। अन्ततः एक दिन वह घड़ी आ धमकती है जिसे हम जीवन की सन्ध्या कहते हैं और व्यक्ति की जीवन-लीला समाप्त हो जाती है। इस घटना को मृत्यु की संज्ञा दी गई है। विशेषज्ञों, विशेष रूप से, चिकित्सकों का मानना है कि मृत्यु यकायक नहीं घटित होती बल्कि यह एक प्रक्रिया है। हृदय, मस्तिष्क तथा कोशों के स्तर पर मृत्यु का विश्लेषण किया गया है। अतः मृत्यु को चार भागों में बाँटा गया है जो निम्न प्रकार हैं–

1. क्लिनिकल मृत्यु
2. मस्तिष्कीय मृत्यु
3. जैविक
4. सामाजिक मृत्यु।

जब व्यक्ति के हृदय और फेफड़े काम करना बन्द कर देते हैं तो उसकी साँस रुक जाती है और समझा जाता है कि उसकी मृत्यु हो गई। परन्तु इस दशा को न तो चिकित्सक और न ही अन्य लोग समझ पाते हैं।

वृद्धावस्था की प्रमुख समस्याएँ

वृद्धावस्था में व्यक्ति के सामने अनेक प्रकार की समस्यायें उत्पन्न होती हैं, जिनसे वे परेशान रहते हैं। ये समस्यायें शारीरिक, मानसिक व आर्थिक हो सकती हैं। व्यवयायिक जीवन से अवकाश के बाद तो वृद्ध व्यक्ति प्रायः ऐसा समझने लगता है मानों वह आर्थिक दृष्टि से बिल्कुल दूसरों पर ही निर्भर है। अनेक वृद्धजनों में यह धारणा घर कर लेती है कि समाज परिवार में अब उनकी कोई आवश्यकता और उपयोगिता नहीं रह गयी है। अतः बुढ़ापे में एक प्रकार की उदासीनता का भाव भी विकसित होने लगता है। परन्तु जिन वृद्धजनों की सामाजिक और आर्थिक स्थिति

जितनी उत्तम होती है और जो अपने को समाज व परिवार के लिए जितना उपयोगी समझते हैं उन्हें उतनी ही अधिक प्रसन्नता और मानसिक सन्तुष्टि महसूस होती है।

वृद्धावस्था शुरू होने के बाद व्यक्ति का शरीर दिन-प्रतिदिन कमजोर होने लगता है। शारीरिक शक्ति, कार्य-क्षमता तथा प्रतिक्रिया की गति में भी मन्दता आ जाती है। शारीरिक परिवर्तनों के साथ ही घोर मानसिक बदलाव भी इस समय की प्रमुख घटना है। वृद्धजनों की रुचियों और मनोवृत्तियों में भी महत्त्वपूर्ण परिवर्तन देखने को मिलता है। सामान्य बौद्धिक योग्यता रचनात्मक, चिन्तन तथा सीखने की क्षमताएँ भी शिथिल पड़ जाती हैं।

इस अवस्था में याद रखने की क्षमता भी कम हो जाती है। वृद्धजनों की रुचियाँ संख्या में घट कर कम हो जाती हैं और उनके लिए उच्चकोटि की उपलब्धियाँ प्रायः असम्भव हो जाती हैं। शारीरिक शक्ति और मानसिक क्षमताओं में मन्दता आ जाने के कारण वृद्ध व्यक्तियों का समायोजन प्रायः निम्न-स्तरीय और असन्तोषजनक हो जाता है जिसके कारण वृद्धों का समाज से सम्पर्क भी कम हो जाता है और वह सामाजिक कार्यक्रमों में भाग नहीं ले पाता। आगे वृद्धावस्था की कुछ अधिक गम्भीर समस्याओं का उल्लेख किया गया है।

मानसिक क्षमता में कमी

वृद्धावस्था के दौरान व्यक्ति मानसिक रूप से भी कमजोर होने लगता है। उसकी स्मृति विलोप होने लगती है और उसकी गतिविधियाँ घटने लगती हैं। इस समय व्यक्ति की अधिगम क्षमता भी कम हो जाती है। और उसके लिए नई क्रियाओं को सीख पाना कठिन हो जाता है। स्मृति की क्षमता भी क्रमशः मंद पड़ने लगती है। एक अवस्था में वस्तुओं, व्यक्तियों और स्थानों के नाम सरलता से याद नहीं आते। विशेषज्ञों के अनुसार 60 वर्ष के बाद व्यक्ति की बौद्धिक क्षमता में थोड़ी गिरावट आ जाती है। इसके अतिरिक्त, वृद्धावस्था में विषम परिस्थितियों के कारण मानसिक तनाव, अंतर्द्वन्द्व, कुण्ठा, चिन्ता और अप्रसन्नता का अनुभव होना तो आम बात है।

जब व्यक्ति 75 वर्ष की अवस्था में पहुँचने वाला होता है या पहुँच जाता है तो कुछ लोगों के आस-पास कुछ वृद्धों में एक विशिष्ट प्रकार का मानसिक ह्रास दिखलाई पड़ता है जो मस्तिष्क के क्षतिग्रस्त हो जाने का लक्षण माना जाता है। इस दशा को सेनाइल डिमेन्शिया का एक प्रकार माना जाता है। इस रोग से ग्रसित अनेक रोगी मानसिक चिकित्सालयों और नर्सिंग होम में ही रहते हैं। इस प्रकार के रोगी

सच्चाई से दूर चले जाते हैं। और उनमें स्मृतिलिपि, अनिद्रा, बेचैनी, उदासीनता के लक्षण देखे जाते हैं। परन्तु उपर्युक्त प्रकार की मस्तिष्कीय विकृति उन्हीं लोगों में पाई जाती है जिनके मस्तिष्कीय कोश किसी भयंकर बीमारी अथवा दुर्घटना में चोट लगने के कारण क्षतिग्रस्त हो चुके होते हैं। जो व्यक्ति नशीले पदार्थों, जैसे—तम्बाकू, अफीम या हेरोइन जैसे ड्रग का अधिक सेवन करते हैं उनके भीतर भी मानसिक परेशानी उत्पन्न होने की अधिक सम्भावना रहती है।

दैहिक क्षमता में कमी

आयु बढ़ने के साथ-साथ व्यक्ति के शरीर में बदलाव आता जाता है और वृद्धावस्था में पहुँचने पर उसका चेहरा पूरी तरह बदल जाता है। व्यक्ति के गालों पर झुर्रियाँ पड़ जाती हैं, चेहरा सिकुड़ कर छोटा हो जाता है, बाल सफेद हो जाते हैं, दाँत गिरने लगते हैं तथा शरीर का भार कम हो जाता है। कर्मेन्द्रियों की ही भाँति वृद्ध व्यक्ति की ज्ञानेन्द्रियों भी पहले की तरह काम नहीं कर पातीं। आँख की रोशनी कम हो जाती है और आँखों में प्रायः मोतियाबिन्द विकसित हो जाता है। सुनने में भी पहले जैसी तीक्ष्णता नहीं रह जाती। रस एवं गन्ध की संवेदनाएँ भी मन्द पड़ जाती हैं। ये मौसम से भी प्रभावित होते हैं। इनको ठण्डी में ज्यादा ठण्ड व गर्मी में ज्यादा गर्म महसूस करते हैं।

इनकी शारीरिक शक्ति बहुत तेजी से घटती है और कुछ वृद्धजनों को लाठी का सहारा लेकर चलना पड़ता है। हड्डियों में से लचीलापन समाप्त हो जाता है और माँसपेशियों शिथिल पड़ जाती हैं। शरीर के अधिकांश अंगों में पीड़ा का अनुभव होने लगता है। शरीर के विभिन्न अंगों के बीच क्रियात्मक समन्वय लगभग समाप्त हो जाता है। वृद्धावस्था में मस्तिष्क का भार भी धीरे-धीरे घटने लगता है और उसमें कोशिकाओं का क्षरण प्रारम्भ हो जाता है। हृदय की धमनियों में कोलास्ट्रोल की सतह मोटी हो जाने से रक्त के संचार में भी अवरोध उत्पन्न होने लगता है। कुछ व्यक्ति उच्च रक्तचाप, मधुमेह , गठिया आर्थराइटिस , हृदय रोग तथा शक्तिहीनता से पीड़ित हो जाते हैं। इन बीमारियों की वजह से व्यक्ति शारीरिक रूप से कमजोर हो जाता है।

उपर्युक्त विवरण से यह नहीं समझना चाहिए कि ये जटिलताएँ वृद्धजनों को प्रारम्भ से ही घेर लेती हैं। न ही सभी एक ही प्रकार से इन बीमारियों से ग्रसित होते हैं। वस्तुतः ये दशाएँ धीरे-धीरे ही विकसित होती हैं और उन वृद्धों में अधिक देखने को मिलती हैं जो वृद्धावस्था को अनियमित रूप से व्यतीत करते हैं। अपनी दिनचर्या

के नियमों द्वारा अनेक अक्षमताओं और व्याधियों से बचा जा सकता है। संतुलित आहार लेकर, भोजन की मात्रा घटाकर, शारीरिक विश्राम द्वारा तथा नियमित रूप से टहलने और व्यायाम को दिनचर्या में शामिल करके वृद्धावस्था को यथासम्भव सुखी और सुरक्षित बनाये रखा जा सकता है।

समायोजन की समस्या

वृद्धावस्था के दौरान व्यक्ति का सामाजिक सम्पर्क सीमित हो जाता है। वह अपने परिवार व पास-पड़ोस से ही सम्पर्क बना पाता है। परिवार के युवा सदस्यों तथा वृद्ध व्यक्तियों के बीच कम से कम एक पीढ़ी का अन्तर तो होता ही है, जिसे 'जेनरेशन गैप' कहा जाता है। इसके कारण युवा सदस्यों और वृद्ध व्यक्तियों के बीच वैचारिक मतभेद उभर कर सामने आ जाते हैं। युवा व्यक्ति आधुनिक किन्तु वृद्ध व्यक्ति पुराने विचारों के होते हैं। और इसलिए इन दोनों के विचारों में मेल नहीं खाता। परन्तु जो वृद्धजन पढ़े-लिखे तथा समझदार होते हैं, शीघ्र ही अपने से छोटी उम्र के व्यक्तियों के साथ मित्रवत् बन जाते हैं। भारतीय परिवारों में आज भी यह परम्परा कायम है कि प्रमुख सन्दर्भों में वृद्ध व्यक्ति स्वयं को सम्मानित महसूस करता है तथा अपने को परिवार का मुखिया मानने लगता है। यही कारण है कि जहाँ विदेशों में वृद्धों के लिए नर्सिंग होम की व्यवस्था की जाती है, वहीं अपने देश में वृद्धजन संयुक्त परिवारों में रहकर ही सदस्यों से सेवा और सम्मान प्राप्त करते रहते हैं।

संयुक्त परिवारों में वृद्ध व्यक्तियों को कम समस्या होती है क्योंकि परिवार के लोग साथ रहते हैं और उनकी देखभाल करते रहते हैं। कहा जाता है कि, यह कहावत संयुक्त परिवारों में चरितार्थ होती दिखती है। जहाँ सबसे छोटा और सबसे बड़ा सबसे घनिष्ठ मित्र बन जाए, वहाँ परिवार के अन्य सदस्य भी उन्हीं दोनों के इर्द-गिर्द घूमने लगते हैं, इसमें कोई संदेह नहीं है।

व्यावसायिक निष्क्रियता

अक्सर देखा गया है कि वृद्धावस्था के दौरान भी कुछ लोग अधिक सक्रिय होते हैं। वे अपनी क्षमता व कार्य कुशलता को प्रदर्शित करने के इच्छुक होते हैं। वे स्वयं को ऐसे उत्पादक और रचनात्मक कार्यों से जोड़ना चाहते हैं जिनके लिए उनके भीतर क्षमता निहित होती है। और जिनका उन्होंने विगत वर्षों में अनुभव-अर्जित किया है। इससे वे धन अर्जित तो करते ही हैं साथ ही उन्हें सम्मान के साथ जीवन-यापन का गौरव भी प्राप्त होता है। प्रकारान्तर से उन्हें लोगों की सेवा करने तथा अपनी

रचनात्मक प्रवृत्ति द्वारा समाज में सक्रिय योगदान करने का अवसर भी मिलता है। किसी व्यवसाय के साथ स्वयं को जोड़ लेने के बाद वृद्ध व्यक्ति आर्थिक रूप से सुरक्षित महसूस करने लगता है और उसकी अनेक चिन्ताओं का अन्त हो जाता है। उसकी दिनचर्या सुनिश्चित हो जाने के कारण वह न केवल शारीरिक बल्कि मानसिक रूप से भी एक सीमा तक स्वस्थ हो जाते हैं और उसे प्रसन्नता और मनोवैज्ञानिक सन्तुष्टि का अनुभव होने लगता है।

रुचियों में परिवर्तन

अन्य अवस्थाओं की अपेक्षा वृद्धावस्था में व्यक्ति की इच्छाओं में अद्‌भुत बदलाव आता है। इन अवस्थाओं में रुचियाँ न केवल संख्या में कम हो जाती हैं, बल्कि उनकी प्रबलता भी घट जाती है। कहा जाता कि किशोरावस्था में व्यक्ति के भीतर असंख्य रुचियाँ पाई जाती हैं और उसके मित्रों की संख्या सर्वाधिक होती है। इसके विपरीत, वृद्धावस्था में व्यक्ति की सामाजिक रुचियों में कमी आ जाती है और उसके मित्रों की संख्या सीमित हो जाती है। वृद्ध व्यक्तियों की रुचि सबसे अधिक अपने स्वास्थ्य और रुपये-पैसे में होता है, भले ही वे सक्रिय रूप से धन कमाने योग्य नहीं रह जाते। अपने परिवार में पुत्र-पुत्रियों के विवाह, उनकी नौकरी तथा मकान की समस्याओं में वृद्ध व्यक्ति रुचि प्रदर्शित करता है। धार्मिक क्रियाओं में उसका मन अधिक लगने लगता है। संसार की शेष बातों में उसकी रुचि सामान्य स्तर पर ही रहती है। उसके मित्रों की संख्या भी सीमित रह जाती है। राष्ट्रीय समस्याओं, राजनीति तथा अन्तर्राष्ट्रीय मुद्दों में गिने-चुने वृद्धजन ही वृद्धजन की रुचि रखते हैं जिनमें व्यस्त रहने से उनका समय सुख के साथ व्यतीत होता है। वस्तुतः वृद्धावस्था में व्यक्ति मुख्य रूप से प्रसन्नता और सुख की तलाश करता है और उसकी रुचियाँ इन्हीं से सम्बन्धित होती हैं। अतः इस अवस्था में वह बाह्य आडम्बरों तथा अस्थायी प्रलोभनों का परित्याग कर सादा जीवन व्यतीत करना पसन्द करता है।

स्मृति क्षमता में कमी

वृद्धावस्था के दौरान लोगों की याद रखने की क्षमता में कमी आने लगती है। इस सन्दर्भ में क्रेक ने एक व्यापक अध्ययन कर यह निष्कर्ष निकाला कि वृद्धों में अल्पकालिक स्मृति की अपेक्षा दीर्घकालिक स्मृति में अधिक गिरावट आ जाती है। उदाहरणार्थ एक वृद्ध व्यक्ति कोई टेलीफोन नम्बर सुनने के 20 सेकण्ड बाद उसे बता सकता है, किन्तु एक दिन बाद वह उसे नहीं याद रख पाता। पूर्व में बार-बार

दोहराई गई सूचनाओं अथवा घटनाओं को भी व नई सूचनाओं की तुलना में अधिक समय तक याद रख पाता है। जैसे अपने टेलीवजन पर समाचार तथा सीरियलों का समय अथवा अपनी रुचि के कार्यक्रमों का समय और उसका विवरण सरलता से याद रखे जा सकते हैं। इसी प्रकार, एक वृद्ध व्यक्ति घटनाओं की पहचान करने में तो सफल हो जाता है परन्तु उनका प्रत्याह्वा नहीं कर पाता। खराब स्वास्थ्य और निषेधात्मक अभिवृत्ति रखने वाले वृद्ध व्यक्तियों में स्मृति क्षमता का काफी लोप हो जाता है।

चिन्तन शक्ति में कमी

वृद्धावस्था के दौरान बौद्धिक गिरावट क्यों और कैसे होती है? इस बात पर मनोवैज्ञानिकों ने भिन्न-भिन्न विचार व्यक्त किये हैं। एक प्रसिद्ध मनोवैज्ञानिक वेक्सलर ने तो 30 वर्षों पूर्व ही संकेत दिया था कि प्रौढ़ावस्था तथा वृद्धावस्था के वर्षों में व्यक्ति के भीतर बौद्धिक क्षमता का ह्रास प्रारम्भ हो जाता है। कुछ वर्ष पूर्व विकासात्मक मनोवैज्ञानिकों ने इस सन्दर्भ में कुछ महत्त्वपूर्ण प्रश्नों को उठाया है। बौद्धिक क्षमता में ह्रास कब शुरू होता है? क्या सभी बौद्धिक पक्षों में ह्रास घटित होता है अथवा केवल कुछ ही में? क्या प्रशिक्षण द्वारा संज्ञानात्मक क्षमता का ह्रास रोका जा सकता है? अनुसंधानकर्त्ता इन प्रश्नों के उत्तर ढूँढ़ने में व्यस्त हैं। जान हार्न ने प्रदर्शित किया है कि आयु के साथ व्यक्ति की स्पष्ट बुद्धि अर्थात् उसकी संचित सूचनाओं एवं शाब्दिक कौशल में वृद्धि होती है। परन्तु व्यक्ति की गत्यात्मक वृद्धि अर्थात् अमूर्त चिन्तन में ह्रास आता है। कुछ मनोवैज्ञानिक हार्न के उपर्युक्त निष्कर्ष से सहमत नहीं। इस दिशा में जो प्रतिफल मौजूद हैं, उनमें से ज्यादातर एक दूसरे के विरुद्ध हैं।

पाल बाल्टेस ने बौद्धिक क्षमता का जो विश्लेषण किया है उसे सबसे अच्छा माना जा सकता है। उन्होंने कम्प्यूटर के हार्डवेयर और सॉफ्टवेयर पक्षों की कल्पना की है। उन्होंने 'कागनीटिव मेकैनिक्स' और 'कागनीटिव प्रैगमेटिक्स' जैसे संप्रत्ययों का प्रयोग किया है। बाल्टस ने पहले को बुद्धि का हार्डवेयर और दूसरे को बुद्धि का सॉफ्टवेयर कहा है। मस्तिष्क की स्नायविक और भौतिक संरचना ही 'कागनीटिव मेकैनक्स' है और इससे सम्बन्धित स्मृति, विभेदन, तुलनात्मक क्षमता, संवर्गीकरण आदि की बौद्धिक क्षमताएँ समय के साथ मन्द पड़ने लगती हैं। इसके विपरीत, अन्य बौद्धिक क्षमताएँ; जैसे—लिखने-पढ़ने और भाषा समझने की क्षमता, शैक्षिक उपलब्धियाँ तथा व्यावसायिक कुशलता आदि में समय के साथ ह्रास नहीं, बल्कि वृद्धि सम्भव

है क्योंकि ये क्षमताएँ परिवेशगत हैं और इन पर सांस्कृतिक परिवेश का सीधा प्रभाव पड़ता है। बाल्टेस ने इन्हें 'कागनीटिव प्रैगमेटिक्स' कहा है।

वृद्धावस्था में संज्ञानात्मक समस्याएँ

वृद्धावस्था में अनेक प्रकार की संज्ञानात्मक समस्यायें भी पाई जाती हैं। संज्ञानात्मक क्षमता में प्रत्यक्षीकरण, स्मृति, भाषा, प्रत्यय निर्माण, समस्या समाधान, बौद्धिक क्षमता तथा सृजनात्मकता आदि का समावेश माना जाता है। बाल्यावस्था, किशोरावस्था तथा प्रौढ़ावस्था में ये क्षमताएँ उत्तरोत्तर प्रबल होती जाती हैं। परन्तु मध्यावस्था में इन क्षमताओं में सामान्य गिरावट प्रारम्भ हो जाती है। वस्तुतः इस अवस्था के दौरान संज्ञानात्मक क्षमताएँ मन्द पड़ जाती हैं और समय के साथ उनमें गिरावट बढ़ती जाती है। इस भाग में वृद्धावस्था के लिए अधिक प्रासंगिक और महत्त्वपूर्ण संज्ञानात्मक क्षमताओं एवं विशेष रूप में स्मृति और बुद्धि में होने वाली गिरावट पर प्रकाश डाला जाएगा।

14

विशिष्ट बालकों का मनोवैज्ञानिक विश्लेषण

विशिष्ट बालकों के सन्दर्भ में **हैरी बाकर** ने अपने विचार को कुछ इस प्रकार व्यक्त किया है—"विशिष्ट बालक वे हैं जो शारीरिक, मानसिक, संवेगात्मक और सामाजिक दृष्टि से सामान्य गुणों से इस सीमा तक विचलित होते हैं कि उन्हें अपनी अधिकतम क्षमता के अनुसार स्वयं का विकास करने के लिए विशिष्ट शिक्षा की आवश्यकता पड़ती है।"

परिभाषा

क्रो एवं क्रो के अनुसार—विशिष्ट बालक वह है "जो साधारण व्यक्ति द्वारा प्रदर्शित गुणों से इस सीमा तक विभिन्नता लिए होता है जिसके कारण व्यक्ति-विशेष को और उसके साथियों को ध्यान देना पड़ता है।"

वालेन्स वालिन के अनुसार—प्रारम्भिक स्कूल के 1000 बालकों में से लगभग 500 बालकों में कुछ विशिष्टताएँ पाई जाती हैं। इसमें भी लगभग 50 अर्थात् 1(प्रतिशत बालक मानसिक संवेगात्मक, सामाजिक या व्यक्तित्व सम्बन्धी विशिष्ट समस्याओं के कारण विशिष्ट होंगे। ये विशिष्ट बालक सभी प्रकार के सामाजिक,

आर्थिक पर्यावरण से आते हैं। इनके समायोजन की विशिष्ट समस्याएँ होती हैं और शिक्षक को उनको विशेष रूप से सुलझाना पड़ता है।

सचवार्ट्ज के अनुसार–"जब किसी बालक को विशिष्ट कहकर वर्णित करते हैं, हम उसकी 'औसत' का या 'सामान्य' लोगों जिन्हें हम एक या इससे अधिक लक्षणों के सम्बन्ध में जानते हैं, से अलग रखते हैं।"

विशिष्ट बालकों के प्रकार

शारीरिक विशिष्टता

(1) दृष्टि दोष–कुछ बालकों के आँखों में दोष पाया जाता है वे देख नहीं सकते। इस प्रकार के बालकों को अन्ध-विद्यालय में शिक्षा दिलवानी चाहिए। वहाँ शिक्षा का माध्यम ब्रेल लिपि है। आजकल ब्रेल ढंग से शिक्षा प्राप्त एम. ए., पी-एच. डी. तक कर लेते हैं और विश्वविद्यालय में शिक्षण कार्य अपने व्याख्यान द्वारा कर रहे हैं। अन्धे बालकों का मानसिक विकास सामान्य बौद्धिक स्तर पर या विशिष्ट बुद्धि स्तर पर किया जा रहा है। उनको व्यावसायिक शिक्षा, जैसे–संगीत या हस्तकला आदि में पारंगत बनाना चाहिए। यदि मनोवैज्ञानिक दृष्टि से देखा जाए तो यह सत्य प्रतीत होता है कि मानव का यदि कोई एक ज्ञानात्मक अंग निष्क्रिय होता है तो दूसरा अंग अति क्रियाशील तथा निपुण बन जाता है। अन्धे बालक संगीत या हस्तकला में सामान्य व्यक्ति से अधिक निपुण पाए जाते हैं।

कुछ बालकों का दृष्टि दोष ऐसा होता है कि वो देख तो सकते हैं लेकिन कम दूरी तक ही। इस प्रकार के बालकों को कक्षा में ब्लेक-बोर्ड के समीप बैठाना चाहिए। कक्षा में प्रकाश का प्रबन्ध करना चाहिए। ऐसे बालकों का समय-समय पर नेत्र-परीक्षण भी कराना चाहिए। देखने की अल्प क्षमता वाले विद्यार्थियों को सामान्य बालकों के साथ शिक्षा देनी चाहिए।

(2) शारीरिक निर्बलता- कुछ बालक शारीरिक दुर्बलता से पीड़ित होते हैं। अस्थियों के विकास में कमी, माँस-पेशियों का ढीलापन, रक्त की कमी, या कुपोषण से शरीर दुर्बल हो जाता है। शरीर के दुर्बल होने से मानसिक अक्षमता उत्पन्न होती है। पढ़ने में ध्यान की कमी, इच्छा-शक्ति की कमी, हीनता की भावना, विद्यालय में अनुपस्थित रहना आदि शारीरिक दुर्बलता के लक्षण हैं। ऐसे बालक अधिकतर बीमार रहते हैं।

दुर्बल बालकों का शारीरिक परीक्षण कराते रहना चाहिये। यदि बालक गरीब परिवार से है तो विद्यालय को उसके इलाज का प्रबन्ध भी करना चाहिये। दोपहर के खाने में ऐसे बालकों को दूध, दलिया, फल आदि देना चाहिये।

(३) अपंगता—जो बालक शारीरिक रूप से आकर्षक नहीं होते हैं अर्थात् कुरूप होते हैं, उन्हें अपनी इच्छा के शैक्षिक कार्यों में शामिल होने में समस्या होती है।

इस प्रकार के बालकों हेतु उपयुक्त व्यावसायिक शिक्षा की व्यवस्था करनी चाहिए। व्यावसायिक समायोजन से विकलांग बालक आत्म-सम्मान की भावना से अपनी व्यावसायिक क्रिया में आनन्द लेता है।

अपंग बालकों की शिक्षा के सन्दर्भ में प्रमुख बात यह है कि उनके लिए कक्षा में बैठने की सही व्यवस्था होनी चाहिए। मेज, कुर्सी ऐसी होनी चाहिए कि उन्हें बिना किसी दबाव के पढ़ने-लिखने दिया जाए। उनको कक्षा में आगे स्थान देना चाहिए।

(4) बधिर—जो बालक सुनने व बोलने में पूरी तरह असमर्थ होते हैं उन्हें पूर्ण बधिर बालक कहा जाता है। ऐसे बालकों को गूँगे-बहरे के लिए स्थापित विशेष विद्यालयों में भेजना चाहिए। इन विद्यालयों में विशेष प्रकार के ढंग से शिक्षा दी जाती है। अब तो ऐसे यन्त्र विकसित हो गए हैं जिनके द्वारा बधिर बालक अपनी आँखों के प्रयोग से शिक्षा ग्रहण कर लेते हैं और अपनी उँगलियों के हिलाने से अपने विचार व्यक्त कर सकते हैं।

कम बधिर बालक उनको कहा जाता है जिनमें हकलाना, तुतलापन, धीरे-धीरे, अटक कर बोलना, नाक के सुर (Nasality) से बोलना, आदि दोष पाए जाते हैं। वाणी-दोष शारीरिक हो सकते हैं और मनोवैज्ञानिक भी हो सकते हैं।

जो वाणी दोष शारीरिक रूप से होता है उसकी चिकित्सा राज्य क्रिया द्वारा सम्भव है। यदि मनोवैज्ञानिक है, तो शिक्षक को बालक के संवेदात्मक स्तर, उसके परिवार में व्याप्त तनाव का स्तर, बालक की आर्थिक स्थिति, परिवार में सगे भाई-बहिन यदि कोई वाणी-दोष से युक्त है या नहीं आदि का अध्ययन करना चाहिए। मनोवैज्ञानिक निदान हेतु उचित प्रबन्ध करना चाहिए। वाणी दोष मनोवैज्ञानिक अनुकरण विधि आदि से दूर कर देता है। निरन्तर अभ्यास से वाणी-दोष दूर किया

जा सकता है। मनोवैज्ञानिक वाणी-दोष को किसी संवेग-दमन का लक्षण भी मानते हैं।

बौद्धिक विशिष्टता

(1) "**मन्द-बुद्धि बालक**—जिन बालकों की बुद्धि लब्धि 85 से 70 के मध्य होती है उन्हे मन्द-बुद्धि कहते हैं। 70 बुद्धि लब्धि से कम से बालक को मूर्ख कहते हैं। विद्यालय में मूर्ख बालक कम होते है क्योंकि उन्हें विद्यालय जाने लायक नहीं माना जाता। उनका तो मानसिक अस्पताल में इलाज चलता रहता है। मन्द बद्धि बालक विद्यालय में पाये जाते हैं। पोलक एवं पोलक ने माना है कि 'मन्दबुद्धि बालक को अब क्षीण-बुद्धि बालको के समूह में नही रखा जाता है, जिनके लिये कुछ भी नही किया जा सकता है। अब हम यह स्वीकार करते हैं कि उनके व्यक्तित्व केउतने ही विभिन्न पहलू होते हैं, जितने सामान्य बालकों के व्यक्तित्व के होते हैं।

मन्द-बुद्धि बालक के लक्षण—

1. सीखी हुई बात को नई परिस्थिति में प्रयोग करने में उन्हें कठिनाई होती है।
2. उनमें सामान्यीकरण अवधान की कमी तथा भाषा विकास की कमी पाई जाती है।
3. ऐसे बालक अपने से छोटी आयु के औसत 1.Q वाले बालकों जैसी विशेषतायें रखते हैं। अतएव वे अपनी आयु वालों की अपेक्षा धीमा सीखते हैं।
4. उनमें निर्णय लेने की अक्षमता पाठ जाती है।
5. कक्षा-कार्य में विफलता से आत्म-विश्वास में कमी और आत्महीनता में वृद्धि हो जाती है, सामाजिक असमायोजन पैदा हो जाता है।
6. इस कारण मन्द-बुद्धि बालक कक्षा-कार्य में विफलता की भावना से पीड़ित रहते हैं। अतएव वे अपनी आयु वालों की अपेक्षा धीमा सीखते हैं।

संक्षेप में, मन्द-बुद्धि बालकां धीरे-धीरे सीखते हैं, अनेक गलतियाँ करते हैं, जल्दी भूल जाते हैं, जटिल परिस्थितियों को समझ नहीं पाते, तथा बुद्धि-प्रेरित न होकर भावना-प्रेरित प्रतिक्रिया करते हैं।

(2) प्रतिभाशाली बालक—प्रतिभाशाली बालक में सामान्य बुद्धि तो अधिक होती ही है, **किरक** के अनुसार उनमें कोई भी प्रतिभा हो सकती है—जैसे, सामाजिक यांत्रिक, कलात्मक, संगीतिक, भाषायी, शारीरिक या शैक्षिक। परन्तु केवल बुद्धि

लब्धि (सामान्य बुद्धि) के आधार पर हम किसी बालक को प्रतिभावान नहीं मान सकते जब तक कि उसमें उपरोक्त प्रतिभाओं में से कोई एक न हो। प्रतिभावान बालक औसत बालकों से अधिक योग्य तो होते ही हैं परन्तु उपरोक्त सात-प्रवणताओं में से किसी एक में कोई भी कार्य सामान्य बालकों की अपेक्षा अधिक शीघ्रता से कर लेते हैं।

सामान्य बुद्धिवान वह बालक है जो किसी नई बात को शीघ्र सीखने की क्षमता रखता है तथा नई परिस्थिति में सीखी बात का सफलतापूर्वक उपयोग शीघ्रतापूर्वक कर सकता है। प्रतिभाशाली बालक वह है जो अपनी इस क्षमता का अपनी प्रतिभा-क्षेत्र में अधिकतम सफल उपयोग कर सकता है।

प्रतिभाशाली बालक के लक्षण–

1. भावात्मक दृष्टि से प्रतिभावान बालक विनोदप्रिय होते हैं, परन्तु कटाक्ष, व्यंग्य आदि को बिल्कुल सहन नहीं कर सकते।
2. मानसिक दृष्टि से प्रतिभावान बालक बचपन में ही अपनी जिज्ञासा प्रकट करते हैं। इन बच्चों में प्रत्येक बात को जानने की जिज्ञासा अन्य बालकों की अपेक्षा अधिक होती है। यह क्या है? क्यों है? जैसे प्रश्न हमेशा पूछते रहते हैं। यह बच्चे नई बातों या कार्यों में अधिक ध्यान लगाते हैं और रुचि लेते हैं।
3. इनकी बुद्धि लब्धि 130 से 170 के मध्य होती है।
4. अध्ययन की दृष्टि से प्रतिभावान बालक विज्ञान, गणित जैस क्लिष्ट विषयों को पसन्द करते हैं क्योंकि इनमें तर्क शक्ति अधिक होती है और चिन्तन प्रधान होते हैं। इनका शब्द कोष भी विशाल होता है।
5. जिन परिवारों में किसी बालक के सगे भाई-बहिनें अधिक होंगे उस बालक के प्रतिभावान होने के कम आसार हैं।
6. प्रतिभाशाली बालक उन परिवारों में अधिक पाये जाते हैं जिनका शैक्षिक, सामाजिक, तथा आर्थिक स्तर ऊँचा होता है। इनके माता-पिता व्यापार या अन्य स्वतन्त्र जीविका-उपार्जन में संलग्न हैं। छोटे पेशे वाले व्यक्तियों की सन्तान के बहुत कम आसार हैं प्रतिभावान होने के।
7. शारीरिक रूप से प्रतिभावान बालक की जल्दी अभिवृद्धि होती है, वे अपनी आयु के अन्य बालकों की अपेक्षा जल्दी बैठना, चलना, तथा दौड़ना प्रारम्भ कर देते हैं। शारीरिक दृष्टि से भले ही दुर्बल दिखाई दें, परन्तु चंचल होते हैं, शीघ्र अनुकरण करना तथा शीघ्र सीखने की प्रवृत्ति उनमें पाई जाती है, इसलिये शीघ्र बोलना सीख जाते हैं।

8. सामाजिक दृष्टि से प्रतिभावान बालक खेलना पसन्द करते हैं, 50% मित्र बनाने की इच्छा रखते हैं, 80% धैर्यवान होते हैं, दूसरों का सम्मान करते हैं, 96% अनुशासनप्रिय होते हैं।

सारांश में, "प्रतिभाशाली बालक शारीरिक गठन, सामाजिक समायोजन, व्यक्तित्व के लक्षणों, विद्यालय-उपलब्धि, खेल की सूचनाओं और रुचियों की बहुरूपता में सामान्य बालकों से बहुत श्रेष्ठ होते है"—**टरमन व ओडन।**

व्यवहारिक विशिष्टता

समस्यात्मक बालक—समस्या-बालक वे हैं जिनका व्यवहार गम्भीर रूप से असाधारण होता है और वह अपने व्यक्तित्व के लिए समस्या बन जाता है, जैसे झूठ बोलने वाले, चोरी करने वाले, क्रोधी-झगड़ालू, एकान्तवासी आदि। सामान्य बालक भी समस्यात्मक व्यवहार प्रकट करता है। परन्तु वह तभी विशिष्ट की श्रेणी (समस्या-बालक) में आता है जब उसका समस्यात्मक व्यवहार गम्भीर हो जाता है। **जीन डी. कमिंग्स** ने 2 से 7 वर्ष के बालकों का नर्सरी विद्यालयों में अध्ययन किया और उनके व्यवहार में असमानता, जैसे—कायरता, बेचैनी, अधिक समय ध्यान केन्द्रित करने की अक्षमता, झगड़ालूपन, बोलने की कमी, निर्दयता, झूठ बोलना, चोरी, आदि पाई।

रिचार्ड एल. हेण्डरसन ने अध्यापकों को एक लिस्ट दी जिसमें विभिन्न समस्यात्मक व्यवहार के 36 लक्षणों की सूची थी। अध्यापकों के अनुसार बालकों में अति गम्भीर लक्षण हैं—विषम लिंगी कामुकता, चुराना, कक्षा से भाग जाना, वस्तुओं की तोड़-फोड़ हस्त-मैथुन, अविश्वसनीयता, धोखा देना, अश्लील बात करना, अनुशासनहीनता, क्रूरता। कम गम्भीर लक्षण हैं : फुसफुसाना, कल्पनात्मक झूठ, कौतूहलपन, बेचैनी, मूर्खता, बकवास करना, विचार-रहित क्रिया, बकवासी, लज्जाशील, हठीलापन।

समस्यात्मक बालकों के प्रकार—उपरोक्त व्यक्त लक्षणों से पता चलता है कि समस्यात्मक बालक उतने ही प्रकार के होते हैं जितने प्रकार के लक्षण। परन्तु भारतीय बालकों में चार लक्षण प्रमुख हैं : चोरी करना, झूठ बोलना, क्रोध करना तथा मादक द्रव्यों का सेवन।

(1) क्रोध—क्रोध एक संवेग है जिससे प्रेरणा पाकर बालक आक्रमणकारी बन जाता है। आक्रमण के रूप भिन्न-भिन्न है जैसे—खाने की थाली फेंक देना, मारना,

काट-खाना, नोंचना, चिल्लाना, वस्तुओं को इधर-उधर फेंकना, गाली देना, व्यंग्य करना, अपने बाल सोचना, अपना सिर किवाड़ या फर्श पर मारना आदि।

क्रोध के कारण अनेक हैं। परन्तु प्रमुख है इच्छा-पूर्ति में विघ्न-बाधा, निराशा तथा ईर्ष्या।

(2) मादक द्रव्यों का सेवन करना—मादक द्रव्यों में शराब, भाँग, गांजा सुलफा, अफीम, तम्बाकू (गुटका), उत्तेजक द्रव्य, एल. एस. डी. हेरोईन, स्मैक, मैरीजुआना आदि है। आजकल छात्र वर्ग में मादक द्रव्यों का सेवन एक लत बन गई है। इसका कारण बुरी संगत है। मादक तत्त्व सिगरेट, इंजेक्शन या सूँघ कर लिए जाते हैं। फलस्वरूप रक्त में यह द्रव्य पहुँचकर मानव मस्तिष्क पर नशीला प्रभाव डालते हैं। मस्तिष्क क्रिया शिथिल पड़ जाती है। आँखें लाल हो जाती हैं, माँस पेशियाँ ढीली पड़ जाती हैं। व्यवहार पर प्रभाव मानसिक निष्क्रियता, अकेले में पड़े रहने की इच्छा, कर्त्तव्य विमुखता तथा उदासीनता के रूप में प्रकट होता है।

छात्रों में ऐसे असमान्य व्यवहार के प्रति विद्यालय तथा परिवार दोनों को समान रूप से सचेत होना चाहिए तथा समुचित उपचार की व्यवस्था करनी चाहिए।

(3) चोरी करना—एक बालक चोरी करके भाग जाता था, स्टेशन पहुँचकर जहाँ भी ट्रेन जाती थी, चला जाता था जब रुपए समाप्त हो गए तो किसी से भी सहायता के लिए प्रार्थना करता था। पुलिस उसके घर वालों को खबर करती जो उसे वापस घर ले आते। इसकी समस्यात्मक चोरी के व्यवहार का कारण असुरक्षा की भावना थी। बालक को घर में प्रेम तथा ममता नहीं मिलेगी तो वह घर से भागेगा। भागने के लिए चोरी करेगा। कई बालक छोटी अवस्था में अज्ञानतावश चोरी करते हैं। वे यह नहीं जानते कि चोरी की हुई वस्तु पर उसका अधिकार है या नहीं। बड़े बालक इसलिए चोरी करते हैं कि उनकी मित्र-मण्डली में अच्छे-अच्छे वस्त्र, धन, घड़ी, साइकिल आदि से उच्च स्थिति रहे। कभी-कभी अपना साहस-बखान करने हेतु भी बालक चोरी करता है। ऐसे बालकों में आत्म-नियन्त्रण का अभाव होता है।

कई बालक अपनी चोरी करने की लत से प्रेरित होकर चोरी करते हैं। वे यह नहीं जानते कि उनका यह व्यवहार असामाजिक है। परन्तु कई बालक अपनी आवश्यकता की पूर्ति हेतु चोरी करते हैं। निर्धन परिवार के कई बालक चोरी अपनी आवश्यकताओं की पूर्ति हेतु करते हैं। यह लत बाद में उनकी आदत बन जाती है और यही बालक अपनी युवा अवस्था में चोर बन जाते हैं।

(4) झूठ बोलना—बालक कभी-कभी अनभिज्ञता के कारण झूठ बोलता है। किसी बात को न समझ पाने पर उत्पन्न दुविधा से छुटकारा पाने हेतु वह झूठ बोल देता है। कभी-कभी वह अपने मित्र को अध्यापक के दण्ड से बचाने हेतु झूठी गवाही दे देता है।

अधिकतर बालकों में झूठ का कारण भय है। कक्षा में दण्ड-भय, मित्र-मण्डली में प्रतिष्ठा खोने का भय, तथा अपनी गलतियों को छिपाने का भय आदि।

समस्यात्मक व्यवहार के कारण—बाल-समस्या के व्यक्तिगत तथा सामाजिक कारण है—

(1) सामाजिक कारण—

(क) अन्य सामाजिक कारण—घर दूषित मोहल्ले में होने से बालक गली-मोहल्ले के असामाजिक तत्त्वों के सम्पर्क में आ जाता है। चल-चित्र, टेलीविजन, मेगजीन आदि से काम-उत्तेजना प्राप्त करने से काम-सम्बन्धी समस्यात्मक व्यवहार बालक सीख जाता है। बालकों का छोटी आयु में ही फैक्ट्री में नौकरी पर जाने से वहाँ बाल अपराधियों तथा अन्य असामाजिक तत्वों से सम्पर्क बन जाता है।

पाठशाला में कठोर अध्यापक का व्यवहार बालक को कक्षा से भाग जाने को मजबूर कर देता है। ऐसा बालक विभिन्न बहाने बना कर परिवार में यही समझाता है कि वह स्कूल गया था। परन्तु वह स्टेशन या अन्य जगह समय बिताता है। पाठशाला में मनोरंजन के साधनों का अभाव भी बच्चे को स्कूल से दूर रखता है।

(ख) परिवार—घर का दूषित वातावरण बालक में असुरक्षा पैदा करता है। वह प्रेम पाने हेतु असामाजिक तत्त्वों की संगत में आ जाता है। घर में विमाता का होना, माता-पिता का आपसी झगड़ा, बालक को अनुशासन की तीव्रता को भुगतना, परिवार की कमजोर आर्थिक स्थिति, माँ-बाप की बालक से उच्च आकांक्षा, बालक में हीनता की भावना, माँ-बाप द्वारा अपने बालक की अन्य बालकों से तुलना कर उसे डाँटना, माता-पिता का शराबी, जुआरी या क्लब में रात तक रहना और उनकी अनुपस्थिति में बालक का नौकरों से गलत आदतें सीखना, आदि पारिवारिक कारण हैं।

(2) व्यक्तिगत कारण—यदि बालक मन्द-बुद्धि है तो उसके समायोजन में कठिनाई उसमें निराशा उत्पन्न कर देती है। निराशा ही क्रोध तथा असामाजिक व्यवहार का कारण है। वह मादक द्रव्यों का आदी बन सकता है।

विषयों में प्राप्त अंकों का औसत है। मान लिखिए उसके 5 विषय हैं जिनकी परीक्षा में प्राप्त अंकों का जोड़ 40 है।

समस्यात्मक बालकों का उपचार–

शैक्षिक आयु	E.A.= 4-/5
उसकी वास्तविक आयु	C.A.=10 वर्ष
शैक्षिक लब्धि	E.Q.=EA/CA×100 = 8/10×100
	E.Q.=80

विद्यार्थी की शैक्षिक लब्धि 85 से कम आए तो उसे पिछड़ा बालक माना जाएगा। पिछड़ापन प्रतिशत में निकाला जाता है। सामान्य E.Q.100 होता है।

पिछड़पेन के कारण–पिछड़ेपन के कारण शारीरिक, बौद्धिक, भावात्मक तथा सामाजिक हो सकते हैं।

(1) शारीरिक कारण–शारीरिक दोष जैसे विकलांगता, दृष्टि दोष, श्रवण दोष आदि। शारीरिक रुग्णता बालक की कक्षा में अनुपस्थिति का मुख्य कारण है।

(2) बौद्धिक कारण–**बर्ट** के अनुसार प्रत्येक 5 पिछड़े बालकों में से 3 बालक मन्द बुद्धि थे।

(3) संवेगात्मक अस्थिरता क्रोध, चिड़चिड़ापन, ईर्ष्या, भय, बालक का कक्षा में समायोजन नहीं होने देते। इसके कारण बालक कक्षा से दूर रहता है और पिछड़ जाता है। उसमें कक्षा के प्रति रुचि कम हो जाती है। रुचि अध्ययन की प्रथम आवश्यकता है अतः वह अध्ययन में पिछड़ जाता है।

(4) सामाजिक–बालक की सामाजिक परिस्थितियाँ उसके पिछड़ेपन का मुख्य कारण हैं।

(क) परिवार–घर की आर्थिक स्थिति का ठीक न होना, माता-पिता में क्लेश रहना, घरेलू काम का आधिक्य, बहिन-भाइयों में बड़े होने का दायित्व, माता-पिता की अशिक्षा, परिवार का बड़ा होना, माता-पिता की बुरी आदतें आदि पारिवारिक कारण हैं।

(ख) मोहल्ले का वातावरण–बहुत-से बालक गली-कूँचे के बच्चों की बुरी संगत के कारण भटक जाते हैं और उनके मोह के कारण कक्षा से बाहर रहकर अपनी मोहल्ला-टोली के साथ खेलते रहते हैं।

(ग) पाठशाला–शिक्षक का दमनकारी प्रवृत्ति का होना, अरुचिकर विषय का अनिवार्य होना, कक्षा में आपसी द्वन्द्व रहना, अव्यवस्थित पाठशाला से सम्बन्धित कारण है।

पाठ्यक्रम के कठोर और संकीर्ण होने के कारण बालकों की आवश्यकताओं की आपूर्ति, अयोग्य अध्यापक द्वारा अमनोवैज्ञानिक और परम्परागत शिक्षण-विधियों

का प्रयोग, कक्षा के प्रति बालक में भय की उत्पत्ति, निर्देशन के अभाव में बालकों द्वारा गलत विषयों का चयन, पुस्तकालय, खेल-कूद की व्यवस्था का न होना आदि कारण बालक को पाठशाला से दूर भगाते हैं।

सामान्य और विशिष्ट बालक में अन्तर

सामान्य	विशिष्ट
1. अच्छी शारीरिक बनावट, खिलाड़ी शरीर	1. शारीरिक रूप से खराब बनावट जैसे—पोलियो-ग्रस्त, पतले, अत्यधिक दुबले, लम्बे सर वाले व मोटे शरीर वाले।
2. शारीरिक रूप से स्वस्थ होते हैं।	2. शारीरिक रूप से प्रायः अस्वस्थ होते हैं।
3. मानसिक बीमारियों से ग्रस्त नहीं होती है।	3. मानसिक बीमारियों से ग्रस्त रहते हैं।
4. जल्दी तनाव व संघर्ष में नहीं आते हैं	4. शारीरिक विकास का भी प्रभाव मस्तिष्क पर पड़ता है।
5. अपने साथियों के साथ भली-भाँति समायोजन करते हैं।	5. साथियों व मित्रों के साथ समायोजन करना कठिन है।
6. बुद्धि लब्धि 90 से 110 होती है।	6. बुद्धि लब्धि 0 से 10 लेकर 140 या इससे भी अधिक के बीच होती है।
7. कक्षा में पढ़ाई व बताई बातों को ठीक से समझना	7. कक्षा में बताई बातों को या तो अति शीघ्र या बार-बार समझाने पर भी नहीं समझते हैं।
8. शैक्षिक उपलब्धि अच्छी है।	8. शैक्षिक उपलब्धि या तो बहुत अच्छी या फिर बहुत न्यून या शून्य होती है।
9. असफलता का मुँह नहीं देखते हैं।	9. असफलता का सामना करना पड़ता है।

सामान्य	विशिष्ट
10. घर, विद्यालय तथा समाज में अच्छा समायोजन होता है।	10. घर, विद्यालय या समाज में अच्छा समायोजन नहीं होता है।
11. उभयमुखी होते हैं।	11. प्रायः अन्तःमुखी होते हैं।
12. आशावादी होते हैं।	12. अति आशावादी या घोर निराशावादी होते हैं।
13. संवेगों पर नियन्त्रण होता है।	13. संवेगों पर प्रायः नियन्त्रण नहीं होता है।
14. अति महत्त्वाकांक्षी नहीं होते हैं।	14. प्रायः अति महत्त्वाकांक्षी होते हैं।

❐❐❐